JN261552

現代労働法と労働者概念

現代労働法と労働者概念

柳屋孝安著

信山社

はしがき

Ⅰ　本書は、労働法や社会保障法（特に、被用者保険）の適用対象は、一体、誰なのか、という、労働法、社会保障法の総論部分に属する基本問題を扱っている。この問題の結論は、一見、自明のようにも考えられる。しかし、特に労働法の人的適用対象については、わが国において、主として第二次世界大戦後すぐの頃から、今日まで、長きにわたって学会その他において種々議論されてきたところである。そして、これまでにも、この問題の解決に有益な議論が展開されてきている。しかし、近時、雇用情勢の変化に伴なって雇用・就業形態の多様化が進展しており、新たな職業類型や雇用形態の登場その他によって、労働法等の人的適用対象のあり方をめぐる議論は今後も続けられていくことになろう。現時点では、労働法等の本来の適用対象と自営業者との中間にある就業者の取り扱いが特に問題となっており、本書もこれに焦点を当てている。

諸外国においても、先進諸国をはじめ、ＩＬＯや欧州連合のレベルにおいても、労働法や社会保障法の人的適用対象をめぐる問題について、同様に、立法論や解釈論において活発な議論がみられる。諸外国や国際機関レベルでの人的適用対象に関する法的状況や議論についての分析は、わが国におけるこの問題の解決に重要な示唆を与えるといってよい。

Ⅱ　筆者は、労働法や社会保障法の人的適用対象の問題を、修士論文のテーマとして選択して以来これまで、ドイツの労働法、社会保障法（特に、被用者保険）における立法や学説・判例の状況について分析し、検討を加える作業を、断続的にではあるが、行なってきた。周知のとおり、ドイツ労働法学は、第二次世界大戦前より、わが国の労働法学に理論的に大きな影響を与えてきた。人的適用対象の問題もそのひとつである。筆者がドイツの労働法および社会保障法の諸問題の中でも、とりわけこの問題を研究対象としたのは、ドイツにおけるこの問題への対応状況を分析することが、わが国の問題対応にとって少なからず意味があるとの認識によっている。ドイツの状況についての分析作業をもとに、その後、わが国における問題対応の現状や問題対応のあり方について検討を試みてきた。本書が、この問題に関する今後の議論に何がしかの貢献ができればと考えている。

本書は、これまで筆者がこの問題について公表してきた一〇数編の論考のうち、一〇編の論考を取り上げ、不正確な記述等の修正を可能な限りで試みつつ、論考相互の記述の重複その他を調整してまとめたものである（巻末「初出一覧」を参照されたい。）。

Ⅲ　本書の刊行までに、修士論文執筆時から数えると、すでに二〇有余年が経過している。本書の刊行にこれほどの時間を要したことは、ひとえに筆者の怠慢による。この間、様々な機会に、多くの方々から身にあまるご指導をいただき、感謝の念に耐えない。とりわけ、大阪大学大学院時代の指導教官として、以来ご指導いただいてきた野田進先生（現・九州大学教授）、神戸大学大学院時代以来ご指導いただいてきた久保敬治先生（神戸大学名誉教授）、指導教官である下井隆史先生（現・大阪学院大学教授）、そして濱田冨士郎先生（神戸大学教授）には心よりお礼を申し上げたい。また、筆者の研究活動その他に種々ご配慮をいただいた故安屋和人先生（関西学院大学名誉教授）、故安枝英訷先生（同志社大学教授）に、もはや本書についてご批評をいただけないことが残念でならない。

そして、これまで筆者の覚束ない学究生活を支え続けてくれた妻、則子に何よりも本書を捧げたい。

最後に、本書の刊行を快く引き受けてくださった信山社の袖山貴さん、編集業務に携わっていただいた今井守さんにはお礼申し上げたい。

二〇〇五年八月

柳屋孝安

目　次

現代労働法と労働者概念

第一編　ドイツ労働法・社会保障法の人的適用対象の動向

第一章　ドイツ労働法の人的適用対象概念の生成

一　序

ドイツの労働立法は、一体誰に適用があるのか。この単純ではあるが基本的な問題に対する回答を、ドイツの労働立法の各規定に求めれば、それは、概ね被用者（Arbeitnehmer）および被用者類似の者（arbeitnehmerähnliche Person）であるということになるであろう。つまり、この被用者と被用者類似の者とから、ドイツ労働立法の人的適用対象はほぼ出来上がっているということである。

しかし、等しくドイツの労働立法の適用対象を形づくる被用者と被用者類似の者であるとはいっても、これまでドイツの労働法学説は、労働立法の適用対象としての意味について、この両者には異なる評価を与えてきた。これによれば、被用者は、「労働法は非独立の（unselbständig）被用者の法である。」との表現のもとに、労働法の本来的な適用対象として、すべての労働立法の適用を受けると解されている。これに対して被用者類似の者は、労働法の本来的な適用対象としてではなく、各労働立法ごとの保護の必要性の有無に関する立法政策上の判断に基づいて、徐々に一部の労働立法（労働裁判所法、連邦休暇法、労働協約法）の適用対象に加えられてきたと考えられている。このため、一部労働立法の適用対象への被用者類似の者の付加は、労働法の適用対象の拡大と捉えられているのである。

ところで、ドイツ労働法は、一九世紀におけるその誕生以降しばらくは、工場・鉱山労働者、船員といった限られた職種のいわゆる筋肉労働者を個別に適用対象とした。しかしその後、とりわけワイマール期以降の労働立法の適用対象では、こうした職種への限定が取り除かれ（営業 Gewerbe から他の職種へ）、さらには、筋肉労働者に加えて頭脳労働者までもがこれに含められるに至った（Arbeiter から Angestellte へ）。このような変化を捉えて労働法の適用対象の拡大ということもまた可能であろう。

しかし、こうした適用対象の拡大と先の被用者類似の者へのそれとは同列に論ずることはできない。職種による限定を取り除いたり、頭脳労働者を包摂することによる適用対象の拡大は、等しく被用者としての特質を備えていながらも適用対象から除かれてきた就業者を適用対象の中に取り込むことを意味していたと解され、適用対象のいわば「量的拡大」と呼ぶことができよう。これに対して、被用者類似の者を適用対象に付加することは、被用者とは異質な就業者を適用対象の中に取り込むものとして、適用対象のいわば「質的拡大」と捉えられるところとなるのである。この点で、ドイツの労働立法は、異質な就業者をその適用対象として持っているということができる。

本章では、一九世紀末から一九八〇年代末あたりまでのドイツ労働法のこれら二つの異質な適用対象の生成過程を跡づけつつ、特に被用者類似の者の概念について、一歩踏み込んだ分析を行う（一九九〇年代以降については、第一編第三章を参照のこと。）。そのために、少なくとも次の四つの論点について分析、考察を加えよう。

(1)　上述のように労働法の適用対象としての意味が異なるとされ、また、適用対象への被用者類似の者の付加が「質的拡大」と評価されるのは、被用者と被用者類似の者とが異質な就業者として捉えられてきたからに他ならない。では、この両者を異質な就業者たらしめてきたものは一体何なのか、そして被用者類似の者に対して一部の労働立法による保護を根拠づけてきたものが何かがまず明らかにされなければならない。そのためには、被用者類似の者の基本的特質を解明する必要がある。そこで、この点がこれまでどのように捉えられてきたかについて、被用者概念とも対比しつつ被用者類似の者の概念の発生史を跡づける中で言及する（本章二）。

(2)　被用者類似の者は、まずは一部の労働立法の適用対象なのであるから、それらの立法の適用にあたっては、被用者類似の者たるための要件、すなわち、この概念の具体的メルクマールがいかなるものであるかが常に問題となる。そこで、次に、(1)での被用者類似の者の基本的特質に関する記述に基づきつつ、各労働立法の定義規定、学説、判例等からこの点を明らかにする（本章三）。

(3)　これに続いて、(2)で整理した被用者類似の者の概念の具体的メルクマールに基づいて、これまでの学説、判例は、いかなる職業類型に属する者を被用者類似の者としてきたかをみることにする（本章四）。

(4)　ところで、被用者類似の者は、これまで労働法の適用対象に加えられてきたとはいえ、それは、いまだ一部の労働立法に留まっており、このタイプの就業者に対する労働立法による保護には、被用者に対する保護との間に大きな「格差」が存在している。学説、判例上この「格差」を解消するためにいくつかの方法が模索されてきた。中でも、被用者だけを適用対象とする労働立法等を、解釈論上被用者類似の者に類推適用する方法が学説によって主張されている。そこで、最後に、この類推適用の可否をめぐる学説の議論に言及しつつ、この方法が「格差」解消にどこまで有効たり得ているかを検討する（本章五）。

二　被用者および被用者類似の者の概念の発生史

1　視点の設定

被用者類似の者は、法文上は、ワイマール期も半ば、一九二六年の労働裁判所法(1)（Arbeitsgerichtgesetz）の適用対象として初めて登場する。(2)同法は、いわゆる労働民事事件を管轄する特別裁判所である労働裁判所(3)の組織、訴訟手続等に関する立法であるが、その第五条においてその適用対象を次のように定めた。

「本法における被用者（Arbeitnehmer）とは、徒弟（Lehrlinge）を含め労務者（現業労働者）（Arbeiter）および職員（Angestellte）をいう。

労働契約関係（Arbeitsvertragsverhältniss）に立つことなくして、特定の他人の委託を受けかつその計算で（im Auftrag und für Rechnung bestimmter anderer Personen）労務を給付する者（家内工業従事者 Hausgewerbetreibende およびその他の被用者類似の者）は、自ら原料又は補助原料を調達する場合においても、これを被用者と同視する。

……」（一項）

この規定によって、被用者類似の者は、被用者と並んで労働裁判所による救済を求め得るところとなった。したがって、第五条第一項によれば、被用者類似の者であるためには、(i)労働契約関係に立たないこと、(ii)特定の他人の委託を受けかつその計算で労務を給付することが必要となる。しかし、被用者類似の者について(i)および(ii)の要件がいかなる理由で提示され、この要件を充足する者がどうして被用者とともに労働裁判所法の適用を受けるのかは、この要件自体の吟味だけからではただちに明らかにできないといわねばならない。むしろ被用者類似の者は、文字どおり「被用者に類似する者」であるから、その類似性から、あるいは逆にその異質性から、これらの疑問点を解明することが必要となると思われる。それにはまず、一九二六年法――ひいてはワイマール期――において被用者概念の内容がどのように捉えられていたのかを知る必要があるであろう。

2　ワイマール期における適用対象議論

周知のとおり、ドイツでは、ワイマール期に入り、労働法を一つの独立した法の体系として確立するために、労働法の本質とは何か、あるいはその法体系の独自性を根拠づけるものは何かといった問題につき学説上活発な議論が展開され始めた(4)。そして当時の大方の学説は、労働法の本質を規定し、その体系的独自性を根拠づけるものが「従属労働」であると解する点で一致し、「労働法は、従属的（又は非独立の）被用者の特別法である。」と表現するに至った(5)。これによって、被用者は、「従属労働」に従事する者として労働法の本来的な規整の対象と捉えられ、被用者概念は、労働法の本質を規定する概念として位置づけられるに至ったのである。ワイマール期以前においては、「被用者」の語が法文上で用いられることはむしろ稀であり(6)、また一般的な用語法としても、労務給付者一般を広く含む概念として用いられていたが(7)、ワイマール期に入り成立をみた労働立法は、一般にその適用対象として「被用者」の語を使用するようになった(8)。しかも、各労働立法の被用者概念は、先のような学説の理解に従って、各労働立法に共通の内容とされ(9)、また従前の用語法とは異なり、「従属労働」に従事するという限定の付されたいわば狭義の被用者概念として把握されたのである(10)。したがって、このことは、一九二六年の労働裁判所法五条にいう被用者の概念についても妥当すると考えられたといえよう。ただし、被用者概念を規定する「従属労働」の具体的内容をどう捉えるかについては、既にわが国にも紹介のあるとおり、多様な見解の対立がみられた。そのため、ワイマール期における学説をみる限りでは、ただちに一九二六年法にいう被用者の概念の内容を確定することはできないといわねばならない。

ところで、このように労働法の本質を明確化し、労働法の本来的な適用対象としての被用者の概念の内容を確定する作業に、当時の学説がこぞって参加するところとなった理由は、第一次世界大戦の終結とともに成立したワイマール共和国において、その法制度の根幹としてのワイマール憲法が制定をみたというところにあったということができる。同憲法は、その第一五七条において、「労働力は、ライヒによる特別の保護を享受する。」（同条一項）、「ライヒは統一労働法を創設する。」（同条二項）として、国に統一的な労働法典の編纂を義務づけるに至った。(11) そのため、同条にいう「労働力」の意味内容と「統一労働法」の本質とを理論的に明らかにする必要が生まれたのであった。このことは、当時の学説の自認するところである。(12)

これに対して、ワイマール期以前においては、労働立法は、その多くが特定の職種に適用対象を限定した職業別立法の形で主として存在し、しかも、そこにはライヒ立法と各ラント立法とが混在していた。(13) これらの立法については、社会政策上の観点からの研究は相当程度なされていたが、その適用対象の基本的特質、さらにはこれら立法の総体としての労働法の本質等の理論的解明への関心は低かった。ワイマール期以前において、労働法の本質や適用対象の基本的特質それ自体をめぐる論考が少なく、その成果に乏しいこともそのことの一つの証左であろう。(14) そのため、ドイツにおける労働法の本質等に関する議論が、ワイマール期に突如として生まれたかの観を与えるのは止むを得ないことであるといえよう。しかし、ワイマール期以前においても、労働立法等の適用をめぐって、労働法の本質と関わりを持つ問題、とりわけ労働立法等の適用対象はいかなる基本的特質を有する就業者でなければならないのかといった問題が、数は多くないにしても日々発生しており、実務上はその解決を通じて、既にこの問題に対する一定の見方が確立されつつあったことは看過されてはならない。ワイマール期における諸学説の議論、判例、そして一九二六年の労働裁判所法を含む労働立法の適用対象についての定めは、こうした見方を一応の基礎として展開されたことが指摘されねばならない。また、被用者類似の者の概念の萌芽も、このワイマール期以前の時期に既にみられたのである。したがって、一九二六年の労働裁判所法における被用者の概念の内容との関連においても、かつまた、被用者類似の者の概念との関連においても、ワイマール期以前のドイツにもう一歩遡って労働立法等の適用対象およびその点に関する実務の状況を明らかにする必要が生じてくるのである。

3　ワイマール期以前における労働立法等の人的適用対象とその基本的特質

㈠　ワイマール期以前における労働立法等の人的適用対象

(1)　ワイマール期以前における労働立法には、前述のように営業、鉱業、河川・海上運輸業といった職業分野ごとに立法を制定する立法政策上の手法が主として取られた。[15]そのため、個々の立法の適用に際してまず問題となったのは、ある就業者が個々の立法の規整の対象となる職業分野の業務に従事しているか否かであった。しかし、適用対象に関する問題はこれにとどまったわけではない。このことを営業法（Gewerbeordnung）、ライヒ保険法（Reichsversicherungsordnung）といった主要なライヒ立法について検討してみよう。

(2)　まず、当時の労働立法の中心として、商工業に従事する相当広範囲にわたる就業者をその適用下に収めていた一八六九年の営業法[16]は、その第七章[17]一〇五条において次のように定めた。

「独立の事業者（Gewerbetreibende）と営業的労働者（gewerbliche Arbeiter）[18]との関係は、ライヒ法に基づき制限を受ける場合を除き、当事者間の自由な合意によって定まる。」

そして、同法は、日曜・祭日労働の禁止、賃金支払上の保護、安全衛生、未成年・女子労働者の保護等を定めた第七章の各規定を、営業的労働者に適用するものとした。したがって、営業法第七章の規定の適用の有無は、この営業的労働者であるか否かによって決まったのである。そして、その点の判断は、具体的には、(ⅰ) ある就業者の就業する事業が営業法の適用下に入る営業的事業か、(ⅱ) その就業者の行う労務給付が営業的労務給付か、(ⅲ) その就業者は営業法の適用除外規定の適用を受ける就業者の類型(商業使用人、薬局の助手等)に属していないか、の三点の吟味を通じてなされたのであった。[19] 実際に第七章の各規定の適用の有無が問題となった大半の就業者については、(ⅰ) および (ⅲ) の吟味だけでその適用の有無が決まっていたといえる。しかし、中には、(ⅱ) の問題で、とりわけ営業的「労務給付」か否か、ひいては営業的「労働者」か独立の事業者かの判断まで必要とする限界的な事例が存在した。まさにその判断にあたって、営業法の適用を根拠づけるのは営業的「労働者」のいかなる基本的特質であるのかを吟味する必要が生まれたのである。

営業法におけると同様の問題は、就業者の労働災害、疾病、障害、老齢のそれぞれに対して公的保険給付による補償を与えることを目的とした保険法の領域においても、その適用にあたり生じていた。一八八三年の疾病保険法一条等を引き継いだ一九一一年のライヒ保険法一六五条は、適用対象(強制被保険者)として次の者を定めた。

① 労務者、助手、職人、徒弟、使用人

② 経営職員、職工長その他これに類似の状況にある職員

③　商業使用人、商業徒弟、薬局の使用人、およびその徒弟
④　給付の芸術的価値にかかわりなく劇場、オーケストラの構成員
⑤　教師、個人教師
⑥　家内工業従事者
⑦　ドイツ船籍を有する船舶の船員

さらにまた、一八八九年の障害・老齢保険法一条および一八九九年の障害保険法一条を引き継いだライヒ保険法一二六条も、右記⑥の家内工業従事者を除けば、同様の適用対象を定めた。そして、それぞれの規定であげられた適用対象にあたるか否かの判断に際して、適用対象としてあげられている各就業者の基本的特質、ひいては、後述するように、これらの者（⑥の家内工業従事者を除く）を総称して用いられた「賃労働者（Lohnarbeiter）」の基本的特質を、独立の事業者との対比の下で明らかにする必要に迫られたのである。[20]

(3)　ところで、これらの立法における適用対象の基本的特質、すなわち、「営業的労働者」性あるいは「賃労働者」性が法的に争われるに至った場合、その判断を行う主体（機関）はそれぞれの立法ごとに異なっていた。そこでまず、これら各判断主体について若干の説明を加えておこう。

営業法の「営業的労働者」性判断は、同法が一八六九年に成立して以降しばらくは、通常裁判所、とりわけその最上級裁判所であったＲＧ（Reichsgericht、ライヒ裁判所）によって、営業法の適用の有無の問題として処理されていた。しかし、その後、一八九〇年には営業裁判所法（Gewerbegerichtsgesetz）の制定とともに、ＧＧ（Gewerbegericht、営業裁判所）に引き継がれた。[21]営業裁判所法は、第一条で、ＧＧが労働者（Arbeiter）とその使用者との間で、または使用者を同じくする労働者の間で生ずる営業上の（gewerblich）争い

の解決のために設立されるとし、第三条で、ＧＧの排他的管轄下に入る労働者につき定めた。そしてこの労働者が、営業法上の紛争の解決というＧＧ設立の目的に従って、営業法第七章の営業的労働者と同一のものと解されたのである[22]（ただし、同裁判所法では営業的労働者の一部――経営職員、職工長等――には年収二〇〇〇ＤＭを超えないとの限定が付された。）。ただし、この場合、「営業的労働者」性は、営業法第七章の規定の適用問題としてではなく、ＧＧの管轄の有無の問題として職権に基づき吟味された（営業裁判所法六条）。とはいえ、ＧＧ設置以降においても、通常裁判所がそこに持ち込まれた事件につき管轄の有無の問題として「営業的労働者」性を判断することは考えられた。

ところで、一八六九年の営業法一五四条一項は、営業的労働者のうち一定の者をその適用対象から除外した。なかでも、商業的営業（Handelsgewerbe）で使用される商業使用人（Handelsgehilfe）および商業徒弟（Handlungslehrlinge）については、営業法第七章の規定のうち一部を残して大半の規定の適用を除外し、一八九七年のＨＧＢ（Handelsgesetzbuch、商法典）の規整に委ねた。そのＨＧＢにおいては、商業使用人および商業徒弟は、商業代理人（Handelsagent）とともに商人（Kaufmann）としてその規整の対象とされたが、商業使用人（ないし商業徒弟）か商業代理人かでＨＧＢの適用規定が異なっていた。したがって、ＨＧＢの適用にあたっては、そのいずれに属するかが問題とされた。他方、営業法第七章において商業使用人（ないしは商業徒弟）に適用があるものとして残された一部の規定は、商業代理人には適用がないと解され、したがってここでも商業使用人（ないしは商業徒弟）か商業代理人かが問題であった。そして、この両者の区別は、端的には営業的労働者と独立の事業者との区別の問題とされた[23]。

両者の区別の問題は、一九〇三年まではＲＧないしＧＧの管轄下で処理されたが、一九〇四年以降は、商人裁判所法（Kaufmannsgerichtsgesetz）に基づき商業使用人に関する法的争いを排他的に管轄することとなったＫＧ（Kaufmannsgericht　商人裁判所）が、その管轄の問題として職権で処理していったった[24]（商人裁判所法六条）。もっとも、ＧＧの場合と同様、通常裁判所が管轄の有無の問題としてこの問題に関与することは考えられた。

以上のように、営業法における「営業的労働者」の基本的特質は、通常裁判所とりわけＲＧ、およびＧＧ、ＫＧの各特別裁判所によって明らかにされるところとなっていたのである。

これに対して、各保険法およびこれを引き継いだライヒ保険法については、保険官庁（Versicherungsbehörden）が、その運用上の監督および適用関係をめぐる問題の処理にあたったが、最上級官庁としてのＲＶＡ（Reichsversicherungsamt　ライヒ保険局）が同法の最終的な有権解釈権を有していた。[25]

(4)　こうして、営業法、ライヒ保険法等の適用の有無に関して、それぞれＲＧ、ＧＧ、ＫＧ、ＲＶＡ等が、実務上営業的労働者ないしは賃労働者の保護必要性を根拠づける基本的特性は何であるかを明らかにする必要に迫られ、その解明の努力を行ったということができる。これらによってライヒ立法について示された見解、とりわけライヒ保険法にかかわるＲＶＡのそれは、法的な拘束力を有するわけではなかったが、ＧＧやＫＧに対して、さらには、その他の裁判所がライヒ立法やラント立法における同様の問題の処理を行うに際して影響を与えたといわれている。[26]

㈡　営業的労働者ないし賃労働者の基本的特質

では、これらＲＧ、ＧＧ、ＫＧ、ＲＶＡは、それぞれが判断の対象とした営業的労働者ないしは賃労働者の基本的特質をどのように把握したのであろうか。

（イ）　RG判決

まずRGについていえば、例えば、れんが職人（Ziegelmeister）が、れんが工場主に対して未払い分の報酬の支払請求を行った事件に対する一八九六年の判決[27]をあげることができよう。RGは、この判決において、当該れんが職人が工場労働者（Fabrikarbeiter）ないしは営業的労働者にあたるか否かにつき一般論として「〔そのためには〕ある程度の服従（Unterordnung）および非独立性（Unselbständigkeit）を伴いつつ、事業者の営業（Gewerbebetrieb）において就業すること」が前提であると説示した。そして、RGは、当該れんが職人については、（i）長年、れんが工場において賃金、住居の無償貸与、現物支給を対価として雇用され、（ii）告知期間の定めがなされ、（iii）さらに、なるほど職長として工場を管理し、従業員の健康に留意すべき立場にあったが、工場主の一定の命令には従わなければならなかったとの諸事情をあげ、これらに基づいて、この者が営業的労働者であることを肯定した。そして、（i）報酬が出来高制であったこと、（ii）れんが造りの技術的手順の決定、従業員の雇入れ等を任され、従業員に対して職制的地位にあったこと等の事情は重要ではないとした。

RGが、一九一〇年代までに営業的労働者の基本的特質に言及した判決としては、以上のれんが職人に関する判決をあげることができるくらいであろう。これは、一九〇〇年前後を境として、この問題に関する判断主体が、事実上も次に述べるGGやKGに移ったとみられることによるといえる。

では、GGやKGは、営業的労働者の基本的特質をどう捉えたのか。

（ロ）　GG判決およびKG判決

まずGG[28]は、一九〇〇年から一九一〇年にかけて下した判決において、営業的労働者の基本的特質に言及するにあたって、いまだ相当多様な表現を用いている。

①　先のRG判決と同様の表現[29]
②　人的かつ経済的従属性[30]（persönliche und wirtschaftliche Abhängigkeit）
③　雇用従属性[31]（Dienstabhängigkeit）
④　社会的従属性[32]（soziale Abhängigkeit）
⑤　事業主の指揮監督下に置かれること[33]

このことは、大体同じ時期において下されたKG判決についても同様であった。

①　労務遂行上の服従関係[34]（Subordinationsverhältnis）
②　従属関係[35]（abhängige Verhältnis）
③　業務組織における非独立の構成要素[36]
④　事実上の人的従属関係[37]
⑤　非独立かつ従属の状況[38]

しかし、RG判決も含め、これらの多様な表現の下であげられた具体的事実については大きな相違はみられない。したがって、こうした多様な表現の使用は、一定の事実関係に対して学説等によってもいまだ確定的な表現が確立されていない時期の各裁判所の模索の跡を示しているといえるであろう。しかし、一九一〇年以降は、各裁判所のこうした多様な表現は、次に述べるRVAの裁決の影響下で、「人的かつ経済的従属性」という表現に収斂していったといえるのである[39]。なお、GGおよびKGの各判決が、営業的労働者の基本的特質を示すものとしてあげた具体的事実がいかなるものであったかについては、次のＲＶＡの裁決の分析に際しあわせて言及しよう。

（ハ）　ＲＶＡの裁決

(1)　各保険法およびこれを統合したライヒ保険法の適用対象の総体としての「賃労働者」の基本的特質に関しては、各保険法の成立以来、ＲＶＡによるだけでも相当量の裁決が蓄積された。そのため、この問題に関するＲＶＡの裁決には、ＲＧ、ＧＧ、ＫＧに比して、相当の理論的な深化がみられる。しかも、ＲＶＡは、その成果を保険法の以後の運用における資とするべく、一八九〇年、一九〇五年、一九一二年の三度にわたって、各保険法の適用対象（強制被保険者）に関する「指針（Anleitung）」としてまとめた。[40]そしてそこにおいて賃労働者の基本的特質およびその具体的内容、さらに独立の事業者との区別の基準等に言及している。これらの指針のうち、各保険法がライヒ保険法に統合された直後に出され、しかも賃労働の基本的特質等の問題に関するＲＶＡの考え方を示すものとしては、内容的に最も充実している一九一二年の「指針」（以下「指針」とのみ記す。）についてみることとしよう。

(2)　「指針」は、まず賃労働者の特質等に関する問題について一般論として概略次のように述べている。ライヒ保険法に基づき疾病および障害に関し強制被保険者資格の生ずる者（賃労働者）は、自己の労働力を服従的（untergeordnet）、従属的（abhängig）状況で使用するすべての者である。原則として独立の事業活動者（Gewerbetätige）はこれにあたらない。しかし、ライヒ保険法は、賃労働者、独立の事業活動者のいずれに対しても概念規定を与えていない。ライヒ保険法上での両者の区別の手掛りとしては、わずかに、（i）労務者（Arbeiter）、助手（Gehilfen）といった用語の持つ意味、（ii）自由な活動に対応する「雇用される

(beschäftigt werden)」との表現、(iii) 本来は強制被保険者資格のない独立の事業活動者の中の一定の集団〔後述する家内工業従事者を意味する〕への強制被保険者資格の拡大、をあげることができるにすぎない。したがって、両者の区別について経済生活の全現象上現れる一般的メルクマールを見出すことはできない。しかしそうであるとしても、就業者の、使用者への経済的かつ人的従属の関係が証明されれば、強制被保険者資格が存在するというところからは出発できる。(41)

(3)　このような一般論に基づいて、「指針」は、個別の事件における賃労働者性に関する具体的な判断に際して、純粋に民法的見方とは異なるべき点を二点あげた。すなわち、(i) 民法上有効で一定期間拘束力のある雇用契約又は労働契約は一般に必要ではなく、現実の労働が問題であること、(ii) したがって、当事者の意思表示の内容は問題にならないことである。

そして、この考え方を前提に、「指針」は、賃労働(者)と独立の事業活動(者)との区別にあたり考慮されるべき多様な視点のうち、次のような表題を付すことが可能と思われる(i)～(xi)の事実に特別の意味を認めた。そしてGGやKGも、先に言及したような多様な表現の下に、ケースごとに多少の過不足はみられるものの、総じてみれば、以下のようなRVAにおけるとほぼ同様の事実に着目していたということができるのである。

(i)　経営への編入――他人の事業所、世帯に組み込まれる者は一般に非独立の労働者である。これにより自己の活動の自由を放棄し、経営組織下に入り、他人に自己の労働を規律せしめ、労働の成果を処分させるからである。

(ii)　労務の給付――引き受けた給付が労務の遂行だけでなく、むしろその相当部分が、就業者が自己の裁量に従って負った物の供給であったり、物の保管である場合には、通例、賃労働ではなく、資本を伴う独立の経営である。

(iii)　労働の場所――人的従属関係が存在するか否かにとり、自己の作業場又は住居で、すなわち委託者の事業場又は世帯以外の場所で就業するか否かは、委託者による監督の可能性に関わって意味を持つ。

(iv)　委託者（使用者）による労務遂行上の指揮、監督――人的従属性が明瞭に現れるのは、個々の労務遂行に際し、委託者（使用者）が労働時間、労働の内容、労働の手順の指示、監督、規律を直接行う場合である。この場合は常に賃労働を確定できる。

(v)　労務の性質――委託者による監督可能性の点で、特別の知識と能力を必要とする労働か否かが重要となる。

(vi)　契約関係の固定性、継続性――賃労働であるためには拘束力のある契約関係が不可欠というわけではないが、同一の事情下では時間的な幅を伴った固定的合意のある場合の方が非独立性が強く、単に委託の連鎖にとどまる場合には事業者性を示唆する。

(vii)　専属性――一人の委託者に排他的に労務を提供する者と比較すれば、多数の委託者のために活動する者には、ある程度の非従属性が生まれる。こうしたケースでは、時間の配分等が就業者の自由に委ねられることになるからである。

(viii)　事業の主体性――引き受けた労働を自分で行う必要はないが、労働により得られた経済的な成果について責任を負わなければならない者は、賃労働者であるよりむしろ事業者である。

(ix)　報酬の支払いの態様――報酬の性質、計算方法は、賃労働と独立の事業活動との区別にとり原則的に決定的ではない。

（x）　補助労働力の使用、経営手段の所有——こうした点の認められる者は、その他の点で同一であっても、単独で就業している者よりも独立の事業者に近づく。

（xi）　就業者の生活、経済状況——賃労働か独立の事業活動のいずれかが明瞭ではないケースでは、就業者がいかなる生活状況および経済状況にあるかがたびたび重視される。例えば、長年、日雇労働者であったこと、日雇労働者の生活状況を超えていないこと、土地所有者としてそこから相当の収入を得ていたこと等の事情がＲＶＡの裁決では具体的にあげられている。

(4)　以上、ＲＶＡが賃労働者と独立の事業者との区別について示した一般論と具体的視点については、次のように約言できるであろう。

①　賃労働者の基本的特質として人的従属性と経済的従属性とが考えられている。

②　そして、あげられた具体的視点のうち、少なくとも（i）（iii）（iv）（v）（vii）が人的従属性に関係しているとみられ、他方、特に（xi）が経済的従属性に触れていると解される。人的従属性は現在の用語法に従えば、命令拘束性を中心に捉えられ、経済的従属性は、広く就業者の社会的地位、経済状況（労働収入への依存性も含めて）において捉えられていたといえるであろう。

③　また、賃労働者か否かの具体的な判断においては、両従属性のうち、まず人的従属性が問題とされ、これだけからでは判断できない場合に、経済的従属性が考慮されていたと考えられる。これは、人的従属性が認められる者には、ほぼ経済的従属性が存在するとの見方が前提とされていたからであるといえよう。そのため、人的従属性が容易に肯定されるケースでは、経済的従属性が検討されない結果とも

なっていたと解されるのである。

以上のように、営業的労働者ないし賃労働者といった、ワイマール期以前の労働立法や公的保険制度の人的適用対象の基本的特質は、個々具体的な事件において判断の基礎とされた具体的な事実関係から判断しても、実務上は、概ね、人的従属性および経済的従属性と捉えられる方向にあったということができるであろう。(42)

(三)　被用者類似の者の概念の萌芽

(1)　営業法やライヒ保険法は、以上のように人的従属性と経済的従属性とを基本的特質に持つものとして捉えられた営業的労働者ないし賃労働者を、いわば本来的適用対象としたといえるが、これに適用対象を限定したわけではなかった。そうした基本的特質を完全には備えていない職業類型にある者をも、その適用対象に加えていたのである。それが家内工業従事者（Hausgewerbetreibende）である。この家内工業従事者こそが、一九二六年労働裁判所法に初めて登場した被用者類似の者の概念の萌芽であったということができるのである。

(2)　まず営業法は、一八六九年の成立時において、既に次のような規定を置いていた。

「工場施設の外部で、工場主又はこれと同視される者のために、その営業に必要な完成品又は半製品を製造するか、あるいは消費者にではなく、これらの者に製品を販売することを業とする者も〔営業的〕労働者とする。」（一三六条）

その後一八七八年の改正法では、この規定は次のように改められている。

「特定の（bestimmt）事業者のために、その作業所の外部で、工業製品の製造に従事する者は、自分で原料、補助原料を調達する場合でも……〔営業的〕労働者とする。」（一一九条二項）

これらの規定は、いずれも家内工業従事者と一般に呼ばれてきた者の定義規定に他ならない。営業法は、その成立時より、この家内工業従事者に、一部の規定、すなわち賃金に関する規定[43]（同法一一四条〜一一九条a）に限って適用を認めてきた。そして、一八七八年の改正法が家内工業従事者につき定めた先のような定義規定の内容は、以後、現行の営業法においても基本的には変更されていない。その定義規定によれば、家内工業従事者たるための要件は、（i）特定の事業者のために、（ii）この事業者の作業所の外部で、（iii）工業製品の製造に従事すること、の三点であると解された。そして、これらの要件のうち、（i）の要件が、立法趣旨説明やRG判決等において指摘のとおり[44]、家内工業従事者の取引相手が不特定多数の消費者ではなく、特定の事業者に限定されることによって、この事業者との間に――先にみた営業的労働者の基本的特質における と類似の――経済的従属関係が生ずることを求めるものであると捉えられた。しかも、この経済的従属性が、それだけで営業法の賃金に関する規定の適用を根拠づけていると解されたのであった。この場合の経済的従属性とは、特定の事業者への経済的依存性を意味すると考えられた[45]。

ところで、家内工業従事者は、たばこ産業および繊維産業を中心に存在していたが、取引通念上は独立の事業者に含められ得る職業類型に属する者として、営業的労働者ではなく、したがって本来であれば営業法の適用の外に置かれるべき存在であった。これは、家内工業従事者が、本来的には人的にも経済的にも独立しているとみられていたからである。すなわち、家内工業従事者は、一般に自己の作業場で労働していたということとも関わって[46]、労働の開始、終了、範囲、順序の決定、取引相手の選定、補助労働力の使用等につき大幅な自由を有しており、これが、人的、経済的独立性を生んだのである。しかし、家内工業従事者の中には、特定の委託者とだけしか取引関係を持たず、これによって経済的独立性を失い、特定の委託者に経済的に依存する零細な家内工業従事者も少なからず存在していた。こうした家内工業従事者は、一方で営業的労働者と同様に特定の委託者に対して経済的従属関係に立つが、他方では独立の事業者と同様に人的に独立であるという意味において、営業的労働者と独立の事業者との中間に位置していると捉えられた。しかし、特定の委託者への家内工業従事者のこうした経済的従属性からも、これへの保護必要性が生ずることが、立法者によって認識され、営業法の適用が部分的にではあるが肯定されるに至ったということができるのである。

家内工業従事者は、他人を補助労働力として用いることがしばしばであり、その場合には、独立の事業者と同様にこれらの補助労働力の使用者として営業法上の責任を負いつつ、他方で経済的従属性の存在等の要件を充足する限りで、営業的労働者と同様に、営業法上の賃金に関する規定に基づく保護を受けるという二重の立場に置かれることも考えられた[47]。こうした状況は、営業法の適用対象に付加されることによって、家内工業従事者が、法的取扱いにおいても、営業的労働者と独立の事業者との中間に位置づけられていたことを端的に示しているといえるであろう。

(3)　これに対応して、一八九〇年の営業裁判所法五条も、一八七八年の営業法一一九条二項と同様の規定を置いて、家内工業従事者につき営業上生ずる争いについて、GG（営業裁判所）の管轄を認めた[48]。ただし、原料や補助原料を家内工業従事者自身が調達する場合については、営業法上の取扱いとは異なり、原則としてその管轄を否定した。したがって、こうした家内工業従事者につき生ずる営業上の争いは、通常裁判所の管轄下に置かれたままであった。

(4)　他方、保険法の領域でも一九一一年のライヒ保険法において家内工業従事者にその規定の一部の適用が拡大された(49)。同法は、家内工業従事者を次のように定義づけた。

「自己の作業場で、他の事業者の委託を受け、かつその計算で工業製品の製造又は加工をする独立の事業者を本法にいう家内工業従事者とする」（同法一六二条一項）、「家内工業従事者は、原料又は補助原料を自分で調達していてもよく……」（同二項）

この定義を前述の営業法ないし営業裁判所法における家内工業従事者の定義と比較した場合、原料、補助原料の自己調達の有無の点は別にして、文言上明らかに相違があると考えられるのは、ライヒ保険法にいう「他の事業者の委託を受けかつその計算で」と、営業法ないし営業裁判所法の定義においてこれに対応すると思われる「特定の事業者のために」とであろう。既述のとおり、「特定の事業者のために」が、家内工業従事者への両立法の適用を根拠づける経済的従属性を意味すると解されていただけに、この文言上の差異をどう捉えるかは重要である。RVAは、「他の事業者の委託を受けかつその計算で」の具体的意味内容について概ね次のような解釈を示した(50)。

家内工業従事者は、他の事業者によって雇用され、その事業者の計算で働く。これによって、業務上の危険を負担しつつ、他方で生産物を自分で処分して事業収入を得る可能性を奪われ、経済的には実質上、労働報酬（Arbeitsentgelt）と異ならない報酬を出来高に応じて得るところとなる。こうして家内工業従事者は、賃労働者と同様に委託者である事業者に対して経済的従属となる。

RVAの以上の説明に従うとき、「特定の他人のために」と「他の事業者の委託を受けかつその計算で」

とは、等しく特定の委託者への家内工業従事者の経済的従属性を表現するもので、単に家内工業従事者の経済的従属関係を示す異なる事象をそれぞれ捉えたにすぎないといえるであろう。

以上のように、営業法、営業裁判所法、ライヒ保険法のそれぞれが予定した家内工業従事者は、原料、補助原料の自己調達の有無の点に差異が生ずるものの、その基本的特質を、いずれも人的独立性および経済的従属性――経済的依存性――としたということができるのである。

このようにしてみてくると、ワイマール期以前における労働立法等の適用対象については、人的従属性と経済的従属性とを基本的特質とする営業的労働者ないしは賃労働者を本来的な適用対象としつつも、場合によっては、人的独立ではあるが経済的従属性のある家内工業従事者をこれに付加する必要があるとの立法政策上の判断が、既に労働立法等の誕生後の早い時期から出来上っていたということができるであろう(51)。しかも、適用対象への家内工業従事者の付加は、各立法の各条項の趣旨に照らして、経済的従属性だけでもその適用の必要性を十分根拠づけうると判断される限りでなされたと解されることに留意する必要がある。

4　ワイマール期における適用対象拡大議論

それでは、再びワイマール期に眼を転じよう。既述のとおり（二の1および2）、ワイマール憲法の成立を契機として始まった労働法学説の議論は、労働法の本質を明確化し、労働法の本来的な適用対象としての被用者の概念の内容を確定することをめざすものであったと捉えることができた。しかし、以上みたようなワイマール期以前の労働立法等の適用対象をめぐる立法者や裁判例等の基本的な考え方を踏まえるときには、こうした議論は、そのようにそれまで直接には手つかずであった労働法の本質の問題にどのような回答を与えるかということにとどまらず、(i)それまでの労働立法の適用対象を拡大する必要があるのか、(ii)もしあるとすれば、どういった方法でか、という別の視点にも向けられていたことが指摘されなければならない。すなわち、それは、人的かつ経済的従属性を基本的特質とする営業的労働者ないし賃労働者に、人的独立で経済的従属の家内工業従事者を付加するそれまでの労働立法の適用対象構造のままで、以後の労働立法の適用対象のあり方は適切であるのか、という問題であった。結論的にいえば、後述のとおり、一九二六年の労働裁判所法における被用者類似の者の登場は、この問題に対して立法者によって示された一つの回答であったということができるのである。

㈠　適用対象拡大の必要性

学説においては、例えば、ポットホフ（H.Potthoff）が、知的労働者（geistige Arbeiter）等に対するそれまでの労働立法等による保護の欠如を理由に、労働立法等の適用対象の拡大の必要性を主張することによって、この問題に答えようとした[52]。

ポットホフのいう知的労働者[53]とは、新聞記者、オーケストラの構成員、俳優、オペラ歌手、弁護士、医師、技師、芸術家等の知的、芸術的労働に従事する労働者を特に指した。

この知的労働者は、ローマ法上は無償で労務を給付し、場合によって謝礼を得る者として、原則として賃労働関係を基礎づける労働契約（雇用契約の狭義のもの）に基づかないとされてきた[54]。ドイツでは、このローマ法の考え方がそのまま受け継がれ、これらの者には労働立法等による特別の配慮はほとんどなされていなかった。具体的にいえば、例えば、営業法では、芸術的、知的レベルが高くとも純粋に技術的性格の労務を給付する下級（低賃金）職員（例えば建築技師、製図技師等）に含められるか（同法一二三条ａ）、事業の全体的性格から営業性のある活動に従事する芸術的、知的レベルの低い者についてのみ、他の営業的労働者と同様の取扱いがなされるにとどまった(55)。したがって、これ以外の大半の芸術的、知的レベルの高い就業者については、わずかにライヒ保険法が、収入額が一定限度を超えない(56)劇場、オーケストラの構成員に対し、その芸術性のレベルにかかわりなく、適用を認めたにとどまった（同法一六五条五号、一二二六条四号）。しかもこの場合でも、賃労働者一般について認められるべき人的および経済的従属性の存在が前提とされていた(57)。ところが、先に述べたＲＶＡの「指針」の中でも指摘されていたように、知的労働者は、その労務の性質上委託者の指揮、監督になじみにくく、その就業にあたっては相当程度に広い範囲の自由裁量が認められるところから、人的従属性の程度が一般的に低いと解された。そのため、結局、芸術的レベルの高い活動を行う劇場やオーケストラの構成員の中には、保険法の適用が否定される場合もあったと考えられる。

ただし、ワイマール期に入り、共和国レベルの労働立法等の適用対象が、第一には筋肉労働者（Arbeiter）から頭脳労働者（Angestellte）へ、そして第二には営業（Gewerbe）から他の業種へ一挙に拡大されるに至り、ようやく活動の知的、芸術的レベルの高低にかかわりなく、知的労働者でも頭脳労働者としてその適用対象に含められるようになった(58)。しかしそれでも、人的かつ経済的従属性の存在が、前提とされていたことにかわりはなかった。

こうした法的状況下にあって、ポットホフは、先にみた家内工業従事者と同様に、委託者の事業場外で活動し、人的独立ではあるが、特定の委託者から委託を受け、かつその計算で働くために、この委託者に経済的に従属していた知的労働者の存在に着目し、これへの労働立法等の適用拡大の必要性を説いたのである。

ポットホフは、こうした知的労働者に、家内工業従事者、さらには同様に経済的従属性の認められる商業代理人（Handlungsagent）等を加えて「問屋取引的家内従業者」（verlagsmäßige Heimwerker）と総称し、ワイマール期に入り賃労働者という表現に代わって労働法の本来的な適用対象とされるに至った「被用者（Arbeitnehmer）」とともに、労働立法等の適用対象に加えることの必要性を主張したのであった。[60]

（二）　適用対象拡大の方法

しかし、ポットホフの言うように、「問屋取引的家内従業者」への適用対象の拡大の必要性を肯定するとしても、[61]具体的にいかなる方法でこれを行うかについては、まさに労働法の本質を規定するとされた「従属労働」の具体的内容をめぐる当時の見解の対立がそのまま反映するところとなっていた。

例えば、「従属労働」の内容を経済的従属性にだけ求める見解によれば、[62]被用者とポットホフのいう「問屋取引的家内従業者」とは、人的従属性という非本質的な性格の点では相違するが、本質的である経済的従属性が認められる限りで、ともに労働法の本来的な適用対象となることに変わりはない。したがって、「問屋取引的家内従業者」も、基本的には、すべての労働立法の適用を予定された者として被用者の中に包摂されるべきものとなり、そうした特別な就業者類型を被用者との区別のもとに案出する必要はないことになる。

これに対して、従前の立法者ないし判例等の考え方と同様に、人的および経済的従属性を「従属労働」の内容と捉えた場合には、それまでのように、個別の立法ごとに本来的適用対象としての被用者の他に、これとは異質な「問屋取引的家内従業者」等を必要に応じて付加する方法が取られることが考えられたのである。[63]

㈢　一九二六年の労働裁判所法の制定

このようにそれまでの労働立法の適用対象を拡大する必要性を肯定する点で一致しながらも、いかなる方法でこれを行うかについて生じていた対立、ひいてはその根底にあった「従属労働」の内容をめぐる見解対立は、本章の冒頭において言及した一九二六年の労働裁判所法（以下、一九二六年法と略記する。）の制定により一応の決着がつけられるところとなったといえるであろう。[64] それは、一九二六年法五条が、その適用対象として、まず「被用者」をあげ、そして「家内工業従事者およびその他の被用者類似の者」をこれと同視すると定めたことから、ここにおいては、被用者に、これとの区別を前提としつつ、「家内工業従事者およびその他の被用者類似の者」を付加する適用対象構造が採用されたと捉えられるからである。[65]

すなわち一九二六年法は、この規定形式を採用することによって、人的かつ経済的従属の賃労働者に人的独立ではあるが経済的従属の家内工業従事者を付加してきた営業法、営業裁判所法、ライヒ保険法等の適用対象構造を基本的に受けついだと解されるのである。一九二六年法五条は、「家内工業従事者およびその他の被用者類似の者」につき、「労働契約関係に立たないこと」を第一の要件とし、続いて「特定の他人の「委託を受け、かつその計算で」労務給付を行うことを第二の要件としてあげた。第一の要件が人的従属性のないことを意味し、第二の要件が、営業法やライヒ保険法における家内工業従事者の定義規定と比較すればわかるとおり、経済的従属性をそれぞれ意味したと解される。このことからいっても、適用対象構造に関する先の認識は裏付けられることとなろう。したがって、「家内工業従事者およびその他の被用者類似の者」への一九二六年法の適用を根拠づけたのは、ワイマール期以前の労働立法等におけると同様に被用者と類似の経済的従属性であったと考えられる。

ところで、一九二六年法においては、家内工業従事者に新たに「その他の被用者類似の者」がつけ加えられた。これは、立法趣旨説明にもあるとおり[66]、ポットホフのいう「問屋取引的家内従業者」等を「その他の被用者類似の者」の中に含ませ得るようにすることによって、「問屋取引的家内従業者」等への労働法による保護の拡大の主張に応えようとの立法者の判断に基づくものであるといえよう。そして「被用者類似の者」という表現は、文字どおり被用者に類似する者を意味しており、現実には被用者との類似点とされる経済的従属性が、一九二六年法の、これらの者への適用を根拠づけたと考えられることからすれば、「問屋取引的家内従業者」に比して、より核心を捉えた用語法であったといえるであろう。

このように、法文上は、一九二六年法において初めて登場した被用者類似の者であったが、（ⅰ）人的独立性と経済的従属性とがその基本的特質とされ、そのうち経済的従属性――経済的依存性――を根拠に労働立法（一九二六年法）の適用が肯定されたという意味においても、さらにまた（ⅱ）ワイマール期における学説による議論にもかかわらず、本来的適用対象とされる被用者に付加される形で一九二六年法の適用対象に加えられたという点でも、ワイマール期以前の立法における家内工業従事者の扱いと同様であったということができる。家内工業従事者を被用者類似の者の萌芽と評価しうるゆえんである。ともあれ、一九二六年法は、ワイマール期以前の労働立法等の適用対象構造を基本的には維持したと評価できるであろう。

5　被用者類似の者へのその後の適用拡大

一九二六年の労働裁判所法五条は、その後一九三四年に改正され、「家内労働に関する法律二条に従って報酬保護を受ける者および工業的家内労働に従事しないその他の者で、特定の他人の委託を受け、かつその計算で労務を給付し、経済的非独立のために被用者類似の者とみなされる者」（傍点筆者）を被用者と同視する、とされるに至った。これによって、被用者類似の者が経済的非独立性（経済的従属性）をその本質的特質とすることが法文上明定されたといえよう。同法五条は、一九五三年にも再度改正されるが、改正後の規定でもその点は維持され、現行規定となっている。

ところで、適用対象に被用者類似の者を付加する労働立法は、連邦法上は、第二次世界大戦までは手続法としての労働裁判所法だけにとどまっていた。しかし、第二次世界大戦後は、まず各州の休暇法に始まり、一九六三年には、実体法上初めて連邦休暇法（Bundesurlaubsgesetz）が、その成立と同時に被用者類似の者を適用対象に加えるに至った（同法二条）。これは、被用者類似の者の経済的従属性によっても、休暇中の財政的援助による労働力の保護の必要性を根拠づけうる、との立法政策上の判断に基づいていると解される。

この連邦休暇法に続いて、一九七四年には、労働協約法（Tarifvertragsgesetz）がこれに適用対象を拡大した[67]（同法一二条a）。この場合も、経済的従属関係によって生じた委託者による就業条件等の一方的決定の状況を、団結の力によって改善し、その結果達成された就業条件等の実質的な対等決定の成果に、労働協約としての一定の法的効果を認める必要がある、との立法政策上の判断がなされた結果であるということができる。

こうして、被用者類似の者の適用対象を拡大する立法は、しばらくの間は、連邦法上は、労働裁判所法、連邦休暇法、労働協約法にとどまった（一九九〇年以降の新たな展開については、第一編第三章を参照のこと。）。他方、家内工業従事者を含む家内労働従事者等の被用者類似の者の一部には、後述するとおり（**四2**）、特別立法または特別規定が設けられている。

(1) RGBl. I, S. 507.

(2) 一九二三年発表の一般労働契約法草案四条二号では、既に同法の適用対象として「家内工業従事者(Heimgewerbetreibende)および被用者類似の者」が加えられていた。Vgl. Der Entwurf eines Allgemeinen Arbeitsvertragsgesetz, Reichsarbeitsblatt Amtlicher Teil, 1923, S. 498ff.

他方、学説上は、E. Melsbach が一九二三年発刊の著書 Deutsches Arbeitsrecht の中で初めて被用者類似の者という表現を用いたとされる。E. Melsbach のいう被用者類似の者については後掲注(65)を参照のこと。

ところで、被用者類似の者の概念は、労働法独自のものであり、社会保障法上、税法上は存在しない。したがって、労働法上被用者類似の者とされる者は、家内労働従事者を除けば、社会保障法上、税法上は、原則として独立の事業者として取り扱われる。Vgl. G. Schaub, Arbeitsrechtshandbuch, 1983, 5. Aufl., S. 39.

(3) 労働裁判所は、安い訴訟費用、裁判の簡便性、迅速性、さらには、職業裁判官と陪席の労使代表との合議制による判決の調整機能等の確保を目的として設置されたといわれている。Vgl. W. Schulte, Arbeitnehmerähnliche Personen in Arbeitsgerichtsgesetz, 1930, S. 58.

(4) 当時の学説の議論については、わが国においては、既に第二次世界大戦前より紹介がなされている。したがって、本文では必要な範囲で言及するにとどめる。津曲蔵之丞『労働法原理』(改造社、昭七)一七〇頁以下を参照のこと。

(5) Vgl. Hueck-Nipperdey, Lehrbuch des Arbeitsrechts, Bd. 1, 1. Aufl., 1927, S. 1 Fn. 1. 判例の中にも、このような表現を用いるものが存在した。LAG, ARS, Bd. 2, S. 22; RAG, ARS, Bd. 4, S. 255; Bd. 5, S. 27. しかし、ワイマール期に入ってからも、労働法を「従属労働」だけでなく、独立労働も含めた労働の法と捉えるべきであるとの主張もみられた。Vgl. W. Silberschmidt, Das Deutsche Arbeitsrecht, 1926, S. 12ff.

(6) 特に保険法の領域で散見される程度であった。そこでは、被用者概念は、特定の職種における就業者のみを指すものとして用いられていた。当時は、被用者の語よりも、本文後述のとおり(二**3**㈠(九頁以下))、むしろ Arbeiter の語の方が多用された。

（7）P.Lotmar, Der Arbeitsvertrag nach dem Privatrecht des Deutschen Reiches, Bd.I, 1902, S.60ff. vgl. A.Nikisch, Die Grundformen des Arbeitsvertrages, 1926, S.88.

（8）一九二六年の労働裁判所法五条はもちろん、その他に、例えば、一九二〇年の経営協議会法（Betriebsrat-gesetz）一〇条、一九一八年の労働協約令一条、二条等もそうである。

（9）Hueck-Nipperdey, a.a.O.（Anm.5）, S.33; W.Schulte, a.a.O.（Anm.3）, S.8; A.Nikisch, a.a.O.（Anm.7）, S.88; E.Jacobi, Grundlehren des Arbeitsrechts, 1927, S.65 usw.

（10）Vgl. H.Potthoff, Der Begriff ‚Arbeitnehmer' im künftigen Arbeitsrechte, Recht und Wirtschaft, 1920, S.191f.; A.Nikisch, a.a.O.（Anm.7）, S.88.

（11）統一労働法典編纂の第一歩として、まず、労働法体系を構成する各法分野ごとの草案作成への着手がなされた。一九二一年に労働協約法草案、一九二三年には一般労働契約法草案、一九二六年には労働保護法草案がそれぞれ発表されている。しかし、これらはいずれも草案のままで終わった。また、統一労働法典編纂の試みについても、一九八〇年代半ばまででみると、一九三〇年代、一九七〇年代、一九八〇年代と、三度繰り返されてきたが、いずれも草案の提示にとどまっている。Vgl. G.Schelp, Es muß der Anfang gemacht werden, RdA 1960, S.127ff.; T.Dieterich, Die Kodifikation des Arbeitsrechts, RdA 1978, S.329ff.

（12）A.Nikisch, a.a.O.,（Anm.7）, S.87; H.Potthoff, a.a.O.（Anm.10）, S.190ff.; derselbe, Recht Linien für das künftige Arbeitsrecht, Arbeitsrecht 1921, S.70ff.

（13）A.Nikisch, a.a.O.（Anm.7）, S.86f.

（14）ワイマール期以前において、労働法の本質に関わる論考が少ない理由は、その点の解明の必要性があまりなかったということに尽きる。本文後述のとおり（二 **3** ㈠）、営業法（Gewerbeordnung）を含め当時の労働立法の適用対象に関し生じた問題の大半は、特定の職種での業務に従事しているか否かであったといえる。そのため、当時の学説は、個々の就業者の基本的特質――ワイマール期に入り従属性と捉えられるもの――を明らかにすることよりも、むしろ、特定の職種において就業しているか否かを問題としていた。換言すれば、当時のいわゆる各職業別立法による保護は、特定の職種において就業する就業者に向けられており、したがって、「従属性」の有無ではなくて、特定の職種において就業する就業者であるか否かが、そのままその保護必要性を決定すると捉えられていたと解されるのである。Vgl. W. Kaskel, Begriff und Gegenstand des Sozialrechts als Rechtsdisziplien und Lehrfach, Deutsches Juristen Zeitung 1918, S. 543 ; derselbe, Arbeitsrecht 1925, S. 2 Anm. 1. そのため、例えば、本文で後述する（二**3**(一)）営業的労働者（gewerbliche Arbeiter）については、「営業的事業において、契約関係に基づき、営業（Gewerbebetrieb）のために雇用される者すべてをいう」といった定義づけが一般的であったといえる。Vgl. Landmann-Rohmer, Die Gewerbeordnung für das deutsche Reich, Kommentar, Bd. 2, Vorbemerkung zum 7. Titel der GewO, 3. Aufl., 1897 ; F. Zahnbrechen, Der gewerbliche Arbeitsvertrag, 1913, S. 11f. ; Stier-Somlo, Gewerbeordnung, 2. Aufl., 1923, S. 525.

　他方、当時の学説によって「従属性」概念が認識されていたか否かは、営業的労働者等の就業関係を根拠づける契約につき問題となるBGB六一一条以下の雇用契約に関する諸規定に対する各学説による説明においても確認できよう。現在のドイツにおける雇用契約に関する理解からすれば、「従属性」の有無が問題となりうるのは、専ら雇用契約の下位概念として、これを組成する契約類型とされる従属的雇用契約と自由雇用契約との区別においてであると考えられる。一九一〇年代におけるBGBのコンメンタールは、雇用契約に関する諸条項につき、まず、雇用契約一般の本質および各規定につき言及し、その後に雇用契約関係にある主要な職種（営業的労働者、商業使用人等）に適用のある特別立法、特別規定の説明を職種ごとに行うのが一般である。この過程で、自由雇用契約と従属的雇用契約との区別に意識的に言及したものはなく、この区別が明確に認識されていたかは疑問である。現に、この区別が認識されるのは、一九一八年以降であるとの指摘がある。A. Söllner, Dienstvertrag, Münchner Kommentar BGB, Schuldrecht Besonder Teil, 1. Hl. Bd., 1980, S. 1021 Fn. 8.

　しかし、ワイマール期までの論考で、「従属性」に言及したものが全くなかったわけではない。Vgl. W. Siegel, Der gewerbliche Arbeitsvertrag, 1903, S. 1ff. ; H. Horrwitz, Das Recht der Handlungsgehilfen und Handlungslehrlinge, 1905, S. 23ff.

(15) 営業関係にはライヒ立法として一八六九年の営業法、鉱業にはラントレベルの鉱業法、例えば、一八六五年のプロイセン一般鉱業法が適用となった。海運、河川運輸業には、ライヒ立法として一九〇二年の船員法、一八九五年の内海航行法、筏運輸業法の三つの法律が存在した。

(16) RGBl. S. 245ff.

(17) 第七章は、その標題を営業的労働者（gewerbliche Arbeiter）とし、その具体例として、これに続けて、職人、助手、徒弟、経営職員、職工長、工場労働者、技師を例示している。

(18) この gewerbliche Arbeiter の語は、ワイマール期に入り、被用者概念の下位概念として Angestellte（職員）と並んで、これとの対比で用いられる Arbeiter（労務者）とは異なり、前掲注(17)であげたような者を含む広い概念であり、むしろ営業領域における「被用者」にあたると解される。現行の営業法では、この語に代えて、gewerbliche Arbeitnehmer の語が用いられている。そこで、その訳語として「営業的労務者」ではなく「営業的労働者」の語をあてることとした。

(19) R. Landmann, Kommentar zur Gewerbeordnung, Bd. 2, 7. Aufl., 1925, S. 175.

(20) ただし、一八八四年の労働災害保険法、およびこれを引き継いだライヒ保険法五四八条は、保険加入義務を負う事業主体の方を業種別に列挙しており、被保険義務者に関して直接には定めていない。

(21) 営業裁判所は、住民二万人を超える地方自治体（Gemeinde）等では義務的に、それ以外では任意に設立され、その行政機関の一部となっていた。判決は三者構成の裁判官によって下され、審級は、第一審が営業裁判所で、ラント裁判所（Landgericht）が第二審となった——ただし、訴額が一〇〇〇Mを超える場合のみ——が上告審は存在しなかった。Vgl. W. Kaskel, Arbeitsrecht, 1925, S. 272f.

(22) Wilhelm-Bewer, Kommentar zum GewerbegerichtsG, 2. Aufl., 1903, S. 33.

(23) R. Landmann, a. a. O.（Anm. 19), S. 186ff.

(24) 商人裁判所も、営業裁判所と同様に、一定の地方自治体の行政機関の一部として設立され、三者構成であった。審級は、一審の商人裁判所、二審のラント裁判所で終わり、やはり上告審は存在しなかった。Vgl. W. Kaskel, Arbeitsrecht. 1925, S. 273f.

(25) 保険官庁は、保険法の適用上の争いについては、地方保険局、ラント保険局（ライヒ保険法成立以降は上級保険局）、そして、ライヒ保険局が、いわば三審制の形で管轄し、行政訴訟手続に類する手続に基づいてその処理にあたった。第二次世界大戦後、連邦社会裁判所によって代替されるまでは、ライヒレベルでは、行政裁判所が存在しなかったため、ライヒ保険局の判断が最終のものであったのである。Stier-Somlo, Reichsversicherungsordnung, Bd. 1, 1915, S. 70ff.

(26) 当時は、労働法、社会保障法という法体系上の区別はなされず、一つの法体系に含めて考える傾向にあり、保険法における被保険義務の有無との関わりで問題とされる賃労働者性判断の基準は、賃労働者の一部としての営業労働者の基本的特質判断の基準としても十分に用い得ると考えられていたようである。Vgl. Lewin-Guradze, Zum Arbeitnehmer- und Angestellten-begriff nach dem Arbeitsgebergesetz, Das Arbeitsgericht 1928, S. 400f.; R. Landmann, Kommmentar zur Gewerbeordnung, Bd. I., 7. Aufl., 1917. S. 154.

(27) RG, Urt. v. 18. 4. 1896, RGZ, Bd. 37, S. 277f. この事件では、れんが職人の報酬支払い請求に対して、工場主が一八三八年五月三一日の法律に基づく短期消滅時効を主張したため、その要件が充足されているか否かが争点となった。そして、同法は、短期消滅時効にかかる報酬支払請求権の帰属主体として、工場労働者（Fabrikarbeiter）をあげており、工場労働者性がまず問題とされた。ライヒ裁判所は、この工場労働者の概念を、営業法第七章にいう営業的労働者と同義のものと解しており、そのため、同時に営業的労働者性も問題とされたのであった。

(28) ただし、本文中の以下に引用する判決には、第一審裁判所としてのＧＧの判決に加えて、第二審裁判所としてのラント裁判所（Landesgericht, LG）の判決も含まれている。

(29) LG Elberfeld v. 14. 12. 1905, Gewerbe- und Kaufmannsgericht, 1906, S. 266f.

(30) GG Planen, Gewerbe- und Kaufmannsgericht, 1903, S. 204ff.

(31) LG Hagen v. 20. 12. 1901, Gewerbegericht, 1903, S.83f.; LG Naumburg v. 30. 5. 1905, Gewerbe- und Kaufmannsgericht, 1907, S.187f.

(32) GG Moers Kammer Homberg v. 14. 12. 1905, Gewerbe- und Kaufmannsgericht, 1966, S.199.

(33) LG Elberfeld v. 5. 1. 1903, Gewerbe- und Kaufmannsgericht, 1903, S.269ff.

(34) KG Hamburg v. 8. 4. 1905, Gewerbe- und Kaufmannsgericht, 1906, S.10.

(35) KG Leipzig v. 4. 1. 1905, Gewerbe- und Kaufmannsgericht, 1905, S.170.

(36) KG Mainz v. 3. 8. 1905, Gewerbe- und Kaufmannsgericht, 1906, S.11; KG Hamburg v. 8. 4. 1905, Gewerbe- und Kaufmannsgericht, 1906, S.13; KG Dresden v. 14. 12. 1905, Gewerbe- und Kaufmannsgericht, 1906, S.311ff.

(37) KG Stadtbezirk Stettin v. 9. 7. 1905, Gewerbe- und Kaufmannsgericht, 1906, S.11f.

(38) KG Eharlottenburg v. 21. 11. 1905, Gwerbe- und Kaufmannsgericht, 1906, S.241f.; KG Dresden v. 14. 12. 1906, S.312f.

(39) 例えば、LG Köln v. 3. 12. 1922, Gewerte- und Kaufmannsgericht, 1924, S.5ff.; RG v. 7. 1. 1916, RGZ, Bd. 87, S.441ff.; RG v. 18. 4. 1916, JW 1916, S.942ff. usw.

(40) 1900 Anleitung, betreffend den Kreis der nach dem InvalidenversicherungsG vom 13. 6. 1899 versicherten Personen, Amtliche Nachrichten des RVA, 1900, S.277ff.; 1905 Anleitung, betreffend den Kreis der nach dem InvalidenversicherungsG vom 13. 6. 1899 versicherten Personen, Amtliche Nachrichten des RVA, 1905, S.613ff.; 1912 Anleitung über den Kreis der nach der Reichsversicherungsordnung gegen Invalidität und gegen Krankenheit versicherten Personen, Amtliche Nachrichten des RVA, 1912, S.721ff.

(41) 1912 Anleitung, Ziffer 1 (S.723) u. 10 (S.729ff.). 一九〇〇年および一九〇五年の「指針」とも、この点の説明にほとんど差異はなく、賃労働者の基本的特質として人的従属性と経済的従属性とに言及している。

(42) 一九二〇年代以前において、賃労働者の本質について、これを人的従属性のみと捉え、その決定的徴表を使用者の命令権に求める考え方が既に確立されていたとの見方がある。Vgl. G. Baum, Die Geltungsbereich des künftigen Angestelltenrechts, Arbeitsrecht, Bd. VIII (2) 1921, S. 253 ; W. Silberschmidt, Abhängige und unabhängige Arbeit, Gewerbe- und Kaufmannsgericht, 1924, S. 46ff.

RG判決にも、商業使用人と商業代理人の区別にあたり、商業使用人の基本的特質について、人的従属性のみを問題とするものが出されていた。Vgl. RG v. 7. 1. 1916, RGZ, Bd. 87, S. 441ff.; RG v. 18. 4. 1916, JW, 1916, S. 962ff. 後のＲＡＧ（Reichsarbeitsgericht, ライヒ労働裁判所）判決には、商業使用人を含む被用者概念について人的独立性（人的従属性）の程度を決定的と捉えることが、それまでの判例の継続的な立場であるとし、これらのＲＧ判決を引用するものがある。Vgl. RAG v. 10. 11. 1927, ARS, Bd. 2, S. 24 (S. 22ff.).

このような理解は、本文において、一九二〇年代以前の判例（保険局の裁定を含めて）が、賃労働者ないしは営業的労働者の基本的特質を、人的従属性と経済的従属性と捉えていたとの分析と矛盾するかにみえる。確かに上述の理解のいうように、一九二〇年代以前の判例の中には、人的従属性だけの検討で賃労働者性を肯定するものが散見された。しかし、これらの判例は、本文で述べたように（一九頁③）、人的従属性のある者には、一般に、経済的従属性が認められるとの認識を前提に、まず、人的従属性の検討を行ったと考えられるのである。したがって、こうした場合を捉えて、賃労働者の特質は人的従属性のみで、経済的従属性はこれから除かれてきたとまではいえないであろう。その基本的特質として、人的従属性とともに経済的従属性をあげる考え方は、一九二〇年代末のＲＡＧ判決にも依然として見い出しうるのである。Vgl. RAG, ARS Bd. 4, S. 143 ; Bd. 9, S. 510 u. 513 usw.

このような判例の考え方に根本的な変化を生むのは、むしろ一九二〇年代末以降のＲＡＧ判決においてであったと考えられる。既に一九二〇年代初めから、学説の間で徐々に賃労働者ないし被用者の概念の本質的メルクマールとして経済的従属性の意義を消極的、否定的に解する考え方が示されていた。Vgl. A. Nikisch, Grundformen des Arbeitsvertrag und der Anstellungsvertrag, 1926, S. 94ff.; L. Richter, Arbeitsrecht als Rechtsbegriff, 1923, S. 19. ヒュック（A. Hueck）も、当初は、被用者の基本的特質として人的従属性と経済的従属性とをあげていた。しかし、一九二七年にはこれを改め、経済的従属性は概念本質的ではないとの立場を取るに至ったのである。Vgl. A. Hueck, Handbuch des Arbeitsrechts, Bd.I, 1922, S.21 ; Hueck-Nipperdey, Lehrbuch des Arbeitsrechts, Bd.I, 1. Aufl., 1927, S.1ff. こうした学説の動きに合わせる形で、ＲＡＧも徐々に新しい考え方に従い、一九三〇年代中頃には、被用者概念の本質的メルクマールは、人的従属性であり、経済的従属性は「もはや必要でも十分でもない」との考え方を取るに至ったといえるであろう。Vgl. J. Scheidt, Der Rechtsbegriff der abhängige Arbeit, 1934, S.68.

こうした学説、判例の変化は、端的には、人的従属ではあるが経済的従属でない就業者の存在が認識され、こうした者をも、明確に、被用者の中に取り込もうとしたことによるものであったと解される。この点については、一九二〇年代以前の判例では、十分な考慮がなされていなかったのではないかとの推測が成り立つのである。

いずれにしても、ヒュックが、被用者概念の本質的メルクマールを人的従属性とし、経済的従属性は非本質的であるとしながらも、労働法の本来的で最重要の責務を、被用者の人的従属性と経済的従属性の双方から生ずる危険の除去にあるとするのは、歴史的にみれば、労働法の誕生時には、労働法の本来的な適用対象の中核として、人的従属かつ経済的従属の者が予定されていたことを示唆するものともいえるであろう。Vgl. Hueck-Nipperdey, Lehrbuch des Arbeitsrechts, Bd.1, 7. Aufl., 1963, S.25f. u. 34ff.

(43)　これらの規定では、委託者による賃金台帳作成義務（同法一一四条ａ～ｄ）、賃金の通貨払い、全額払いの原則（一一五条、一一五条ａ）等の定めがなされている。

(44)　Vgl. RG v. 21. 1. 1886, RG St., Bd.13, S.285ff.; RG v. 12. 10. 1885, RG St., Bd.12, S.429ff.

(45)　RG v. 13. 2. 1888, RG St., Bd.17, S.129ff.

(46)　しかし、委託者（使用者）の施設外で活動する者には、常に、人的従属性が存在しないとされたわけではなく、施設外であっても、委託者（使用者）の指揮、監督下で活動する者は、外勤労働者（Außenarbeiter）、家内労働者（Heimarbeiter）あるいは、派遣労働者（detachierte Arbeiter）と称されて、家内工業従事者とは一応区別された。

(47) R. Landmann, Kommentar zur Gewerbeordnung, Bd. II, 7. Aufl., 1925, S. 337.

(48) なお、同法五条一項は、Hausgewerbetreibende と並べて Heimarbeiter を規定した。これは、Hausgewerbetreibende が南ドイツ地方では、Heimarbeiter と呼ばれていたことに配慮したものとされている。Vgl. RG v. 4. 11. 1910, RGZ, Bd. 74, S. 387ff.

(49) ライヒ保険法に統合される前の疾病保険法および障害保険法では、家内工業従事者への各保険法の適用拡大については、地方自治体（Gemeinde）ないしその団体の条例（statutarische Bestimmung）か、ライヒ参議院（Bundesrat）の決議によってなされるものと定められていた。その後、ライヒ保険法への統合とともに、疾病保険については、無条件で適用対象に家内工業従事者を加えた（同法一六五条）。疾病保険については、一九二二年の改正によるまで、従前の方式がとられた。

(50) 1912 Anleitung, Ziffer 15, S. 733f.

(51) H. Potthoff, Gerichtstand arbeitnehmerähnlicher Person, LZ 1927, S. 417ff.

(52) ポットホフによる知的労働者に関する論考は、以下に掲げるものも含め一〇編を超えているが、その内容は、いずれも本文で紹介した主張で貫かれている。H. Potthoff, Das Arbeitsrecht der geistiger Arbeit, Arbeitsrecht 1919, S. 108ff.; Dienstrecht nicht angestellter Geistesarbeiter, Arbeitsrecht 1920, S. 161ff.; Anwendbarkeit des Arbeitsrecht auf freien Beruf, Arbeitsrecht 1921, S. 32ff.; Die geistige Arbeiter, I Teil, 1922, S. 328ff.

(53) 被用者概念の下位概念として用いられる Arbeiter（労務者）と Angestellte（職員）の区別は、通例、前者が筋肉労働、後者が頭脳労働に従事する点に求められる。したがって、geistige Arbeiter に「頭脳労働者」の訳語をあてた場合、Angestellte 一般との区別が曖昧になると考えられるので「知的労働者」の訳語をあてることとした。また、ドイツでは、知的労働者の従事する知的労働（geistige Arbeit）との対比を考えて、Angestellte の従事する労働に Kopfarbeit（頭脳労働）の語をあてる論者もあった。Vgl. E. Melsbach, Deut-

sches Arbeitsrecht, 1926, S. 22 Fn. 2.

(54)　H. Potthoff, a. a. O.（Anm. 52), Arbeitsrecht, 1919, S. 108. vgl. Söllner, Dienstvertrag, Münchner Kommentar BGB, Bd. 3, 1. Hl. Bd., 1980, S. 1020 RdNr. 2.

(55)　R. Landmann, a. a. O.（Anm. 47), Bd. II. 1924, S. 176 u. 178.

(56)　一九一一年のライヒ保険法成立時には二〇〇〇ＤＭであった。

(57)　Vgl. F. Hoffmann, Kommentar zur RVO Bd. 2, 6. Aufl., 1922, S. 26f.

(58)　Vgl. H. Potthoff, a. a. O.（Anm. 51), LZ 1927, S. 418.

(59)　ポットホフによるこうした造語には次の意味がある。ポットホフが問題とする就業者は、いずれも委託者の施設外で、すなわち自己の作業場で活動する点で、いわゆる家内従業者（Heimwerker）であった。しかし、家内従業者といっても、直接、消費者を相手にする者もおり、これらの者と、彼が問題とした就業者のように特定の委託者とのみ取引関係にある者との区別を必要とした。後者はまさに家内労働一般にみられる「問屋制労働（Verlagsarbeit）」に類するものであり、そこで「問屋取引的（verlagsmäßig）」の語を付したというものである。Vgl. H. Pottohoff, Verlagsmäßige Heimwerker, Arbeitsrecht 1921, S. 151ff.

(60)　ポットホフのこのような主張は、まず、当時（一九二三年）発表された一般労働契約法案に取り入れられた。

同草案二条：被用者とは、労務者（Arbeiter）、職員（Angestellte）、徒弟（Lehrlinge）をいう。

同草案四条：［契約］関係の性質から別段の取扱いを要する場合を除き、被用者に関する法原則は、次の者にも適用がある。1. ……。2. 家内工業従事者およびその他の被用者類似の者、すなわち、いわゆる家内従業者（Heimwerker）。……

(61)　ジンツハイマー（H. Sinzheimer）、モリトール（E. Molitor）、メルスバッハ（E. Melsbach）などは、拡大に肯定的見解を持っていたといえる。Vgl. H. Sinzheimer, Grundzüge der Arbeitsrechts, 1. Aufl., 1921, S. 14; E. Molitor, A. Hueck, E. Riezler, Der Arbeitsvertrag und Entwurf eines Allgemeinen ArbeitsvertragsG, 1925,

S. 72ff.; E. Melsbach, a.a.O., 1923, S. 18ff.
これに対し、カスケル（W. Kaskel）は、知的労働者等は被用者か独立事業者のいずれかであり、ポットホフのいう問屋取引的家内従業者のような中間的概念は不要であるとし、これへの労働立法の拡大には消極的であった。W. Kaskel, Arbeitsrecht, 1. Aufl., 1925, S. 30ff. また、ニッパーダイ（H.C. Nipperdey）も、ポットホフのいう問屋取引的家内従業者までへの拡大には批判的であった。H.C. Nipperdey, Beitrag zum Tarifrecht, 1924, S. 11f.

（62）E. Melsbach, Deutsches Arbeitsrecht, 1923, S. 21ff.; W. Silberschmidt, Arbeitnehmerähnlichen Personen, Zentralblatt für Handelsrecht 1928, S. 46f.

（63）ポットホフ自身、「従属労働」の内容を、組織的従属性および経済的従属性と捉えていたが、このように解しても、被用者と問屋取引的家内従業者との関係についての従前の判例の基本的考え方と異なるところはなかった。

（64）Hueck-Nipperdey, Lehrbuch des Arbeitsrechts, Bd. 1, 1927, S. 33f.

（65）被用者概念の本質的メルクマールを経済的従属性だけで足りるとしたメルスバッハも、被用者類似の者の概念を用いており、一九二六年の労働裁判所法五条の被用者と被用者類似の者との関係を本文のように捉えることが妥当でないかにみえる。しかし、メルスバッハの場合、被用者の中に、同法五条では被用者類似の者として例示されている家内工業従事者を含めており、やはり、メルスバッハのいうような被用者と被用者類似の者の捉え方は、労働裁判所法においては取られていないと考えるべきであろう。メルスバッハは、専ら取引観（Verkehrsanschauung）に従って経済的従属性の有無を判断し、経済的従属性なしとされる者でも、現実に被用者と類似の経済的条件にある者は被用者類似の者となるとしている。

（66）「その他の被用者類似の者」について立法趣旨説明は次のように述べている。
「民商法上は独立であるが、特定の事業者の委託を受けかつその計算で労務を給付し、その事業者との経済関係においては、労働関係と同様の関係に立つ者、例えば、保険代理人、手数料ベースで取引を仲介する旨の継続的契約関係に立つ商事会社の独立の代理人である。」Vgl. Regierungsentwurf eines Arbeitsgerichtsgesetz nebst amtlicher Begründung, Reichsarbeitsblatt, 33. Sonderheft, 1925.

(67)　労働協約法一二条ａの創設により、労働協約締結権が被用者類似の者にも拡大されることとなったが、団結の自由を保障した基本法（Grundgesetz）九条が、これによって被用者類似の者にも適用されることになるのかどうかという解釈論上の問題が新たに認識されるに至った。多数説は肯定説の立場に立っている。Vgl. Wiedemann-Stumpf, Tarifvertragsgesetz, 1977, 5. Aufl., S. 686f.

三　被用者類似の者の概念のメルクマール

被用者類似の者は、歴史的には家内工業従事者に始まって、以上のように今日まで一部の労働立法の適用対象に加えられ　被用者とともに労働法の適用対象構造を形づくってきた。その被用者類似の者の概念は、具体的にはいかなる内容のものとして捉えられてきたのか。これが次の問題である。

被用者類似の者は、被用者と独立の事業者との中間に位置するものとして、その基本的特質は、人的独立性および経済的従属性にあるとされてきたことは、既に指摘した。したがって、ここでは、これら人的独立性および経済的従属性が具体的にいかなる内容のものかが明らかにされなければならない。とりわけ、経済的従属性は、被用者類似の者への労働立法による保護を根拠づけてきたのであるから、その具体的内容をどう確定するかは、被用者類似の者を適用対象とする労働立法の適用の有無を考える場合には重要な意味を持ってくるのである。

1　各立法の定義規定

ところで、一九二六年の労働裁判所法以降一九八〇年代末までの間で、被用者類似の者に適用対象を拡大した連邦法としては、既述したように、一九三四年と一九五三年の労働裁判所法改正法、一九六三年の連邦休暇法、一九七四年の労働協約法の各立法をあげることができる。以下、本章での説明の便宜上、これらの立法における被用者類似の者の定義規定をここでまとめてあげておくこととしよう。

1　一九二六年労働裁判所法五条一項二文[68]

労働契約関係（Arbeitsvertragsverhältnis）に立つことなくして、特定の委託者の委託を受けかつその計算で（im Auftrag und für Rechnung bestimmter anderer Personen）労務を給付する者（家内工業従事者およびその他の被用者類似の者）は、自ら原料又は補助原料を調達する場合においても、これを被用者とみなす。

2　一九三四年労働裁判所法五条一項二文[69]

家内労働に関する法律第二条に従って報酬保護を受ける者、および工業的家内労働に従事していないその他の者で、特定の他人の委託を受けかつその計算で労務を給付し、経済的非独立性（wirtschaftliche Unselbständigkeit）のために被用者類似の者とみられる者は、これを被用者とみなす。

3　一九五三年労働裁判所法五条一項二文[70]

家内労働従事者（in Heimarbeit Beschäftigte）とこれと同視される者（一九五一年三月四日の家内労働法第一条所定の者）、およびその経済的非独立性のために被用者類似の者とみられる者も被用者とみなす。

4　一九六三年連邦休暇法二条二文[71]

その経済的非独立性のために被用者類似の者とみなされる者も被用者とする。

5　一九七四年労働協約法一二条a第一項一号(72)

経済的従属性があり、かつ被用者と同程度に社会的保護必要性のある者（被用者類似の者）に本法を準用する（一号本文）。

(1)〔自由〕雇用契約または請負契約に基づき他人のために活動すること。

(2)義務づけられた給付を自分の手で、かつ被用者を本質的に（im wesentlichen）使用することなく履行すること（以上一号本文）。

(3)主として一人の者のために活動するか（一号a）または、自己の生業（Erwerbstätigkeit）から得られる全収入の平均して半分を超えて一人の者から得ること（一号b）。

2　被用者類似の者の概念の同一性議論

以上にかかげた各定義規定を基礎にして、被用者類似の者の概念の具体的メルクマールを確定しようとする場合には、その前提として、各立法にいう被用者類似の者の概念はすべて同一のものと捉え得るのか、それとも異なり得るものとして各立法ごとにその内容を確定する必要があるのかを考えておく必要がある。被用者類似の者の概念内容の把握の仕方のこのような違いは、具体的には、例えば、労働協約法の適用を受ける協約当事者としての被用者類似の者は、すべて連邦休暇法の与える休暇請求権を同法の被用者類似の者として主張し得るかとか、連邦休暇法上の被用者類似の者は、すべて休暇請求権の有無を労働裁判所において争いうるのか、といった問題の結論に差異を生むといえるからである。そして、この問題についてドイツの学説の間には拮抗した見解の対立が存在してきた。

この点は、被用者概念におけるドイツ学説の理解とは事情が異なっている。被用者概念については、ドイツの多数学説は「労働法は、非独立の被用者の法である。」として、被用者を労働法の本来的な規整の対象と認識したうえで、労働法を構成する各立法の適用対象としての被用者の概念は、そうした労働法の本来的な規整の対象としての被用者の概念と一致しなければならないとしてきた[73]。そのため、各労働立法の適用対象としての被用者の概念は、いわば労働法の本質論の観点から、各立法間に相違はなく同一内容のものと解されたのである。これに対して、被用者類似の者は、被用者のように労働法の本来的な規整の対象と捉えられるわけではない。むしろ、被用者類似の者に対する各労働立法による保護の必要性に関する立法政策上の判断に基づいて、一部の労働立法の適用対象に付加されてきたと考えられる。したがって被用者類似の者の概念が各労働立法につき同一のものと捉えられるべきか否かについては、被用者概念におけると同様の論理によっては結論を導き得ないということになる。そのため、この問題についての議論は、いわばより解釈論的なレベルにおいてなされるところとなっている。

（イ）　肯　定　説[74]

肯定説は、次のような説明により各労働立法にいう被用者類似の者の概念の同一性を主張する。

まず、連邦休暇法と一九五三年の労働裁判所法については、被用者類似の者の定義規定の文言がほぼ同一であることから、その概念の内容は同一と考えられる[75]。次に、労働協約法と一九五三年の労働裁判所法については、労働協約法に基づく協約当事者間の争いに関して、労働裁判所が排他的管轄権を有しており、労働協約法上の被用者類似の者を協約当事者とする争いは、すべて労働裁判所の管轄下に置かれることになるから、解釈論上、両立法の被用者類似の者の概念は同一と解すべきこととなる。こうして、労働裁判所法は、連邦休暇法および労働協約法における同一の被用者類似の者に適用があるところとなる。したがって、労働協約法と連邦休暇法双方の被用者類似の者の概念も同一ということになる。この場合、被用者類似の者の概念の内容は、労働協約法一二条ａにおける具体性のある定義に従うと考えられるとしている。(76)

（ロ）否定説(77)

これに対して、否定説は、（ｉ）既述したように、まず被用者類似の者が被用者とは異なり、これに対する保護必要性に関する立法政策上の判断に基づいて、一部の労働立法の適用対象に付加されてきたと解されるため、被用者類似の者の概念の確定にあたっては、各立法独自の法目的が問題とされたとみられること、（ii）各立法が異なる文言を用いて被用者類似の者の定義を行っていること等を根拠に、被用者類似の者の概念の内容は、各立法ごとに考えられねばならないとする。したがって、例えば、連邦休暇法と労働裁判所法の各定義規定の文言はほぼ同一であるが、両立法の法目的の違いから、その概念内容は異なりうること、また肯定説が各労働立法に同一という場合の被用者類似の者の概念の内容として考える労働協約法一二条ａの定義は、同法の被用者類似の者に独自のものであること等が指摘されるのである。

以上のような見解の対立状況を全体としてみれば、肯定説がやや優位にあるといえるようである。判例においても、連邦休暇法上の休暇請求権を主張した被用者類似の者につき労働裁判所の管轄権の有無が争われた事例で、「連邦休暇法二条の被用者類似の者の概念は、労働裁判所法五条のそれと本質的に異ならない。」とするＢＡＧ（Bundesarbeitsgericht、連邦労働裁判所）の判決が出されている。(78)しかし、なお流動的な状況にあるといえるであろう。(79)いずれにしても、肯定説、否定説のいずれも、被用者類似の者の基本的特質として人的独立性および経済的従属性をあげる点で異論はなく、ただこのうち特に経済的従属性の内容を具体的にどのように把握するかについて見解が対立していると考えられるのである。

3　被用者類似の者の概念の具体的メルクマール

以上のような見解の対立を前提としたうえで、学説、判例は、被用者類似の者の概念の具体的メルクマールを確定する努力を行ってきた。そして、その結果抽出された具体的メルクマールの内容には、立法の制定、改正を節目として一定期間ごとに相違がみられるといってよい。このことは、被用者概念と対比すれば、被用者類似の者の概念が立法政策上の判断に強く規定されてきたことを裏付ける一つの事実であるといえるであろう。

そこで、被用者類似の者の概念の具体的メルクマールが、学説、判例によりいかに捉えられてきたかを、その内容の違いに対応させて三つの時期に分けて分析することとしよう。すなわち、(i) 一九二六年、一九三四年の労働裁判所法の適用のあった時期、(ii) 一九五三年の労働裁判所法の改正から、一九六二年の連邦休暇法の成立も含め、一九七四年の労働協約法一二条aの創設までの時期（以下、一九五三年の労働裁判所法、一九六二年の連邦休暇法の時期と略記する。）、(iii) 一九七四年の労働協約法一二条aの創設以降、一九八〇年代中頃までの時期である。

そして、これら各時期ごとの分析は、被用者類似の者の概念の同一性を肯定する説によれば、被用者類似の者の概念の具体的メルクマールに関する把握の深化、変遷を示すものと捉られることになるであろうし、これを否定する説の立場からいえば、各分析は、立法ごとに異なるはずの被用者類似の者の概念の具体的メルクマールに順次言及するにとどまるということになろう。

(Ⅰ)　期——一九二六年、一九三四年の労働裁判所法の適用のあった時期

この時期の判例、学説は、両立法の定義規定(三1の1、2(四三頁))に依拠しつつ、被用者類似の者の概念の具体的メルクマールおよびあるべき判断態度として、概ね、次の六点を考えていたといえるであろう。(80)ただし、これらの中には、その内容が十分に吟味されていないもののあったことが指摘されなければならない。

①　労働契約関係に立たないこと。(81)

このメルクマールは、一九二六年法だけに規定されていた。被用者だけが労働契約関係に立つとの認識を前提として、被用者類似の者たるためには、まず被用者でないことが求められたのである。とすると、このメルクマールは、人的独立性を意味するということになる。しかし、これに対しては、労働契約が何らかの理由で無効となり、労働契約関係が存在しないとされる場合であっても、その就業実態から人的従属性が認められ、被用者性が肯定される例があるから、労働契約関係に立たないことがすべて被用者でないことを意味するものではないとの批判が存在した。(82)そのためか、続く一九三四年法は、法文からこのメルクマールを削除するに至った。

②　組織的独立性のあること。

そこで、人的独立性を示しうる別の事情としてこのメルクマールがあげられたと考えられる。委託者の施設内で労働する者に対しては、委託者の指揮監督が及ぶのを通例とし、そのため、そこでの労働には人的従

属性が生まれると解されていた。したがって人的独立であるためには、委託者の施設（組織）の外、すなわち自宅ないし自分で選んだ施設における活動が必要となるとされるのである。[83]

③　特定の他人の委託を受けかつその計算で活動すること[84]

ところで、二で言及したように、営業法およびライヒ保険法における家内工業従事者の定義には、それぞれ「特定の事業者のために」と「他の事業者の委託を受けかつその計算で」という異なる文言が用いられていた。両裁判所法は、この異なる文言を取り合わせて用いたことになる。そして、これらの文言の示す事情は、いずれも経済的従属性――経済的依存性――のメルクマールに他ならない。

既述したところではあるが、まず「特定の他人の委託を受ける」[85]とは、直接に市場で任意の取引相手や不特定多数の消費者等を相手として取引しないことを意味し、一人又は少数の特定された委託者との委託関係においてのみ経済的従属性は生まれるとの認識を前提としている。

次に、「その計算で活動する」とは、委託者が委託先の活動から生ずる危険を負担する状況をいう。例えば、委託者が委託製造させた商品をすべて引き取り、販売価格等を決定し、その販売にあたり売れ残った商品から生ずる損失（危険）を負担しているという場合がこれにあたる。この時期、経済的従属性の程度は、これら少なくとも二つの視点から判断できると解されたのである。

④　報酬額は経済的従属性のメルクマールとして決定的ではない[86]

他方、この時期、報酬額はメルクマールとして重視されていない。これは、報酬額が同一でも、その他の社会、経済上の条件が異なれば、被用者類似の者か否かの評価も異なりうることや、高収入の職員（Angestellte）でも被用者たり得ていることとの対比等に理由があった。しかし、いかなる場合にどのように報酬額が考慮されうるかについては明らかにされていない。

⑤　経済的従属性の程度が被用者と同視できるものであること[(87)]。

いずれにせよ、被用者類似の者の経済的従属性の程度には、特定された委託者の数の違い等によって、事例ごとに差異が生じうるから、被用者類似の者であるというためには、労働立法による保護を根拠づけうるだけの経済的従属性が存在することが必要と考えられた。そのためには、その程度が少なくとも被用者の経済的従属性と同程度でなければならないとされた。この［Ｉ］期においては、委託者の人数の点からいうと、少なくとも特定された二人か三人までの委託者との間で生ずる程度の経済的従属性が必要と考えられていたといえるであろう。

⑥　被用者類似の者の概念は、規定のもつ保護思想に適合するように広く解すること[(88)]。

ところで、被用者類似の者が、労働立法の適用対象に付加された理由は、労働法の本来的な適用対象ではないが、経済的従属の状況下にある点で被用者同様に、一部の労働立法による保蕉の必要性が認められるというところにあった。したがって、労働立法による保護を認めるべき場合には、判断の時点において、経済的従属性にいくらかマイナスの事情が存在しても、被用者類似の者性を肯定すべきであるとされた。例えば、商品の一部を市場に流通させ、そこから生ずる危険を自分で負担している場合には、完全には「他人の計算で活動する」ことにはならないといえようが、それが一時的であるといった事情があれば、被用者類似の者性を認めることができると解されたのである。

（Ⅱ）期――一九五三年労働裁判所法、一九六三年連邦休暇法の時期

(1)（Ⅰ）期からこの時期に移ると、被用者類似の者は、各立法の定義規定において「経済的非独立性［（経済的従属性）］のために被用者類似の者とみなされる者」とだけ定められ、「特定の他人の委託を受けかつその計算で活動する」との文言は除かれた。これによって、「特定の他人の委託を受けかつその計算で活動する」との事情が、経済的従属性の具体的メルクマールとして否定されたということではないが、その具体的メルクマールをより弾力的に把握する余地が生まれたと解される。(89) 事実、これに伴って、（Ⅱ）期においては、被用者類似の者の概念の把握につき、経済的従属性の具体的メルクマールを中心に、従来の考え方に若干の修正が加えられ　また一層の深化がみられるに至っている。

① 経済的従属性の具体的メルクマール

(イ) 労働収入が「生存のための本質的な基礎」を形成していること。

（Ⅰ）の時期においては、「特定の他人の委託で」の「特定の他人」とは、任意の他人でないことを意味するにとどまり、一人に限られる必要はなく、複数であっても特定されていればよいと解された（（Ⅰ）期の③）。例えば、先に述べた営業法の一部の規定（賃金保護規定）を被用者類似の者である家内工業従事者に適用するにあたり、当該規定の適用の必要性は、家内工業従事者と委託関係にある複数の委託者すべてについて生じ得ること、すなわち、その必要性は複数の委託者に対して考えられる程度の経済的従属性により根拠づけ得ること等が指摘されていた。(90) とはいえ、被用者と同程度の経済的従属性を要すると考えられたから（（Ⅰ）期の⑤）、二人か三人を限度とする委託者との関係において生ずる程度の経済的従属性が必要であると解されていた。

これに対して（Ⅱ）期以降の学説・判例の中には、ある委託者からの収入が「生存のための本質的な基礎」を形成している状況にある場合にしか、経済的従属性は認められないとする見解を示すものが現れた(91)。こうした状況の発生は、一人の委託者との関係についてしか考えられないことになろう。ただし、この見解も、常に一人の委託者との専属的な取引関係にあることまで求めるものではなく、複数の委託者と取引する場合でも、そのうちの一人の委託者からの収入が先のような事情にあればよいとする(92)。しかし、複数の委託者からの収入に同等に依存している場合には、このうちの一人の委託者からの収入が途絶したとしても生活水準に若干の変動が生ずる程度にとどまるというべきであるから、生存を脅かされることはないとして、そのいずれの委託者との関係においても経済的従属性は否定されるところとなる。このようにして、学説・判例は、（Ⅰ）期とは異なり、経済的従属性は一人の委託者との関係でのみ生じうると解することによって、経済的従属性の程度に関する要件を厳格化する修正を加えたといえるであろう。ただし、生存のための本質的基礎となるとはどの程度のことをいうのか必ずしも明らかにされていない。

（ロ）　相当程度を超える収入、財産がその他に存在しないこと。

しかし、このような学説・判例の見解に忠実に従えば、一つの活動（一人の委託者）からの収入が「生存のための本質的な基礎」を形成しているか否かの判断においては、単に、取引相手としての委託者からの収入を比較、吟味するだけでは足りず、さらにそれ以外の収入（利子、年金、地代収入等）や財産等もあわせて考慮されなければならないことになる(93)。それ以外の収入、財産が相当程度存在する場合には、たとえ一人の委託者のためだけに活動していても、その活動からの収入は、「生存のための本質的な基礎」を形成しているとはいえなくなるからである。しかし、そこまでの考慮を要するかは、経済的従属性が、あくまで労働力の使用処分をめぐる収入関係だけに限定して吟味されるべきであるとも考えられることから、問題があったといえよう(94)。

以上の経済的従属性にかかわる具体的メルクマール以外に、次の②、③のメルクマールも合わせて提示された。

② 活動に継続性と規則性のあること。

ところで（Ⅰ）期では明確に意識されていなかったが、この時期に入ると、被用者類似の者たるためには、ある程度以上の活動の継続性と活動の規則性が必要であるとする判例が現れてくる。これは、経済的従属性は、短期間の不規則な委託関係からは生まれないとの見解に基づいたものといえる。例えば、活動が一年を超える期間継続しなければ、この前提を充足し得ないとした判例がある(95)。

③ 社会的保護必要性の存在すること。

（Ⅰ）期の⑤にあげたように、それまで、経済的従属性は、その程度が被用者と同程度でなければならないといわれてきた。しかし、逆に被用者と同程度の経済的従属性のある者であれば、すべて被用者類似の者となるかは、さらに考慮すべき問題として残されていた。例えば、建築士、弁護士、スター俳優等が、一人の委託者のためだけに継続して（例えば一年間）活動したとしても、これらの者を被用者類似の者とみることはできないであろう(96)。その理由として、こうした者には被用者と同様の社会的保護必要性（soziale Schutzbedürftigkeit）が欠けるからであるとの説明がなされる。被用者と同程度の経済的従属性が存在する事例では、ほぼ社会的保護必要性を認めてよいと解されるが、場合によっては、これが否定されなければならない事例のあることがいわれる。そして、その場合か否かを判断する尺度として（Ⅱ）期に入り、取引観あるいは報酬額が意識的に強調され始めたのである。[97]

（イ）取引観[98]（Verkehrsanschauung）

まず、ここでいう取引観とは、社会一般において長期間にわたり徐々に作りあげられた、共通認識、いわば社会通念であるということができる。したがって、取引観に従って被用者類似の者か否かを判断するとは、ある職業類型に属する者は、一般に経済的従属性、すなわち委託者への経済的依存性が存在しないか低く、そのために労働法による保護を受ける必要のない者であるといった社会一般の共通認識が存在しているかどうか、もし存在していればどういう認識かに従って判断することを意味するといえよう。

先に例示した建築士、弁護士、スター俳優等は、取引観によれば、一般に、被用者性はもちろん被用者類似の者性をも否定されることになるのである。[99]

（ロ）報酬額[100]

（Ⅰ）期では、報酬額は、経済的従属性の程度の判断にあたり決定的ではないとされていた（（Ⅰ）期の④）。高額の報酬を得る者でも、一人の委託者との関係だけから、そうした報酬を得ている場合には、この委託者への強い経済的依存性を否定できないと考えられたからである。学説には、この（Ⅱ）期、さらに次の（Ⅲ）期に入ってからも、こうした考え方を踏襲し、報酬額は重要ではないとする見解も散見される。[101] しかし、判例は、この時期以降、報酬額は、経済的従属性の判断において決定的ではないとしても、社会的保護必要性の判断においては意味を持っている、との立場をとるに至っている。

(2)　以上みたような（Ⅰ）期から（Ⅱ）期への修正、深化を規定した最大の要因として、立法上の変化があげられなければならない。すなわち、(Ⅱ)期のはじめにあたる一九五三年の労働裁判所法改正法の成立とほぼ同時に、同法五条に第三項として付加された商業代理人(Handelsvertreter)に関する特別規定を通じて、立法政策上の判断が示されたことである。(102)

この第三項は、商業代理人のうち、労働裁判所の管轄下に入る者の定義を特別に定めたものであった。一において言及したように、労働立法等の適用に関し、商業代理人は、被用者である商業使用人(Handelsgehilfen)に対して、独立の事業者か被用者類似の者のいずれかであると考えられていた。そして、労働裁判所法の適用があるのは、このうち被用者類似の者としての商業代理人に限られると考えられる。したがって第三項は、商業代理人が労働裁判所法の適用を受ける被用者類似の者であるための要件を同時に定めたものと解された。

同項によれば、HGB(Handelsgesetzbuch、商法典)九二条aにいう「一会社専属代理人(Einfirmenvertreter)」、すなわち、(ⅰ)契約上、他の事業者のために活動することが許されていないか、活動の種類および範囲により事実上これをなし得ないかのいずれかの商業代理人のうちで、(ⅱ)過去六カ月の平均月収が五〇〇DMを超えない者(103)のみが被用者類似の者に該当し、労働裁判所の管轄下に入るとされた。商業代理人という特定の職業類型に限られるものの、これによって、(ⅰ)専属関係から生ずる程度の強い経済的従属性が存在すること、(ⅱ)一定額以下の報酬額であること、の二点が、立法政策上、被用者類似の者であるための要件として提示されたと解されるのである。これを受けた形で、(Ⅱ)期における判例、学説は、被用者類似の者一般の具体的メルクマールの検討において、右の(ⅰ)、(ⅱ)の要件のうち、(ⅰ)の要件を経済的従属性の厳格化に反映し(②(イ))、(ⅱ)の要件を報酬額という尺度をもって量られる社会的保護必要性なる要件の提示にそれぞれ結びつけた（③（ロ））と考えられるのである。

（Ⅲ）期——一九七四年労働協約法一二条a創設以降

(1)　被用者類似の者の概念をめぐる以上のような立法、学説、判例の展開下で、労働協約法一二条aが一九七四年に創設された。同条は、被用者類似の者の概念につき、これまでになく具体的な定義づけを行った。それは、被用者類似の者の具体的メルクマールをめぐりそれまでの学説、判例において少なからずみられた対立、混乱の解消、したがってまた、労働協約法を被用者類似の者に適用する際に生じ得る混乱を解消し、法的安定性の確保をめざしたということができる。(104)一二条aは、まず被用者類似の者の一般的定義として、「経済的従属で、かつ被用者と同程度に社会的保護必要性のある者」と定めた。この一般的定義は、（Ⅱ）期における学説、判例、さらには立法政策上の判断の到達点を明文化したものであるということができよう。

そして、同条は、この一般的定義に続いて、被用者類似の者であるための具体的要件として、三つの要件（次の②～④）をあげているが、これらも含めて解釈論上は、この時期、被用者類似の者の具体的メルクマールには、次の①～④が考えられてきたと解される。

①　自由雇用契約または請負契約に基づくこと。

（Ⅰ）、（Ⅱ）期を通じて、被用者や被用者類似の者が締結する労務供給契約として、同じ雇用契約の類型である従属的と自由（独立）の両雇用契約と請負契約の三類型が考えられてきた。そして、学説・判例上、被用者が従属的雇用契約、被用者類似の者が自由（独立）雇用契約に基づくことには異論がなかったが、被用者類似の者が請負契約を締結しうるかについては、根強い見解の対立があった。この要件は、この点に関する見解の対立を立法的に解消する意義を有していた。

この点について、否定説[105]は、被用者概念の基本的特質としての人的従属性は、労働の成果 Werk の給付を内容とする請負契約ではなく、労務それ自体 ein Wirken の給付を内容とした従属的雇用関係において生ずる。したがって、被用者との類似性つまりは被用者と同様の従属性は、労務それ自体の給付を内容とする自由（独立）雇用契約においてのみ生じうると主張した。また同説は、一九二六年の労働裁判所法が、被用者類似の者につき「労務を給付する（Arbeit leisten）」との文言を用いていたことも、自説の根拠とした[106]。こうした否定説の主張の背後には、「請負契約という表題におけると、雇用契約のそれにおけるとでは全く異なった空気が漂っている。後者は労働者の思想が、前者は事業者の思想が支配しているのである。」といった認識[107]が存在していたということができるであろう。被用者類似の者は、あくまで「労働者」として労働立法による保護を受けるのである、と。

（Ⅰ）、（Ⅱ）の時期を通じて多数説といわれたこの否定説に対して、肯定説[108]は、被用者類似の者への保護を根拠づける経済的従属性は、請負についても生じうることは、請負を主とする家内工業従事者の例をあげれば十分であり、そしてまた、雇用契約と請負契約におけるいわゆる ein Wirken と Werk との違いが、労働法による保護の必要性を左右するとはいえないであろう、との批判を行っていた。そして一二条ａは、被用者類似の者たりうる者の範囲を広く捉え、肯定説の立場からこの議論に決着をつけたのである[109]。

②　義務づけられた給付を自分の手で、かつ被用者を本質的に使用することなく履行すること。

労働協約法による保護は、基本的には個人の労働力に向けられているというべきであり、したがって、被用者類似の者であるためには「経済的従属下での自己の労働力の投入」という事情の存在が前提となると説明される。[110]引受けた仕事を被用者を使って行なう独立の事業者には、こうした事情が欠落するのである。また、自分でも労働するが、補助労働力を使用している者についても、「経済的従属下での自己の労働力の投入」という性格が稀薄化しているといわなければならない。そこで、一二条aは、被用者を一切使用しないことまで求めなかったが、被用者を「本質的に（im wesentlichen）」使用しないこととした。[111]被用者を「本質的に」使用しないとは、少なくとも、契約の目的実現のための活動自体は自分の手で行なうことをいうとされる。そうであるか否かは、使用する被用者の数、それらが従事する労働の範囲、内容、労働時間数から判断されると解されている。[112]例えば、文書作成労働に限り秘書を使用するにとどまる場合は、労働の範囲という点で被用者を「本質的に」使用しない例にあたる。なお、文言上「被用者」を本質的に使用しないと定められ、これに代えて補助労働力（Hilfskräfte）等の語が用いられなかったのは、補助労働力ではあっても、被用者とはされない家族成員との協働のケースでは、被用者類似の者たることを認める趣旨であったからであるとされている。[113]

③　(a)主として一人の者のために活動するか、(b)自己の生業から得られる全収入の平均して半分を超えて一人の者から得ること。

(a)、(b)の選択的な要件は、いずれも経済的従属性の具体的メルクマールである。経済的従属性の程度が、(a)の活動時間の関係か、(b)の収入関係のいずれかから判断できるとの立法者の認識に基づくものである。(a)の要件に言う「主として」一人の者のために活動するとは、(b)の要件との対応において、一人の委託者と結んだ契約の履行に要する活動時間が、これを含めて生業全体に要する活動時間の半分を超えることであると解されている。[114][115]

このように活動時間の関係を経済的従属性と結びつける考え方は、(Ⅱ)期に関して最後に述べた一会社専属代理人の定義の一つ(要件(ⅰ))として、立法上その可能性が示されていた(労働裁判所法五条三項、HGB九二条a)。

これに対し、(b)の要件については、(Ⅱ)期において、経済的従属性ありとされるためには、「一人の委託者からの報酬が生存のための本質的基礎を形づくっていること」まで要するとされていた点を明確な基準の提示によって緩和したと解されている。[116]しかし、この場合でも、一人の委託者との関係においてでしか経済的従属性は生じ得ないと考える点は維持されたといえるのである。

ところで、経済的従属性の有無、程度を量る事情について、この時期においても、(Ⅱ)期の②と同様に、契約関係に継続性と規則性を要すると解されている。したがって、契約期間がある程度の長さ(例えば一年)にわたるか、短期の場合でも、ある程度の期間にわたり、契約が規則的に反復更新されていることが必要となる。[117]

④　被用者と同程度に社会的保護必要性のあること。

一二条aは、経済的従属性とともにこの要件を定めた。これは、既述したように(Ⅱ)期③、(Ⅱ)期において示された学説、判例の考え方を取り入れたものである。この社会的保護必要性を決定する要素としては、(Ⅱ)期においてあげられていた取引観や報酬額の他に、(Ⅱ)期では経済的従属性の程度判断の事情とされた「それ以外の収入や財産」[118]（Ⅱ期①（ロ））、さらには、立法の保護目的をこれに加える論者もある。[119]

ところで、（Ⅱ）期においては必ずしも意識されていなかったといえるが、報酬額により社会的保護必要性を量る場合、誰の報酬を比較の対象とするかが常に先決問題としてあるといわねばならない。これを同種の業種に従事する被用者とするのか、[120]典型的な被用者にするのか[121]につき学説に対立が存在している。

(2)　一九七四年の労働協約法一二条aの創設は、集団的労働関係領域における労働法による保護を被用者類似の者に初めて拡大したという点で大いに意義あるものとされている。[122]これに加えて、被用者類似の者の概念の一般的メルクマールを、それまでの学説、判例の成果をくみあげることで「経済的従属で、かつ被用者と同程度に社会的保護必要性のある」ことと定めた点も無視することはできないであろう。これによって、人的独立性とともに「経済的従属で、かつ被用者と同程度に社会的保護必要性のある」ことが、被用者類似の者の概念の一般的メルクマールとして、今後、定着するところとなると考えられる。ただし、その場合でも、被用者類似の者の概念の基本的メルクマールは、これまでいわれてきたように人的独立性と経済的従属性であることにかわりはなく、社会的保護必要性は、前二者、とりわけ経済的従属性の検討を通じて出される結論の結果的妥当性をチェックするための補助的基準にとどまることになるといえるであろう。

また、一二条aが被用者類似の者の概念の具体的メルクマールとして示した四つの要件が、労働協約法における被用者類似の者の概念に独自のものであるか否かは、既述したように（**三2**（四四頁以下））被用者類似の者の概念の把握の仕方に関して対立する見解（統一的か相対的か）のいずれによるかによって結論が異なる。しかし、これを否定する場合はもちろん、これを肯定したとしても、これら四つの要件は、他の立法における被用者類似の者性の判断においても考慮されるべき重要な視点となるということができる。

(3)　ところで、被用者類似の者の概念につき示されたこのような一般的メルクマールと要件とに基づいて、ある就業者が被用者類似の者であるか否かは、実際にどのように判断されてきたのであろうか。学説、判例が被用者性判断にあたり示してきた判断枠組み(123)と比較して特徴的な点がみられるであろうか。この点について、例えば、当事者の表示した意思よりも、契約関係の「現実の遂行と形成」の実態がより重視されることや、事実関係を総合評価して結論に至る点等では両者に何ら異なるところはないといえよう。しかし、少なくともその解釈態度に関して被用者類似の者であるか否かの判断においては、被用者類似の者が立法上登場した当初より、立法の保護思想に適合するように、被用者類似の者の概念を広く解すべきことが強調されてきた点（(I)期の⑥）は特徴的であるといえよう。これは、労働法による保護に関して、被用者と被用者類似の者との間に存する基本的な差異からくる帰結であるともいえよう。

(68)　RGBl. I. S. 507.
(69)　RGBl. I. S. 319. 一九三四年の労働裁判所法改正は、布告（Bekanntmachung）の形式でなされている。
(70)　RGBl. I. S. 1267.
(71)　RGBl. I. S. 2. 連邦休暇法上は、被用者類似の者の中に家内労働従事者も含まれていると考えられる。これは、本文の二条二文に続けて、「ただし、家内労働の領域には〔他の領域の被用者類似の者とは別に、同法〕一二条の適用がある」との留保が設けられていることからもいえる。
(72)　RGBl. I. S. 2879.
(73)　Hueck-Nipperdey, Lehrbuch des Arbeitsrechts, Bd. 1, 7. Aufl., 1963, S. 34 ; A. Nikisch, Arbeitsrecht, Bd. I, 3. Aufl., S. 79.
(74)　H. Lund, Tarifautonomie für Arbeitnehmerähnliche Personen, BABl, 1974, S. 682f. ; R. D. Falkenberg, Arbeitnehmerähnliche Person, AR-Blattei (D) Arbeitnehmerähnliche Personen I, 1976 ; Wiedemann-Stumpf,

TarifvertragsG. 5. Aufl., 1977, S.689 RdNr.11-13; U.Rosenfelder, Das arbeitsrechtliche Status des freien Mitarbeiters, 1982, S.293 usw.

(75)　一九七四年の労働協約法一二条a創設以前からこの点を主張する見解は存在した。Vgl. Boldt-Röhcher, BundesurlaubsG, 1968, S.134, Anm.62. なお、文言がほぼ同一ということの意味は、両立法の規定内容が二点において異なることを意味している。まず第一に、連邦休暇法は、家内労働従事者を被用者類似の者の中に含めていると考えられ（前掲注(71)を参照のこと。）、労働裁判所法のように、家内労働従事者をその他の被用者類似の者と併記していない点で異なっている。しかし、家内労働従事者が被用者類似の者とされる以上、これを特にその他の被用者類似の者と区別して併記するか、被用者類似の者の中に含めるかによって、被用者類似の者の範囲が実質的に異なるわけではなかろう。そして、第二は、本文後述のとおり（**三3**（Ⅱ）期）、労働裁判所法が、その適用対象となる被用者類似の者である商業代理人についてだけは、明文で別に要件を定めていることである（同法五条三項）。そして、ここで定められている要件は、連邦休暇法上の被用者類似の者である商業代理人であるための要件にただちになるものではないとするのが支配的見解である。そのため、両立法の適用を受ける被用者類似の者としての商業代理人の範囲には広狭の差が生まれることは否定できない。したがって、同一性肯定説においても、この支配的見解に従う限り、厳密には商業代理人は除くとの留保を付する必要があると考えられる。Vgl. Dersch-Neumann, BundesurlaubsG, 6. Aufl. 1981, S.93.

(76)　これに対して、労働裁判所法の定義を一般的定義と考える論者もある。W. Herschel, arbeitnehmerähnliche Personen, DB 1977, S.1185.

(77)　Dersch-Neumann, a.a.O.（Anm.75）, S.95 RdNr.84; N.Seidel, Die arbeitnehmerähnliche Personen im Urlaubsrecht, BB 1970, S.971; O.Kunze, Der neue §12a des Tarifvertraggesetzes, UFITA, Bd.74, 1975, S.19 u.21; W.Schulte, Arbeitnehmerähnliche Personen im Arbeitsgerichtsgesetz, 1930, S.55, 61, 71 u.84.

(78)　BAG v. 28.6.1973, AP Nr.2 zu §2 BUrlG.

(79)　肯定説の立場に立つ学説の中にも、労働協約法一二条aの規定が被用者類似の者の概念の一般的定義となると捉えるべきかは未解決のままでよいとしつつも、この規定が他の立法の被用者類似の者の概念の確定にあたり十分役立ちうる旨述べる見解がある。Beuthien-Wehler, Stellung und Schutz der freien Mitarbeiter im Arbeitsrecht, RdA 1978, S.9 Fn.63, 64 ; G.Schaub, Arbeitsrechtshandbuch, 5. Aufl., 1983, S.37.
　また、労働協約法一二条ａの創設以降で、連邦休暇法の被用者類似の者性の判断を行った判例は、一二条ａの定義規定を直接には用いていない。BAG v. 13. 2. 1979, AP Nr. 3 zu § 2 BUrlG.

（80）Vgl. W.Siebert, Die arbeitnehmerähnliche Personen, BB 1950, S.47f.

（81）RAG, ARS Bd.8, S.21 ; Bd.12, S.271 ; JW 1932, S.1316. これに対して、被用者類似の者にも被用者ほどではないにしても、人的従属性を必要とするとの判決がこの時期に出されていた。RAG, ARS Bd.9, S.383 ; Bd.10, S.576 ; Bd.17, S.420. しかし、こうした判決は労働裁判所法の成立後しばらくみられたのみで、一九三四年の労働裁判所法の改正によって、経済的従属性のみが明文で被用者類似の者のメルクマールとされてからは例がない。

（82）F.Scheider, Zum Begriff der arbeitnehmerähnlichen Person, 1934, S.23.

（83）例えば、二で言及した営業法ならびにライヒ保険法において家内工業従事者の定義を定めた各規定は、委託者の施設外で労働することを既にその要件としていた。

（84）RAG, ARS Bd.8, S.21 ; Bd.6, S.235 ; Bd.10, S.202 ; LAG, BB 1952, S.406. vgl. W.Siebert, a.a.O. (Anm.80), S.47 ; F.Scheider, a.a.O. (Anm.82), S.25ff.

（85）「特定の他人（bestimmter anderer Personen）」には、文言上、複数人が予定されていると解される。

（86）W.Schulte, a.a.O. (Anm.77), S.172 ; F.Scheider, a.a.O. (Anm.82), S.28. LAG München, ARS Bd.31, S.132 ; RAG, ARS Bd.12, S.367 ; Bd.25, S.226 ; Bd.32, S.221 usw. しかし、当時、既に報酬額を決定的とみる判例、学説も存在した。E.Molitor, Wesen des Arbeitsvertrag, 1925, S.98 ; Kreller, Zum Entwurf eines Allgemeinen Arbeitsvertragsgesetzes, AcP, Bd.122, 1924, S.6 ; LAG Berlin v. 27. 1. 1928.

（87）Kammergericht, JW 1928, S.2650 ; RAG, ARS Bd.12, S.367. A.Hueck, Anmerkung zu LAG, ARS Bd.2,

S. 34 ; Dersch-Volkmer, Arbeitsgerichtgesetz, 3. Aufl., 1928, S. 156.

(88) RAG, ARS, Bd. 3, S. 208 ; Bd. 8, S. 48 ; LAG, ARS Bd. 7, S. 32. W. Siebert, Arbeitnehmerähnliche Personen, ZBIHR 1928, S. 46. 反対説については、前掲注(61)後段を参照のこと。

(89) 学説、判例ともこうした弾力的解釈の必要性を肯定していた。Vgl. BAG, AP Nr. 1 zu §5 ArbGG 1953 ; Dersch-Volkmer, a. a. O.（Anm. 87), S. 226 RdNr. 66.

(90) 早くは、一八八七年のライヒ裁判所判決においてこのことが指摘されている。RG v. 17. 11. 1887, RGSt, Bd. 16, S. 334.

(91) LAG Düsseldorf, AP 1951 Nr. 129 ; BAG, AP Nr. 2 zu §5 ArbGG; BAG, AP Nr. 3 zu §611 BGB Lehrer, Dozenten; BAG, AP Nr. 2 zu §2 BUrlG; BAG, AP Nr. 6 zu §611 BGB Abhängigkeit. R. D. Falkenberg, Freie Mitarbeiter—Arbeitnehmer—arbeitnehmerähnliche Person, DB 1969, S. 1412 ; N. Seidel, a. a. O.（Anm. 77), S. 972. これに対して、（Ⅰ）期における考え方を支持する見解も（Ⅱ）、（Ⅲ）期を通じて存在している。Dersch-Neumann, BurlG, S. 95 RdNr. 86.

(92) Hueck-Nipperdey, a. a. O.（Anm. 73), S. 60 ; A. Nikisch, a. a. O.（Anm. 73), S. 140.

(93) BAG, AP Nr. 2 zu §717 ZP0 ; BAG, AP Nr. 3 zu §611 BGB Abhängigkeit.

(94) 他方では、経済的従属性の問題は、労働力の使用処分をめぐる収入関係だけに限定すべきであるとして、この事情は考慮する必要はないとの批判があった。Schnorr v. Carolsfelds, Anmerkung zu der Entscheidung in AP Nr. 3 zu §611 BGB Abhängigkeit; BAG, AP Nr. 2 zu §2 BUrlG.

(95) BAG, AP Nr. 2 zu §5 ArbGG; BAG, AP Nr. 3 zu §611 BGB Lehrer, Dozenten. この点に対する学説の支持も多数存在した。

(96) N. Seidel, a. a. O.（Anm. 77), S. 972.

(97) 取引観あるいは報酬額が、経済的従属性のメルクマールのひとつにとどまるのか、経済的従属性と並ぶ被用者類似の者の独立のメルクマールとなるのかについては、学説、判例上対立がある。とはいえ、被用者類似の者であるか否かの判断は、各事情の総合評価によっているから判断の結論には実質的な差異は生じないであろう。

(98) BAG, AP Nr.2 zu §717 ZPO; BAG, AP Nr.3 zu §611 BGB Abhängigkeit; BAG, AP Nr.17 zu §5 ArbGG; R.D.Falkenberg, a.a.O (Anm.91), DB 1969, S.1413; O.Hoffmann, Der Begriff der arbeitnehmerähnlichen Personen, DB 1958, S.1072; Dersch-Volkmer, a.a.O.（Anm.87), §5 RdNr.77 usw.

(99) 判断尺度としての取引観については、取引観のいまだ形成されていない職業領域や限界的事例における被用者類似の者か否かの判断には役立たないとの批判がある。U.Rosenfelder, a.a.O.（Anm.74), S.284.

(100) BAG, AP Nr.3 zu §5 ArbGG; BAG, AP Nr.2 zu §717 ZPO; BAG, AP Nr.2 zu §5 ArbGG; BAG, AP Nr.6 zu §611 BGB Abhängigkeit. 学説では、N.Seidel, a.a.O.（Anm.77), BB 1970, S.972f.; E.Stahlhacke, Bundesurlaubsgesetz mit Nebenbestimmungen, 3. Aufl., 1971, zu §2 RdNr.26.

(101) A.Gerschel, Tarifverträge für arbeitnehmerähnliche freie Mitarbeiter, Film und Recht, 1973, S.542; R.A.Eich, Die Kollektivierung freier Berufe, DB 1973, S.1700.

(102) 労働裁判所法五条三項の新設は、一九五三年の商法典改正法（Gesetz über Änderung des HGB）、いわゆる商業代理人法（Recht der Handelsvertreter）三条に基づいている。

(103) この平均月収の最高限度は、一九八四年には二〇〇〇DMまで引き上げられている。

(104) H.Lund, a.a.O.（Anm.74), BABl. 1974, S.683.

(105) Dersch-Volkmer, ArbGG, 6. Aufl., 1955, Anm.72 zu §5; Dersch-Neumann, BurlG, 4. Aufl., 1971, Anm.75 zu §2; Boldt-Röhsler, BurlG, 2. Aufl., 1968, Anm.61 zu §2 usw.

(106) RAG, ARS Bd.10, S.210; Bd.6, S.231; Bd.7, S.299.

(107) Hachenburg, Dienstvertrag und Werkvertrag im BGB, 1898, S.3. vgl. H.Nipperdey, Staudinger Kommentar zu BGB, 9. Aufl., 2 Schuldverhaltnisse 2. Teil, 1927, S.685f.

(108) Hueck-Nipperdey, a.a.O.（Anm.73), 7. Aufl., 1963, S.135; A.Hueck, Anmerkung zu ARS Bd.10, S.425;

Gerstel, Anmerkung zu ARS Bd. 10, S. 210 ; R. D. Falkenberg, a. a. O.（Anm. 91）, DB 1969, S. 1412 ; N. Seidel, a. a. O.（Anm. 77）, BB 1970, S. 973 ; BAG, AP Nr. 6 zu §611 BGB Abhängigkeit.

(109)　ただし、契約関係が、雇用契約や請負契約と他の契約類型との混合契約に基づく場合、雇用契約や請負契約的性格を主として有していれば、この要件は充足されると解されている。Vgl. Wiedemann-Stumpf, a. a. O.（Anm. 74）, S. 696, RdNr. 33-36 ; Dersch-Neumann, BUrlG, 6. Aufl., 1981, S. 95, RdNr. 82.

(110)　Wiedemann-Stumpf, a. a. O.（Anm. 74）, S. 692, RdNr. 23.

(111)　ただし、家内労働従事者については、本文後述のとおり（**四1**（イ）（七二頁以下））、一定数の補助労働力ないし被用者を使用する場合でも、被用者類似の者性を否定されない。

(112)　Wiedemann-Stumpf, a. a. O.（Anm. 74）, S. 692 RdNr. 23.

(113)　Ebenda.

(114)　「生業」の具体的内容をどう捉えるかについては、学説上は見解の対立が存在している。労働力の投入の場合に限られるとの見解（Wiedemann-Stumpf, a. a. O.（Anm. 74）, S. 694 RdNr. 28.）と特許、年金、地代等の収入を得る活動も含むとする見解（H. Reichel, Tarifvertragsgesetz, 2. Aufl., 1974, zu §12a RdNr. 76 ; O. Kunze, a. a. O.（Anm. 77）, UFITA, 1975, S. 33.）とがある。

(115)　O. Wlozke, Neuerungen in gesetzlichen Arbeitsrecht, DB 1974, S. 2257.

(116)　U. Rosenfelder, a. a. O.（Anm. 74）, S. 288 ; G. Schaub, a. a. O.（Anm. 79）, S. 37 ; Wiedemann-Stumpf, a. a. O.（Anm. 74）, S. 693 RdNr. 25.

(117)　Wiedemann-Stumpf, a. a. O.（Anm. 74）, S. 696 RdNr. 37.

(118)　Wiedemann-Stumpf, a. a. O.（Anm. 74）, S. 695 RdNr. 37 ; W. Herschel, a. a. O.（Anm. 76）, DB 1977, S. 1188 ; G. Wachter, Wesensmerkmale der arbeitnehmerähnliche Person, 1980. S. 156ff.

(119)　N. Seidel, a. a. O.（Anm. 77）, S. 972f.

(120)　W. Helschel, a. a. O.（Anm. 76）, DB 1977, S. 1188.

(121) Wiedemann-Stumpf, a. a. O. (Anm. 74), S. 695 RdNr. 32.
(122) この点については、第一編第二章一二七頁以下を参照のこと。
(123) 第一編第二章一二二頁以下、一三〇頁以下を参照のこと。

四　被用者類似の者の職業類型とその保護をめぐる問題

では、以上（Ⅰ）期から（Ⅲ）期に分けて言及してきた被用者類似の判断基準と判断枠組みとによって、これまで、具体的には、いかなる職業類型に属する者が被用者類似の者とされてきたのであろうか。まず、この点をみてみよう。また、典型的な被用者類似の者とされる職業類型で、特別の法的取扱を受けている職業類型が存在しており、その特別の法的取扱いの手法について、やや詳しくその内容をみておこう。

1　判例において被用者類似の者性が肯定された事例

三3において明らかにしたとおり、被用者類似の者の概念のメルクマールに関する学説、判例は、三つの時期を通じて変遷してきているとみられる。そのため、被用者類似の者性判断において具体的に考慮されるべき事情およびそれに対する評価は、各時期ごとに異なっているといえるであろう。したがって、同一の事情の下にある者であっても、どの時期に問題とされたかで被用者類似の者性判断の結論に相違が生じていたことが十分考えられる。そこで、判例上いかなる職業類型にある者が被用者類似の者とされてきたかをみる場合にも、ひとまず以下のように、三つの時期に分けて言及しておこう。

（イ）（Ⅰ）期――一九二六年、一九三四年の労働裁判所法の適用のあった時期まず、この時期においては、被用者類似の者性は、労働裁判所法の適用の有無、すなわち労働裁判所の管轄権の有無に関わってのみ問題とされ、具体的には労働裁判所法五条の被用者類似の者にあたるか否かという形で問われた。そして判例上現れた事例の中心は、これまでの行論で何度か言及した商業代理人であった。RAG（Reichsarbeitsgericht、ライヒ労働裁判所）、LAG（Landesarbeitsgericht、ラント労働裁判所）の主要な判決を登載した判例集であるARS（Entscheidungen des Reichsarbeitsgerichts und der Landesarbeitsgerichte）登載分だけでも、合わせて二〇件前後の判決が出されている[124]。

商業代理人は、後述するように（(ロ)（Ⅱ）期）、商取引や保険契約等の締結の仲介等を業とし、仲介の対象となる業務内容により販売代理人、保険代理人、広告代理人等に分類できた。判例上現れた事例ではこれらの者が、未払い報酬の支払い請求権の有無を中心として[125]、解雇の当否[126]、破産法上の優先権（Vorrecht）[127]の有無、BGB六三〇条の使用証明書請求権[128]の有無等をめぐる争いの解決を労働裁判所に求め、その前提として、労働裁判所の管轄権の有無が問題とされた。そして、被用者類似の者の概念は広く解すべきであるとする判例にみられるように、これらの事例の多くで、被用者類似の者性が肯定されている。

商業代理人以外の事例では、この時期には、次の三つの事例について労働裁判所の管轄権の肯定例があるのみである[129]。

① 複数の会社を取引相手としつつ、六人～八人の補助労働力を用いていた家内工業従事者が、そのうちの一つの会社の破産に対して破産法六一条一項に基づく優先権の存在確認を求めた事例[130]。

② 委託者の破産に対して委託の仲介をしていた仲介人（Zwischenmeister）により①と同様の訴求を行った事例[131]。

③　プロテスタントの婦人牧師補（Diakonisse）が奉仕活動をしていた赤十字病院に対して年金の支払いを求めた事例(132)。

①は、この時期の緩やかな判断基準によってはじめて被用者類似の者性が肯定できた事例と解される。また③の事例については、宗教的信条に基づく奉仕活動者に被用者類似の者性を肯定した点に、学説による批判が強く、次の（Ⅱ）期に入ると同様の事例について被用者類似の者性を否定するＲＡＧ判決が出されている(133)。

（ロ）（Ⅱ）期——一九五三年労働裁判所法、一九六三年連邦休暇法の時期

続いてこの時期に入ると、本章**三**で既に言及し、また後に再述するとおり（**四2**（ロ）（七七頁以下））、この時期の始めの一九五三年に、商業代理人の被用者性、被用者類似の者性判断の基準（各概念のメルクマール）が立法上示された。これによって、商業代理人の被用者類似の者性の問題について、一応の決着が図られたため、以後、商業代理人に関する事件は減少した。しかし、それ以外の多様な職種においては、依然として、被用者類似の者性が問題となった。この時期、被用者類似の者性は労働裁判所法ないし連邦休暇法にいう被用者類似の者か否かが問題となった。

そして、判例上、次の④から⑪までの事例につき被用者類似の者性が肯定されている。このうち④から⑩の事例では、労働裁判所の管轄の有無が問題となり、⑪の事例では連邦休暇法上の被用者類似の者性の有無が問題となった。

④　事実上、他の会社のために活動できなかった自由業的コンサルタントの事例(134)。

⑤　自己の発明を利用させている会社の顧問として、そこからの収入が生存のための本質的な基礎を形づくっていた独立の発明家の事例。(135)
⑥　自己の作業場で他の事業者のために毛皮を補修していた毛皮職人が解雇無効の確認を求めた事例。(136)
⑦　有期の契約に基づき、大学での教育活動を本質的に自由に行っていたが、そこからの収入で生活していた大学の非常勤講師が報酬の支払いを大学に求めた事例。(137)
⑧　取引観に従えば、被用者性、被用者類似の者性が否定されるべき職業類型に属するが、その一般的場合とは異なり、劇場の運営権限等が相当に制限されていた小規模劇場の支配人（Theaterintendant）の事例。(138)
⑨　一人の委託者の事務所でだけ働いていた委託清掃員が、その事務所による委託打ち切りに対して未払い報酬の支払い請求を行った事例。(139)
⑩　事実上専属化していたフリーのカメラマンが委託打ち切り（解雇）の無効確認を求めた事例。(140)
⑪　プロのサッカー選手が連邦休暇法一一条に基づいて休暇手当の請求を行った事例。(141)(142)

（八）（Ⅲ）期——一九七四年労働協約法一二条a創設以降の時期

これに対して、労働協約法一二条a創設以降一九八〇年代半ばまでの時期において、被用者類似の者性が問題となった事例は数件にとどまっている。そのうち被用者類似の者性が肯定されたのは、⑫生活費を含め学資を賄うために区役所の委託でパートのホームヘルパーとして働いた学生が、区に対して休暇手当の支払い請求を行った事例で、(143)(144)直接には連邦休暇法上の被用者類似の者性が問題となったものがある程度である。

2　被用者類似の者の主要な職業類型と法的規整

以上のように、判例の分析だけからみても、被用者類似の者は、多様な職種、職域に存在しており、また存在し得るということができ、被用者類似の者であるか否かは個々の事例ごとに確定していく他ないともいえる。それでも、こうした被用者類似の者の類型の中には、以上にみた三つの時期を通じて典型的な被用者類似の者としての取引観（Verkehrsanschauung）が形成され、しかも、これまで述べたような労働裁判所法、連邦休暇法、労働協約法といった被用者類似の者一般を適用対象とする立法の他に、特別立法または特別規定の適用のある職業類型が存在している。家内労働従事者（in Heimarbeit Beschäftigte）、商業代理人（Handelsagent ないし Handelsvertreter）、自由協働者（freie Mitarbeiter）がそれである。これらの職業類型に属する者すべてがそうであるとはいえないまでも、これらの職業類型には被用者類似の者が存在しうることが、特別立法ないし特別規定によって、いわば法認されるに至っていると解されるのである。しかも、この特別立法、特別規定には、それぞれの職業類型に関わる定義規定が含まれており、これらの職業類型に属する者の被用者類似の者性は、この定義規定によって特に定められているということができる。したがって、これらの職業類型に属する者への労働立法等の適用関係を考える場合には、先のような被用者類似の者一般に適用のある立法だけでなく、これらの特別立法、特別規定をも併せ考慮しなければならないといえよう。

そこで、これら三つの職業類型に属する者のうち、いかなる範囲の者が、立法上、被用者類似の者とされ、さらに、それらの者は、どの範囲の労働立法の適用下に置かれるに至っているかを概観することとしよう。

（イ）　家内労働従事者に対する法的規整

(1)　すでに、本章二の被用者および被用者類似の者の概念の発生史の分析において明らかにしたように、労働立法等による被用者類似の者への保護は、この家内労働従事者への保護にその萌芽を見出すことができた。それは、一八六九年の営業法や一九一一年のライヒ保険法の適用対象への家内工業従事者（Hausgewerbetreibende）の付加において現れた。しかし、家内工業従事者等を含めた家内労働従事者への保護は、こうした個別の立法の適用対象への付加と並んで、特別立法の形でも既に存在していた。社会政策上「世話のやける子供（Sorgenkinder）」と称されたゆえんである。

その特別立法は、一九一一年の家内労働者法（Hausarbeitergesetz）[145]に始まり、一九一一年法の修正法である一九二三年の家内労働者工賃法（Heimarbeiterlohngesetz）[146]、さらに一九三四年の家内労働に関する法律（Gesetz über die Heimarbeit）[147]を経て、家内労働従事者への保護の内容と程度とを拡大していった。そして、現行法の原形となる一九五一年の家内労働法（Heimarbeitsgesetz）[148]が制定され、一九七四年の改正等を経て現行法となっている。一九五一年法では、一般的保護（例えば、家内労働従事者名簿および工賃表の作成の委託者への義務づけ、家内労働委員会の設置）、労働時間規制、労働協約締結権の承認、報酬保護、災害防止、解約告知の期間等が定められた。これらの事項に関する規定が、一部の修正を経て現行の家内労働法となっている。

他方、特別立法に並行する形で、個別の立法の適用対象への付加も広範にわたって続けられた。既述の労働裁判所法や連邦休暇法に加えて、経営協議会法（六条）、祝祭日法（二条）、年少労働者保護法（一条）、母性保護法（一条）、賃金継続支払法（八条）、重度障害者法（四六条）、徴兵に際する職場保護に関する法律

（七条）、財産形成法（一条）、各公的保険法等において、被用者と並んで、その適用対象に加えられている。[149] したがって、家内労働従事者に対する現在の労働立法等による規整は、大雑把にいえば、被用者と同様の取扱いを承認すべき事項については個別立法の適用対象への付加という形を、他方、被用者とは異別の取扱いを要する事項については特別立法の形をとっているといえるであろう。このうち、特別立法による規整方法は、被用者類以の者の中では、今のところ、家内労働従事者についてしかみられない。

(2)　これらの立法の適用を受ける家内労働従事者の範囲は、独自の定義規定を置いている現行の各種公的保険法を除けば、[150] すべて、家内労働法の、後述する定義に明示、黙示に従っていると解される。この定義は、立法政策上の判断に基づいて保護を要するとされる家内労働従事者とそうでない家内労働従事者との、一応の「境界画定」の意味を有しているといえる。家内労働法によるこうした「境界画定」は、家内労働従事者という特定の職業類型に属する者について初めて可能であり、多様な職業類型から成る被用者類似の者一般については困難であったということができる。家内労働従事者が典型的な被用者類似の者とされながらも、その被用者類似の者性をめぐって、裁判上で問題とされることが少なかったのは、現行の家内労働法と同様、従前の各家内労働立法の中にも、こうした「境界画定」の意味を持つ定義規定が置かれていたことによると解される。[151] それはまた、家内労働に対する行政監督上の必要にも応えるものであった。[152] ただし、この定義にも社会的状況の変化に伴い家内労働の態様にも変化が生じたこと等によって、次に述べるとおり、それに合わせた修正が加えられてきている。

(3)　一九七四年の改正によって現行規定となっている家内労働法一条によれば、家内労働従事者（in Heimarbeit Beschäftigte）とは、家内労働者（Heimarbeiter）、家内工業従事者（Hausgewerbetreibende）をいうが、場合により、保護必要性の点でこれらと同視しうる者がこれに加えられるものとされている。[153] そして、続く同法二条において、各家内労働従事者は次のように具体的に定義づけられている。

(1)　家内労働者（二条一項）

自らが選択する作業場（自宅又は自らが選択の事業所）で、単独または家族成員とともに、事業者または仲介人の委託を受けて、生業として（erwerbsmäßig）活動するが、労働生産物の処分（Verwertung）は、直接、間接に委託をなした事業者に委ねる者。ただし、家内労働者が自ら原材料を調達する場合にはこの限りでない。

(2)　家内工業従事者（二条二項）

自らが選択する作業場（自宅又は自らが選択の事業所）で、二人以内の補助労働力又は家内労働者とともに、事業者又は仲介人の委託を受けて、物を製造、加工または包装をするが、その際、自らも本質的に（im wesentlichen）作業に従事し、労働生産物の処分は、直接、間接に委託をなした事業者に委ねる者。ただし、家内工業従事者が自ら原材料を調達するか、主として直接に販売市場向けに労働する場合には、この限りではない。

これらの定義には、被用者類似の者の概念の一般的メルクマールとして確立されてきた「経済的従属性および被用者と同程度の社会的保護必要性」なる事情はあげられていない。しかし、この一般的メルクマールは、家内労働従事者に対する家内労働法による保護を根拠づける事情として、その存在が、当然の前提とされていると解される。このことは、次の諸点からも根拠づけられる。

すなわち、まず、家内労働法一条では、家内労働者および家内工業従事者の他に、これらの者と保護必要性の点において同視しうる者が同法の適用対象に加えられていることは述べた。同法一条二項二文は、この者の保護必要性を根拠づける事情として「経済的従属性の程度が決定的である。」旨明定している。さらに、一九七四年の同法の改正では、この「経済的従属性の程度」をはかる具体的事情として「特に補助労働力の数、一人又は少数の委託者への従属（Abhängigkeit）、販売市場での直接的取引の可能性、自己投資額および売り上げ額とその種類」があげられるに至っている。[154]これらの具体的事情の多くが、「経済的従属性」ないし「社会的保護必要性」の有無、程度をはかる具体的事情としてあげられてきたことは、三での分析から明らかであろう。したがって、このことから、家内労働者および家内工業従事者に対する保護を根拠づけていると考えられているのは、経済的従属性および社会的保護必要性であるといってよいであろう。とすれば、家内労働者および家内工業従事者の定義には、これを充たせばそれだけで具体的に経済的従属性や社会的保護必要性の有無、程度を吟味するまでもなく、一般に経済的従属性および社会的保護必要性が認められる、との立法政策上の判断が示されていると解されるのである。

(4)　ところで、上述した家内労働者と家内工業従事者の各定義を具体的に検討すると、両者の相違として、まず、家内労働者が、単独又は家族成員とのみ協働するにとどまる者であるのに対して、家内工業従事者は、二人以内の補助労働力又は家内労働者と協働する者である点をあげ得る。が、さらにもう一点、家内労働法の一九七四年の改正[155]によって生まれた相違点が、留意すべき点として指摘されなければならない。すなわち、家内工業従事者はその呼称のとおり工業的な活動を行う者に限られるのに対し、家内労働者は、工業的活動にとどまらず、生業として活動する者すべてをいうとされたことである。家内労働法は、それまでは、工業部門における家内労働従事者の立法として存在してきたが、この改正によって生業として在宅労働を行なう者であれば、その活動が工業的か否かにかかわりなく、家内労働者として同法の適用が認められるところとなったということができる。

この改正は、一般に、事業所内においてなされてきた事務的労働（Büroarbeiten）が、経営合理化の一環として在宅事務労働者（Büroheimarbeiter）に委託される態様が増加してきたという社会的事情の変化を反映して、家内労働法の適用範囲を、いわば質的に拡大したものと捉えられよう。[156]すなわち、いわゆる労務者（Arbeiter）なる労働者層によってなされるとされてきた筋肉労働の他に、従来、職員（Angestellte）なる労働者層によってなされるとみられてきた単純な事務労働から要資格の頭脳労働に至るまでの幅のある職員活動（Angestelltentätigkeit）[157]が、家内労働法の適用下に入る可能性が出てきたからである。ただしその場合でも、こうした職員活動のすべてが、家内労働法の適用下に入るのではなく、どのような活動が家内労働とされるかは「産業社会および取引における社会学的変化を明確にすることを通じて、当該職員の活動を家内労働として保護するに値するとの取引観が生まれているか否かの検討に基づかなければならない」ことが指摘されている。[158]このことは、既述したように、家内労働法による保護必要性が経済的従属性と社会的保護必要性とによって根拠づけられていると解されることからいえば、ある職員について、それまでの家内労働従事者と同程度以上の経済的従属性および社会的保護必要性が存するか否かが検討されるということを意味していると解されよう。家内工業従事者については、家内労働者とは異なり工業部門以外への適用拡大がなされなかったのも、職員活動を複数の被用者等を使用して行なう場合——例えば、筆耕者事務所（Schreibbüro）——にまで、家内労働法による保護の必要性を肯定させる取引観がいまだ形成されていない、ということに理由が存在したことが指摘されている。[159]

これまでのところ、家内労働法の適用下に入るとされた職員活動は、次のような単純な事務労働に限られると解されている。(160)

(ⅰ)　口述（速記、レコード、口述用録音機）又は原本（通信文、論文）のタイプ。

(ⅱ)　摘要（kurze Inhaltangabe）に従った契約の成文化作業。

(ⅲ)　帳簿作成事務。

(ⅳ)　世論調査の分析、国勢調査での世帯リストの分析。

（ロ）　商業代理人に対する法的規整

(1)　これに対して、被用者類似の者としての商業代理人については、現行法上、家内労働従事者のような特別立法による規整はない。被用者類似の者一般を適用対象に付加する個別の労働立法の適用下に置かれている。唯一、被用者類似の者一般に対する現行労働法の適用関係と異なる点として、労働協約法が特別規定を設けて、商業代理人への同法の適用（準用）を全面的に否定していることがあげられる（同法一二条a第四項）。

(2)　ところで、商業代理人と称される者すべてが被用者類似の者であるわけではなく、独立自営業者も存在している。いかなる範囲の者が、被用者類似の者として、これらの労働立法の適用を受けるかが問題となる。そしてその範囲は、商業代理人の場合も、現在では、立法上の定義によっていると解される。一九五三年の商法典改正法により設けられた労働裁判所法五条三項の規定がそれである。この定義規定が、被用者類似の者の概念のメルクマールの確定に重要な役割を果したと考えられる点は既に述べた（三3(Ⅱ)期(2)

（五一頁以下））。そこで、以下では、この定義が置かれるに至った歴史的経緯も含めて、商業代理人に対する法的規整につきやや立ち入って言及しておくこととしよう。

商業代理人なる職業類型の発生は、家内労働従事者と同様に相当に古く、それは、一九世紀中葉において、工業生産量の上昇や新しい販売市場の開拓に伴って拡大した経済活動の要請に応えて、取引や保険契約締結の仲介等を業とする職業類型として生まれた[161]。しかし、商業代理人が法的に認知されたのはそれより相当後のことである。ようやく、一八九七年制定の商法典（Handelsgesetzbuch）において、商業代理人が一つの職業類型として承認され、商業使用人（Handlungsgehilfen）とともに法的規整の対象とされたのである[162]。その際、商法典は、両者に対する規整の内容を異ならしめたため、それぞれに次のような定義を与えて両者を区別しようとした。

(1)　商業使用人（同法典五九条）

商業的営業（Handelsgewerbe）において、対価を得て商人的給付（kaufmännischer Dienst）を行なうために雇用される者。

(2)　商業代理人（同法典八九条）

商業使用人として雇用されることなく、他人の営業のために取引を仲介し、他人の名で契約を締結することを継続的に委託される者。

他方、商法典においてこのように定義づけられた商業使用人と商業代理人については、いずれも有償の労務給付者として、同時に、労働立法の適用関係も問題となった。そしてここでも、既に言及したように（二**3**㈠（特に一二頁以下））、法的規整の内容を異にした。すなわち、商業使用人は賃労働者（Lohnarbeiter）ないしは被用者とされてきたのに対し、商業代理人は、独立の事業者か、——被用者類似の概念が登場して以降は——被用者類似の者のいずれかに属すると解されてきたのである。そのため、商法典および労働立法の適用にあたっては両者の区別が常に問題となったといえるのである。

(3)　商法典に定められた先の定義は、この両者につき文言上は明瞭な区別を与えているかにみえるが、現実には、そのいずれに属するかの判断が困難なケースが多く、また労働立法上でも、従属労働概念に基づく両者の区別、したがって、被用者性および被用者類似の者性の判断が容易ではなかった。そのため、労働立法の適用関係に関わっては、労働裁判所に、これらの点の判断を求める多数の訴えがなされた。結果的には、このことが判例の側からの労働法の適用対象の本質把握を促す一つの役割を演じたことは、すでに言及したところである（**二3**(一)(3)（一一頁以下））。

そうした訴えがとりわけ増加してくるのは、ワイマール期に入ってからのことであるが、それは、商業代理人の置かれた社会経済的条件が変化し、両者の区別が困難の度を強めることとなったからである。

それまでの商業代理人は、「国王の商人」[163]等と呼ばれ、比較的に規模も大きく、良好な社会経済的条件下で活動し、その多くは明らかに独立事業者とみることができた。ところが、第一次世界大戦後の経済不況等により生じた大量の失業者の中に、商業代理人として仲介業務等を行なう者が出てきたのである。彼等は、特定の取引相手に経済的に依存する他なく、「その計算で活動する」小規模、零細商業代理人となった。この種の商業代理人の就業実態は、独立事業者のそれではなく、むしろ商業使用人のそれに近いものとなっていたのである。[164]

(4)　こうした状況に対して、ようやく一九五三年になって、この両者の区別等につき、商法典の改正という形で立法的解決が図られるに至ったのである。そして、この改正は、労働法の視点からは、二点にわたり重要な意味を含んでいた。

(a)　被用者概念の具体的メルクマールの提示

まず、一九五三年の商法典改正法（商業代理人法）一条は、商法典八四条一項を改正して次のように定めた。

「商業代理人とは独立の事業者として、他の事業者のために取引を仲介し、他の事業者の名で契約を締結する者である。〔ここでいう〕独立とは、本質的に（im wesentlichen）自由に自己の活動を形成し、自由に労働時間を決定できることをいう。」

この商法典八四条一項第二文は、まずは、商業代理人が独立の事業者として持つ「独立性」の商法上の意味内容を明らかにしているといえる。しかし、同時に、それは、独立の労務給付者としての商業代理人の持つ「独立性」の、労働法における意味内容をも明らかにしたものと解してよいとされた(165)。同条二項が、一項の意味で独立でない者は、職員（Angestellte）とみなすと定めていることからも、このことが裏付けられたのである。

この改正がなされる時点までには、労働法上は、独立の労務給付者（被用者類似の者も含めて）が、人的独立である点で、人的従属性を本質とする被用者と区別されると解することが学説・判例上の支配的見解となってきていた。しかし、労働立法において、このことを明定する規定がそれまでなかったのである。そのため、この商法典八四条一項の改正規定が示した「独立性」の意味内容は、まさに被用者概念の本質に関わる人的独立性の具体的内容を定めたものと解されたのである。人的独立性の意味内容が明らかにされることで、進んで、商業使用人を含む被用者概念の本質的メルクマールである人的従属性は、商法典八四条一項二文の反対解釈によって、「本質的に自由に自己の活動を形成できず、かつ自由に労働時間を決定できない状況を具体的内容とする」とされたと解されるところとなったのである(166)。

労働立法上では、今日においても、被用者の具体的定義は定められていない。そのため、この改正によって、商法典八四条一項の規定が、これで十分かどうかは別として、法文上、被用者概念の具体的メルクマール――したがって人的従属性の具体的意味内容――を導き出しうる唯一の拠り所として適示されてきた(167)。

(b) 被用者類似の者の概念の具体的メルクマールの提示

さらに、一九五三年の商法典改正法は、その三条において労働裁判所法五条三項を創設し、そこで労働裁判所法の適用を受ける商業代理人の範囲を限定した。

それが、(i)商法典九二条aにいう一会社代理人で、(ii)過去六カ月の平均月収が五〇〇DMを超えない者、であった。(i)が経済的従属性、(ii)が社会的保護必要性を定めたものと解された(168)。そして、この定義づけが、一九五三年以降の学説、判例による商業代理人も含めた被用者類似の者一般の概念把握の変遷、深化に重要な影響を与えたとみられることはすでに言及したとおりである(三3(II)期(2)(五四頁以下))。しかし、この定義は、被用者類似の者としての商業代理人の定義として、まずは、労働立法の適用を受ける被用者類似の者である商業代理人の範囲を画する基準であるといわねばならない。

以上の(a)、(b)二点にわたる立法政策上の対応によって、ようやくこれ以降は、被用者としての商業使用人か、被用者類似の者としての商業代理人かの判断を求める労働裁判所への訴えは、激減したのである。

（八）　自由協働者に対する法的規整

(1)　商業代理人の問題が終息に向かった後、これに代わって、一九六〇年代以降、学説、判例上、被用者および被用者類似の者の概念に関し、問題の中心となったのが自由協働者（freier Mitarbeiter）であった。自由協働者問題については、第一編第二章（一〇九頁以下）で詳しく検討を加えているのでここでは概略を述べるにとどめる。

自由協働者とは、主として放送、映画、新聞等のメディア領域、さらに文化、教育領域等の相当広範な職種、職域で見出される就業者の総称である。具体的には、放送局のアナウンサー、レポーター、あるいは俳優、歌手、さらにジャーナリスト、大学の助手等があげられる。いわゆる「フリーの（frei）」と呼ばれる就業形態のみられる職業類型が中心となっている。

(2)　ところで、この自由協働者がすべて被用者類似の者であるかは問題であり、したがってこれが被用者となる場合があるかは議論のあるところであるが[169]、自由協働者の中に被用者類似の者が存在することには異論はないといってよい。そして現行法上、被用者類似の者としての自由協働者には、商業代理人と同様、特別立法による規整はなく、被用者類似の者一般に適用のある労働立法の適用を受けるにとどまる。

ただし、このうち、労働協約法の一九七四年の改正では、被用者類似の者一般に同法の適用を認めた一二条a第一項とは別に、第一項の一部を修正した第三項において、自由協働者を対象にしたと考えられる特別規定が設けられた。この規定が、第一項とあわせて被用者類似の者としての自由協働者の定義規定としての意義を有していると解される。

それによれば、労働協約法一二条a第一項が定めた被用者類似の者であるための四要件（三**3**(Ⅲ)期（特に五八頁））のうち、経済的従属性に関する二つの選択的要件の一方としてあげられていた「(b)自己の生業から得られる全収入の平均して半分を超えて一人の者から得」ていることとされている点が、第三項によって緩和されている。すなわち、「自己の生業から得られる全収入の平均して少なくとも三分の一を一人の者から得る」にすぎない場合も含める内容に改められたのである。この修正は、自由協働者については、一般に、その他の被用者類似の者に比較して職業的な流動性が高く、それだけ収入源が分散しやすいために、一人の委託者への経済的依存性、すなわち経済的従属性はさほど高くはないという特徴があるものの、それでもこれに対する保護必要性は否定できないとの立法政策上の判断に基づいたものといえる。

労働協約法一二条a第三項によって緩和された要件は、他の要件と併せて、被用者類似の者としての自由協働者についての定義的意義を有するものとして、自由協働者が労働裁判所法や連邦休暇法における被用者類似の者にあたるかを判断する場合においても、そのまま用いられるか、十分考慮できるものと考えられている。(170)

(124)　これらの訴えは、多くの場合、労働裁判所の管轄の存在を、まずは、被用者であることを理由に根拠づけようとし、これが否定される場合を考えて、被用者類似の者であることも併せ主張する形をとっている。

(125)　RAG, Urt. v. 10. 11. 1927, ARS Bd. 2, S. 22 ; Urt. v. 10. 8. 1928, Bd. 3, S. 207 ; Urt. v. 23. 2. 1929, Bd. 5, S. 364 ; Urt. v. 15. 2. 1930, Bd. 8, S. 451 ; Urt. v. 17. 12. 1930, Bd. 10, S. 576 usw.

(126)　RAG, Urt. v. 3. 7. 1931, ARS Bd. 12, S. 367 ; Urt. v. 9. 3. 1938, Bd. 32, S. 221.

(127)　RAG, Urt. v. 10. 2. 1930, ARS Bd. 10, S. 579.

(128) RAG, Urt. v. 25. 4. 1936, ARS Bd. 27, S. 7.

(129) 否定例も多くはない。以下の事例では、被用者類似の者性が否定され、独立の事業者とされて労働裁判所の管轄が否定されている。

(a) 自身の労働からの収入ではなく、事業収入としての収入を得ていた劇団支配人（Gastspieldirektor）が、劇場に対して報酬の支払い請求を行った事例。RAG, Urt. v. 18. 10. 1930, ARS Bd. 10, S. 20.

(b) 一人～四人の労働者と協働し、任意の委託者と取引をしていた刃物研ぎ職人により、委託者の一人に対する代金支払い請求がなされた事例。RAG, Urt. v. 28. 9. 1930, ARS Bd. 10, S. 208.

(c) 自宅で週二回、複数の生徒に音楽指導を行っていた音楽教師が、そのうちの一人の生徒の親に未払い報酬の請求を行った事例。RAG, Urt. v. 5. 7. 1939, ARS Bd. 36, S. 256.

(130) RAG, Urt. v. 27. 11. 1929, ARS Bd. 8, S. 21.

(131) RAG, Urt. v. 9. 5. 1931, ARS Bd. 12, S. 271.

(132) RAG, Urt. v. 10. 7. 1931, ARS Bd. 12, S. 450.

(133) 後掲注(142)に掲げた(f)の事例がそうである。Vgl. Hueck-Nipperdey, Lehrbuch des Arbeitsrechts, Bd. 1, 7. Aufl., 1963, S. 54f.

(134) 訴えの内容は不明である。BAG, Urt. v. 26. 10. 1956, AP Nr. 3 zu §5 ArbGG 1953.

(135) 訴えの内容は不明である。BAG, Urt. v. 13. 9. 1956, AP Nr. 2 zu §5 ArbGG 1953.

(136) BAG, Urt. v. 19. 5. 1960, AP Nr. 7 zu §5 ArbGG 1953.

(137) BAG, Urt. v. 16. 12. 1957, AP Nr. 3 zu §611 BGB Lehrer, Dozenten.

(138) 訴えの内容は不明である。BAG, Urt. v. 17. 12. 1968, AP Nr. 17 zu §5 ArbGG 1953.

(139) LAG Hamburg, Urt. v. 25. 4. 1967, DB 1967, S. 1816.

(140) BAG, Urt. v. 8. 6. 1967, AP Nr. 6 zu §611 BGB Abhängigkeit. 本件では、まず、被用者であることの確認が求められていたが、これは否定され、結果として、被用者類似の者として二週間の予告で足りるとされた。

(141) BAG, Urt. v. 24. 2. 1972, AP Nr. 10 zu §11 BUrlG.

(142) これに対し、否定例として次の七例がある（裁判管轄の有無のみ判断され、請求内容が不明のものも含まれている。）。

(d) 汽船内の化粧室を賃借して、副業的に乗務員や乗客に化粧用品類を販売し、理髪も行っていたライン河汽船の化粧室係（Toilettenpächter）が、船会社に対して被用者としての諸請求（休暇、報酬支払い、保険加入等）を行った事例。LAG Düsseldorf, Urt. v. 21. 3. 1957, AP Nr. 6 zu §5 ArbGG 1953.

(e) 純粋に慈善により、医療活動を行っていた赤十字の看護婦（Schwester）が、即時解雇無効の確認と未払い報酬の請求を行った事例。BAG, Urt. v. 18. 2. 1956, AP Nr. 1 zu §5 ArbGG 1953.

(f) プロテスタントの婦人牧師補（Diakonisse）の事例。ArbG Bremen, Urt. v. 31. 5. 1956, AP Nr. 4 zu §5 ArbGG 1953.

(g) 一人の委託者だけから材料の提供を受け、自分の営業所で自分で作業していた婦人服製造の一人有限会社の事例。OLG Oldenburg, Urt. v. 15. 12. 1961, AP Nr. 50 zu §2 ArbGG 1953.

(h) 年金収入があり、家屋不動産、競争馬を所有していた競馬のハンディキャップ係（Ausgleicher）の事例。BAG, Urt. v. 13. 12. 1962, AP Nr. 3 zu §611 BGB Abhängigkeit.

(i) 副業として時給の帳簿係に就いていた者が、委託会社の倒産に伴い破産法上の優先権の確認を求めた事例。BAG, Urt. v. 9. 2. 1967, AP Nr. 4 zu §61 KO.

(j) 複数の放送局かけ持ちのフリーのアナウンサーが、放送局の一つに対し連邦休暇法上の休暇金支払い請求を行った事例。BAG, Urt. v. 18. 6. 1973, AP Nr. 2 zu §2 BUrlG.

(143) BAG, Urt. v. 13. 2. 1979, AP Nr. 3 zu §2 BUrlG.

(144) これに対し否定例は次の二例である。

(k) 一回的な催物に出演依頼を受けた手品師が、労働関係存在の確認を求めた事例。BAG, Urt. v. 6. 12. 1974, AP Nr. 14 zu §611 BGB Abhängigkeit.

(1) 数年来、副業的に四週間だけ屋外演劇を監督していたが、そこからの収入が監督としての主たる活動からの収入の主要部分を占めていた劇場監督（Theaterintendant）が、屋外演劇を主催する市との間に労働関係の存在確認を求めた事例。BAG, Urt. v. 16. 8. 1977, AP Nr. 23 zu § 611 BGB Abhängigkeit.

(145) RGBl. S. 976.

(146) RGBl. S. 467. 同法に基づいて、ライヒ労働大臣が布告（Bekanntmachung）の形式で、旧家内労働法を修正する新規定の内容を定めた。Vgl. RGBl. S. 72.

(147) RGBl. I. S. 214.

(148) BGBl. I. S. 191.

(149) 被用者類似の者一般を適用対象とする立法のうち労働協約法（一二条a）については、家内労働法上、家内労働従事者に既に協約締結権等が認められている関係から（同法一七条）、その適用が否定されている。Vgl. Wiedemann-Stumpf, a. a. O.（Anm. 74）, S. 689 RdNr. 12.

(150) 社会法典（Sozialgesetzbuch）第四編第二章一二条が家内労働従事者（家内工業従事者、家内労働者および仲介人）の定義規定を置いている。

(151) まず、一九一一年の家内労働者法は、「以下にかかげる作業所について……本法の規定を適用する。」と定め（同法一条）、具体的には次のものをあげていた。

1. 自己の家族成員のみを工業的に使用する事業所。
2. 作業所経営を指導する使用者によって使用されることなく、一人又は二人以上の者が工業的労働を行う事業所。

これに続く一九二三年の家内労働者工賃法は、この規定をそのまま受け継いだ。これに対し、一九三四年の家内労働に関する法律は、その定義を具体的に示し、一九五一年の家内労働法の定義規定の原形にあたると思われる定義規定を置いた。

その一九三四年法は、一条で、家内労働従事者とは、

1　家内労働者（Heimarbeiter）

2　家内工業従事者（Hausgewerbetreibende）で、通例、単独又はその家族成員ないし二人を超えない補助労働力とともに労働する者

をいうと定めた（一項）。さらに、同条は、以上の者と、その他の家内工業従事者、仲介人その他の被用者類似の者とを同視するとした（二項）。そのうえで、家内労働者と家内工業従事者の定義を次のように定めた（三項）。

家内労働者――事業者となることなく、自己又は自己選定の事業所で、単独又は家族成員の補助のもとに、事業者又は仲介人の委託を受け、かつその計算で、工業的に労働する者。

家内工業従事者――事業者として、自己又は自己選定の事業所で、事業者又は仲介人の委託を受け、かつその計算で、自らの手で商品の製造、加工をし、本質的に（im wesentlichen）出来高労働をする者。

各立法の以上の定義規定をみる限りでは、定義に具体化がみられるものの、本文後述の一九七四年の改正までは、各立法の適用対象として予定していた家内労働従事者の範囲には大きな差はなかったと解されよう。

(152)　家内労働に関する各立法は、その実効性を確保するために、監督機関を設置してきた。一九一一年の家内労働者法では、所轄の警察官庁だけであったが、一九二三年の家内労働者工賃法および一九三四年の家内労働に関する法律では、労使二者構成の専門委員会（Fachausschuß）が別の命令（RGBl.I.S.757）で設けられ、一九五一年の家内労働法では、三者構成の家内労働委員会（Heimarbeitsausschuß）が警察官庁以外に監督機関として設けられた。そして現在は、監督機関として、各州の最上級労働局（Oberste Arbeitsbehörde）および、一九五一年法以来の家内労働委員会等が存在している（同法三条、四条を参照のこと）。

(153)　同条二項は、同視しうる者として、次の(a)から(d)の者をあげている。

(a)　通例、単独又は家族成員とともに自宅又は自己選定の事業所で、通常の労働過程において繰り返される労働を、他人の委託を受けて対価を得て行なう者で、その活動が工業的性格ではないか、あるいは委託者

が事業者又は仲介人でない者。

(b)　二人を超える補助労働力又は家内労働者とともに労働する家内工業従事者。

(c)　その経済的従属性により、家内工業従事者と類似の状況にある工賃労働を行なう（im Lohnauftrag arbeitend）その他の事業者。

(d)　仲介人（Zwischenmeister）

以上の者のうちで、(a)の「その活動が工業的性格でない者」は、本文後述のとおり（七五頁以下）、一九七四年の同法の改正で、家内労働者の範囲の拡大に合わせて新たに追加されたものと解される。また、(c)の「工賃労働を行なうその他の事業者」と家内工業従事者との区別は、工業部門ではほとんど不可能であるといわれ、むしろ、工業的労働に従事しているか否かで区別すべきであるとの見解が示されている。Vgl. Maus-Schmidt, Heimarbeitsgesetz, 3. Aufl., 1976, S. 38ff.

(154)　こうした具体化は、**三3**で言及した労働協約法一二条aを創設した一九七四年の家内労働法改正法で初めてなされた。労働協約法一二条aも、家内労働法における具体化も、被用者類似の者一般の概念の具体的メルクマールの確定に関するそれまでの判例、学説の成果を取り込んだとみられる点で同じであるといえよう。

(155)　BGBl. I. S. 2879.

(156)　Vgl. Maus-Schmidt, Heimarbeitsgesetz, 3. Aufl., 1976, S. 86ff.

(157)　Vgl. LAG Berlin, Urt. v. 6. 10. 1961, DB 1962, S. 607.

(158)　Vgl. BAG, Urt. v. 22. 10. 1971, AP Nr. 7 zu § 2 HAG.

(159)　Maus-Schmidt, a. a. O., S. 88 RdNr. 65, 66.

(160)　Maus-Schmidt, a. a. O.（Anm. 153）, S. 88 RdNr. 64.

(161)　F. Rancke, Die freien Berufe zwischen Arbeits- und Wirtschaftsrecht, 1978, S. 96.

(162)　一八七一年のドイツ帝国の成立後もそのまま受け継がれ、一八九七年に商法典が制定されるまで存続した一八五七年の一般ドイツ商法典（ＡＤＨＧＢ）では、その草案作成段階において、商業代理人による商取引への影響等が議論されていたが、結局、規整の対象とすることは見送られた。その後は、ライヒ裁判所が商業代理人の職業類型の存在を認め、その定義づけを試みていた。Vgl. RG, Urt. v. 2. 2. 1892, RGZ Bd. 31, S. 59f. なお、商業代理人には、商法典では、Handelsagenten の語があてられていたが、本文後述の一九五三年の商法的改正では、Handelsvertreter の語に変更されている。

(163) B. Träger, Die Reichweite des arbeitsrechtlicher Sozialschutz, 1981, S. 13.

(164) F. Rancke, a. a. O.（Anm. 161）, S. 96.

(165) H. Trinkhaus, Arbeitsrechtliche Probleme des Handelsvertretersrechts, RdA 1958, S. 11ff.; G. Hueck, Arbeitnehmer und freie Mitarbeiter, DB 1955, S. 385.

(166) この改正によって定められたとみられる人的従属性の具体的内容は、それまでの学説、判例が、商業使用人と商業代理人との区別をめぐる問題解決の模索の中で蓄積した成果の一部を明文化したとの評価がある。しかしこの明文化は、被用者概念の人的従属性の具体的メルクマールすべてをつくしたものではないとの評価が一般的である。Vgl. H. Trinkhaus, a. a. O.（Anm. 165）, S. 11f.; W. Ordemann, Zur Abgrenzung zwischen Handelsvertreter und Angestellte, BB 1963, S. 498.

(167) R. D. Falkenberg, a. a. O.（Anm. 91）, DB 1969, S. 1410.

(168) G. Hueck, a. a. O.（Anm. 165）, DB 1955, S. 385.

(169) 第一編第二章一一二頁以下、一二一頁以下を参照のこと。

(170) Beuthien-Wehler, Stellung und Schutz der freien Mitarbeiter im Arbeitsrecht, RdA 1978, S. 9.

五　被用者類似の者の保護をめぐる問題——類推適用の当否について

被用者類似の者は、これまでの行論で明らかにしたとおり、一九八〇年代末頃までをみても（一九九〇年代以降の動向については、第一編第三章を参照のこと。）、家内労働従事者を除けば、一部の労働立法の適用対象に付加されるにとどまってきた。例えば、家内労働従事者以外の被用者類似の者は、解雇制限法、労働時間令（労働時間法）、経営協議会法、共同決定法、被用者派遣法、年少者保護法[171]、母性保護法等の主要な労働立法の適用対象には加えられていない。また、被用者には問題なく適用があると解されているＢＧＢ（Bürgerliches Gesetzbuch、民法典）の雇用契約に関する規定（六一一条～六三〇条）や破産法の一部規定（六一条）等が、被用者類似の者に適用があるかも問題である。

そこで、労働法学説の中には、こうした立法的状況が被用者類似の者への保護にとって不十分であると解し、また、家内労働法に続く特別立法を制定したり、個別の労働立法の適用対象に被用者類似の者を新たに付加するといった立法政策上の対応が早急には望めないとの認識のもとに、解釈論においてこの不十分な保護を補う必要があるとする見解がある。この見解は、その方法の一つとして、類推適用をあげ、これによって被用者類似の者を適用対象に加えていない労働立法の適用を認めていくことを主張する。被用者類似の者に適用がないと解されるＢＧＢの規定等についても同様である。そして、こうした見解が、一般論としては、学説の多数を占めているといってよいであろう。しかし、この類推適用肯定説に対しては批判的学説もある。その中には、類推適用を肯定することの法理論的な当否の問題にとどまらず、これを超えて、類推適用肯定説の依拠する被用者概念論等への批判も含まれている。こうした批判の存在は、類推適用の当否の問題が、労働法による保護の本質や、被用者概念の基本的メルクマール等の基本的問題と結びついていることを示している。

そこで、本章の最後の論点として類推適用の当否の問題をとりあげ、これをめぐる学説の議論を分析しよう。この点の分析によって、類推適用という解釈論上の方法が、ドイツ労働法の適用対象構造の中で、どこまで有効なものたり得ているか、また有効たり得るかを明らかにすることとしよう。[172]

㈠　解釈技術としての類推適用

ところでまず、類推適用とは何かであるが、これは、問題となる立法や規定の属する法秩序全体の趣旨に照らして許容できることを前提に、ある二つの事項に共通して認められる属性に基づいて、一方の事項に適用のある立法、規定を他方の事項にも適用することを可能にする法の解釈技術であるといわれる。[173]これによれば、類推適用が肯定されるためには、第一に、ある二つの事項に共通の属性が存在すること、第二にこの共通の属性に基づく類推適用が、法秩序全体の趣旨に照らして許容されうること、の二つの要件が充足される必要がある。したがって、被用者にしか適用のない労働法等を被用者類似の者に類推適用できるとするためには、被用者と被用者類似の者との間に共通の属性が認められ、併せて、その共通の属性に基づく類推適用が、労働法秩序全体の趣旨から許容されなければならないということになろう。

なお、一般に類推適用は、刑法等の刑罰法規の解釈においては採用できないと解されている。しかし、労働立法等の類推適用の当否は、労働立法の適用関係を扱う労働裁判所がいわゆる労働民事事件につき管轄を有するということと関わって、学説上専ら民事上の効力に限って議論されており、この点では問題は生じないことになる。

㈡　類推適用の適用肯定説[174]

(1)　**二**で述べたとおり（**二3**㈡および注(42)）、「被用者」ないし「賃労働者」の基本的特質は、一九二〇年代末頃までは、人的従属性と経済的従属性とにあると捉えられていた。被用者類似の者が被用者類似の者たるゆえんは、その基本的特質において被用者と経済的従属性の点で類似しているところにあるとされ、この経済的従属性が、被用者類似の者への労働立法の適用を根拠づけていると解された。したがって、経済的従属性を被用者と被用者類似の者双方の共通の属性と捉えることができるとすれば、類推適用肯定のための第一の要件は充たされることになる。しかしその後、被用者概念について支配的となった学説および判例は、被用者概念の基本的メルクマールを人的従属性だけに絞り、経済的従属性は、「もはや必要でも十分でもなく」、被用者概念にとって本質的ではないとするに至った。[175]この考え方は現在も維持されている。これに従うとすると、被用者と被用者類似の者との間に共通の属性は見出せず、類推適用の第一の要件を欠くことにならないのか。それでも、この支配的学説は、類推適用を肯定している。これは、同説が、大半の被用者には依然として経済的従属性が認められるとしているところから、[176]被用者類似の者との共通の属性は、こうした本来的な被用者との間では失われていないと考えていることによると思われる。[177]

(2)　他方、被用者概念に関するこの支配的学説は、類推適用肯定のための第二の要件である労働法秩序全体の趣旨について「[使用者に対する被用者の]人的従属性と経済的従属性とから生じる危険を取り除くことに、労働法の第一の、そして本来的で最重要の責務が存在する。」と述べている。[178]換言すれば、同説は、労働法による保護は、被用者の人的従属性と経済的従属性とによって根拠づけられていると捉えているといえよう。これによれば、労働法秩序は、経済的従属性に基づいて労働法による保護が根拠づけられる場合のあることを少なくとも否定する趣旨ではないことになるであろう。したがって、支配的学説は明言はしていないが、経済的従属を被用者と被用者類似の者との共通の属性と捉えつつ、これに基づいて被用者のみを適用対象とする労働立法を被用者類似の者に類推適用することは、労働法秩序全体の趣旨に照らしても否定されないと説明するものと解されるのである。

㈢　肯定説による具体的検討

(1)　肯定説は、このようにして、一応、一般論としては、論理的に、被用者類似の者への類推適用を根拠づけ得るとしてるといってよいであろう。しかし、肯定説も、こうした一般論に基づけば、被用者類似の者を適用対象に付加していない労働立法のすべてが、実際上、当然に、被用者類似の者に類推適用され得るとは考えない。むしろ、労働法秩序全体の趣旨とは別に、個々の立法の持つ個別の保護目的の吟味を通じた「慎重なる」検討が求められるとしてきた。[179]

そして、これまで肯定説の立場に立ついくつかの学説が、いかなる労働立法について類推適用が可能であるかについて検討を行ってきている。ただし、検討の結果として、その可能性が肯定された立法は、これまでのところ多くはない。重度障害者保護法、[180]年少者保護法、[181]職場保護法[182]がその例である。それ以外の、例えば解雇制限法、経営協議会法、労働時間令（労働時間法）等の類推適用は、支配的学説においてはむしろ否定されている。[183]

(2)　さらに、類推適用肯定説は、ＢＧＢの雇用契約に関する規定（ＢＧＢ六一一条〜六三〇条）の類推適用の当否についても検討している。そのＢＧＢの雇用契約に関する規定とは次のものである。

雇用契約の意義（六一一条）、男女差別扱いの禁止（六一一条ａ）、有償の労務給付性と報酬額の黙示による決定（六一二条）、労務義務者の権利行使に対する不利益取扱の禁止（六一二条ａ）、労務に関する権利義務の非融通性（六一三条）、営業譲渡の際の被用者（Arbeitnehmer）の権利義務の存続、報酬の支払時期（六一四条）、使用者の受領遅滞（六一五条）、労働の一時的不能中の賃金の継続払い（六一六条）、同居の労務給付義務者の疾病に対する使用者の配慮義務（六一七条）、使用者の安全衛生配慮義務（六一八条）、六一七条、六一八条の強行法規性（六一九条）、雇用関係の終了（六二〇条）、告知期間（六二一〜六二四条）、黙示の更新（六二五条）、即時解雇（六二六、六二七条）、即時解雇の際の報酬および損害償請求権（六二八条）、求職期間の付与（六二九条）、使用証明書請求権（六三〇条）。

ところで、被用者類似の者が委託者との間で締結する契約は、自由雇用契約ないし請負契約とされている（労働協約法一二条a）ことは述べた（本章**三3**（Ⅲ）期（五六頁以下））。請負契約に基づく場合は別として、従属的雇用契約とともに雇用契約の範囲に含められる自由雇用契約に基づく被用者類似の者には、BGBの雇用契約に関するすべての規定の適用があるか問題となる。そして、明文で、被用者だけを適用対象としている規定（六一三条a、六一六条二、三項）以外は、すべてこれを肯定できるとも解される。しかし、従来、BGBのこれらの規定の中には、各労働法と基本的に同様の保護思想に基づく規定が含まれており、こうした規定は被用者が締結する従属的雇用契約への適用のみを予定していると説かれてきた。[184] そのため、BGBの雇用契約に関する規定は、その文言からは雇用契約一般について適用があると解する余地のある場合であっても、ただちに自由雇用契約に適用があるとはいえないと説かれたのである。したがって、BGBの雇用契約に関する各規定についても、自由雇用契約に基づく被用者類似の者に適用があるのか、もしなければ類推適用が可能かが吟味されてきた。

そして、具体的にまず、自由雇用契約には適用がない規定として、――見解の対立がみられるが、――大体次の規定があげられてきた。[185] すなわち、六一三条a、六一六条二、三項、六一七条、六二九条、六三〇条がそうである。

したがって、ＢＧＢの規定の、被用者類似の者への類推適用の当否は、まず（ｉ）自由雇用契約関係に適用がないとされる先のような規定が、自由雇用契約に基づく被用者類似の者に類推適用できるかで問題となろう。さらにこれとは別に、（ⅱ）請負契約に基づく被用者類似の者には、雇用契約に関する規定のうち、どの規定の類推適用が可能かもあわせて問題となってこよう。そして、類推適用肯定説は、この（ｉ）、（ⅱ）の問題について必ずしも明確な区別をすることなく、次の各規定について、その類推適用を肯定してきた。すなわち、六一五条、六一六条一項、六一七条、六一八条、六二九条、六三〇条の各規定である。

(四)　類推適用否定説

こうした類推適用肯定説に対しては、二点にわたる批判が、否定説の側からすでになされている。

(1)　まず、その第一[186]は、肯定説においては、被用者類似の者への類推適用の第二の要件である「労働法秩序全体の趣旨」と被用者概念の基本的メルクマールの把握との間に矛盾があり、肯定説の言うところにそのまま従えば、類推適用の二つの要件のいずれも充たされなくなるとの批判である。この批判は、支配的学説、判例による被用者概念の把握を疑問視するところから出発しており、被用者類似の者に対する類推適用それ自体を直接否定するものではない。その批判の内容は概ね次のようなものである。

既述のとおり、一九三〇年前後を境に、支配的学説、判例は、被用者概念の基本的メルクマールから、経済的従属性を「必要でも十分でない」として排除した。その意味するところは次の点にあると推測される。「必要でない」とは、被用者の中に、人的従属性はあるが経済的従属性のない者も含める必要があると解されるようになってきたため、被用者であるために経済的従属性はもはや必要ではなくなってきたということである。他方、「十分でもない」とは、被用者であるためには人的従属性が不可欠のものとされるから、経済的従属性があるだけでは十分ではないということである。

支配的学説、判例が被用者概念の基本的メルクマールをこのように捉えた場合、とりわけ経済的従属性は必要ではないとした場合、論理的には、被用者への労働法による保護は、人的従属性だけで十分に根拠づけられるということにならないか。つまり、労働法による保護の本質は人的従属性のみにあるというに等しくはないかである。このような把握は、労働法による保護の本質を被用者の人的従属性と経済的従属性に求めてきた支配的学説の理解と食い違ってくる。人的従属性はないが経済的従属性のある者は、被用者類似の者として被用者と区別されたうえで、一部労働立法の適用を受けるにとどめられているのに、経済的従属性はないが人的従属性のある者は、被用者として全労働立法の適用を受けるとされることを考えれば、そうした把握は否定できないといえよう。とすると、支配的学説、判例による被用者概念の基本的メルクマールの把握と労働法秩序全体の趣旨の把握との間には矛盾が生じてくるといわねばならない。

そして、被用者概念の基本的メルクマールを人的従属性だけに絞るということになれば、類推適用を正当化する二つの要件のうち、まず、被用者と被用者類似の者との共通の属性として、経済的従属性を考えることはできなくなるから、両者に共通の属性はないことになろう。また、労働法秩序全体の趣旨は、人的従属性により生ずる危険を取り除くところにあることとなり、仮に大半の被用者には経済的従属性が認められることを捉えて、経済的従属性を共通の属性と考えることができるとしても、労働法による保護の本質が、人的従属性によってのみ根拠づけられると捉えるべきこととなれば、労働法秩序全体の趣旨からは類推適用は認められないこととなろう。

こうした批判の出発点は、支配的学説、判例が、被用者概念の基本的メルクマールを、人的従属性に絞り、経済的従属性は「必要でも十分でもない」と解したところにある。労働法による保護の本質が被用者の人的従属性と経済的従属性の双方にあるとの労働法の本質把握を、そのまま維持しようとすれば、支配的学説、判例は、経済的従属性を被用者概念の基本的メルクマールとして再評価し、被用者性判断にあたっても、経済的従属性を何らかの形で考慮しなければならないことになろう。このように解して初めて、被用者概念の基本的メルクマールの把握と労働法による保護の本質として人的従属性と経済的従属性をあげることとが矛盾なく整合性あるものと評価されることとなるのである。そうでない限りは、類推適用は否定されるべきである。このように第一の批判は主張した[187]。

(2) 第一の批判に続いて第二の批判[188]は、類推適用が立法者の意思に反することを次のように指摘する。

ドイツ労働法の適用対象構造は、被用者を本来的適用対象としつつ、被用者類似の者を明文でこれに付加することで成立している。したがって、明文規定により適用対象の拡大がなされている場合以外は、被用者類似の者への労働立法の適用は、立法政策上の判断としてはむしろ否定的、消極的であると考えるべきではないか。もし類推適用により、被用者類似の者への労働立法の適用を認めることになれば、明文規定によるこれまでの被用者類似の者への適用対象拡大の意味は失われ、立法政策上の判断に反することになり許されないというべきである。

(3) 類推適用否定説は、以上の二点の批判を根拠として、少なくとも、労働立法については被用者のみに適用のある立法、規定の類推適用を原則として否定する。ただし否定説においても、同じ被用者類似の者である家内労働従事者に適用のある家内労働法およびその他の個別の立法については、被用者類似の者の基本的特質としての経済的従属性を共通の属性とみれば、類推適用を肯定する余地はあるとする見解がある[189]。さらにまた、ＢＧＢの雇用契約に関する規定について、文言上、従属的雇用契約にのみ適用がある旨の明文による明確な区別のなされている規定――例えば六一三条ａ、六一六条二、三項――以外は、解釈論上、類推適用も可能であると解する見解もある[190]。

このようにしてみると、類推適用肯定説と否定説との対立は、現実には労働立法やＢＧＢの規定のうち被用者に適用があり、しかも家内労働従事者を含む被用者類似の者に一切適用のないものについてのみ生ずることとなろう。しかし、両説の対立がはっきり現れると考えられるこうした立法のうち、これまでのところ肯定説が類推適用を肯定しているものは存在せず、同説が類推適用を肯定できるとした先の三つの法律にしても、いずれも家内労働従事者に適用を拡大している。したがって、これまでのところは、両説の対立は理論上のものにとどまっているとみられるのである。

㈤　判例の態度

このような学説における理論的な対立状況下にあって、判例が、具体的事例において、被用者類似の者への類推適用について判断を示したのは、これまでのところ次のものにとどまっている。

（ⅰ）　解雇制限法の類推適用を否定し、ＢＧＢ一三八条（公序良俗）、ＢＧＢ二四二条（信義誠実の原則）のいわゆる一般規定の適用のみを肯定した事例[191]。

（ⅱ）　一年を超えて反復して特定の委託者（テレビ局）から委託を受けていた被用者類似の者（カメラマ

ン）につき、解雇制限法の類推適用を否定しつつ、家内労働法二九条の二週間の告知期間を定めた規定の類推適用を肯定した事例(192)。

(iii)　ＢＧＢの雇用契約に関する規定（各規定の規定事項については、九三頁(2)を参照のこと。）。

（イ）　ＢＧＢ六一七条、六一八条の類推適用を肯定した事例(193)。

（ロ）　ＢＧＢ六三〇条の類推適用を肯定した事例(194)。

（ハ）　ＢＧＢ六一三条ａの類推適用を否定した事例(195)。

(iv)　被用者への適用を定める破産法六一条（優先権）の類推適用を否定した事例(196)。

以上の事例からは、判例が類推適用について学説の肯定説、否定説のいずれの立場に従うのかは必ずしも明らかではない。

しかし、いずれであるにしても、以上の他に、今後、判例上で被用者類似の者への類推適用が肯定されると考えられるのは、両説が一致して認めている、家内労働従事者を適用対象に収める立法についてではないかと思われる。しかし、そうであるとしても、肯定説、否定説を問わず解雇制限法、労働時間令（労働時間法）、等の主要な労働立法の類推適用が否定されているという意味では、被用者類似の者へのこれまで以上の保護を主張する立場からみれば、現実には類推適用は必ずしも有効な方法とはなり得ていないということになるであろう。しかし、今後、家内労働従事者に適用のある立法の類推適用が認められていくとすれば、それはかなりの範囲の労働立法が被用者類似の者に適用になることを意味しており、類推適用が被用者類似の者の保護にかなり有効な役割を果たすことも考えられる。

(171)　なお、年少者保護法一条三項は、同法の適用対象に被用者ないし家内労働者の労務給付に類似する（ähnlich）その他の労務給付を行なう者も含めている。この「その他の労務給付」には、家内労働者以外の被用者類似の者による給付も含まれると考える余地もあるが、学説は、これを否している。Vgl. Molitor-Volmar=Germelman, Jugendarbeitsschutzgesetz, 2. Aufl., 1978, S.75ff.（RdNr. 42ff.）.

(172) 類推適用の当否をめぐる議論については、第一編第二章一四二頁以下を参照のこと。

(173) K. Larenz, Methodenlehre der Rechtswissenschaft, 4. Aufl., 1979, S.354f. u. 366ff.

(174) Hueck-Nipperdey, Lehrbuch des Arbeitsrechts, Bd.I, 7. Aufl., 1963, S.59f.; G. Schaub, Arbeitsrechtshandbuch, 5. Aufl., 1983, S.36; O. Hoffmann, Der Begriff der arbeitnehmerähnlichen Personen, DB 1958, S.1072f.; R. Becker, Die freie Mitarbeit, 1982, S.110ff.; W. Herschel, Die arbeitnehmerähnliche Person, DB 1977, S.1188f.; Hoepffner, Die Kündigungsschutz arbeitnehmerähnlicher Personen nach dem SchwerbeschädigtenG, BB 1950, S.141f.

(175) 詳しくは前掲注(42)を参照のこと。

(176) Hueck-Nipperdey, a.a.O.（Anm.174）, S.26f.

(177) Vgl. Hueck-Nipperdey, a.a.O.（Anm.174）, S.60 は、類推適用を肯定する根拠として被用者と「同様の社会的状況（gleicher sozialer Lage）」をあげている。この「社会的状況」は経済的従属性ないしはこれに起因する事情を意味していると解される。

(178) Hueck-Nipperdey, a.a.O（Anm.174）, S.26.

(179) Hueck-Nipperdey, a.a.O.（Anm.174）, S.60.

(180) Hoepffner, a.a.O.（Anm.174）, S.141f.

(181) H. Endemann, Die arbeitnehmerähnlichen Personen, AuR 1954, S.2.

(182) W. Herschel, a.a.O.（Anm.174）, S.1189.

(183) Vgl. G. Schaub, a.a.O.（Anm.174）, S.39. 例えば、被用者類似の者への解雇制限法の類推適用を否定する論拠は次のように説明されている。

解雇制限法は、その規整の対象として、継続的な債権関係を予定していると解されるが、被用者類似の者は一般に一回的給付を内容とする個別の委託関係に基づいており、その適用は、意味のないものとなるからである。被用者類似の者が、こうした個別の委託関係に基づくのは、これらの者が人的独立の事業者であるということからいえば、一般に必然的なことである。Vgl. R. Becker, a.a.O.（Anm. 174）, S. 115ff. RdNr. 211~213.

(184) H. C. Nipperdey, Dienstvertrag, Staudingers Kommentar BGB, 9. Aufl., 2 Schuldverhältnisse 2. Teil., 1928, S. 687.

(185) Münchner Kommentar, Söllner, Schuldrecht, Bes. Teil, 1. Hl. Bd., S. 1168ff.; H. T. Soergel, Schuldrecht, Bd. 3, 1980, S. 542ff.

(186) J. N. Stolterfoht, Tarifautonomie für arbeitnehmerähnliche Personen?, DB 1973, S. 1068; F. Rancke, Die freien Berufe zwischen Arbeits- und Wirtschaftsrecht, 1978, S. 90; H. J. Buhl, Zur Problematik des Arbeitnehmerbegriffs, 1978, S. 192f.

(187) こうした観点から近時、学説上、被用者性判断において、経済的従属性を、例えば、人的従属性の補助的メルクマールとして考慮し得るとする見解等が示されている。Vgl. Beuthien-Wehler, a.a.O.（Anm. 170）, RdA 1978, S. 2ff.; H. J. Buhl, a.a.O.（Anm. 186）, S. 154ff.; F. Rancke, a.a.O.（Anm. 186）, S. 33ff. usw.

(188) U. Rosenfelder, a.a.O.（Anm. 74）, S. 296ff.; F. Gamillscheg, Arbeitsrecht, Bd. I, 6. Aufl., 1983, S. 75f.; Beuthien-Wehler, a.a.O.（Anm. 170）, S. 10.

(189) Beuthien-Wehler, a.a.O.（Anm. 170）, S. 10.

(190) Vgl. U. Rosenfelder, a.a.O.（Anm. 74）, S. 300ff.

(191) LAG Bremen, Urt. v. 16. 4. 1952; LAG Mannheim, Urt. v. 16. 4. 1952.

(192) BAG, Urt. v. 8. 6. 1967, AP Nr. 6 und Urt. v. 7. 1. 1971, AP Nr. 8 zu § 611 BGB Abhängigkeit.

(193) RG, RGZ Bd. 80, S. 27; BGH, BGHZ Bd. 5, S. 62.

(194) RAG, ARS Bd. 16, S. 272; Bd. 7, S. 27; LAG Stuttgart, ARS Bd. 27, S. 174. これ以前の判決には、これを否

定したものがあった。Vgl. RG, Urt. v. 7. 1. 1916, RGZ Bd. 87, S. 441.

(195) BAG, BB 1981, S. 1466.

(196) RG, RGZ Bd. 62, S. 227 ; Bd. 120, S. 301.

六　小　括

以上、被用者類似の者をめぐり主要と思われる四つの論点について言及してきた。その内容は、大体次のように要約できるであろう。

(1)（本章二）被用者類似の者は、立法上は、一九二六年の労働裁判所法の適用対象として初めて登場するが、その萌芽は、既に一八六九年の営業法や一九一一年のライヒ保険法の家内工業従事者において見出された。そして、その一九二六年の労働裁判所法以降、被用者類似の者は一部の労働立法（労働裁判所法の他、連邦休暇法、労働協約法）の適用対象に漸時加えられ、被用者とともにドイツ労働法の適用対象を形づくっている。しかし、等しく適用対象となるといっても被用者と被用者類似の者とは、その労働法の適用対象としての意義、基本的特質の点で大きく相違している。被用者は、少なくとも人的従属性をその基本的特質（メルクマール）とし、労働法の本来的な適用対象とみなされ、すべての労働立法の適用を受けるとされてきた。これに対して、被用者類似の者は、人的独立性と経済的従属性とを基本的特質とし、被用者と独立の事業者との中間に位置する者として、労働法の本来的適用対象ではないが、一部の労働立法の適用対象に加えられてきたのである。

(2)（本章三）そして、その登場以来、学説、判例は、被用者類似の者の概念の具体的メルクマール確定のための努力を行ってきた。その成果を取り込む形で一九七四年に労働協約法一二条aが創設をみる。これによれば、被用者類似の者とは、「経済的従属性があり被用者と同程度に社会的保護必要性のある者」であるとして、その基本的特質が示された。そして併せて、四つの具体的メルクマール（要件）があげられた。被用者類似の者の基本的特質については、法文上は、それまで人的独立で経済的従属性とされてきたことから、労働協約法一二条aによって社会的保護必要性が新たに付加されたことになる。この新たな基本的特質は、被用者類似の者性判断の結果的妥当性をチェックするメルクマールの意義を有していると考えられる。労働協約法一二条aが定めた被用者類似の者の基本的特質とその具体的メルクマール（要件）とは、今後その他の立法の被用者類似の者性判断においても考慮されることとなろう。

(3)（本章**四**）ところで、被用者類似の者は、従来の判例において問題となった事例だけからも明らかなように、多様な職業類型において見出されてきた。その中にあってこれまでのところ、家内労働従事者、商業代理人および自由協働者が、被用者類似の者に属する典型的な職業類型とされている。これらの者は、他の被用者類似の者とは異なり、家内労働法はじめ特別立法ないし特別規定の規整の対象とされてきた。

(4)（本章**五**）しかし、これらの者も含め、被用者類似の者と被用者との間には労働法による保護にかなりの「格差」が存在している。この「格差」については、これを当然視する考え方もあるが、これを解消する必要を説き、そのための解釈論上の方法として、被用者類似の者に適用のない労働立法等の類推適用を主張する見解が多数である。しかし、学説、判例が労働立法の類推適用の当否に関する具体的な検討によって、これを肯定する立法、規定は多くなく、類推適用はこれまでのところ必ずしも有効な方法とはなり得ていない。ただし、同じ被用者類似の者でありながら、家内労働従事者は、他の被用者類似の者に比してより多くの労働立法の適用対象に加えられており、それら家内労働従事者に適用のある労働立法等については、今後、類推適用が肯定される余地がある。

以上(1)~(4)の事情を踏まえるとき、では、被用者類似の者は、ドイツ労働法の適用対象として今後どのような発展を遂げるところとなるのであろうか。今後の予測を導き出す際の判断材料のひとつは、やはり被用者類似の者の概念の過去の発展史の中にあるといわなければならないであろう。

被用者と被用者類似の者とから成り立っている現在のドイツ労働法の適用対象構造は、一九世紀における労働法誕生後のかなり早い時期から形づくられ始めていたことは述べた。ところが、ワイマール期に入り、「従属労働」概念が労働法の本質を規定すると解されるに至り、その「従属労働」の具体的内容の確定をめぐってなされた種々の主張は、それまでの適用対象構造を全く異なったものとする可能性を孕んでいた。例えば、仮に立法者が「従属労働」の内容を経済的従属性だけに求める見解に従っていたとしたら、労働法の本来的な適用対象となるべき被用者は、経済的従属性ある者であるとされて、被用者類似の者の登場の余地はなかったかもしれないからである。

したがって、一九二六年の労働裁判所法が、その適用対象に被用者と区別しつつも、これと同視しうる者として「家内工業従事者およびその他の被用者類似の者」を付加したことは、それ自体、それ以前の労働立法等の適用対象の構造をそのまま承継したことを意味したと解されるのである。すなわち、人的従属性および経済的従属性のある就業者のみを本来的な適用対象とし、人的独立で経済的従属性のあるのみの者は、必要に応じてこれに付加することで足りるとの立法者によるそれまでの判断が引続き維持されたといえる。

これに対しては、「〔労働法の本来的な適用対象の〕画定のための視点は、法的、社会学的なものではなく、結局は政治的である」との評価[197]が正しくそのまま妥当したといえるであろう。この評価は今においても何ら変わるところはないということができるのである。

ところで、近時、労働法による保護の本来的な対象を経済的従属性ある者とみるべきであるとの、かつてワイマール期に主張された見解を支持し、「被用者類似の者の概念は失敗であり（unglukt)、歴史的にのみ語りうる」と評し[198]、「被用者類似の者は、被用者化の途上にあり、労働法発展の次の段階は、この経済的従属の状況にある者の〔労働法への〕組み込みである」との見通しを述べる論者がある[199]。労働法の本来的な適用対象が経済的従属性ある者であるとの見解を前提として、以上のような見通しを述べることは、先に述べたようなこれまでの立法者の判断に、再度、根本的な変更を迫る立法論の展開を意味しているといわなければならない。

こうした見通しがどこまで実現可能性のあるものであるかは、いまだ不明である。が、例えば、自由協働者等の被用者類似の者について、その適用関係がとりわけ問題となっている解雇制限法等の特定の労働立法の適用対象への、被用者類似の者の新たな付加を今後において予想することの方が、同じ立法論ではあっても、それがこれまでの労働立法の適用対象構造の維持を前提としているという意味では、まだ、実現可能性が高いことを指摘できるであろう[200]。

ところで、ドイツの被用者類似の者の概念をめぐる以上の記述から、わが国において、労働法の適用対象に関して生じている「労働者」性をめぐる問題の解決のためにいかなる示唆を引き出すことができるのであろうか。わが国の労働立法には、ドイツにおけるような被用者類似の者なる概念は存在しておらず、また適用対象の定義規定の有無や立法形式（包括的立法か個別立法か）等についても両国の労働立法には差異がある。

そのため、ドイツにおける被用者類似の者の概念につきいわれてきたことをそのままわが国に取り込むことは、ただちにはなし得ないとも思われる。しかし、わが国の労働立法上も、被用者類似の者、換言すれば、人的独立ではあっても経済的従属性ある者の取り扱いが同様に問題となってきていることは否定できない。ただし、ドイツの労働法におけるように、こうした状況にある者一般が立法上明文で適用対象に付加され、定義づけされているわけではないから、こうした者へのわが国労働立法の適用の有無の問題は、類推適用も含めた解釈論上の問題としてだけでなく、立法論上の問題としても検討されなければならないであろう。その際、例えば、ドイツではどういった職業類型にこうした者が存在しているか、あるいはこうした者がいかなる立法について直接適用にせよ類推適用にせよ適用が認められているかといったこと等は、十分に参考になる。わが国の「被用者類似の者」問題についていかなる解釈論を具体的に展開すべきかについては、第二編（特に、第五章）において検討を試みている。

(197)　L. Richter, Grundverhälthis des Arbeitsrechts, 1928, S. 15.

(198)　F. Rancke, Die freien Berufe zwischen Arbeits- und Wirtschaftsrecht, 1978, S. 92. 経済的従属性のみを労働法による保護の本質とすべきであるとする見解は他にも存在する。Vgl. B. Traeger, Die Reichweite des arbeitsrechtlichen Sozialschutzes, 1981 ; F. Wcltereck, Wo der Sozialstaat versagt, „Freie Mitarbeit", AuR 1973, S. 129ff.

(199)　F. Rancke, a. a. O.（Anm. 198）, S. 88.

(200)　このような立法論は、一九九〇年代に入り、ドイツにおいて、さらにいくつかの個別立法の適用対象に被用者類似の者が付加されることで、実現されつつあることについては、第一編第三章を参照のこと。また、一九九〇年代以降には、被用者類似の者の概念の歴史的分析を試みた論考も現れている。例えば、W. Hromadka, Arbeitnehmerähnliche Personen, NZA 1997, S. 1249ff.

第二章　ドイツ労働法における人的適用対象概念の変化
――放送事業の自由協働者を契機とする動き

一　序

一九六七年九月十八日のテレビ放送の中で、ヘッセン放送協会の会長（Intendant）は、放送受信料の値上げを視聴者に要望するにあたって、放送局内で放送番組の製作に携わる自由協働者集団を放送局の「知的貯水タンク（geistiges Reservoir）」と形容し、放送業務に関して放送局が負った「公的責務」の達成に対するその貢献度を高く評価した(1)。しかし、この発言は、自由協働者問題が社会問題化する前夜の放送局内における平穏な「委託関係」を反映するものであった。一九七〇年代に入るや、そうした平穏な「委託関係」は、景気低迷に対応した放送局による委託打ち切り策の断行に抗し、放送局に対して、主として労働法上の法的保護（特に解雇制限）の実現を求める一部自由協働者の動きによって、利害対立を前提とする「労使関係」へと転化していった。そして、放送業という一業種内の「労使関係」として顕在化したこの利害対立は、ついに「自由協働者問題」となって、その解決が放送局の外へ求められた。すなわち、自由協働者が、放送局を相手に、労働法適用の前提となる労働関係（Arbeitsverhältnis）――被用者としての地位――の存在確認を求める大量の訴訟を労働裁判所に提起したのである。

この自由協働者訴訟の提起は、一方で、自由協働者に被用者性を否定する既存の「通念」の打破をめざし、結果として労働裁判所、とりわけＢＡＧ（Bundesarbeitsgericht、連邦労働裁判所）に被用者概念の拡大再構成を促す契機となった。この訴訟によって、放送局の自由協働者の一部は、被用者化され、労働法上の保護を獲得するところとなった。また他方で、自由協働者訴訟は、自由協働者組織の働きかけとあいまって、自由協働者に労働協約締結権を拡大するＴＶＧ（Tarifvertragsgesetz、労働協約法）一二条ａの創設という立法政策上の対応をも引き出し、これを多数の労働協約の締結へと結びつけたのであった。

自由協働者については、家内労働者や商業代理人と並ぶ代表的な被用者類似の者の職業類型として、すでに第一編第一章（四㈡(八)（八二頁以下））でも取り上げたところであるが、本章では、自由協働者問題をさらに詳しく取り上げることとしよう。具体的には、ＴＶＧ一二条ａの規定内容とＢＡＧの自由協働者判決の判断枠組みとを概観しつつ、これら司法、立法上の対応が、工場・鉱山労働者等の伝統的な就業者とは異なる就業実態にある就業者の類型に対して、労働法による保護をどの程度まで認め、またそれをいかに根拠づけたかをまず明らかにしよう。そして、それらの対応がドイツ労働法の人的適用対象、特に被用者概念の発展にいかなる意義を持ち得たのかを検討してみよう。その際、それら一連の変化を理解するための前提として、自由協働者の概念、放送局と放送局の自由協働者との「委託関係」の実態、および自由協働者問題の発生に至る経緯等についてやや詳しい分析を行っておこう。

（1）　W. Maus, Die freien Mitarbeiter der Deutschen Rundfunk- und Fernsehanstalten, RdA 1968, S. 367.

二　自由協働者（freier Mitarbeiter）(2) の概念

放送局の自由協働者も含めて、自由協働者とは、放送、映画、新聞等のメディア領域にとどまらず、文化、教育領域をも含む広範な職種、職域において見出される就業者（Beschäftigter）(3) の類型をいう。例えば、カメラマン、音楽家、アナウンサー、レポーター、シナリオライター、司会者、歌手、俳優、監督、プロデューサー等のテレビ、ラジオ放送局および映画製作会社のスタッフ、ジャーナリスト、サーカスや劇場等の踊り子、芸人、手品師、大学や専門学校の助手、スポーツのトレーナー等が、一般に自由協働者として例示されてきた(4)。しかし、この他にも医師、技師、建築士等のいわゆる自由業者（freier Beruf）と呼ばれる者までこれに含める論者もある(5)。

ところで、「自由協働者」なる語は法文上はこれを見出し得ず、先に例示した就業者等に対する法社会学的な総称として用いられてきた(6)。そのため自由協働者の概念は、必ずしも一義的に把握されておらず、これに含められる就業者の範囲にも広狭の差があって、その用語法も統一されているとはいえないが、それでも次の㈠「自由」、㈡「協働者」、㈢非被用者性の三点は、これまでその最大公約数的な特徴として指摘されている。

㈠　「自由」協働者

まず、自由協働者は、契約上、自己の労働力の処分について特定の委託者に専属的に拘束されない「自由」を有する。この「自由」は、俗に「フリーのカメラマン」等といわれる場合の「フリー」と同義であると考えられる。

㈡　自由「協働者」

次に、自由協働者は、「協働者」という呼称どおり、一般にその活動領域において一定の委託者の事業組織下で一つの成果の達成に向けて他の就業者との常態的な「協働（Mitarbeit）」を前提とする。共演、共同研究、共同製作等々である。この点で、自己の事業組織下で活動する就業者とは区別されるところとなる。(7)しかも個々の協働は、創造的、知的、芸術的労働としての性格を有している。

そこで、この㈠、㈡の特徴を捉えて、自由協働者とは「主として一定数の委託者のために、その個別の委託に基づき、本質的に自分自身で、つまり補助労働力を用いることなく、知的、創造的で有資格の（qualifiziert）活動を行う者である」との定義を試みる者がある。(8)

㈢　非被用者性

しかし、自由協働者の特徴としては、さらに、これが、労働法の適用を予定される被用者の類型からは除かれてきたことがあげられなければならない。そしてこの特徴こそが、後述のとおり、自由協働者問題の核心を成したのであった。

ワイマール期以来現在のドイツに至るまで、有償の労務給付者は、学説上、官史（Beamte）を除き、(9)一般に被用者（Arbeitnehmer）、被用者類似の者（arbeitnehmerähnliche Person）、独立事業者（selbständiger Unternehmer）のいずれかの範疇に類別され、各労働立法は、これを受けて、これらのうち前二者に含まれる者だけに保護を与えている。そしてこの三者の区別は、周知のとおり、学説、判例上はおおむね「従属労働

（abhängige Arbeit）」を道具概念として論究されてきた。この点を図式的に説明すれば、被用者は、使用者への人的従属性（persönliche Abhängigkeit）の存在を徴表とし、経済的従属性（wirtschaftliche Abhängigkeit）の有無は問われない。被用者類似の者は、人的従属性の程度が低いか存在せず経済的従属性の存在を徴表とする。これに対して、独立事業者については、人的、経済的のいずれの従属性もその程度が低いか認められないと捉えられるのである。(10) そして、こうした従属性の内容とその有無・程度が、労働法による保護の必要性を決定づけてきたと考えられる。したがって、ともに労働法の適用対象となるとされながらも、被用者に対するのと、被用者類似の者に対するのとでは、労働法による保護の程度が異なっている。被用者は、人的従属性の存在を根拠に労働法の本来的な規整の対象となるとされて、すべての労働立法の適用を受けるところとなった。これに対して、被用者類似の者には、家内労働者のように、特別法による規整を受ける場合は別として、その経済的従属性に対する個々の労働立法による保護の必要性に関する立法政策上の判断に基づいて、本章**四1**で問題とする労働協約法の他に一部労働立法（労働裁判所法、連邦休暇法）の適用が認められるにとどまってきた(11)（一九九〇年以降、さらに、いくつかの立法の適用対象に付加されたことについては、第一編第三章を参照のこと。）。そのため、両者間には労働法による保護に大きな「格差」が存在している。

これらの事情を前提として、労働法の人的適用対象となるか否かという視点からみるとき、自由協働者は、伝統的な取引観（Verkehrsanschauung）によっても、また、支配的な学説の立場からも、被用者性を否定されてきた。前者によれば、自由協働者の「自由」が、「不自由」なる被用者とは異なることをその理由とした。(12) 後者では、支配的学説が、被用者の徴表である人的従属性を他人決定性（Fremdbestimmtheit）と性格づけ、その最重要の指標を労働の態様、場所、時間等に関する、労働者の使用者への命令拘束性（Weisungsgebundenheit）に求める立場をとっている。[13] これに従うとき、その職務が知的、創造的性格を帯びているために自己の判断が尊重されて使用者の指揮命令が抑えられるといった就業実態にある自由協働者には、命令拘束性、したがって、被用者性を肯定するに足る程度の人的従属性が認められないとされるからであった。

このため、自由協働者は、経済的従属性の有無・程度に従って、医師や弁護士のような独立事業者か被用者類似の者のいずれかに振り分けられた[14]。したがって、自由協働者の就業を法的に基礎づける労務供給契約は、契約類型上の分類からいえば、労働契約ではなく、自由雇傭契約（freier Dienstvertrag）―わが国では民法の委任に含めうる―か、請負契約（Werkvertrag）と解されてきたのである。

（2）Mitarbeiter の訳語には、⑴「従業員」、「社員」と⑵「協働者」の二つが考えられる。Vgl. Brockhaus-Wahrig Deutsches Wörterbuch Bd. 4, 1982, S. 692. 本章で問題とする freier Mitarbeiter については、①⑴の訳語は、労働法上、通例、被用者を指すと考えられ、freier Mitarbeiter を非被用者としてきたこれまでの評価からは妥当でないと思われること、②その就業実態が、一般に、一定の委託者の事業組織下での他の就業者との協働形態をとることから、⑵に従い「自由協働者」の訳語をあてることとした。

（3）Beschäftigter なる語は、営利目的で独立あるいは従属の立場において労働する勤労者（Erwerbstätiger）一般を指す概念として労働法、税法および統計学上用いられている。Galbers Wirtschaftslexikon, 9. Aufl., 1975, S. 598 u. 1358.

（4）F. Woltereck, Wo der Sozialstaat versagt : Freie Mitarbeit, AuR 1973, S. 129.

（5）G. Hueck, Arbeitnehmer und freier Mitarbeiter, DB 1955, S. 384.

（6）自由協働者の語は、すでに、一九二一年の H. Potthoff の論文で自由業者とともに、被用者である職員（Angestellte）に対置して用いられている。H. Potthoff, Anwendbarkeit des Arbeitsrechtes auf freie Berufe, Arbeitsrecht, 1921, S. 33ff. しかし、当時は、自由協働者や自由業者を包含した「頭脳労働者（geistiger Arbeiter)」なる語がむしろ一般的に使用されていた。この点については、第一編第一章二四頁以下を参照のこと。

（7）U. Rosenfelder, Der arbeitsrechtliche Status des freien Mitarbeiters, 1982, S. 27ff.

（8）U. Rosenfelder, a. a. O.（Anm. 7）, S. 26.

（9）被用者類似の者に属する就業者として、自由協働者以外に、家内労働者、商業代理人（Handelsvertreter）等があげられる。被用者類似の者の概念は、労働法独自の概念であり、社会保障法や税法上では、被用者か独立事業者のいずれかに含められる。Vgl. U. Rosenfelder, a. a. O.（Anm. 7）, S. 26. ただし、一九九〇年代末に、社会保障法の分野の社会保険において一時期、「被用者類似の自営業者」の概念が用いられたことがある。この点については、第一編第三章（一七三頁以下）を参照のこと。

（10）Hueck-Nipperdey, Lehrbuch des Arbeitsrechts, Bd. I, 7. Aufl., 1963, S. 34-60 ; W. Zöllner, Arbeitsrecht, 3. Aufl., 1983, S. 40-43 ; A. Söllner, Arbeitsrecht, 7. Aufl., 1980, S. 27f. usw.

（11）F. Rancke, Die freien Berufe zwischen Arbeits- und Wirtschaftsrecht, 1978, S. 87.

（12）M. Lieb, Beschäftigung auf Produktionsdauer—selbständige oder unselbständige Tätigkeit ?, RdA 1977, S. 217ff.

（13）W. Siebert, Arbeitsrecht, 5. Aufl., 1956, S. 746 ; Hueck-Nipperdey, a. a. O.（Anm. 10）, S. 50 u. 60 usw.

（14）Hueck-Nipperdey, a. a. O.（Anm. 10）, S. 50 u. 60.

三　放送局の自由協働者と自由協働者問題の発生

二で述べた㈠～㈢が、自由協働者一般に共通する特徴として指摘されてきたところであるが、これらの特徴は、本章で分析の対象とする、各放送局から委託を受けて番組の製作に携わっていたレポーターやアナウンサー等の就業者にも看取できた。そこで**三**では、自由協働者問題発生の経緯とともに、これらの特徴が放送局の自由協働者の就業実態に具体的にどのように現れ、また放送局の放送業務といかに関わっていたかをみることにする。

1　放送局の自由協働者[15]

(一)　その就業実態

(1)　自由協働者問題が発生した一九七〇年代初めの旧西ドイツには、いまだ、テレビおよびラジオ放送を行う民営の放送局は存在せず、放送局の団体であるＡＲＤに加盟し、ＷＤＲ、ＳＤＲ等と略称される九つの州放送局に、ＤＷ、ＤＲＦといった連邦放送局その他を加えた一三の公営の放送局しか存在しなかった。[16]各放送局は、自治行政権と受信料徴収権とを有する「公法上の営造物（Anstalt des Öffentlichrechts）」として、連邦および州政府から一定の独立性ある組織を形成していた。この「公法上の営造物」たる放送局の就業者は、「公勤務（öffentlicher Dienst）」としての放送業務に従事していたとみられるが、公法上の「勤務関係（Dienstverhältnis）」に立つ官吏（Beamte）としてではなく、あくまで私法上の労務供給契約に基づいて就業していた。したがって、労働法の適用関係が問題となる私企業の就業者と同様に、理論上は被用者、被用者類似の者、独立事業者のいずれかに類別できた。しかし、実態として、放送局は、その就業者を被用者と自由協働者とに大別するにとどめていた。その数は、当時、ＡＲＤ全体で、被用者が二万人程度であったのに対して、自由協働者は八万人とも一〇万人を超えるともいわれた。[17]

ところで、放送局は放送番組の製作をその中心的業務としてきたといえようが、番組の製作にあたっては、番組を、その内容に従い政治、文化、音楽、経済・流通、ドラマ・娯楽といったいくつかの部門に区分し、それぞれの部門に編集部を設け、これに編集人（Redakteur）を配して、番組製作の管理、指導にあたらせるという、いわば各部門ごとの分業体制を敷いていた。そして、各部門は、編集部のある番組編集領域と番組製作領域の二つの領域から成り、そこでは一般に、被用者が前者において、自由協働者が後者においてそれぞれの職務に携わり、両者は職務内容を異にした。すなわち、被用者である編集人等は、番組編集領域にあって、番組のテーマや内容等の選定、番組の製作計画の立案等を行い、他方、放送局から委託を受けた自由協働者は、番組製作領域において、製作計画に従って実際に番組の製作にあたる、という職務分担関係にあったのである。[18]

(2)　こうした職務分担関係の下で番組の製作にあたる自由協働者は、レポーター、俳優、カメラマンその他広範な職種の集合体として多様な就業実態にあったが、相対的にしろ次のようなグループ分けが可能であった。

まず、自由協働者には、単発番組の製作（所要期間一日〜四週間程度）のためだけに委託を受ける一回的就業の者と、シリーズ番組の製作（所要期間三カ月以上）等のために特定の放送局から反復、継続して委託を受ける継続的就業の者とが存在していた。後者は自由協働者中の二〜四％程度で、二〇〇〇人〜四〇〇〇人の少数にとどまったが、[19]その中には一〇年、一五年と長期にわたって一つの放送局から反復、継続して委託を受ける例すらあった。さらにまた、一回的就業の者は、放送局や放送局以外の場所（劇場、映画製作所等）を転々としていたが、継続的就業の者にも、主として一つの放送局で就業する専業的就業の者の他に、別の委託者からも並行して一回的あるいは継続的に委託を受ける兼職・兼業の者が存在した。放送局領域内に限ってこれをみると、継続的就業の者のうち五〇％は専業的に一つの放送局から、三〇％は二〜三の放送局から、二〇%は四つ以上の放送局からそれぞれ委託を受けていた[20]。ただし、専業的就業の者にも、同一放送局内の複数の部門から委託を受けて掛け持ちで番組の製作に携わる者があったのである。

放送局の自由協働者の以上のような就業実態は、文化・メディア領域内でという限定はあるが、自由協働者の職業的流動性（berufliche Mobilität）の高さを示していた[21]。

そして、こうした就業実態の契約的基礎も、もちろん区々であった。放送局の被用者が常雇い（Festange-stellte）として期間の定めなき労働契約を放送局の各放送部門との間で締結していたのに対し、自由協働者は、一般に、有期の報酬契約（Honorarvertrag）を各放送部門と締結したが、その期間の定め方等が一様でなかった[22]。例えば、特定の番組製作の期間、一定の時期（フェスティバルやリハーサル等）や特定のシーズンを基準にしたり、契約期間の終了期日を特定するもの、一定の事情の発生（視聴率の低下、番組の打ち切り等）を解除条件とするもの等あった。また、継続的就業の者でも、通例は、個別の有期契約に基づいて異なる番組の製作委託を反復、継続して引き受けていたが、中にはシリーズもの等、数度にわたり放映される番組の製作について、その都度の委託手続きの煩雑さを避ける趣旨で、最初に番組を全体として引き受け、これに対して一括して報酬を支払うことを内容とした概括的契約（Mantelvertrag）を締結する「一括協働者（Pauschalist）」も存在していた[23]。

このように、放送局と自由協働者とが締結する報酬契約の内容は多様であったが、契約文言上、自由協働者が契約相手方である放送局に専属しない「自由」な契約関係に立つとされていた点では共通していた。そして、この「自由」が、特定の放送局に事実上専属化していた専業的就業の者を除けば、自由協働者の職業的流動性を法的に支えていたと考えられる。自由協働者がＡＲＤ加盟の放送局と締結した報酬契約の数は、当時、年間平均で八〇万にのぼり、一日約三二〇〇〇にも達した(24)。

(3)　また、自由協働者の携わる番組製作には、その性質上、放送局の事業組織下での「協働」を必要とした。実際になされた協働の態様は、最も頻度の高い八〇種類を含め、二七四種類にも及んだといわれる(25)。しかも個々の協働は、協働者の創造力や高度の専門知識に依拠したいわゆる頭脳労働が中心となっていた。

(4)　以上のところから、当時の放送局の自由協働者は、伝統的な取引観によれば、その職業的流動性を理由として、また、支配的学説によれば知的・創造的業務における人的従属性の程度の低さを理由として、労働法の本来的保護の対象とされる被用者ではなく、被用者類似の者か独立事業者とされたのである。ただし、継続的就業の自由協働者には特定の放送局への経済的従属性が認められたことから、被用者類似の者に含め得る者が多数みられた。

(二)　放送局におけるその存在意義

このように、自由協働者一般に共通する三つの特徴を備えた放送局の自由協働者は、放送局による放送業務の遂行上不可欠の存在とされた。それは、何よりも、自由協働者の非被用者としての特徴が次のような放送業務の特殊性からの要請に応えてきたからであり、このことは、放送局がこれまで法廷の内外でしばしば強調してきたところであった(26)。

従来、放送局は、番組放送を通じて利用者一般に対し、情報提供、教育、娯楽、世論誘導その他種々の機能を果たしてきた。これらの諸機能は、少なくとも二つの前提の充足によって初めて実現できるとわれてきた(27)。その前提とは、第一に利用者に対してバラエティーに富んだ番組内容を創造し提供すべきこと（創造性の要請）、第二に、テレビおよびラジオ放送は、世論形成に力のあるマス・メディアとしてとりわけ重要な位置を占めており、利用者にできるだけ多様な考え方を伝達すべきこと（多様性の要請）である。放送局がこれらの要請に十全をもって応えるには、番組製作領域にあって番組の製作に直接関与し、番組素材の提供も含め番組の製作を真に担うともいうべき就業者を番組内容に合わせて随時交代させることによって、創造性と人的多様性とを確保する必要性が生ずる。まさに、この必要性が放送業務の特殊性を規定してきたのである。そして、放送業務の特殊性の維持は、究極的には、放送業務に憲法上の保障を与える「放送の自由(Rundfunkfreiheit)」（基本法五条一項二文）の内容となっている。

このように説明される放送業務の特殊性に対処するためには、番組製作領域にある自由協働者は、人員の随時の交代を容易ならしめる就業者の類型、すなわち独立事業者か被用者類似の者でなければならなかった。というのは、自由協働者が被用者であるとされると、放送局が番組の製作計画に従いこれとの就業関係を解消しようとする場合に、解雇制限法（Kündigungsschutzgesetz）による手続的、実体的制約を受け、これを適宜に交代させて人的多様性を確保できなくなるからであった。[28] したがって、自由協働者が被用者であるか否かは、放送局にとり放送業務遂行の成否を左右する重大な関心事となっていた。もっとも、放送局の自由協働者は、既述のとおり、それまで被用者性を否定されていたし、実際にも高い職業的流動性を示していた。しかも、自由協働者自身も、独立事業者を自認し、特定の放送局で被用者として使役されることをむしろ潔しとしない意識を根強く抱懐していたといわれる。[29] 事実、自由協働者集団は、放送局の正職員たる少数の被用者のための単なる補助的役割を果たすのではなく、むしろ「知的貯水タンク」として放送業務の中核を組成する「組織に不可欠な存在（Systemnotwendigkeit）」と認識されながらも、後述するような臨時雇いなみの不安定な雇用条件下に置かれてきたことに異を唱えることが少なかった。

こうした二重の意味で、放送局の自由協働者は、放送業務の特殊性に応えうる好都合の存在であった。このことは、従来の基準に従っても労働法上は被用者と評価できる就業実態にありながらも、解雇制限法の適用を回避しようとする放送局によって、報酬契約上、自由協働者として取扱われる「覆面（verkappt）」被用者が存在した事実からも窺われた(30)。

2　自由協働者問題の発生

(一)　その背景──自由協働者の社会経済的条件

(1)　ところが、先のような放送局と自由協働者との平穏な「委託関係」は、一九七〇年代に入って破綻し、自由協働者問題へと発展していった。その背景には、一部のスターや有名人を除く大半の自由協働者の置かれていた不十分な社会経済的条件が考えられる。例えば、放送業務の特殊性に呼応した職業的流動性は雇用機会を不安定にしたし、委託と委託との間に時間間隔があけば、その間、収入は途絶した。また協働から得られる収入の額には製作番組の内容や放映時間等によって変動があり(31)、さらに収入額自体の伸び率も、一九六〇年代末から一九七〇年代中頃までで被用者の八〇％増に対し、自由協働者は二五％増にとどめられ、人件費節約の対象とされた(32)。加えて、自由協働者の多くは、社会保障法や税法上は独立事業者として取扱われ、被用者に予定された各種保障や便宜も否定されていた(33)。こうした事情は、自由協働者を、同種の業務に従事していた被用者よりも脆弱な社会経済的条件下に置くこととなったのである。

(2)　また既述のとおり、当時、旧西ドイツには一三の放送局しか存在せず、放送業領域の労働市場は少数放送局による寡占的状況にあり、極端な買い手市場として労働力需給の均衡が完全に失われていた。そのため、自由協働者の就業の機会は限定され、継続的就業の者のうち兼職・兼業の自由協働者の場合でも、職業的流動性は、二～三までの特定の放送局を主たる収入源とし、他で副業的収入を得るという状況にあった。したがって、これらの者には、収入関係からみれば、一つの放送局で常雇いとなっている被用者ほどではないにしても、専業的就業の者と同様、特定の放送局への経済的従属性（経済的依存性）が認められたのである。[34]

(3)　自由協働者のこの経済的脆弱性と経済的従属性とは、自由協働者と放送局との力関係にそのまま反映した。具体的には、契約締結および報酬決定の段階での放送局による「契約支配（Vertragsdiktat）」として現れた。[35] 例えば、一般的契約条件を定めた報酬契約書が事前に放送局側で作成され、自由協働者には契約条件につき交渉する余地がなく、報酬についても、既定の報酬表に従って報酬の態様や額が放送局内の各部門ごとに一方的に決定されていた。特に「報酬の受領および現実の協働を契約締結に代える。」旨の条項があったり、製作した番組の放映後に初めて契約書が送付されることすらあった。[36] また、専業的自由協働者の専業の実態は、契約上明示された委託拒絶や副業の「自由」を、委託の保障と引き替えに、事実上奪われた「自由意思のない（unfreiwillig）」協働であった。[37]

これに対して、このような放送局による「契約支配」の解消と自由協働者の社会経済的条件の改善をめざした自由協働者の組織は、労働協約法の不適用等の当時の法的事情の下では有効な成果をあげ得ないでいた。[38]

(二)　自由協働者訴訟の大量提起

当時のこうした不十分な社会経済的条件への不満は、自由協働者の、独立事業者としての意識の底にしばらくは沈潜していたとみられる。しかし、その不満は、ついに七〇年代に入り自由協働者訴訟の形で噴出した。自由協働者訴訟は、主として継続的就業の者による労働裁判所への労働関係存在確認の訴え（放送局との間の既存の法律関係が労働関係である旨の確認を求める訴え）として一九六〇年代末に始まり、一九七四年を頂点とする「訴訟なだれ（Prozeßlawine）」現象となって現れたのである。(39) 一九七三年から一九七八年までにＡＲＤ加盟のＷＤＲ、ＮＤＲ等の大放送局を主要な相手方として五五三件にのぼる同様の訴訟が提起された。(40) 上告審であるＢＡＧに係属した同様の訴訟は、それが終息に向かう一九八〇年までに、労働法関係の判例集であるＡＰ（Arbeitsrechtliche Praxis）登載分だけでも三六件中二一件を占めている。(41)

この「訴訟なだれ」現象には二つの誘因が介在していた。第一に、一九七〇年代に入ってからの経済成長の減速に伴う景気の後退が、自由協働者の放送局以外での収入源を奪い、放送局への労働力の供給過多を一層助長することとなったこと、(42) 第二に、放送局も財政悪化を理由とする緊縮政策を断行したことである。(43) 緊縮政策として、具体的には、放送時間の短縮、再放送の増加、自主製作番組数の削減とこれに代わる委託製作の増加、他局との共同製作等がなされ、その影響は、直接、自由協働者の合理化、雇い止めとなって現れた。

自由協働者は、一九七〇年代に入ってからの以上のような雇用状況の悪化を契機として、それまで以上に特定の放送局への経済的依存傾向を強め、それとともに独立事業者としての意識を希薄化させた。それは、特に、継続的就業の者の専業化志向を生み、その結果、主としてこれらの者の間で「地位保護（Statusschutz)」、すなわち、特定の放送局での労働場所の確保の要求が高揚した。放送局が、緊縮政策遂行のために自由協働者の「代替性」に期待して委託の打ち切りを断行しようとすれば、これを阻止しようとする継続的就業の自由協働者との間で利害対立が顕在化し、自由協働者による夥しい数の「地位保護」訴訟の提起となって放送局の外へ噴出したのである。その多くが被用者類似の者とされるにとどまっていた継続的就業の自由協働者は、放送局における被用者としての地位の確認を裁判所に求めることで、労働法、特に解雇制限法による「地位保護」の実現をめざしたのであった。

(15) 放送局の自由協働者に関する主要文献は以下のとおりである。これらの文献の引用にあたっては、番号と著者名（共著の場合は筆頭の著者名のみ）とを記す。

① W. Dannenhaus, B. Riepenhausen, Freie Mitarbeiter, 1971.
② K. Fohrbeck, A. J. Wiesand, Der Autorenreport, 1972.
③ K. Fohrbeck, A. J. Wiesand, F. Woltereck, Arbeitnehmer oder Unternehmer ?, 1976.
④ H. J. Buhl, Zur Problematik des Arbeitnehmerbegriffs, 1978.
⑤ RdA-Symposium über Stellung und Schutz der freie Mitarbeiter von Rundfunk- und Fernsehanstalten im Jahre 1977, RdA 1978, S. 2-30.
⑥ H. Uttohoff, W. Deetz, R. Brandhofe, B. Nöh, Funktionsverluste des Rundfunks, 1980.
⑦ U. Rosenfelder, Der arbeitsrechtliche Status des freien Mitarbeiters, 1982.
⑧ R. Becker, Die freie Mitarbeit, 1982.

(16) H. Uttohoff ⑥, S. 19 u. 42. ＡＲＤは、西ドイツ放送連盟の略称である。加盟放送局には規模の大きい順に、ＷＤＲ（西部ドイツ放送）、バイエルン放送、ＳＤＲ（南部ドイツ放送）があり、ＳＦＢ（自由ベルリン放送）やＲＢ（ラジオブレーメン）等は最小規模である。近時、民放の放送局が誕生している。

(17)　H. Uttohoff ⑥, S. 35 ; H. J. Buhl ④, S. 9.
(18)　H. Uttohoff ⑥, S. 30-42. しかし、両者の職務は完全に分担されているとはいえず、被用者の職種の内分けをみると、編集人五五・九％に対して、レポーター一一・三％、アナウンサー六・九％、監督三・二％、舞台装置係〇・一九％、カメラマン・フィルム編集人二一・八％となっている。番組製作領域にある被用者の数は四〇〇〇人弱である。
(19)　W. Dannenhaus ①, S. 11.
(20)　Ebenda.
(21)　K. Fohrbeck ③, S. 457f.
(22)　K. Fohrbeck ③, S. 5-7.
(23)　H. J. Buhl ④, S. 7 Fn. 1.
(24)　H. Uttohoff ⑥, S. 1.
(25)　Ebenda.
(26)　U. Rosenfelder ⑦, S. 52-54 u. S. 230-235 ; RdA-Symposium ⑤, S. 11.
(27)　H. Uttohoff ⑥, S. 45-52 u. S. 175-177 ; vgl. BVerfGE (28. 2. 1961) Bd. 12, S. 205ff. (263).
(28)　解雇制限法上、①通常解雇は社会的に相当であることを要し（一条）、②解約告知を受けた被用者が経営協議会（Betriebsrat）に一定期間内に異議申し立てを行えば、使用者には経営協議会との間で調整する義務が生ずる（三条）。また、③解約告知を受けた被用者は、訴訟で争いうる（四条）。同法の適用がなければ、使用者は、ＢＧＢ六二〇条以下で定められた告知期間を告知に際し遵守すれば足りる。
(29)　一九七二年～一九七三年における自由協働者の意識調査によれば、七四四人中、一六五人（二二％）が被用者、二四一人（三二％）が独立事業者、一六九人（二三％）が自由協働者としての取扱いを希望している。
Vgl. K. Fohrbeck ③, S. 147.
(30)　U. Rosenfelder ⑦, S. 56.

（31） U.Rosenfelder ⑦, S.41f.

（32） H.J.Buhl ④, S.29.

（33） Vgl. R.Becker ⑧, S.123ff. u. 173ff.

（34） 一九七四年前半の兼職・兼業の自由協働者の、放送局への経済的依存状況の調査によると、一放送局からの報酬額の全報酬額に占める割合が六六％を超える者が、四〇〇人中一一五人（二九％）、五〇％～六六％の者が六九人（一七％）、二～三の放送局に経済的に依存する者が三七人（九％）、三つ以上の放送局を契約相手方とし、しかも経済的に依存していない者が一七五人（四四％）となっている。F.Fohrbeck ③, S.95 u. 97.

（35） A.Gerschel, Tarifverträge für arbeitnehmerähnliche freie Mitarbeiter, FuR 1973, S.540.

（36） K.Fohrbeck ②, S.154.

（37） U.Rosenfelder ⑦, S.52.

（38） メディア・文化領域では、自由協働者が加入する労働組合、職業団体（Berufsverband）が四〇前後も存在する。①これらの団体の構成員は、労働法上の被用者、被用者類似の者、独立自営業者から成り、利害の不一致が少なからずあること、②団体の目的が単なる親睦、技術交流から労働条件の維持向上まで多様であり、組織的統一が進んでいないこと、③財政的基盤が脆弱であること、④自由協働者は職業的流動性が高く、組織率が低いこと等の事情から、これらの団体は、団体内、団体間のまとまりに欠け、強力な使用者に対する十分な対抗力を備えていなかった。Vgl. A.J.Wiesand, Berufsinteressen in Kulturbetrieb, GMH 1973, S.276ff.

（39） RdA-Symposium ⑤, S.24-26.

（40） H.Uttohoff ⑥, S.8.

（41） AP Nr.1～Nr.36 zu §611 BGB Abhangigkeit に登載された訴訟の当事者である自由協働者の職種と登載件数の内分けは、カメラマン三件、監督一件、レポーター七件、アナウンサー二件、オーケストラの音楽家五件、シナリオライター一件、舞台装置係二件である。

（42） P.J.Gotthart, Strukturwandel im Arbeitsrecht der Medien, FuR 1975, S.820ff.

(43) H.J.Buhl ④, S.32f.

四　二様の対応

継続的就業の自由協働者によるこうした大量の訴訟提起には、もちろん労働裁判所による司法的解決が試みられた。また、訴訟の背景には前述のような自由協働者の不十分な社会経済的条件があったと考えられるが、その改善をめざした自由協働者組織の強い要請もあって、ＴＶＧ一二条ａの創設という立法政策上の対応も他方で生まれるに至った。

1　第一の対応――ＴＶＧ一二条ａの創設

㈠　ＴＶＧ一二条ａ

ＴＶＧ（Tarifvertragsgesetz. 労働協約法）一二条ａは、議会での数度の修正を経て、一九七四年一〇月二九日の家内労働法修正法の中に追加されて創設された。同条は、それまで被用者に限定されてきたＴＶＧの適用対象を被用者類似の者に拡大し、これに、その不十分な社会経済的条件を、集団的労働関係の場で自力で改善するための法的基礎を与えた(44)。事実、この法的基礎に基づいて、後述のとおり、自由協働者のための数多くの労働協約が締結をみている。また同条は、それまで学説、判例上混乱のあった被用者類似の者の概念に法文上初めて具体的定義を行った(45)。

ＴＶＧ一二条ａは、その一項で、まず被用者類似の者を「経済的従属性があり、かつ被用者と同程度に社会的保護必要性のある者」と定義して、これに本法を準用する旨宣明し、続いてその被用者類似の者たるための三要件を以下のように具体化した[46]。

①［自由］雇傭契約または請負契約に基づき他人のために活動すること。

② 義務づけられた給付を自分の手で、かつ本質的に（im wesentlichen）被用者を使用することなく履行すること[47]（以上一号本文）。

③ 主として一人の者のために活動するか（一号ａ）、稼得活動（Erwerbstätigkeit）から得られる全収入の平均して半分を超えて、一人の者から得ること（ただし、全収入につき予測困難な場合には、労働協約に別段の定めなきことを前提として、その都度、過去六カ月を、もし活動期間がこれより短ければ、その期間を計算の基礎とすること）（一号ｂ）。

これら①から③を、被用者類似の者たるための一般的要件というとすると、ＴＶＧ一二条ａは、それらのうち③の一号ｂの要件を「芸術的、著述的またはジャーナリスト的内容の給付を行う者」および「その種の給付の履行、特にその技術的形成（technische Gestaltung）に直接協力する者[48]」につき緩和した。すなわち、これらの者が「自己の営利活動から得られる全収入の、平均して少なくとも三分の一を一人の者から得るにすぎないとき」でも、その他の①、②の要件を充足する限り、同法の準用を受けうる旨の特別規定を置いた（同条三項）。これは、放送局の自由協働者が既述のような職業的流動性を有し、複数の委託者から収入を得ており、それだけ収入源が分散して非流動的な就業者ほどには特定の委託者への経済的依存度が高くないとの実態を考慮したものといえる。特にこの特別規定を付加したことは、政府の立法趣旨説明にもあるとおり、ＴＶＧ一二条ａの創設が、メディア・文化領域にある自由協働者という特定の就業者類型を当面の目的集団としたことを示している[49]。

㈡　労働協約の締結

ＴＶＧ一二条ａの創設によって、自由協働者の就業条件等を定める労働協約の効力が法的に保障されると、既存の労働組合のうち、ＤＧＢ傘下で芸能労組（ＧＫ）加盟のラジオ・テレビ・映画労組（ＲＦＦＵ）および印刷・製本業労組（ＩＧＤＰ）加盟のドイツジャーナリスト労組（ＤＪＧ）、職員労組（ＤＡＧ）等主要な労働組合は、自由協働者の就業条件を含む社会経済的条件の改善のために、放送局に対して団体交渉を強く求める動きに出た。他方、放送局側でも時期を同じくして激化した自由協働者訴訟の鎮静化を図るために、被用者だけでなく、自由協働者のための協約の交渉、締結に応ずる態度を示し始めた(50)。そして、ＴＶＧ一二条ａの創設から二年の準備期間を経て、一九七六年以降、各放送局は、それぞれ独自に各労働組合との間で、被用者類似の者、製作期間就業者（der auf Produktionsdauer Beschäftigter）、継続的就業の自由協働者等と規整対象の範囲の異なる数種類の一般協約（Mantelvertrag）とその施行協定を締結していった。これに休暇、報酬等の個別事項に関する単行協約を加え、三五を超す企業レベル協約（Haus oder Firmen Tarifvertrag）が誕生した(51)。放送局以外のメディア・文化領域にある劇場、新聞社、映画会社まで含めれば、一九八一年には四九を数えたのである(52)。

これらのうち、被用者類似の者を規整対象とする協約は、多くがその範囲についてＴＶＧ一二条ａの定める要件をそのまま受容した。また、各協約が自由協働者の脆弱な社会経済的条件に対し用意した具体的救済措置は、その協定事項において、旧西ドイツの労働協約一般に共通する主要なそれと大差なかったが、特徴的規定も見出された(53)。例えば、自由協働者の不安定な収入を補填するための社会的給付として生活保障手当の支給（バイエルン）、緊急時の補助金の支給、番組製作の合間の休養期間（Erholungszeitraum）中における年収の八・五％にあたる特別報酬請求権の保障（ヘッセン）等が定められた。その他にも病気や事故による労働不能の場合の特別給付（ＷＤＲ、ＳＦＢ、ヘッセン）、休暇規定（ＷＤＲ、ＳＦＢ）、就業期間の終了に関する規定等もみられた。特に就業期間の終了に関する規定には、少なくとも一就業年度就業した者等に対して、最低一カ月前（ＷＤＲ、ＳＦＢ）または二カ月前（バイエルン）に文書による告知を要するとしたり、一〇年（バイエルン）、二〇年（ＷＤＲ、ＳＦＢ）を超えて就業した者には一年前の告知を放送局に義務づけるものもあった(54)。

放送局の自由協働者は、アナウンサー、俳優といった各職種ごとに、その三〇〜七〇％の幅でＴＶＧの適用下に入ると予想されたが(55)、一九七七年一月一日までに締結された八協約だけでも、すでに二〇〇〇人〜三〇〇〇人をその適用下に収めたといわれた(56)。放送局等における多数の協約締結によって、ＴＶＧ一二条ａ創設の「当面の目的」は達せられたと立法者側は評価したのであった。

2　第二の対応――ＢＡＧの自由協働者判決

しかし、こうして集団的な「自力救済（Selbsthilfe）」が労働協約の締結によって一九七六年以降漸次実現されてゆくなかで、継続的就業の自由協働者による労働裁判所への訴訟提起は依然として続いた。その理由は、ＢＡＧがその判決の中で指摘したとおり、「ＴＶＧ一二条ａに基づいて締結された協約は、放送局領域において明らかに社会的改良をもたらすとしても、協働者に労働法上の保護を完全に与え得るわけではない。とりわけ解雇制限による地位保護がそうである。」すなわち、「協約に基づく告知期間の延長や一時金の支払いは、正当な理由のない解雇に対する保護とはならない」というところにあったと解される(57)。

そこで、労働裁判所、とりわけＢＡＧは、ＴＶＧ一二条ａ創設後も、それまでと同様、従前、独立事業者か被用者類似の者とされてきた自由協働者のうちでも訴訟提起の中心となった継続的就業の者に、放送局との間の労働関係の存在を確認し被用者性を肯定することによって、労働法が被用者に予定するすべての保護、特に解雇制限法による地位保護を与えようと試みた。そのために、ＢＡＧは、被用者概念の拡大再構成の能否という労働法の本質に関わる問題に取り組み、特に被用者性を決定づけるとされる人的従属性の具体的内容を再検討する必要に迫られた。その結果、ＢＡＧは、自由協働者の被用者性判断にあたり従前の判断枠組みを基本的に踏襲しながらも、判断内容に大きな変更を加えるに至ったのである。この点は、ＢＡＧの自由協働者判決の判断枠組みを次の（Ⅰ）～（Ⅴ）に分解することによって明らかにできるであろう。

（Ⅰ）　人的従属性の程度への着目

まず、ＢＡＧは、ＢＡＧ自身のそれまでの判決を踏襲し、放送局と自由協働者との関係についても、それが労働契約か自由雇傭契約のいずれに基づくか、もしくは労働関係か否かという問題設定の仕方で自由協働者の被用者性判断に着手する。しかも、自由協働者訴訟の大半が継続的就業の自由協働者によって提起されていたため、その就業関係の継続性に着目し、これを個別の委託関係ごとにではなく、一つの継続的法律関係として捉え、全体として判断の対象とする。そして、ＢＡＧは、その判断の基準を放送局への自由協働者の人的従属性の「程度（Grad）」に求め、他方、経済的従属性については「もはや必要でも十分でもない」として、これを判断の基準から除外している(58)。

（Ⅱ）「契約関係の現実の遂行と形成」からの判断

したがって、自由協働者の被用者性判断には、人的従属性の程度の量定が必要となってくる。ＢＡＧは、その量定にあたり、契約当事者が表示した意思、つまり契約文言は決定的意味を持たないとし、むしろ、「契約関係の現実の遂行と形成（die praktische Durchführung und Gestaltungen der Vertragsbeziehungen）」に着目する。(59) 例えば、放送局が自由協働者に手交する契約書中に一般的にみられた「本契約当事者は、自由協働者としての契約関係に入る」旨の条項を根拠に、直ちに人的従属性の不存在、すなわち自由協働者の被用者性否定の結論を導くことは妥当ではないとする。それは、「当事者が協働者と放送局との労働関係を特徴づける人的従属性の発生を当初から予定しながらも、〔労働法の適用を回避するべく〕意識的に、あるいは無意識にその法律関係を別異に表示する事例が存在する」からである。(60) ひいては、労働法は、基本法二〇条一項の社会国家原則（Sozialstaatsprinzip）実現のために、当事者の評価にかかわりなく、一定の事実の存在に対して一定の効果を強行的に結びつける法の体系だからであるということになる。ＢＡＧは、その限りで基本法二条一項の保障を受けるとされる「契約の自由（Vertragsfreiheit）」とりわけ「内容形成の自由（Gestaltungsfreiheit）は制約を免れないと述べている。(61)

（Ⅲ）人的従属性の事実的徴表の抽出

(1) そこで、ＢＡＧは、人的従属性の程度を「契約関係の現実の遂行と形成」から判断するべく、人的従属性の徴表となる事実（事実的徴表）を具体的事実関係の中から抽出する作業に入る。それは、放送局における自由協働者の就業実態の詳細な分析を前提とした。ＢＡＧが各事件ごとに事実的徴表として抽出した事実は、以下のように〔A〕から〔C〕へと変遷していると考えられるが、この変遷は、ＢＡＧが自由協働者に人的従属性を肯定するために行った模索の跡を示しているといえるであろう。

〔A〕　命令拘束性と複数の事実的徴表

まず、ＢＡＧの初期の自由協働者判決には、例えばテレビ局（ＳＷ）から個別に製作委託を受けて放送用フィルムの撮影等を三年間行った兼業的カメラマンの事例がある。(62) ＢＡＧは、この事例でも人的従属性を「他人決定性」と捉え、これが「特に〔被用者の、使用者への〕命令拘束性に現れる」との従来ＢＡＧが採ってきた基本的見解を堅持しつつも、人的従属性の程度を量る事実的徴表として複数の事実をあげている。すなわち、命令拘束性の及ぶ範囲、雇主の利益代表者への従属（Unterordnung）、固定的労働時間による拘束、規則的出勤義務、副業の承認または全労働力を雇主に委ねる義務、報酬の形式〔個別給（Einzelhonorar）か月給（Monatsentgelt）か〕、活動の場所、雇主による税金・社会保険料の支払い、休暇の許可制、労働手段の自由な管理・使用、当該労働者の人事考課書類の作成（Führung von Personalunterlagen）であった。(63)

ＢＡＧは、当該カメラマン事件では、（ⅰ）契約上、委託申し込みに対する引き受け義務がなく、また副業も可能であったこと、休暇も全く自由に取得でき、病気欠勤につき診断書提示の義務もなかったこと、の各事実から、カメラマンの労働力に対する放送局の継続的処分権限がなかったといえること、（ⅱ）報酬が個別の委託ごとに支払われていたこと、そして、（ⅲ）社会保険料や税金が、カメラマンのために放送局により支払われていなかったことを人的従属性に否定的な諸事実とし、他方で（ⅳ）放送局がカメラマンにカメラ機材等を提供し、また事実上就業時間につき拘束があったこと等をこれに肯定的な事実とした。

〔B〕　実質的徴表と形式的徴表

しかし、ＢＡＧはその後、人的従属性の事実的徴表を単に羅列することをやめ、これらを実質的（material）徴表と形式的（formal）徴表とに区別して抽出する手法を提示するに至る(64)。そして、前者を人的従属性の程度判断にあたり決定的であるとし、後者には人的従属性の程度が低いか認められず、かえって「一方の契約当事者の、他方に対する不平等な力関係を反映」し、「労務受領者のとる法的立場〔（労働関係不存在の主張）〕に有利な法的評価を生むだけで、当事者が現実に意図した関係とは異なる結論を導く」から、二義的か無意味であるとする。

例えば、一九七〇年以降四年間にわたり一カ月四、五本の割で、テレビ局（ＷＤＲ）から委託のあった番組の編集に加わって、取材、インタビュー、フィルム撮影、編集の監督、フィルム用シナリオの作成等を他のスタッフとともに行った専業的レポーターの事例において、ＢＡＧは、まず一般論として以下の(a)から(e)までの複数の事実的徴表をあげている(65)。

(a)　労働の場所、時間、活動の態様に関する使用者への命令拘束性。

(b)　事業（施設および組織）への編入。

(c)　就業者の時間的拘束と労働の密度、つまり一定の使用者のために長時間の就業がなされ、副業や兼業の時間的余裕があるか否か。

(d)　被用者である常雇いの協働者の就業実態との比較。

(e)　当該就業者の属する特定の職種に、通例、被用者が就くか否かに関し形成された一般的評価ともいうべき「取引観（Verkehrsanschauung）」の有無(66)。

これに対して、ＢＡＧは、報酬額、報酬の種類、支払いの態様、使用者による税金・社会保険料の支払い、就業者に関する人事考課書類の作成、副業につき許可を得るべき契約上の義務、労働手段・施設提供の事実等は形式的徴表にすぎないとする。

当該レポーターの事例では、ＢＡＧは、原審がＢＡＧの提示した五つの実質的徴表につき検討しなかった過誤があるとして、原判決を破棄差し戻している。

〔Ｃ〕 二個の事実的徴表と「他人利用の労働」

ところが、さらに、ＢＡＧは事実的徴表の抽出につき注目すべ変更を加えた。ＢＡＧがこれをより徹底し、かつ一般論の形で示したのは、〔Ｂ〕の事例とほぼ同様な事実関係にあった三年勤務の専業的レポーターの事例においてであった(67)。

ＢＡＧは、まず人的従属性の事実的徴表として、①チーム労働（Teamarbeit）と②放送局の提供する施設の利用とをあげ、この二個の事実が示す人的従属性は、「熟練労働者やタイピストのような伝統的な被用者〔のそれ〕とは異なる性質のものであるが、その程度において劣らない」ことを強調した。ＢＡＧは、さらに、これに続けて、「他人利用の労働（fremdnutzige Arbeit）」なる概念を新たに提示し、この視点からも人的従属性の程度を吟味すべきものとした。ＢＡＧは、この「他人利用の労働」について「ラジオ、テレビの協働者が、事業主のように自己設定の目的に従って、自己責任の下、市場でのリスクを負いつつ自己の労働力を使用するのとは異なり、自己の労務給付を放送局の番組計画に従って他人利用的な（fremdnutzig）処分に委ねる」状態であるとの一般的説明を加えている(68)。

当該レポーターの事例では、ＢＡＧは、上告人レポーターがフィルム用シナリオ作成中は自己の労働力を自由に割り振ることができたとしながらも、①の事実として、シナリオの内容等につき編集部の編集人と密接な協働が要求されたこと、シナリオ作成に続くフィルム撮影、カット、編集においてもフィルム製作チームでの協働を必要としたことをあげた。また、②の事実として、上告人レポーターが、業務遂行にあたり、放送局の施設に完全に依存していたことを指摘した。他方、「他人利用の労働」を示す事実として、フィルム撮影、カットの日が放送局によって一方的に指定され、契約文言に反してレポーターは事実上これを拒否できず、自己の労働力を他の委託者からの委託に割り振る自由を失っていたこと（事実上の専属化）に言及している。

(2)　以上の〔A〕から〔C〕に至る人的従属性の事実的徴表をめぐる変遷には、次のような評価が可能であろう。まず〔A〕から〔B〕への変化は、ＢＡＧが複数の事実的徴表を実質的と形式的のそれに区別するとともに、それまでのように命令拘束性を人的従属性の決定的徴表と捉えることをやめて、「人的従属性は命令拘束性と同義ではない。〔後者は前者の〕いくつかの徴表の一つにすぎず、個々の労務遂行上完全に欠落することすらある」として、複数の実質的徴表の一つにとどめるに至ったことを指している[69]。これは、既述のとおり、自由協働者のような創造的、知的労働に従事する就業者には、使用者による職務上の指揮監督が一般に困難であって、その職務には「専門的命令（fachliche Weisung）からの自由」が認められ、その人的従属性の程度を命令拘束性だけから量定することが妥当でないという事情に対応した必然的結果であったといえよう。

これに対して、〔A〕〔B〕から〔C〕への変化はどうか。特に注目すべきは、ＢＡＧが、人的従属性をこれまでのように「労務遂行過程」での就業者の命令拘束性や事業への編入といった事実を主たる内容とした「他人決定性」としてだけでなく、併せて、「労務遂行過程」以外の、例えば、「契約締結（委託引き受け）過程」で生ずる労働力の「他人利用性（Fremdnützigkeit）」としても把握できることを、いまだ抽象的ながら指摘するに至ったことである。そして、〔C〕の事例においてBAGが「他人利用性」の事実的徴表として抽出した「委託拒絶の自由の事実上の不存在（事実上の専属化）」の事実は、訴訟提起を行った継続的就業の自由協働者には一般的傾向と化しており、自由協働者と放送局との力関係の不均衡を反映するものとして、その背景に自由協働者の、放送局への経済的依存関係を認めることができるのである。このことは、〔C〕への変化を通じて人的従属性の事実的徴表を「労働力利用の経済的、実質的な条件からも明らかにできる」ことが、BAGよってても承認されたと評される所以である。[70] そのため、〔C〕の事例のBAG判決は、一連の自由協働者判決の中でも「原則的判決（Grundsatzurteil）」[71]と位置づけられるところとなった。[72]

(Ⅳ)　総合評価（Gesamtwürdigung）

ともあれBAGは、以上のようにして抽出した複数の事実的徴表を総合評価し、人的従属性の程度が被用者性を肯定するに足るか否かを判断して結論に至る。BAGは、先に〔A〕から〔C〕であげた各事例のうち、〔A〕のカメラマンには、前述した（i）～（iv）の事実を根拠に被用者性を否定し、これを被用者類似の者としたが、〔C〕のレポーターには被用者性を認めた。[73]

(Ⅴ)　「手づまり状態」の打開

こうしてBAGは、総合評価を通じて大半の事件を処理してきたが、中には人的従属性に肯定的な事実的徴表と否定的なそれとが拮抗し、被用者性を肯定し得るか否かの結論を容易に導き得ない事例の存在することも認め、そのような「手づまり状態（Pattsituation）」を打開するための手法を追加する。[74]

ＢＡＧの初期自由協働者判決には、（Ⅱ）では決定的意味を与えられなかった当事者意思が明示されていれば、これを判断の拠り所とすべきであるとするものがあった。[75] しかしその後は、契約当事者が非労働関係に入ることにつき「合理的な理由」が存するか否かに従って客観的に判断すべきであるとの見解も示されている。それによれば、判断の帰趨は「理性的で社会的責任感のある契約当事者であれば、その置かれた事実関係の下で果たして自由協働者契約の締結申し込みをするか否か」にかかっているとする。[76]

以上の判断枠組みに従って、ＢＡＧは、自由協働者の被用者性を判断していった。このとき、ＢＡＧの判断を支えた基本的立場は、「このような見方（＝地位保護の必要性）」に従って被用者概念が拡大されることが許されないわけではない。これまで自由雇傭契約として捉えられてきた契約類型を、労働法の領域に取り込むことに何ら問題はない。むしろ産業技術の発展により誕生した新しい職業類型を的確に把握し、これに対する法律関係をわが法体系下に適切に分類することこそが肝要なのである」との説示に端的に現れている。[77] そこには、放送局が労働法の適用回避のために作り出した「覆面被用者」の「覆面」を剥ぐというだけでなく、従来の判断基準では被用者性を否定される新しい類型の就業者を、労働法による保護の必要性に応じて被用者類型に取り込むために、被用者概念の拡大再構成を行うことをも積極的に肯定する姿勢を読みとることができるのである。

結局、労働裁判所に提起された五五三件の訴えのうち、確定した下級審判決も含めて四五〇件が自由協働者側の勝訴に終わり、放送局と自由協働者との間には期間の定めなき労働関係の存在が確認された。[78] そして、この結果に対して、放送局が、勝訴した自由協働者への解約告知を撤回したため、自由協働者は、改めて解雇制限法による保護を争うまでもなく放送局における「地位保護」を獲得するところとなった。放送局内の継続的就業の自由協働者は、勝訴した者の他にいまだ放送局による解約告知の対象とされていなかった者も含めて、放送局によって被用者として常雇い化され、その数は、専業的就業の者の大半にあたる四〇％前後が減少した。(79) こうして自由協働者による訴訟提起は、一九八〇年に入り、ようやく終息に向かったのである。

（44）被用者類似の者に基本法九条三項の団結の自由（Koalitionsfreiheit）および争議行為能力（Arbeitskampf-fäigkeit）が認められるかにつき、一二条ａ創設後は肯定するのが多数説である。Vgl. Wiedemann-Stumpf, Tarifvertragsgesetz, 5. Aufl., 1977, S. 686f. und S. 701.

（45）U. Rosenfelder ⑦, S. 278ff. 被用者類似の者の概念の具体的メルクマールについては、第一編第一章四二頁以下を参照のこと。

（46）三つの要件のうち、この第三の要件が経済的従属性の有無・程度判断の徴表と考えられ、労働時間の関係（一号ａ）か収入関係（一号ｂ）のいずれかからその判断が可能であるとの見解に基づいている。Wiedemann-Stumpf, a.a.O., S. 693. しかし、収入、労働時間のいずれの関係についても明確な確定が困難であるとの批判が多い。立法者は、この難点を被用者と同程度の社会的保護必要性の有無を考慮することで解消しようとしたとみられる。

（47）したがって、秘書に文書作成作業をさせる場合のように、当該職種に本来的な職務にではなく、これに付随する副次的労働に補助労働力を使用しても、②の要件は充足されうる。

（48）例えば、カメラマン、フィルム編集人等がこれに該当する。

（49）Bericht der Bundesregierung, RdA 1978, S. 42ff.

（50）A. Gerschel, a.a.O. (Anm. 35), S. 544.

（51）H. Uttohoff ⑥, S. 10-12.

（52）Bericht über Tarifverträge für arbeitnehmerähnliche Person, RdA 1982, S. 176.

（53）Information, RdA 1976, S. 382 u. RdA 1977, S. 239ff.

(54)　Information, Bericht der Bundesregierung über Erfahrung bei der Anwendung des §12a TVG, RdA 1978, S.44f.

(55)　H.P. Hillig, Handhabung des §12a TVG in der Praxis, FuR 1975, S.312.

(56)　Information, a.a.O.（Anm.54), RdA 1973, S.47.

(57)　BAG, Urt. v. 15.3.1978, AP Nr.26 zu §611 BGB Abhängigkeit, zu BII3(a) der Gründe.（以下、特記しない限り、引用する判例はＡＰの§611 BGB Abhängigkeit の項目に登載のものである。）

(58)　この考え方は、BAG, Urt. v. 8.6.1967, AP Nr.6, zu I der Gründe 以降とられている。それ以前のＢＡＧ判決やＢＡＧの前身であるライヒ労働裁判所（Reichsarbeitsgericht, RAG）判決には、経済的従属性を人的従属性の徴表の一つと捉えたり、被用者概念の独立の徴表とするものがあった。Vgl. BAG, Urt. v. 11.8.1966, AP Nr.5 ; RAG, ARS 4, 143 ; ARS 9, 510 u. 513 usw. この点については、第一編第一章二**3**（九頁以下）を参照のこと。

(59)　BAGは、自由協働者訴訟では、AP Nr.6（Anm.58）以降この点を強調する。

(60)　BAG, Urt. v. 9.3.1977, AP Nr.21, zu 1b der Gründe.

(61)　BAG, AP Nr.26（Anm.57), zu II 4a der Gründe.

(62)　BAG, AP Nr.6（Anm.58).

(63)　ただし、これらの事実の中には、規則的な出勤の義務や副業の許可義務等、依然として契約上定められた権利・義務の内容に関すると考えられる事実が混入している。

(64)　BAG, Urt. v. 3.10.1975, AP Nr.16, zu IIc der Gründe; BAG, Urt. v. 8.10.1975, AP Nr.18, zu I der Gründe ; BAG, AP Nr.21, zu 3a) der Gründe.

(65)　BAG, AP Nr.18（Anm.64).

(66)　確立した取引観には次の例がある。オーケストラの音楽家、技術・芸術関係の劇場関係者は、期間の定めのない労働契約に基づく。専業的作詞家・作曲家は独立事業者、映画製作人は短期労働契約に基づく被用者である。しかし、放送局では、確立された取引観はまだないとの指摘がある。Vgl. K. Fohrbeck ③, S.37.

（67） BAG, AP Nr. 26（Anm. 57）.

（68） BAG, AP Nr. 26（Anm. 57）, zu BII 2b der Gründe.

（69） BAG, AP Nr. 18（Anm. 64）, zu II 1 der Gründe.

（70） F. Rancke, Arbeitnehmerbegriff und sozio-ökonomischer Strukturwandel, AuR 1979, S. 14.

（71） B. Schulin, Die Rechtssprechung des BAG in Jahre 1980, ZfA 1981, S. 643ff. その後もこの考え方を踏襲するＢＡＧ判決が出ているが、ＢＡＧの確立された原則となったとまでは断じ得ない。BAG, Urt. v. 23. 4. 1980, AP Nr. 34 usw.

（72） 本判決の意義としてもう一点指摘できる。これまで、ＢＡＧによる人的従属性の事実的徴表の抽出作業は、就業者の社会的保護必要性を拠り所として、直観的、恣意的になされているとの批判があった。それは、ＢＡＧが抽出する事実的徴表の内容と各徴表に対する評価とが事件ごとに異なっていたことに向けられていた。J. N. Stolterfoth, Die Selbständigkeit des Handelsvertreters, 1973, S. 68f. u. 169f. これに対し、本判決は、「あらゆる種類の被用者に妥当する徴表は存在しない。その都度、活動の性格を考慮しなければならない」と反駁しながらも、「〔徴表の、基準としての〕有用性と法的安定性の確保のためには、非独立の労働を類型的に区別することが不可避である」とした。そして、放送局の自由協働者、とりわけレポーター、監督等の職業類型について二個の事実的徴表を限定的に取り出すことで、先の批判に応えようとしたと解される。しかもこの二個の事実的徴表は、ＢＡＧが「伝統的な被用者〔の人的従属性〕とは異なる性質」と指摘するとおり、自由協働者の「専門的命令からの自由」ある就業実態を考慮して、労働の場所、時間、態様に関わる命令拘束性を示す事実に替えて、組織編入的要素として抽出したとみられる点で特徴的である。Vgl. U. Rosenfelder ⑦, S. 73.

（73） ［B］のレポーターについては、差戻審の判決文を入手できず、結果を明らかにできない。

（74） F. Rancke, Die freien Berufe zwischen Arbeits- und Wirtschaftsrecht, 1978, S. 14.

（75） BAG, AP Nr. 6, zu 1 der Gründe; BAG, Urt. v. 8. 11. 1967, AP Nr. 7, zu 1 der Gründe ; BAG, Urt. v. 28. 6.

1973, AP Nr.10. しかし、その後もこの見解を支持するＢＳＧ（Bundessozialgericht, 連邦社会裁判所）の判決がある。BSG, Urt. v. 13.7.1977, AP Nr.27 ; BSG, Urt. v. 13.7.1978, AP Nr.29.

(76) BAG, Urt. v. 14.2.1974, AP Nr.12, zu II 3a) der Gründe. この原則は、ＢＡＧ大法廷が労働契約に期間を設定することの適法性の判断基準として確立した。ＢＡＧ第五法廷は、本事件でこの原則を援用したのである。Vgl. BAG (Großer Senat), Beschl. v. 15.2.1955, AP Nr.16 zu §620 BGB Befristeter Arbeitsvertrag.

(77) BAG, AP Nr.26（Anm.57）zu B2 2c der Gründe.

(78) Kirche und Rundfunk, Der Festanstellungsbeschluß des Bundesverfassungsgerichts, 1982, S.4f.

(79) H.Uttohoff ⑥, S.8.

五　二様の対応の意義

自由協働者問題を契機として生まれた以上の立法、司法上の対応がドイツ労働法の展開の中で持つ意義は、被用者類似の者の保護の問題と労働法の人的適用対象の把握に関する問題という少なくとも二つの論点からの検討を要すると考えられる。

1　被用者類似の者の保護の問題

(1)　既述のとおり、ドイツには労働法の人的適用対象として被用者と被用者類似の者とが併存し、しかも両者の間には労働法による保護に「格差」が設けられてきた。この「格差」が、場合によっては、被用者類似の者を被用者以上に脆弱な社会経済的条件下に放置してきたといえる。そうした事情が自由協働者問題発生の背景にあったことも既に述べた。

ところで、放送局の自由協働者も含めて近時の技術革新の進行や新たな経営形態の登場等によって、それに関わる就業者の就業実態は、工場・鉱山労働者といった伝統的な被用者類型のそれとは異なる多様なものとなってきている。そのため、労働法の人的適用対象に関する従来の学説、判例に従うとき、これらの就業者の中には、自由協働者のように被用者性を否定され、独立事業者か被用者類似の者のいずれかに含められる者が出てくるようになった。とりわけ、被用者類似の者に含められた就業者については、既に自由協働者問題発生前から、労働法によるそれまで以上の保護の必要性が主張されてきたのであった(80)。

そして、こうした被用者類似の者に、労働法によるそれまで以上の保護をどのような形で認め得るかについては、従来、少なくとも、次の四つの方法が考えられてきた(81)。

① 家内労働法のような特別立法の制定。

② 既存の労働立法の人的適用対象の拡大。

③ 既存の労働立法の類推適用。

④ 被用者概念の拡大再構成。

これら四つの方法のうち、①と②は立法政策上の方法であり、③と④は解釈論上の方法である。また①ないし③は、それまで被用者類似の者とされてきた就業者に被用者類似の者であることを前提とした保護を与える方法として考えられ、④がこれを被用者化することで保護を拡大する方法であるのとは異なる。そして、自由協働者問題に対する立法、司法上の対応は、結局②の方法としてＴＶＧ一二条ａの創設と④の方法とをそれぞれ選択したということができる。

(2)　では、なぜ①と③の方法は取られなかったのか。この点についてＢＡＧ判決やＴＶＧ一二条ａ創設の趣旨説明の中で、具体的に説明されているわけではないが、概ね次のような理由づけが可能であろう。まず、立法政策上①の方法として「自由協働者法」のように特定の就業者類型に含められる者に限定して、その実態に合わせた包括的な規制の方法が取られなかったのはなぜか。

その理由として、第一に、自由協働者の就業実態の多様性が統一的、包括的規整になじまないと解され、加えて、独立事業者意識の強い自由協働者には、特別立法による包括的規整よりも自主的な規律を可能とする法制度の整備の方が妥当と考えられること、第二に、労働法によるそれまで以上の保護を要する被用者類似の者は、自由協働者以外にも存在しており、これらの者を含めた保護の形式を選択する必要があったといえること等をあげることができよう。

次に、③の方法として被用者だけに適用のある労働立法を被用者類似の者に類推適用することが考えられなかったか。しかし、この方法には次のような批判がなされてきた[82]。

類推適用とは、法秩序全体の目的と合致することを前提に、二つの事項の共通の属性に基づいて、一方に適用のある規定を他方にも適用する法の解釈技術である。したがって被用者だけに適用がある労働立法を被用者類似の者に類推適用するには、まず、両者に共通の属性が認められなければならない。従来の学説、判例の考え方によると、図式的に再述すれば、被用者には使用者への人的従属性があれば足り、経済的従属性の有無は問われないのに対し、被用者類似の者は、人的従属性に欠け経済的従属性ある者とされてきた。とすると、両者には類推適用の前提である共通の属性は見出せないことにならないか。仮に、被用者類似の者の社会経済的条件と類似の状況が、大半の被用者にも認められるとし、この社会経済的条件を共通の属性とみたとしても、もう一歩進んで、労働法による被用者の保護がその人的従属性によって根拠づけられ、したがって労働法の法目的は人的従属性ある者に本来的な保護を与えるところにあると解されるべきことからすれば、労働法秩序全体の目的という点から、類推適用はやはり疑問ではないか。確かに、立法者は被用者類似の者への労働法による保護を例外的にしろ許容してはいるが、このことは、むしろ立法者がそれ以外の労働立法については、それへの適用を否定する趣旨であることを推認させる根拠となろう。

こうした理由で、被用者にだけ適用のある労働立法の、被用者類似の者への類推適用は特段の事情でもない限り否定的に解する他はないとされる。ただし、同じ被用者類似の者とされてきた家内労働者を規整の対象とする家内労働法等(83)を他の被用者類似の者に類推適用することは、経済的従属性を共通の属性として考慮の余地があるとされる。したがって、以上を換言すれば、立法者が特に被用者類似の者に適用を認めた立法か、被用者類似の者である家内労働者に許容した保護の限度内でしか、解釈論上は、その他の被用者類似の者に対する労働法上の保護は導けないことになろう。

そうであるとすると、家内労働法は、告知期間につき定めているが、告知自体に規制を加えておらず、解雇制限法の不適用と併せて、被用者類似の者の解雇制限は、既存の労働立法の解釈上は否定されざるを得ない(84)。ＢＡＧも被用者類似の者である自由協働者には、家内労働法の告知期間の定めの類推適用が考えられるとするにとどまっていた(85)。そのため、解雇制限を緊要のこととした自由協働者に、解釈論上これを認める方法として、ＢＡＧは被用者概念自体の拡大再構成の能否を問題にしたとみられるのである。

(3)　そこで、**四**で二様の対応として概観したＴＶＧ一二条ａの創設とＢＡＧによる被用者概念の拡大再構成とが、自由協働者、さらには被用者類似の者一般に対してどの程度の保護を与え、これをいかに根拠づけたかを中心にその意義を確定しておこう。

㈠　ＴＶＧ一二条ａの創設

ＴＶＧ一二条ａは、被用者類似の者の範囲を限定しつつ、これにＴＶＧの適用を拡大し、その不十分な社会経済的条件に対する集団的労働関係レベルでの「自力救済」に法的効果を認めるという形で、被用者との間の「格差」を広範に解消する可能性を開いたといえる。その意味で、ＴＶＧ一二条ａの創設は、被用者類似の者の保護という点では、個別的労働関係を規整する各労働立法の適用拡大以上に大きな意義を持ち得るといえるであろう。現実に、放送局の自由協働者については専業的就業の者はもちろん、その他の継続的就業の者、さらには、一回的就業の者にまで、その社会経済的条件につき法定の基準を超える大幅な改善を行った多数の労働協約の締結をみている。

そして、ＴＶＧ一二条ａの拡大適用は、被用者類似の者の徴表とされる経済的従属性によっても十分根拠づけられよう。就業関係にある労務受領者とこれに経済的に従属する就業者個々との間では、一般に相互の力関係に差が生じやすく、その結果、労務受領者が就業条件等を一方的に決定する「契約支配」の状況を呈し、就業者を脆弱な社会経済的条件下に置くこととなってきたと考えられる。そのために、被用者類似の者への団結の自由や争議行為能力の承認を前提として、就業条件等に関する実質的な対等決定の成果に、労働協約としての一定の法的効果を認める必要があるとの立法政策上の判断は、十分評価できる。(86)

㈡　被用者概念の拡大再構成

これに対して、ＢＡＧは、その「原則的判決」において、被用者概念の徴表とされる人的従属性につき「他人利用性」なる視点を新たに提示し、「他人利用性」のある就業者にも被用者性を承認できるとすることで被用者概念の拡大再構成を試みた。具体的には、放送局の自由協働者のうち、放送局からの委託申し込みを事実上拒否できなかった専業的就業の者に「他人利用性」を認め、他の二個の事実との総合評価によりこれを被用者化した。この「他人利用性」の視点は、今後の被用者性判断の基準の一つとなり得るとも考えられる。

そしてこの「他人利用性」が、被用者に対する労働法による本来的保護をいかに根拠づけるかについて、BAGは「労働場所を他人すなわち一人の使用者のところでしか見出せない者は、そこでの労働場所の確保と労働法が予定する社会的保護のすべてを必要とする。逆に、他人の労務給付を自己目的に利用し、そこから利益を得る者は、法秩序（Rechtsordnung）が使用者に課した義務を履行しなければならないのである」と述べている[87]。これは、BAG判決がその引用する一部学説も既に主張してきたように[88]、専属的に一人の者のために活動する等「自己の労働力に対して独立事業者的な処分の可能性の存在しない」就業者の状態を「他人利用性」と表現し、この状態に置かれた者が、自身の「生存配慮（Lebensvorsorge）」能力を喪失していることに対する保護の必要性およびその保護義務の負担者に言及し、これによって「他人利用性」ある就業者に対する労働法による本来的保護を根拠づけようとしたといえるのである。

BAGによるこのような被用者概念の拡大再構成の「試み」[89]を可能にしたのは、従前において、被用者の定義が法文上なされず、その具体化が学説、判例によって担われてきたとの事情によっている[90]。

2　労働法の人的適用対象の把握の問題

(1)　自由協働者問題における司法、立法上の対応が自由協働者に対して引き出した労働法上の保護には、

それぞれ以上のような根拠づけが与えられた。ところが、両対応が根拠づけた保護は、とりわけ専業的就業の者について競合・矛盾する結果となった。すなわちＴＶＧ一二条ａは、専業的就業の者が被用者類似の者であることを前提としてこれにＴＶＧの適用拡大を行ったのに対し、ＢＡＧはこれを被用者化したからである。その原因は、ＴＶＧ一二条ａでは経済的従属性の要件とされた「主として一人の者のために活動する」（一号ａ）との事実に含められ得る「専属化」の事実を、ＢＡＧが「他人利用性」の指標、つまりは人的従属性の事実的徴表として据え直したところにあった。(91) そしてこの点の相違は、結局、専業的就業の者に対する労働法による保護の必要性（適切性）に関する基本的認識の差異に根ざしているといえるのである。

したがって、専業的就業の者への両対応の当否を判断するには、そのいずれの基本的認識が妥当かがまず問題とされなければならない。

被用者類似の者なる概念は、本来、独立事業者とされるべき就業者が特定の委託者に経済的に従属するに至ることによって、大半の被用者と同様の社会経済的条件下に置かれ、それが、労働法による部分的な保護の必要性を根拠づけることで生まれた概念である。(92) そのため、その多くには依然として根強い独立事業者意識が認められる。(93) こうした者には、ＴＶＧの適用に基づく自主的規律に委ねれば足りるとの認識は誤っていないであろう。しかし、近時は、既述のように、伝統的な就業者類型にあわせて案出された被用者の徴表を具備していないというだけで、被用者類似の者に含められる新しい就業実態にある就業者の存在が認められる。これらの者は独立事業者としての意識が相対的に希薄であり、就業実態が異なるということ以外には労働法による保護の必要性において従来の被用者類型と大差ないと考えられる。こうした者には被用者としての保護を与えることがより適切ということにならないか。先の就業実態の分析内容や「地位保護」の必要性から判断するとき、放送局の専業的自由協働者にも同様の認識が当てはまるといえるであろう。

(2)　しかし、そうであるとしても、この認識に従って、伝統的な被用者概念を拡大再構成することが無限に可能なわけではない。そのため、ＢＡＧの「試み」についても、ドイツ労働法の人的適用対象構造との関係で、その能否が検討されなければならない(94)。

ドイツにおいては、既述のとおり、労働法の人的適用対象は、概ね、各労働立法に共通する複数の概念、つまり被用者と被用者類似の者から成ると捉えられてきた。しかも、それは全労働立法の適用対象となる被用者に、労働法による保護の必要性に関する立法政策上の判断に基づいて被用者類似の者が順次付加されることで形づくられてきた。こうした構造からは、労働法による本来的な保護は被用者を対象とし、したがって、少なくとも、その徴表とされる人的従属性によって根拠づけられねばならないとの立法者の判断を読みとることが可能となる。労働法の人的適用対象に変動を生ぜしめるような新たな司法、立法上の対応は、この判断に従うことによって既存の人的適用対象構造との整合性を保つ必要があると解されるのである(95)。

この点、ＴＶＧ一二条ａは、被用者類似の者への労働立法の付加的な適用拡大の流れの上にあり、既存の人的適用対象構造を維持し得るといえるであろう。これに対し、ＢＡＧの「試み」は、経済的従属性の徴表と捉えられてきた事実を人的従属性のそれとして捉え直すことで、被用者概念自体を拡大解釈し、被用者類似の者とされてきた自由協働者の一部を被用者化したのであり、ひいては、その他の職業領域に存在する被用者類似の者をも被用者類型に吸収させる方向にあると解される。この点を捉えて、ＢＡＧの「試み」が二個の異質な就業者類型から成る労働法の人的適用対象構造を崩壊させる法の発展（Rechtsfortbildung）を生み、労働法による保護の本質に関する立法者の判断に変更を迫るものであると批判する見解が存在する(96)。逆に、こうした指摘を受けて、一九七〇年代に入り、この二個の就業者類型の関係について、「被用者類似の者は被用者化の途上にあり、労働法発展の次の段階は、この経済的従属の状況にある者の〔労働法への〕組み込みである」との見通しを述べ[97]、BAGの「試み」をその一過程として積極的に評価する見方すら提示されている[98]。

BAGの「試み」が、既存の労働法の人的適用対象の構造に、いわれるような崩壊を招来するものであるかどうかは、結局は、BAGが被用者概念の新たな指標として提示した「他人利用性」によっても、労働法による本来的保護が十分に根拠づけ得るものであるかどうかにかかっているといえるであろう。この点の解明は、一九八〇年代中頃までのドイツの学説、判例においてはいまだ不十分な状況にある[99]。

(80) 例えば委託集金人、ガソリンスタンドの一人支配人等がそうである。
(81) Vgl. RdA-Symposiun ⑤, S. 9f.
(82) F. Gamillscheg, Arbeitsrecht I, 6. Aufl., 1983, S. 75 f.; H.J.Buhl ④, S. 149f.; U. Rosenfelder ⑦, S. 165ff., 296ff.
この点については、第一編第一章**五**（八九頁以下）を参照のこと。
(83) 経営組織法、母性保護法、年少者保護法等は、個別に家内労働者をその人的適用対象に加えている。
(84) G.Hueck, Kündigungsschutzgesetz, 10. Aufl., 1980, S.88.
(85) BAG, AP Nr. 6（Anm. 58), zu II der Gründe; BAG, Urt. v. 7.1.1971, AP Nr. 8, zu 2 der Gründe.
(86) Wiedemann-Stumpf, a.a.O.（Anm. 44), S. 684ff.
(87) BAG, AP Nr. 26（Anm. 57), zu BII2c der Gründe.
(88) H. Wiedemann, Das Arbeitsverhältnis als Austausch- und Gemeinschaftsverhältnis, 1966, S. 14ff.; M. Lieb, Schwerpunkte Arbeitsrecht, 3. Aufl., 1975, S. 4ff.; RdA-Symposium ⑤, S. 4ff.
(89) 前掲注(28)を参照のこと。

(90)　せいぜい「本法における被用者は、労務者（Arbeiter）および職員（Angestellte）である。」（共同決定法三条）とか「以下の者は本法における被用者ではない。……」（経営組織法五条二項）等の規定形式があるにとどまる。
(91)　RdA-Symposium ⑤, S.22.
(92)　U.Rosenfelder ⑦, S.83f.　詳しくは、第一編第一章を参照のこと。
(93)　ＴＶＧ一二条ａは、第四項で、第二次世界大戦前より家内労働者と並んで被用者類似の者の代表的類型とされてきた商業代理人へのＴＶＧの準用を否定している。これは、ＴＶＧも含め労働法の適用を嫌った商業代理人の団体（ＣＤＨ）の働きかけによる結果であるといわれている。B.Traeger, Die Reichweite des arbeitsrechtlichen Sozialschutzes, 1978, S.117.
(94)　また、ＢＡＧ判決には、予想どおり「放送の自由」侵害を理由に、放送局側から連邦憲法裁判所に憲法異議の申立がなされた。一九八二年一月一三日の同裁判所決定は、「放送の自由」の保障は放送局協働者に関する人事裁量にも及ぶとし、ＢＡＧが期間の定めなき労働関係存否の判断に際し、この点に配慮しなかったとして、一三のＢＡＧ判決を破棄差し戻しとした。Vgl. Kirche und Rundfunk, a.a.O.（Anm.78), S.292ff.　しかし、差し戻し後のＢＡＧ判決は、契約関係を有期のものとすることは認めつつも、被用者性判断の従来の基準は維持した。Vgl. BAG, Urt. v. 13.1.1983, AP Nr.42.
(95)　Vgl. U.Rosenfelder ⑦, S.295f.
(96)　RdA-Symposium ⑤, S.10 u. 23.
(97)　F.Rancke, Die freien Berufe zwischen Arbeits- und Wirtschaftsrecht, 1978, S.89.
(98)　F.Rancke, Arbeitnehmerbegriffe und sozio-ökonomischer Strukturwandel, AuR 1797, S.13f.
(99)　その後、この点について、支配的学説、判例に対して批判的検討を試みる学説が登場している。例えば、R.Wank, Arbeitnehmer und Selbständige, 1988.

六　小　括

(1)　ドイツ労働法の被用者概念をめぐる主要な問題は、①被用者概念を各労働立法ごとにではなく、労働立法に共通で統一的な概念として捉えるべきか、②その場合の被用者概念の決定的指標は何か、③その指標の具体的徴表は何か、というところにあった。①については、これを肯定的に捉え、②については、その指標として人的従属性を考え、③については、命令拘束性（他人決定性）を中心に据えるという点で多数学説、判例の一致が存在してきたと約言できるであろう。そして、本章で扱った放送局の自由協働者問題は、このうち少なくとも③の点での従来の考え方に再検討を迫るものであり、結果として先に見たような立法、司法上の対応を生むに至った。とりわけ、労働裁判所は、③の点での従来の考え方では、独立事業者か被用者類似の者にとどまる自由協働者の一部に、労働法の人的適用対象構造の枠を維持し得る別の徴表を付加することで、その被用者性を肯定しようとしたのであった。

一九六〇年代以降、技術革新や新しい経営形態の登場に伴って就業実態に特殊化、多様化が進行しており、今後も、労働裁判所がそうした就業実態にある者の被用者性判断にあたり、命令拘束性中心の考え方に修正を迫る事例を多く取扱うことが十分予想される。自由協働者問題も、その一事例として位置づけ得るのであり、労働裁判所が自由協働者判決で示した被用者概念の拡大を肯定する基本的立場は、そうしたその他の事例についても維持されると考えられる。ただし、その場合でも、被用者性を決定する具体的徴表について、命令拘束性（他人決定性）の他にいかなるものが考えられるのか、また、自由協働者判決の提示した「他人利用性」なる徴表がどこまで有効かは、今後のドイツ学説、判例によって徐々に明らかにされてゆくことになろう。

(2) ところで、旧西ドイツで発生した自由協働者問題を、被用者概念の拡大再構成の一契機と捉えることができるとすると、同様の契機は、「特殊雇用形態」にある就業者の登場以来、わが国における「労働者性」問題の中にも見出し得るところである。[100] わが国の労働立法には旧西ドイツにおけるような被用者類似の者なる概念は存在していない。したがって、労働法の人的適用対象構造等に差異が認められるが、「特殊雇用形態」にある就業者が、わが国労働法によりどの程度保護を受け得るか、それがいかに根拠づけられ得るかを考察する際に、旧西ドイツにおける司法、立法上の対応は重要な示唆を与えると考えられる。

(100) 例えば、賃加工者、一人親方、芸能外務員、外校正者等につき問題が生じている。例えば、東京大学労働法研究会『註釈労働組合法』上巻(有斐閣、昭五五)二三一頁以下を参照のこと。

第三章　ドイツにおける自営業者に対する労働法、社会保障法上の規整の動向

一　序

ドイツにおいては、一九九〇年代に入って、労働法および社会保障法による自営業者（Selbständige）に対する法的規整において立法上新たな展開が生まれている。規整の対象に、一定の自営業者を明文の規定で付加する複数の立法ないし法規定が新たに制定されている。

本章は、ドイツの労働法および社会保障法における自営業者に対する一九九〇年代に入ってからの展開について、その内容、要因、今後の見通し等について分析、考察を加えている。自営業者に対するわが国の労働法、社会保障法上の規整のあり方を検討するうえで参考になると考えられる。

二　一九九〇年以前における自営業者に対する規整の概略

一九九〇年代に入って生まれた労働法、社会保障法上の展開を分析する前提として、それ以前において、自営業者が、労働法、社会保障法上どのように規整されてきたかを概略みておこう。

1　労働法の人的適用対象と自営業者

まず、ドイツ労働法の規整の対象は、端的には、労働法の本来的な規整の対象とされてすべての労働立法の規整を当然に受ける被用者（Arbeitnehmer）と、これ以外の者（非被用者）[1]で、一部の労働立法の規整の対象に付加すべきであると立法政策上判断された一定の者とから成ってきた。自営業者もこの一定の者に含まれているが、一部の労働立法の規整の対象に付加されてきた者は、自営業者の中でも、家内労働従事者と被用者類似の者（arbeitnehmerähnliche Person）に限られてきた[2]。

このうち家内労働従事者については、一九九〇年以前においても、解雇制限法等いくつかの立法を除けば、一九五一年制定の家内労働法のほかに、事業所組織法や労働裁判所法等労働法に属する相当数の立法の規整対象に加えられている。家内労働従事者は、基本的には、被用者類似の者に分類される就業者であるが、他の被用者類似の者とは異なって、こうして相当数の労働立法の適用を受け、被用者と同一レベルか、レベルは劣るがその就業実態に合わせた内容の異なる規整を受けるに至っている[3]。これに対して、その他の被用者類似の者については、一九九〇年以前では、一九二六年制定の労働裁判所法と一九六三年制定の連邦休暇法については制定の当初より、一九六九年制定の労働協約法については一九七四年になって、それぞれの規整対象に付加され、被用者と同一レベルの規整を受けるに至っている。しかし、明文の規定によるものとしては、これら三つの立法によって規整対象とされるにとどまってきた。したがって、家内労働従事者以外の被用者類似の者は、解雇制限法や事業所組織法等、ドイツの主要労働立法の規整対象には付加されてこなかったのである。

ところで、このように、労働法の本来的な規整の対象とされる被用者と、労働法の部分的な規整の対象とされる家内労働従事者や被用者類似の者の区別は何によるのか。両者の区別は、それぞれの概念内容の相違によっている。

労働法の本来的な規整対象とされる被用者の概念については、労働法に属する各立法に具体的定義を定めた規定がなく、ほぼ解釈によってこれを確定する試みがなされ、(4) 支配的とされる学説、判例が確立されてきた。(5) これによれば、被用者概念の決定的指標は、「人的従属性」である。その「人的従属性」の具体的メルクマールとして、労働場所、労働時間、労働内容等を使用者が包括的に決定し、指示し、被用者がこれに拘束される状態、すなわち「命令拘束性」の存在があげられてきた。ただし、「命令拘束性」の程度がさほど大きくない状況下で就労する被用者も増えているために、「命令拘束性」の有無・程度を判断する事情以外の事情も併せ考慮して、これらを総合評価して、被用者であるかどうかの判断がなされてきた。(6) その際、被用者の多くに共通する実態としてしばしばあげられてきた、被用者が使用者に経済的に依存した状況を表す「経済的従属性（経済的依存性）」については、被用者性を示すメルクマールとしては「必要でも十分でもない」と解されてきた。すなわち、経済的従属性の有無に関わりなく、人的従属性が認められれば、被用者性を肯定できるとの立場が支持されてきたのである。(7)

他方、家内労働従事者については、家内労働法に具体的定義規定が置かれ(8)（同法一条、二条）、家内労働法以外の労働立法において規整の対象とされる家内労働従事者の概念についても、明文の規定または解釈によってこの具体的定義に従っている。(9) また、被用者類似の者の概念についても、労働協約法のように具体的な定義規定を置くものがあり（同法一二条a）、これに基づいてその具体的内容はかなりの程度まで確定することが可能と解されている。(10) ただし、被用者類似の者を規整の対象に加えている各労働立法が同一の被用者類似の者の概念を前提としているかについて議論のあるところである。(11)しかし、いずれにしても家内労働従事者を含め、被用者類似の者の概念の決定的指標は、「人的従属性」ではなくて、被用者概念のメルクマールとしては「必要でも十分でもない」とされた経済的従属性であるとする点では一致している。被用者類似の者の契約相手である委託者に対する経済的従属性が被用者類似の者に対する労働立法による規整を根拠づけると解されてきた。(12)

こうして、ドイツ労働法は、その規整対象として、人的従属性のある被用者を本来的な規整対象と位置づけつつも、特定業種に属する家内労働従事者だけでなく、業種・職業に限定のない「被用者類似の者」なる概念を創設することによって、経済的従属性のある自営業者を規整対象に付加するスタンスを採用してきた点で特徴的である。加えて、家内労働従事者は別として、被用者類似の者に適用になる労働立法の規整内容は被用者におけると同レベルとされてきた点をもう一つの特徴としてあげることができよう。

2　社会保障法の人的適用対象と自営業者

他方、ドイツの社会保障法の規整の対象については、一九九〇年代入るまではどのようなスタンスが取られてきたのであろうか。ドイツの社会保障法においては、年金、疾病、災害、介護、雇用等の各種の公的保険制度を法定した社会法典（Sozialgesetzbuch）がその中核をなしている。社会法典では、通則的規定が、その第四編に収められ、同編に規整の対象についても通則的規定が置かれている。すなわち、第四編七条が社会法典の本来的な規整の対象として「就業（Beschäftigung）」をあげ、「就業とは、非独立（unselbständig）の労働、特に労働関係におけるものをいう。」と定める。したがって、「就業」関係にある者（就業者）が、社会法典に属する各立法の本来的な規整の対象となると解されてきた。[13]
この「就業」(者)の概念は、「非独立の労働」(に従事する者)とされるのみで、具体的な定義がなされておらず、労働法の本来的な規整対象とされてきた「被用者」の概念と同様に、解釈論上で概念内容を確定する試みがなされてきた。しかも、労働法と社会保障法の規整の整合性(特に賃金の不足を各種保険給付により補完する関係)を保つ必要がある等として、被用者の概念と就業者の概念とは実質的に同一内容のものとして、これまで学説、判例上捉えられる傾向にあった。[14] したがって、「非独立の労働」とは、「人的従属性」のある労働と解されてきた。そして、人的従属性の具体的メルクマールについても、先にみた「命令拘束性」を中心として被用者概念の具体的メルクマールと同様の事情があげられ、「就業」(者)性の判断においても総合評価の手法がほぼそのまま妥当すると解されてきた。[15]
他方、社会保障法における自営業者に対する規整は、労働法における規整のスタンスとは異なってきた。すなわち、労働法における「被用者類似の者」のような一般的な概念はそれまで創設されておらず、家内労働従事者、[16] 農業労働者、芸能家、ジャーナリスト、教師等の特定の業種・職種に属する自営業者別に規整の対象に加えられてきた。[17] しかも、労働法におけるのとは異なり、これらの自営業者には経済的従属性が求められておらず、社会保障法に属する各立法による保護必要性のみが規整の根拠として説明されている。[18] そのため、社会保障法に属する各立法でどのような業種・職種の自営業者を規整対象に加えるかにつきバラツキが見られる。[19]
したがって、社会保障法の領域においては、人的従属性のある「就業」(者)を本来的な規整対象として全面的な規整を加えつつ、自営業者に対しては、「就業」(者)と同様の保護必要性があると判断された特定業種・職業に限定して、規整対象に加えるというスタンスが採用されてきた点に特徴がある。[20] しかも、社会保障法の規整の対象とされる自営業者には、「就業」（者）に対する規整（保護）のレベルより劣る規整（保護）がしばしば定められている点も特徴的であるといえよう。[21]

（1）非被用者とされる者は、自営業者だけではない。家族従業者、企業の経営担当者、宗教団体や慈善団体の構成員等も、非被用者とされてきたが、自営業者と同様に、境界領域（グレーゾーン）において被用者との区別が判例上しばしば問題となってきた。また、公勤務関係にある官吏、裁判官、兵士、公法上の権力関係にある受刑者等も、私法上の契約関係に基づく被用者と区別される非被用者とされている。これらの点については、例えば、A. Söllner, Grundriß des Arbeitsrechts, 12. Aufl. 1998, S. 23 ; W. Zöllner, K. G. Loritz, Arbeitsrecht, 5. Aufl. 1998, S. 40ff. を参照のこと。

（2）被用者類似の者に対する労働法による規整の歴史的展開については、第一編第一章を参照のこと。

（3）例えば、規整の対象として、家内労働従事者を被用者と同視する旨の定めを置く立法は、家内労働従事者に同一レベルの規整を加える例が多い（例えば、年少者労働保護法一条、事業所組織法六条）。他方、特別の告知期間の設定のみによる解雇規制（家内労働法二九条以下）や家内労働の委託量を一定にするよう委託者に義務づけることによる労働時間規制（家内労働法一〇条、一一条）等は家内労働従事者に対する独自の規整としてあげられるであろう。

（4）被用者概念について、労働法に属する立法ではないにもかかわらず、立法上の明文規定として唯一具体的定義を定めたものとして、商法典（Handelsgesetzbuch）八四条による商業代理人（Handelsvertreter）と商業使用人（Handelsangestellte）の概念規定があげられている。その規定の中で「本質的に自由に自己の活動を形成し、自己の労働時間を決定できる者が独立（selbständig）である」（同条一項二文）との文言が、非独立（unselbständig）である被用者の概念のメルクマールを消極的に定めたものと解されている。この点については、第一編第一章（八〇頁以下）を参照のこと。

(5)　ドイツにおける学説、判例による被用者概念の捉え方をめぐる動向については、第一編第二章を参照のこと。
(6)　第一編第二章を参照のこと。
(7)　第一編第二章を参照のこと。
(8)　第二条において、家内労働法の全面的ないし部分的規整対象となる家内労働者（Heimarbeiter）、家内工業従事者（Hausgewerbetreibende）、仲介人（Zwischenmeister）等があげられ、二条においてこれらの者の定義がなされている。
(9)　明文の規定で家内労働法の定義によるとする例が多い。例えば、賃金継続支払法一〇条、一一条や労働裁判所法五条一項、連邦休暇法一二条等がある。他方、解釈上これによることとされている例として、事業所組織法六条、年少者労働保護法一条等があげられる。
(10)　労働協約法一二条aは、労働協約法が「経済的従属性があり、被用者と同様に社会的保護必要性がある者（被用者類似の者）」に準用される（entsprechend）としつつ、被用者類似の者であるための以下三つの具体的要件を定めている。
①（自由）雇用契約［筆者注：有償委任］または請負契約に基づき他人のために活動すること（一号本文）
②自分の手で、かつ本質的に被用者との協働なしに、義務づけられた給付を履行すること（一号本文）。
③主として一人の者のために活動するか（一号a）、稼得活動から得られる全収入の平均して半分を超えて、一人の者から得ていること（一号b）。
ただし、芸能、文筆、ジャーナリスト関係の給付を行なう者については、③の収入要件が半分から三分の一に緩和されている（同条三項）。また、商業代理人への本法の準用は否定されている（同条四項）。労働協約法一二条aについては、第一編第一章（五六頁以下）および第二章（一二七頁以下）を参照のこと。
(11)　第一編第一章四四頁以下を参照のこと。
(12)　被用者類似の者の類型に属する者として、家内労働従事者、商業代理人（Handelsvertreter）、特に一人会社代理人（Einfirmenvertreter）の他、カメラマン、レポーター、シナリオライター、アナウンサー等の放送局の自由協働者、芸能家、作家、フリーのジャーナリスト等がこれまであげられてきた。

(13)　社会法典を構成する各保険法や雇用促進法（Arbeitsförderungsgesetz、ただし、同法は、一九九八年に、労働法的規整の部分も含めて社会法典第三編に組み込まれている）の規整対象を定める各規定からもそのことがわかる。社会法典第五編五条一項一号、同第六編一条一項、同第七編二条一項一号、雇用促進法一六八条一項（現行社会法典第三編二五条）を参照のこと。

(14)　Z.B. vgl. W. Gitter, Sozialrecht, 4. Aufl., 1996, S. 41.

(15)　Z.B. vgl. W. Gitter, a.a.O.（Anm. 14）, S. 73ff.; B. Schulin, Handbuch des Sozialversicherungsrechts, Bd. 1 1994, S. 493ff.

(16)　社会保障法上の家内労働従事者については、家内労働法によるものとは若干異なる定義が定められている。社会法典の通則的規定を定める第四編の第一二条を参照のこと。

(17)　社会法典に属する各保険法の規整対象に加えられる場合（社会法典第六編一条、二条、同第七編二条、同第一一編一条二項ほか）や、芸能家社会保険法（Künstlersozialversicherungsgesetz）や農業労働従事者の疾病保険に関する法律（Gesetz über die Krankenversicherung der Landwirte）等の単独の立法の規整対象とされている場合がある。

(18)　Vgl. W. Gitter, a.a.O.（Anm. 14）, S. 80ff., 177ff., 233ff., 294ff.

(19)　例えば、社会法典第六編（年金保険法）は、自営業的な教師、介護人、船員、芸能家、家内工業従事者等を規整対象に含めている（同編二条）。他方、社会法典第三編（雇用促進法）は、自営業者としては、家内労働者（Heimarbeiter）のみを部分的な規整の対象に加え（同編一三条、二七条三項二号を参照のこと。）、第五編（疾病保険法）は、主として自営業に従事する者には適用を除外している（同編五条二項）。

(20)　ただし、年金保険法（社会法典第六編）や災害保険法（社会法典第七編）では、申請があれば、保険加入義務のない自営業者でも、特別加入が認められている。

(21)　例えば、自営業者については保険料全額を自己負担すべきこと等、「就業者」に比して保護のレベルが抑えられている場合がある。

三　一九九〇年以降における自営業者に対する規整の展開

一九九〇年以降、ドイツの労働法および社会保障法による自営業者に対する規整は、新たな展開を示すに至っている。この新たな展開には、規整対象についてのこれまでの基本的スタンスに変更を生む可能性が含まれていると解される点で注目される。

1　労働法の分野における新たな展開

まず、労働法の分野では、被用者類似の者を規整対象に加える等した立法が新しく生まれたり、これを規整対象に新たに付加すべきかが、近時、改めて議論されている立法がみられる。

(一)　規整対象への付加

一九九〇年代に入り、労働法の領域で、被用者類似の者を規整対象に加える等した立法として、(イ)いわゆる第二平等法を構成する就業者保護法(Beschäftigtenschutzgesetz)、(ロ)重度障害者法(Schwerbehindertengesetz)、(ハ)労働保護法(Arbeitsschutzgesetz)があげられる。こうした動きは、一九七四年の労働協約法の改正以来のこととなる。

(イ)　就業者保護法

まず、就業者保護法は、職場において男女平等を実現する目的で、複数の立法の一括法案として、一九九四年に可決、制定された、いわゆる第二平等法（Zweites Gleichberechtigungsgesetz）を構成している。[22]

第二平等法として制定された立法には、連邦の行政機関、公法上の各種連邦団体および連邦の裁判所における女性就業者の割合の向上と、男女双方のために家族と職業の調和の促進とをめざす女性促進法（Frauenförderungsgesetz）、職場におけるセクシュアル・ハラスメント（性的いやがらせ）（以下、セク・ハラ）からの就業者保護を定めた就業者保護法、連邦の審議会その他の協議機関での男女の平等な任用手続の実施、連邦外の機関への職員の派遣の際の男女の平等な人選手続の実施をめざす連邦審議会任用法（Bundesgremienbesetzungsgesetz）の各新立法のほかに、民法典や公勤務関係を規律する立法および労働立法の関連規定を男女平等の観点から修正、強化する改正立法が含まれている。

これらの立法の中で、就業者保護法が、明文規定で、その規整対象に、家内労働従事者を含む被用者類似の者を加えた。同法一条一項は、職場でのセク・ハラからの保護による男女の尊厳の保障を同法の目的として定める。そして、同法一条二項で、同法の規整対象を「就業者（Beschäftigte）」とし、これに該当する者を一号から四号に列挙した。その一号は、「私法上又は公法上の事業所、機関の男女被用者（男女現業労働者、職員、職業教育中の就業者[23]（zu ihrer Berufsbildung Beschäftigter））、経済的非独立性により被用者類似の者とされる者、[24]これには家内労働従事者およびこれと同視される者も含まれる。……」と定めている。一号によって被用者類似の者が、被用者さらには公務員（二号）、裁判官（三号）、兵士（四号）とともに、「就業者」に含められている。

この規定によって、被用者類似の者にも、家内労働従事者を含めて、就業先の職場でのセク・ハラに対して同法で予定されている保護が、被用者と同一レベルで与えられることとなっている。その理由は明示されていないが、規整対象に被用者類似の者を加えたのは、立法者が、被用者類似の者にも、被用者と同程度に、就業過程においてセク・ハラリスクが存在し、使用者（委託者）等に対応を法的に義務づける必要性（保護必要性）があることを認めたことによると解される。具体的には、同法において、使用者ないし上司は就業者をセク・ハラ被害から保護し、これを予防する義務があること（二条一項）、そして、使用者、上司、同僚によるセク・ハラは、使用者（または公勤務上の任用権者）による労働契約上の義務違反ないし公勤務上の職務違反（Dienstvergehen）にあたることが法文上で明示された（二条三項）。また、セク・ハラ被害に対して、就業者は、事業所内または部局内の権限ある機関への苦情申立権を有する。そして、使用者または上司は、苦情申立に対して調査を行い、速やかに適切な処置を取らなければ、就業者は有給のままで労務給付を停止できる（三条、四条）。これらは、それまでの判例上の処理に明文の法的根拠が与えたものと評価されている。[25]

就業者保護法も、第二平等法を構成する他の新立法や改正法と同様に、欧州理事会での議決および欧州委員会の勧告に基づく加盟各国への要請等に応えて制定された経緯がある。[26]

（ロ）　重度障害者法

次に、重度障害者法（重度障害者の労働、職業、社会への組み込みの確保のための法律）は、私企業および官公署において、一定割合の重度障害者の雇用を使用者（官吏については任用権者としての「使用者」）に義務づける措置のほか、重度障害者に対する解雇制限、賃金からの障害年金の控除の禁止、追加的有給休暇の付与、時間外労働からの自由、障害者のための作業所の設立促進等、重度障害者の就業関係における特別の保護を定める法律として一九八六年に制定された。[27]

同法の規整対象となる重度障害者には、私企業レベルでは、基本的には被用者（ないし職業教育中の者）として雇用される者が予定されている。(28) 自営業者では、家内労働に従事する重度障害者に対して、雇用率、解約告知期間等について重度障害者法の部分的な適用が認められている（同法四九条）が、被用者類似の者一般は、その規整の対象とはされていない。この点に、現在までのところ変更はない。

ところで、重度障害者は、一般企業や官公署のほかに、障害者のための作業所（Werkstatt）で就業する場合がある。その場合に、重度障害者と作業所との一般的な法律関係を労働関係と捉えられるかについては長らく議論されてきた。学説の多数および判例は、これを否定する立場、傾向を示してきた。(29) この点の決着もめざして、一九九六年に同法の改正が行われた。(30) すなわち、作業所で就業する重度障害者は、被用者でないか、重度障害者と施設の関係の基礎となっている社会的給付関係からみて別段の判断（主にリハビリ中の者としての判断）がなされない限りは、「被用者類似の法律関係（arbeitnehmerähnliche Rechtsverhältnis）」に立つ、とする明文の規定が設けられたのである（五四条b）。(31) さらに、「被用者類似の法律関係」の内容は、重度障害者と社会保障法上の各種社会給付の提供者との間に存在する社会給付関係に配慮しつつ、重度障害者と作業所運営者との間の作業所契約に詳細に規定されなければならない旨定められている（五四条b第三項）。併せて改正法は、作業所で就業する重度障害者について、重度障害者により選出される委員よりなる作業所委員会の設置等も規定している（五四条c）。

作業所において就業している重度障害者の多くは、被用者のように作業所運営者の指揮命令に従った労務給付を厳格に求められない就業実態にあり、作業所運営者への人的従属性が認められにくいものの、単にリハビリのための活動を超えて、経済的に利用価値のある労務給付を行っている。(32) 一九九六年の改正は、作業所での重度障害者のそうした「労務給付」に着目して「被用者類似の法律関係」を擬制し、労働法的規整を可能にしたといえる。その意味で、他の労働立法において、委託者への経済的従属性に着目される被用者類似の者とは性格を異にしている[33]。そのため、本条の被用者類似の者については、被用者類似の者に規整を拡大している労働協約法等の労働立法の適用はただちには肯定されないと解されている[34]。また、当事者の合意があれば、重度障害者や被用者類似の者に明文の規定で適用拡大を定めていない労働立法（例えば、労働時間規制、疾病時や祝日における賃金の継続払い等）や労働法上の諸原則の適用も肯定できるとされている[35]。

一九九六年の改正によって、改正には、五一九の作業所で就業していた約一五万人の重度障害者の多くが重度障害者法上の被用者類似の法律関係に立つこととなったとする分析がある[36]。

（八）　労働保護法

最後に、労働保護法（労働における就業者の安全および健康保護の改善のための労働保護施策の実施に関する法律）は、職場における労働安全衛生（労働保護）施策の根拠となる基本的法律として一九九六年に制定された[37]。

労働における就業者の安全および健康保護の改善については、ドイツでは、労働保護法が制定されるまでは、一八六九年制定の営業法（Gewerbeordnung）一二〇条aを長らく基本的規定としつつ、個別・具体的な規整は複数の立法に根拠が分散してきた[38]。加えて、その規整の対象となる就業者の業種・職業も、網羅的ではなかった。ようやく一九九六年に、職場での労働保護について、すべての活動領域と就業者をカバーし、規整内容も充実させた労働保護法が制定されたのである。

ドイツにおいては、旧西ドイツ時代より、職場の労働安全と衛生（労働保護）の分野での労働法の法的規整を一つの立法にまとめる試みが、何度となくなされてきたが、すべて失敗に終わってきた。ところが、E

Cレベルにおいて、一九八九年と一九九一年に労働保護に関する二つのEC指令が定められた(39)。これに基づいて、一九九三年末までに、一三にのぼる個別のEC規則が定められた(40)。そして、各加盟国は、最低の基準を定めたとされるそれらのEC指令を国内法化する責務を負わされることとなった。そのため、ドイツでは、EC指令の基準を超える内容を定める既存の国内法の規定を残しつつも、指令をほぼそのまま国内法化する方法で労働保護法が制定された(41)。また、個別のEC規則は、規則（Rechtsverordnung）として国内法化された（労働者保護法一八条以下を参照のこと。）。その労働保護法の一条一項は、同法が職場での就業者の安全と健康保護の維持、改善を目的とする旨定める。そして、二条二項で同法が規整対象とする「就業者（Beschäftigte）」の範囲を定めている。

「本法の就業者は以下の者をいう。1　男女被用者、2　職業教育中の就業者、3　家内労働者およびこれと同視される者を除き、労働裁判所法五条一項にいう被用者類似の者、4　男女官吏、5　男女裁判官、6　男女兵士、7　障害者作業所の就業者」

この規定によって、被用者類似の者は、職場の安全と健康保護について被用者と同一レベルの規整を受けることとなった(42)。また、これによれば、被用者類似の者は労働裁判所法五条一項の意味の被用者類似の者とされている(43)。経済的従属性によって特徴づけられる被用者類似の者が予定されている。立法理由によれば、「就業者」に含まれるか否かは、使用者（委託者）との法律関係に基づいて労務を給付し、健康リスクに対する保護施策によって保護を図るべき者かどうかを基準に確定されたとされている(44)。経済的従属下にある被用者類似の者についても、被用者と同様の健康リスクの存在と、健康リスクの防止、除去等の義務を使用者（委託者）に法的に負わせる必要性とが、立法者によって承認されたとものと解される。なお、被用者類似の者の一形態である家内労働従事者が就業者から除かれている。これは、家内労働法の中にすでに特別の労働保護規定が置かれていることによる（同法一二条〜一六条ａ）。労働安全・衛生に関する法規整の対象に、被用者類似の者が加えられた意義は小さくないと解される。

(二)　規整対象への自営業者の新たな付加をめぐる議論

自営業者に対して労働法による規整を一層拡大すべきか、拡大するとしてもどのような手法でかについては、ドイツにおいては長らく議論されてきた。(45) 近時においても、労働法の主要立法の一つである事業所組織法の規整対象を被用者類似の者に拡大すべきかどうかについて改めて議論されている。(46) そして、これまでの議論においては、一層の拡大を肯定するとしても、どのような手法によるかが重要な論点のひとつとされてきた。具体的には、①解釈論上確定されてきた被用者概念を、解釈によって一定の自営業者に拡大する、②解釈論上、被用者に適用のある規定をこれに類推適用したり、被用者類似の者に属する家内労働従事者に適用のある規定を類推適用する、③立法論上、明文の規定によって新たに被用者類似の者を適用対象に付加する、等の手法が提示されてきた。これまでの多数学説は、ドイツ労働法（ないし立法者）が、被用者を本来的な規整の対象としつつ、被用者類似の者をこれに付加し、被用者類似の者にも当たらない就業者は、自営業者として労働法による規整の外に置くというスタンスを取ってきた点を重視している。被用者、被用者類似の者、自営業者という就業者の三分類法の尊重である。したがって、多数学説は、①の手法は、被用者、被用者類似の者を被用者の中に解消する可能性を有し、立法者の定めた三分類法を崩す法創造にあたるとして否定的である。また、②についても、立法者が明文の規定により規整対象を限定している場合には、これを解釈論上それ以外の者に拡大することは、やはり許されない法創造として妥当でないとみている。結局のところ、多数学説は、立法者が、明文の規定で、被用者類似の者を規整対象に付加する③の手法のみが許され、解釈論上自営業者を労働法の規整対象に新たに付加することは認められないと解している[47]。そのため、先にみたように立法上の明文規定による規整対象への付加によってしか、被用者類似の者への労働立法の規整対象の拡大はないものと解している。そうであるとしても、就業形態の多様化の進展による被用者類似の者の増加とともに、就業過程において被用者と同様のリスクが顕在化し、そのリスクへの対応を使用者（委託者）に法的に義務づける必要性が立法者により承認されるべき事項については、今後も、被用者類似の者が規整の対象に付加されていくことが予想される。

2　社会保障法の分野における新たな展開

他方、社会保障法の分野においても、近時、仮装自営業者（Scheinselbständige）問題の発生を契機として、自営業者に対する規整に新たな展開が生まれている。

㈠　仮装自営業者問題の発生

仮装自営業者問題の概略は以下のとおりである[48]。

仮装自営業者は、自営業者を「仮装」する者であるが、「仮装」の捉え方の違いによって、二様の就業者が想定されている。①まず、自営業者としての扱いを受けてはいるが、その就業実態からすると、労働法、社会保障法の本来の規整の対象に含められるべき被用者（就業者）にあたる者〔タイプA〕である。②他方は、これまで確立されてきた被用者（就業者）概念のメルクマールに照らせば、被用者（就業者）性を否定される就業実態にあるが、被用者（就業者）と同様の保護を与えられるべき自営業者〔タイプB〕があげられる。仮装自営業者という場合、タイプAを想定する論者が多いが、タイプBも含めて考える論者もある。(49)

ドイツにおいては、一九八〇年代に入り、国際競争の激化や就業その他に関わる規制の緩和等によって、各企業では、人件費の節減を目的に、こうした仮装自営業者を正社員に代えて使用するケースが増加してきた。しかも、仮装自営業者は、広範な業種・職業にわたって生まれてきている。概念自体が明確でないこともあって、正確な統計的数字はないが、一九九一年段階で全ドイツで五〇万人程度とする調査等がある。(50)

仮装自営業者の増加と広範な業種・職業への広がりは、労働法による規整の有無や規整の要否の問題を生んだだけでなく、社会保障法を構成する各種保険（疾病、災害、介護、年金、雇用等）への加入義務の有無や加入の要否と関わって、保険加入義務者の把握の困難化や保険料収入の目減りの問題としても意識されるようになった。(51)

(二)　仮装自営業者問題への対応

（イ）　一九九八年の「仮装自営業防止法」

こうした仮装自営業者問題への対応は、社会保障法の領域において行われた。ドイツ政府は、保険料の支払義務を免れている仮装自営業者への対応策として、一九九五年以降、保険料徴収局（Einzugsstellen）に定期的に営業届（Gewerbeanzeige）を提出することを自営業者に義務づけたり、一九九六年中頃以降は、各担当機関の調査権限を強化したりした。(52) しかし、これでは十分ではないとして、野党や連邦上院から、仮装自営業者の防止策を定めた複数の法案が提出された。(53) しかし、いずれも連邦下院において否決されていた。政府与党は、そうした法案が提案するように、仮装自営業者に対して各種保険法の規整の対象を拡大すること等によって対応することは、経済構造の変化等に対応できるフレキシビリティのある新たな雇用・就業形態の誕生をはばむ足枷になる等として否定的立場に立っていたからである。(54)

しかし、一九九八年一二月の下院選挙によって、連帯九〇／緑の党とともに政権党となった社会民主党（SPD）が、仮装自営業者問題に対応するために、同月一九日にいわゆる「仮装自営業防止法（Gesetz zur Bekämpfung der Scheinselbständigkeit）を成立させた。(55) 同法によって、社会法典（Sozialgesetzbuch）の改正がなされ、その改正は一九九九年一月一日に発効した。この改正は、その意味では、多分に政治的意味合いの強いものであった。しかし、改正のねらいとしては三点挙げられた。(56) すなわち、①労働世界の構造変化に対応して今後増加が予想される保険未加入のままの仮装自営業者に対して必要になる生活扶助の財源等への国民の負担を解消すること、②保険財政の立て直し、③保険料負担企業と負担逃れの企業との間の公正競争の確保、である。

社会法典は、既述のとおり（**二2**を参照のこと。）、ドイツの社会保障法の中核を成すが、この改正によって、まず、社会法典における通則的事項を定める第四編の中で通則的に規整の対象を定める第七条に第四項が新設された。

その第一文は、「生業として活動し、以下のメルクマールのうち、少なくとも二つを充たす者については、対価を得て雇用されているものと推定される。(57) 1　その活動に関連して、家族を除き保険加入義務のある被用者を雇用していないこと、2　通常かつ本質的に一人の委託者のためだけに活動していること、3　就業者に典型的な労務給付を行っていること、特に委託者の命令下にあって委託者の労働組織に組み込まれていること、4　事業者的活動に基づき市場に参入していないこと」と定めた。

この規定によって、1から4の四つのメルクマールのうち、少なくとも二つを充足しているとされた受託者については、契約当事者である委託者ないし受託者が反証に成功しない限りは、社会法典の本来の規整の対象である「就業者」と推定されて、社会法典を構成する各保険への加入義務者とみなされることとなった。[58]これに対して、当事者が反証に成功すれば、非「就業者」として保険加入義務は否定される。反証に際しては、問題となっている受託者の就業実態について、就業者性を示す事情に対して、自営業者性を示す事情の方が優位にあることを証明する必要があると解された。[59]

改正では、さらに、社会法典中、公的な年金保険について定める第六編の第二条に第九号が新たに付加された。これによれば、社会法典第四編七条四項が定める先の四つのメルクマールのうち、1と2の両メルクマールを充足する者には、「被用者類似の自営業者（arbeitnehmerähnliche Selbständige）」として年金保険加入義務が発生することとなった。[60]このことは、第四編七条一項にいう「就業者」とみなされない者にも、年金保険への加入義務が生じる場合のあることを意味している。こうした第九号の付加は、実態としては「就業者」である仮装自営業者（タイプA）ではなく、これまで年金保険への加入義務のなかった「被用者類似の自営業者」（タイプBの仮装自営業者）を年金保険制度へ取り込むことを意味している。こうした対応は、タイプの自営業者の増加による年金保険の財政基盤の弱体化に対応することを目的とするとされている。[61]第九号の付加によって、社会保障法の領域においては、特定の業種・職業の自営業者に限定して規整対象に加えてきたこれまでの方式に、特定の業種・職業を限定せずに、一定の要件（1、2のメルクマール）を充足する自営業者一般を規整の対象に加える新たな方式が、社会保障法の領域では初めて採用されることとなった。(62) ただし、「被用者類似の自営業者」は、就業者の場合のように、年金保険の保険料を使用者と折半して負担して、使用者が就業者に代わって全保険料を納付するのではなく、年金保険への加入義務のある特定業種・職種の自営業者の多くと同様に、保険料を単独で負担し、自分で保険料を納付することが義務づけられた(63)（社会法典第六編一六九条を参照のこと。）。この点で就業者に比して保護の程度が劣るといえるであろう。

（ロ）　一九九九年の「自営業促進法」の制定

以上の一九九八年の「仮装自営業防止法」は、その発効後、社会保障法の領域では珍しいほど激しい批判にさらされる。(64) 当事者レベルにおいては、委託者側には、同法が技術革新の進展や取引市場の変化に対応できる新しい就業形態の発生、展開を阻害するとの危惧が生まれた。また、就業者側では、改正により保険加入義務を負うこととなる仮装自営業者が委託者による委託打ち切りによって失業するとの危惧が表明された。(65) そうした批判や危惧を生んだ同改正法の問題点として、主として次の諸点が指摘された。(66)

（a）「仮装自営業防止法」の問題点

① まず、社会法典第四編七条四項の創設についてみると、まず第一に、第四項の規定が不明確な部分を含んでいたため、創設の趣旨が誤解され、改正がかなり重大な変更を含むものと考えられた点である。例えば、第四項が定める先の四つのメルクマールの意義についてである。創設の趣旨によれば、これらは、「就業」の存在を確定するためのメルクマールではなく、これを推定させるメルクマールとして定められた。したがって、これら四つのメルクマールは就業関係の存在の推定を根拠づける意義を与えられているにすぎない。しかし、こうしたメルクマールが、七条一項の「就業」（者）の概念を確定するとか、労働法の本来的規整対象である「被用者」の概念の確定へも影響を与えるとの誤解が生まれた。(67)

また、第四項の創設によっても、就業関係の有無の判定は、あくまで担当機関の責任において行われる点に変更はない。就業関係の推定は、担当機関による判定が当事者の協力が得られない場合に、例外的に許されるにすぎない。したがって、原則的には、就業関係の存在については担当機関に「立証責任」が存在する。ところが、推定規定の導入によって、当事者の側が就業関係の不存在を反証すべきとされたことで、「立証責任」の原則的転換が行われたと評価して、担当機関による就業関係の有無の判断における容易化、迅速化が大幅に実現されるとの解釈が示された。

第二に、就業者か自営業者かの実際の判断において、担当機関の間にバラツキが生まれた点である。例えば、各担当機関が作成した就業関係の有無をチェックするための質問表の内容が異なっていたこと等がこのことを示しているとされる。

第三に、就業関係の存在が認定されると、就業関係の開始時に遡って保険料が請求されることとなり、当事者に予想外に多額の保険料負担が生じることとなった点である。加えて、担当機関により保険料支払義務が認定され、これに対して当事者によって異議申立や訴訟提起がなされた場合でも、その確定までの間においても保険料支払請求が行なわれ得ることとなっていた。

② 他方、もうひとつの改正点である社会法典第六編二条九号については、業種・職業を限定せずに、一定の要件を充たす自営業者一般に対して年金保険制度の適用を一層拡大することの是非自体が問題とされた。

(b)「自営業促進法」の制定

政府は、「仮装自営業防止法」による推定規制の導入によって、担当機関による保険加入義務の有無の確認に要する事務負担を軽減するとの法目的が達成できたか等を吟味するために、すでに、一九九九年四月に専門家委員会としての「仮装自営業」委員会を設置した。同委員会は、同年八月に「中間報告」[68]を、同年九月に「最終報告」[69]を発表した。結論的には、報告は、労働界の急速な変化の下では、従属的就業者か自営業者かの判断や従属的就業者に自営業者を装わせる脱法的濫用の防止が一層困難化しており、手続上の適切な助成が必要で、「仮装自営業防止法」の採用した推定規制自体は妥当とした。そして、推定規制のもとで生じた先のような問題の解決のための提言を行った。

政府は、「仮装自営業」委員会の提言をほぼそのまま受け入れる形で、「仮装自営業防止法」の改正法案[70]を「自営業促進法（Gesetz zur Förderung der Selbständigkeit）」として議会に提出した。同法案は一九九九年一二月二〇日に成立し、一九九九年一月一日に遡って発効した[71]。その結果、「仮装自営業防止法」は、その発効自体なかったものとされたのである。「自営業促進法」は、その名称のとおり、経済構造の変化等に対応した起業の気運を阻害しないための配慮を加えた内容となった。

（c）　主要な改正内容[72]

(1)　社会法典第四編七条の旧第四項の四つのメルクマールが、就業関係の有無を確定するメルクマールであるとする誤解を防止するために、まず、「就業」の定義である「就業とは非独立労働、特に労働関係におけるそれである。」との七条一項の規定に追加的に新たな文言を付加した。すなわち、「就業の手がかり」として、「命令に従った活動と命令者の労働組織への組み込み」が明示された。この文言の付加によって、学説、判例がそれまで確立してきたメルクマールが「就業」（者）性判断のメルクマールであることに変更のないことが明確化された。

そして、旧七条四項のあげたメルクマールについては、担当機関による就業（者）性の判断に際して、当事者が協力義務を果たさず、就業関係について学説、判例によって確立されたメルクマールによる判断のための資料が不十分な場合に、例外的に就業関係を推定するためのメルクマールとして用いられるに過ぎないことが明確化された（七条四項一文）。加えて、これらのメルクマールによる就業（者）性の判断が、あくまで推定であり、当事者による反証が許されることも明示された（七条四項三文）。

(2)　また、旧七条四項が就業関係の推定のためにあげた四つのメルクマールにも手が加えられた。

旧規定	新規定（改正部分に傍線）
1　その活動に関連して、家族を除き保険加入義務のある被用者を雇用していないこと	1　その活動に関連して、保険加入義務があり、その活動からの月収が六三〇マルクを超える被用者を、通常、雇用していないこと
2　通常かつ本質的に一人の委託者のためだけに活動していること	2　継続して本質的に一人の委託者のためだけに活動していること
3　就業者に典型的な労務給付を行っていること、特に委託者の命令下にあって委託者の労働組織に組み込まれていること	3　委託者またはこの者と比較可能な委託者が、当該活動を、通常、その雇用する被用者に行わせていること
4　事業者的活動に基づき市場に参入していること	4　その活動に事業者的活動における典型的メルクマールが認められないこと
	5　その活動が従前は就業関係に基づいて同一の委託者のために行われていた活動に外観上該当すること

右表のとおり、四つのメルクマールの内容が見直され、さらに、第五のメルクマールが新たに付加された。この修正によって、メルクマールの実用性の確保と推定の精度の向上とをめざしたとされる。そして、五つ

のメルクマールのうち最低でも三つを充足してはじめて就業関係の存在が推定されることに改められた。

第一のメルクマールについては、「保険加入義務ある被用者」という文言を「保険加入義務があり、その活動からの月収が六三〇マルクを超える被用者」に改められ、近時、ドイツにおいて保険加入義務のある被用者の月収の下限として法定された六三〇マルクを明記した(73)。また、「通常」の文言が新たに付加され、短期雇用の反復によりこのメルクマールを充足しないようにする脱法操作を防止するとともに、逆に雇用する被用者が一時的にしかいない自営業者のケースを排除した。さらに、家族従業者を被用者から除外する文言が削除された。

第二のメルクマールについては、一人の委託者のための活動が「通常」であるとの要件が、「継続して」に改められた。これは、一人の委託者のための活動から出発することの多い起業を困難にしないためとされている。

第三のメルクマールについては、「就業者の典型的な労務給付」とされていた点を、「委託者またはこの者と比較可能な委託者が、当該活動を、通常、その雇用する被用者に行わせていること」と改められた。この修正によって、このメルクマールを用いるべきケースが限定され、明確化された。そして、メルクマールの一つにとどめられていた「特に、委託者の命令下にあって、委託者の労働組織に組み込まれていること」を、既述のとおり、「就業」（者）性判断の一般的メルクマールに改めた。

第四のメルクマールについては、「事業者的活動に基づき市場に参入していないこと」が、「その活動に事業者的活動の典型的メルクマールが認められないこと」に改められた。この修正には、このメルクマールが事業者性を示す事情のないことを求めていることをより明確化するねらいがあるとされている。

さらに、第五のメルクマールについては、このメルクマールを付加した趣旨が、仮装自営業者をより有効に把握することにあるとされている。

(3)　さらにまた、社会法典第四編関係では、以上の修正の他に、担当機関（保険料徴収局や年金局）が保険加入義務の有無の判断（社会法典第四編二八条h第二項）を行う前に、関係当事者がその点の判断を別の機関（連邦職員保険局（ＢｆＡ））に求めることができるようにした。これによって、当事者が迅速かつ簡易に保険料納付の要否を知ることができることとなった（七条a第一項〜第五項）。また、就業関係の存在が確認された場合、就業関係の開始時に遡って保険加入義務が発生するとされていた点が改められた。担当機関による保険加入義務の判定の結果が当事者に通知された時点から保険加入義務が発生する旨の規定（七条a第六項）が設けられた。これによって、当事者への多額の保険料の事後請求が排除された。さらに、担当機関による判定に対して当事者により異議申立てや訴訟が提起された場合、その確定（判定の取消が不可能となる時点）まで保険料支払義務は発生しないこととされ（七条a第七項）、その間の当事者の保険料負担が否定された。

(4)　他方、「仮装自営業防止法」により、年金保険につき定める社会法典第六編の第二条に創設された第九号の「被用者類似の自営業者」についても、改正が行われた。まず、「被用者類似の自営業者」として年金保険加入義務が発生させる自営業者のメルクマールとしてあげられていた二つのメルクマールには、社会法典第四編七条四項の二つのメルクマール（1と2のメルクマール）がそのまま採用されたが、二つのメルクマールについての先のような修正がそのまま受け入れられている。そして、「被用者類似の自営業者」の文言が、規整対象として予定された自営業者を適切に表現できていないことや、差別的意味合いを含んでいること等を理由に削除された(74)。さらに、年金保険加入義務が発生する自営業者に該当する者でも、一定の場合には(75)、当事者の申請を条件に年金保険への加入を免除する事由が拡大されている。

(三)　五つのメルクマールの具体的意義

「自営業促進法」によっても、社会法典の本来的な規整対象とされる「就業者」性の推定および公的年金保険の規整対象への「被用者類似の自営業者」の付加は維持された。そして、その際用いられるメルクマールは、ドイツにおける各種保険法の規整対象の確定において一定の役割を果たすことが期待されているメルクマールである。その内容が具体的にどのように捉えられているかをさらに明らかにしておくことは有意義であろう。これら五つのメルクマールの具体的内容については、連邦雇用庁と担当機関との協議に基づく「告示（Rundschreiben）」が実務指針として示されている(76)。

①　第一のメルクマール——保険加入義務のある被用者を雇用していないこと

「告示」によれば(77)、このメルクマールは、契約上負った労働を自らの手で行っているかをチェックする意義を持つとされている。自らの手で労働を提供していることは、就業（者）性を示す重要なメルクマールとされる。そして、雇用する被用者の範囲等について収入面以外では限定が付されていないことから、このメルクマールは、いかなる形態にしろ、保険加入義務のある被用者を雇用していないことを求めていると解され、本来の業務以外の、例えば、職場の清掃のために被用者を雇用する場合も、この雇用に含まれるとされている。

②　第二のメルクマール——継続して本質的に一人の委託者のための活動であること

「告示」では、[78]このメルクマールは、一人の委託者への拘束性を示すもので、契約上または事実上の拘束のいずれも含むとされている。経済的従属性（経済的依存性）、さらには人的従属性を示すメルクマールと解されている。[79]「継続して」とは、継続的委託関係または規則的に反復される委託関係とされる。継続性の判断においては、時間的事情だけでなく、経済的事情や業種・職業に特別な事情も考慮される。特定の活動のために一年以内の限定が付されている活動や、場合によりそれより長い期間でも限定があるケースについては継続性は否定される。また、自営業者は、通例、起業時には一人の委託者のために活動することから、その点を捉えてただちにこのメルクマールを充足すると解することは妥当でないとの指摘がなされていた。この点については、起業後三年間は、起業家として特別の扱いをすることとし、この間、同時にではなく順次異なる一人の委託者のために活動するケースであっても、このメルクマールは充足しないとされている。「本質的」か否かの判断基準として、「告示」は、全収入の少なくとも六分の五を一人の委託者での就業から得ていることとしている。[80]

また、「告示」によれば、委託者がいわゆるコンツェルン企業（株式会社法一八条）ないし協同経営（Kooperationpartner）である場合は、これらは一人の委託者とみなされる。あるいは、フランチャイズ契約下においても、フランチャイズ元もこのメルクマールにいう委託者たり得るとされている。

③　第三のメルクマール——通常、就業者が当該活動を行っていること

「告示」によれば、[81]このメルクマールは、常用の就業者とともにフリーの協働者が採用されているケースのように、両者の就業実態が比較できる場合に意味を持つメルクマールとされる。すなわち、常用の就業者の就業実態とフリーの協働者のそれとに本質的な違いがない場合には、フリーの協働者にも就業関係の存在

が肯定されるということである。常用の就業者との就業実態の比較は、当該委託者の雇用する常用の就業者とだけでなく、当該就業者と同一業種に属するか、同一の労働内容の活動を行っている他の委託者の雇用する常用の就業者との比較でもよいとされている。

④　第四のメルクマール――事業者的活動における典型的メルクマールが認められないこと

「告示」によれば[82]、事業者的決定の自由を享受し、事業者的リスクを負い、事業者的チャンスを活用し、そのために自己宣伝を行なえる者が「独立（selbständig）」とされて従属的就業と区別される。そして「独立」であることを示す事業者的活動とは、自己の名で自己の計算で給付がなされ、次の事項について独自に決定がなされる場合をいうとされている。すなわち、仕入・販売価格、商品の仕入、人員の採用、資本と機械の投入、顧客の支払方法（例えば、即金払い、支払猶予の可能性、割引の容認）、顧客セールスの種類と範囲、事業の宣伝手段の種類と範囲（例えばレターヘッドの使用）である。「告示」は、別に、特定の業種・職業における典型的な事業者的活動のメルクマールを示している[83]。

⑤　第五のメルクマール――従属的就業関係と外観上の同一性があること

「告示」によれば[84]、このメルクマールは、就業実態を変更せずに、労働関係をフリーの協働者に転換するケースに関わる。具体的には、アウトソーシングやアウトプレースメントのケースが問題となるとされている。外観に変化がないことは、従前の就業関係の存続を示唆するとされる。

㈣　改正の意義

「自営業促進法」の評価は、同法の発効後まだ半年も経過していない現時点では、まだ十分出尽くしたとはいえない。[85] それでも、仮装自営業者問題を契機として一九九八年と一九九九年になされた社会法典上の改正の意義は、概略、次のようにまとめられるであろう。

(1) 社会法典第四編第七条四項の創設——当事者により協力義務が果たされない例外的な場合に限定されているとはいえ、「就業者」性判断における推定規制が導入され、担当機関の職権調査義務（社会法典第一〇編二〇条）を軽減し、社会法典全般の規整対象に含まれるか否かについての実務レベルでの判断を多少とも容易化、迅速化したこと。

(2) 社会法典第六編二条九項の創設——二つのメルクマールを充足する自営業者を公的年金保険制度の規整対象とすることで、これまで特定業種・職業の自営業者に限定されてきた規整対象を、初めて、それ以外で、一定の要件を充足する自営業者一般に拡大したこと。

(22) 職場における男女の平等取扱いの実現をめざして、一九七六年のEC指令を受けて、一九八〇年に性を理由とする不利益取扱いを禁止するBGB六一一条a、六一一条b、六一二条三項、六一二条aが創設された。その後、職場における男女の平等取扱いをさらに促進すべく、一九九四年に一括法が制定されたために、一九八〇年の改正が第一平等法、一九九四年の一括法が第二平等法と呼称されるところとなっている。vgl. BT-Drucks. 12/5468 (21.07.93) S.17ff.

(23) 職業教育中の就業者の語は、採用前の職業訓練中の者（Auszubildende）だけでなく、職業生活に入って後に職業教育を受けている者も広く含む概念として用いられている。Vgl. D.Schiek, Frauengleichstellungsgesetz des Bundes und der Länder, 1996, S. 880 RdNr. 2570.

(24) 「経済的非独立性により被用者類似の者とされる者」という文言は、労働裁判所法五条一項や連邦休暇法二条の文言と同一であり、これらの立法におけると同様の被用者類似の者が予定されていると解されている。Vgl. D.Schiek, a.a.O. (Anm. 23), S. 880 RdNr. 2569.

(25) H.M.Pfarr, Das Zweite Gleichberechtigungsgesetz, RdA 1995, S.206.

(26) Vgl. BT-Drucks. 12/5468 (21.07.93), S.18f. その他に、第一平等法の制定以降、ＢＧＢ六一一条ａ第二項が、一九七六年に定められたＥＣ基本指令「雇用、職業訓練、昇進、労働条件の男女均等待遇指令」（七六／二〇七／ＥＷＧ）に適合しているかを判断した一九八四年四月一〇日のＥＣ裁判所の先行判決（BB 1984, S.1231）、これを受けた連邦労働裁判所によるＢＧＢ六一一条ａに関わる一九八九年三月一四日判決（BB 1989, S.2187）、統一条約三一条、連邦憲法裁判所の一九九二年一月二八日判決（BVerfGE Bd.85, S.191, 207）等が、第二平等法による男女平等法制の新たな展開を生む契機となったことが指摘されている。J.Mauer, Das Zweite Gleichberechtigungsgesetz, BB 1994, S.1283.

(27) BGBl.I 1986 S.1421, bes. S.1550. 一九五三年に第二次世界大戦による戦傷者の保護のために制定された重度負傷者法（Schwerbeschädigtengesetz）を改めて、規整対象を戦傷者以外の重度障害者にも拡大した重度障害者法が一九七九年に制定されている。しかし、この一九七九年法が、かえって障害者の就業機会を狭めたため、重度障害者の就業促進のために新たに一九八六年に制定されたのが現行の重度障害者法である。

(28) 重度障害者法の規整対象となる重度障害者は、同法一条において、一定の障害等級以上であることに加えて、稼得活動をする者（それを予定する者）については、同法七条一項にいう「職場（Arbeitsplatz）」での就業（就業予定）を要件とされている。そして同法七条一項は、「この法律にいう職場とは、現業労働者、職員、官吏、裁判官、職業訓練中の者およびその他の職業教育中の者が雇用されるすべてのポスト（Stellen）をいう」と定めており、私企業レベルでは、現業労働者と職員を含む被用者（または職業教育中の者）としてのポストが同法の規整対象として限定されていることになる。Vgl. P.Neumann, R.Pahlen, Schwerbehindertengesetz, 9. Aufl., 1999, S.166ff. RdNr.17ff. また、重度障害者を含む障害者に対しては、重度障害者法以外にも、労働法、社会保障法に属する個別立法の規整がなされている。Z.B. vgl. G.Schaub, Arbeitsrechts Handbuch, 8. Aufl., 1996, S.1477ff.

(29) L.Pünnel, Der Beschäftigt in der Werkstatt für Behinderte (WfB), AuR 1996, S.483；P.Neumann, R.

Pahlen, a.a.O (Anm. 28), S. 580 RdNr. 5.

(30) BGBl. I 1996, S. 1096.

(31) 例えば、障害者に就職や職業訓練のためのサービスを提供する連邦雇用庁等である。Vgl. P. Neumann, R. Pahlen, a.a.O. (Anm. 28), S. 583f.

(32) L. Pünnel, a.a.O. (Anm. 29), S. 483f., P. Neumann, R. Pahlen, a.a.O. (Anm. 28), S. 582 RdNr. 11.

(33) P. Neumann, R. Pahlen, a.a.O. (Anm. 28), S. 582 RdNr. 11.

(34) P. Neumann, R. Pahlen, a.a.O. (Anm. 28), S. 582f. RdNr. 12. 同じ学説は、連邦休暇法や労働裁判所法の適用は肯定している。

(35) BT-Drucks. 13/3904 (28. 02. 96), S. 48 ; L. Neumann, R. Pahlen, a.a.O. (Anm. 28), S. 582f. RdNr. 12.

(36) L. Pünnel, a.a.O. (Anm. 29), S. 483.

(37) BGBl. I 1996 S. 1246. 労働保護法の概略については、Vgl. N. Kollmer, Das neue Arbeitsschutzgesetz … aktuelle Fragen und Antworten, BG 1997, S. 347ff.

(38) 営業法は商工業部門の現業労働者のみを適用対象としており、それ以外の就業者については、他の個別立法による部分的な法規整がなされていた。例えば、鉱山労働者のための連邦鉱山法（六一条）、船舶労働者のための船員法（八〇条）、民法典（六一八条）、商法典（六二条）、家内労働法（一二条）、年少者労働保護法（二八条）等である。Vgl. z. B. G. Schaub, a.a.O. (Anm. 28), S. 1323; A. Söllner, a.a.O. (Anm. 1), S. 219ff. ただし、これら個別立法上の規定により使用者が負っている義務等は、労働保護法制定後も基本的には存続する旨が規定されている（労働保護法一条三項を参照のこと。）。

(39) Richtlinie 89/391/EWG des Rates vom 12. Juni 1989 (ABl. EG Nr. L. 183 S. 1), Richtlinie 91/383/EWG des Rates vom 25. Juni 1991 (ABl. EG Nr. L. 206 S. 19).

(40) Vgl. R. Pieper, Das Arbeitsschutzgesetz, AuR 1996, S. 456 ; A. Söllner, a.a.O. (Anm. 1), S. 220.

(41) その経緯については、BT-Drucks. 13/3540 (22. 10. 96), S. 11 を参照のこと。

(42)　同法が「就業者」として列挙している者については、M.Kittner, R.Pieper, Arbeitsschutzrecht, 1999, S.75ff. RdNr. 10ff. を参照のこと。規整の対象については、労働保護法の基礎となった一九八九年のＥＣの基本指令では、使用者に雇用される被用者（Arbeitnehmer）のみがあげられている（指令三条ａを参照のこと。）。Vgl. BT-Drucks. 13/3540 (22.01.96), S.15.

(43)　労働裁判所法五条一項の被用者類似の者の概念の具体的内容については、第一編第一章（四七頁以下）を参照のこと。

(44)　Vgl. BT-Drucks. 13/3540 (22.01.96), S.15.

(45)　この点については、第一編第一章、第二章を参照のこと。

(46)　Z.B.F.Rost, Arbeitnehmer und arbeitnehmerähnlichen Personen im Bertiebsverfassungsrecht, NZA 1999, S.113ff.; H.Plander, Arbeitnehmerähnliche in der Betriebsverfassung?, DB 1999, S.330ff.

(47)　ただし、民法典等に含まれる被用者保護規定については、被用者類似の者への類推適用を肯定する判例、学説がみられる。第一編第一章（八九頁以下）を参照のこと。

(48)　仮装自営業者の実態や問題発生の経緯については、第二編第一章三（二七〇頁以下）を参照のこと。

(49)　Vgl. Paasch, Abhängige Selbständigkeit, WSI Mitteilung 1991, S.218.

(50)　H.P.Steinmeyer, Die Problematik der Scheinselbständigkeit, ZfS 1996, S.368ff.

(51)　Vgl. BT-Drucks. 13/11261 (10.7.98), S.22.

(52)　Informationen, AuR 1998, S.341.

(53)　Vgl. Informationen, AuR 1998, S.279.

(54)　Vgl. BT-Drucks. 11/3956 (3.2.89), S.15f.; Informationen, AuR 1998, S.24f.

(55)　BGBl.I 1999 S.3843.　正式名称は、「社会保険における是正と被用者の権利の確保のための法律」であり、社会法典の改正の他に、解雇規制法の改正等を含む一括法案の形式で政府により提案された。改正案の提案理由については、BT-Drucks. 14/45 (17.11.98), S.19f.

(56) Vgl. A. Knospe, S. Marx, Praktikable Lösungen gefunden, Bundesarbeitsblatt 2000, S. 5f.

(57) 家族の範囲については、七条四項三文で定められ、①配偶者、②二親等内の親族、③二親等内の姻族、④被保険者またはその配偶者により養育されている子（Pflegekinder）がこれに属するとされている。

(58) ただし、七条四項二文で、本質的に自己の活動を形成し、労働時間についても自ら決定できる商業代理人（Handelsvertreter）は、除外されている。この点は、被用者類似の者への労働協約法の準用を定める同法一二条ａと同様の取扱いとなっている。この点は、本文後述の「自営業促進法」によっても変更されていない。

(59) J. Kunz, P. Kunz, Scheinselbständig oder (arbeitnehmerähnlich-) selbständig?, DB 1999, S. 846f.

(60) この第六編二条九号の適用については、経過規定が設けられた（同編二三一条五項）。すなわち、一九四九年一月二日以前に生まれたか、一九九八年一二月一〇日以前に、公的または私的保険会社と一定の内容の生命保険ないし年金保険につき契約を締結している者は、改正規定が適用になる者であっても、改正の発効後六ヵ月以内の申請により保険加入義務が免除されることとされた。また、本文に掲げた1と2のメルクマールに該当するか否かの判断には、連邦職員保険局によって作成されたアンケート等が用いられることとなった。Vgl. J. Kunz, P. Kunz, a.a.O. (Anm. 59), S. 846ff. さらに、七条四項二文のような適用除外規定がなかったので、商業代理人も二条九号の適用は受けることとされた。

(61) BT-Drucks. 14/45 (17.11.98), S. 46.

(62) ただし、すでに特定の業種・職業に属して各種保険法の適用を受けてきた自営業者（第六編二条一号〜八号、二二九条ａ第一項）や、特定の業種・職業のための保険法（例えば、芸能家社会保険法）の適用を受けてきた自営業者については、適用関係に変更はないとされている。Vgl. Rundschreiben der Spitzenverbände und der Bundesanstalt für Arbeit vom 19. Januar 1999, SozVers 1999, S. 35f.

(63) 同条によれば、自営業者の中でも、家内工業従事者については、保険料を被保険者と使用者（委託者）とが折半のうえ、使用者（委託者）が納付し、芸能家や新聞記者は、芸能家社会保険法上の芸能家社会金庫（Künstlersozialkasse）が負担、納付することとされている。

(64)　「仮装自営業防止法」については、改正前後から本文後述の再改正に至る期間に、専門家や実務家により多数の論考が公表されている。Z.B. vgl. K. Reiserer, Endlicher Schluß mit der ‚Scheinselbständigkeit'! Das neue Gesetz zur Förderung der Selbständigkeit, BB 2000, S. 94 Anm. 2.

(65)　Vgl. J. H. Bauer, M. Diller, S. Lorenzen, Das neue Gesetz zur „Scheinselbständigkeit" NZA 1999, S 177 ; S. Goretzki, F. Hohmeier, Scheinselbständigkeit—Rechtsfolgen im Sozialversicherung—, Steuer- und Arbeitsrecht, BB 1999, S. 636 ; M. Postler, Das Ende der Scheinselbständigkeit und gleichzeitig der freien Mitarbeiter?, NJW 1999, S. 926.

(66)　Vgl. BT-Drucks. 14/1855 (26. 10. 99) S. 1 ; A. Knospe, S. Marx, a. a. O. (Anm. 56), S. 5ff.

(67)　とはいえ、学説上は、労働法の被用者概念への影響を否定的に解するものが多数であった。Vgl. M. Löwisch, Der arbeitsrechtliche Teil des sogenannten Korrekturgesetz, BB 1999, S. 106 ; H. Bauer, Scheinselbständige und arbeitnehmerähnliche Selbsändige in der Sozialversicherung, DB 1999, S. 147f. ; R. Weimar, D. Goebel, Neue Grundfragen um Scheinselbständigkeit und arbeitnehmerähnliche Selbständige, ZIP 1999, S. 222 ; K. Reisere, Schluß mit Mißbrauch der Scheinselbständigkeit, BB 1999, S. 368 ; S. Goretzki, F. Hohmeier, a. a. O. (Anm. 65), S. 636f.　肯定的見解も、判例による具体的判断レベルでの影響が考えられるにとどまるとしていた。Vgl. J. H. Bauer, M. Diller, S. Lorenzen, a. a. O. (Anm. 65), S. 174f.　また、税法上の規整対象概念への改正の影響についても否定的な見解が多い。Vgl. H. J. Fischer, A. Harth, Scheinselbständige in arbeitsrechtliche und steuerrechtliche Hinsicht, AuR 1999, S. 129f. ; K. Olbing, Neue Gefahren in der Besteuerung freier Mitarbeit, ZIP 1999, S. 229.

(68)　Zwischenbericht der Kommission, Scheinselbständigkeit, RdA 1999, S. 350ff., ders, SozVers 1999, S. 253ff.

(69)　Abschlußbericht der Kommission, „Scheinselbständigkeit", NZA 1999, S. 1260f.

(70)　BT-Drucks. 14/1855 (26. 10. 99), S. 1ff. ; BT-Drucks. 14/2046 (10. 11. 99), S 1ff.

(71)　BGBl. 1 2000, S. 2ff.

(72) Vgl. A. Knospe, S. Marx, a. a. O. (Anm. 56), S. 5ff.

(73) ドイツでは、最近まで、就労働時間と月収が一定限度以下の小規模就業者(Geringefügig Beschäftigte)(社会法典第四編八条一項)については、各保険への加入義務が原則として免除されるとともに、使用者の保険料支払義務も発生しなかった。しかし、一九九九年三月に成立した「小規模就業関係の新規制法」(BGBl. 1 S. 388)により、同年四月より、小規模就業者については、使用者のみ原則としてこの者の月収の一定割合(疾病保険一〇%、年金保険一二%)を保険料として支払うべき義務が規定された。小規模就業者に含まれる者の第一のカテゴリーが、週労働時間一五時間未満、月収六三〇マルク以下の者とされた(社会法典第四編八条一項)。月収の限度については、新法制定までは毎年変更されていたが、以後は六三〇マルクに固定されることとなった。Vgl. W. Greilich, Schnellübersicht Sozialversicherung 2000, 4. Aufl., 2000, S. 32ff. 月収六三〇マルクという基準については、①一人の委託者からの収入がこれを超える場合のほか、②複数の委託者から得た月収の合算がこれを超える場合も含まれるとされている(同法典第四編八条二項)。本文で挙げた第一メルクマールは、①の場合の被用者を雇用しないケースに限定して、これを「就業」(者)性肯定のメルクマールにした。これは、②の場合を含めた場合、委託者が被用者の月収を六三〇マルクより低く押さえて、「就業」(者)性の不存在を偽装することを防止する趣旨である。Vgl. BT-Drucks. 14/1855 (26. 10. 99), S. 6 ; B. Schmidt, Das Gesetz zur Förderung der Selbständigkeit und seine Folgen für die Praxis, NZS 2000, S. 59f.

(74) Abschlußbericht der Kommission (Anm. 69), S. 1261.

(75) 一定の場合とは、①二条一項九号のメルクマールを充足する独立活動の開始後三年の間と、②満五八才以降はじめて二条一項九号により保険加入義務が生じた者についてである(社会法典第六編六条一項a)。

(76) Gemeinsames Rundschreiben der Spitzenorganisation der Sozialversicherung zum Gesetz zur Förderung der Scheinselbständigkeit vom 20. 12. 1999, NZA 2000, S. 190ff. この「告示」は、関係機関である連邦雇用庁、疾病保険金庫(Krankenkasse)の中央組織、ドイツ年金保険機関の間で、今回の改正全般についての協議がなされ策定された。なお、一九九八年の「仮装自営業防止法」についても、三度にわたり「告示」が策

定されている。Vgl.Rundschreiben vom 19. Januar 1999（Anm.62）; dass. vom 16. Juni. 1999, NZA 1999, S.749ff.; dass. vom 18. 8. 1999, SozVers 1999, S.259ff.

（77）Rundschreiben（Anm.76）, RdNr.3.5.1.

（78）Rundschreiben（Anm.76）, RdNr.3.5.2.

（79）Z.B.Zwischenbericht der Kommission, Scheinselbständigkeit, SozVers 1999, S.255.

（80）「本質的」か否かの判断基準として、全収入の六分の五に代えて、全労働時間の六分の五をあげる有力な見解もある。P.Hanau, Rundschreiben der Spitzenverbände zur Scheinselbständigkeit, Zeitschrift für Wirtschaftsrecht 1999, S.253.

（81）Rundschreiben（Anm.76）, RdNr.3.5.3.

（82）Rundschreiben（Anm.76）, RdNr.3.5.4.

（83）Rundschreiben（Anm.76）, Anlage 4. in Gesetz zur Förderung der Selbständigkeit, Versicherungs-, Beitrags- und Melderecht, Die Beiträge zu Sozial- und Arbeitslosenversicherung 2000, S.304ff. u. 345ff.

（84）Rundschreiben（Anm.76）, RdNr.3.5.5.

（85）「自営業促進法」については、同法の施行から五ヶ月しか経過していない時点では、前掲注(56)、注（64）掲記の論考以外で同法についての評価まで含むものとしては、次のものを参照できたにとどまる。C.Rolf, Das Gesetz zur Förderung der Selbständigkeit—Neues Rundschreiben der Spitzenverbände der Sozialversicherungsträger, NZA 2000, S.188ff.; T.Sommer, Vom Gesetz zur Sicherung von Arbeitnehmerrechten zum Gesetz zur Förderung der Selbständigkeit, NZS 2000, S.122ff.

四　一九九〇年以降における自営業者に対する規整の特徴と今後の見通し

以上のように、ドイツにおいては、一九九〇年代に入って、自営業者に対して、労働法、社会保障法のいずれの法領域においても規整を拡大する動きが生まれている。こうした動きについては、単に自営業者に規整対象を拡大する立法の数が増加したという量的変化だけでなく、規整対象の規整のスタンスにおける質的変化を含む以下のようないくつかの特徴を指摘できるものと思われる。

1　「被用者」から「就業者」へ

まず、労働法の領域において、規整対象の捉え方に変化の兆しが認められることである。従来の労働立法においては、既述のとおり（二**1**を参照のこと。）、被用者を本来的な規整対象としつつ、これに家内労働従事者や被用者類似の者を付加する規定形式が取られてきた。例えば、労働裁判所法五条一項は、「本法の被用者は、現業労働者（労務者）と職員、職業訓練中の就業者をいう。家内労働従事者およびこれと同視される者および、経済的非独立性のために被用者類似の者とみなすことのできるその他の者も被用者とみなす（als Arbeitnehmer gelten）。……」として、あくまで「被用者」が労働法の本来的な規整の対象で、その他の者は被用者とみなされることで規整の対象となることが法文上明示されてきた[86]。これに対して、一九九〇年代に入り、自営業者、すなわち家内労働従事者や被用者類似の者に規整の対象を拡大した労働立法の規定は、やや異なる規定形式を採用している。例えば、先にみたセク・ハラ防止を目的とした就業者保護法一条二項（三**1**(一)(イ)を参照のこと。）では、その規整対象を「就業者」と定め、その「就業者」として、被用者と被用者類似の者その他を並列列挙する形式を採用している。この点は、職場の労働安全・衛生を規整する労働者保護法の規整対象を定める二条二項も同様である（三**1**(一)(ハ)を参照のこと。）。「就業者」に属する者が同列に規整対象として列挙されている。その規定からは、被用者のみが当該立法の本来的な規整の対象であることは読み取れない。こうした新たな規定形式の採用は、労働法の規整対象として、被用者以外の者も被用者と同列の規整対象として位置づけられ始めていると評することも可能であろう。このことは、労働法の本来的な規整対象が「被用者」からこれ以外の者を含む「就業者」へ移行するという規整のスタンスにおける質的変化を示唆しているとも解されるのである。(87)

2　「特定の職業・業種」から「一般」へ

次に、労働法と社会保障法の規整対象に付加されている自営業者の範囲についてである。社会法典の一部(年金保険)に限られるものの、労働法における「被用者類似の者」と同様に、一定の要件を充足する自営業者「一般」に規整対象が拡大されることとなっている。

労働法の「被用者類似の者」にあっては、労働協約法一二条ａに具体化されているメルクマールの意義が大きいと解されている。(88)これによれば、被用者類似の者の具体的メルクマールとして、①所定の給付を自ら、本質的に被用者との協働なく行うこと、②主として一人の者のために活動するか、稼得活動で得た全収入の平均して半分を超えて一人の者から得ること、の二点があげられている。社会法典第六編二条九号では、(i)その活動に関連して、保険加入義務があり、その活動からの月収が六三〇マルクを超える被用者を雇用していないこと、(ii)継続して本質的に一人の委託者のためだけに活動していること、の二点が公的年金保険制度の適用を受ける自営業者一般のメルクマールとしてあげられている。両者のメルクマールを比較するとき、求められる程度に差こそあれ、求められる事情自体は共通していることがわかる。今後、ドイツ社会保障法の領域で、労働法の領域と同様に、新たに規整の対象に含められるべきか否かの検討に際して、他に被用者を雇用せずに自ら労働し、かつ本質的に一人の委託者のために労働している自営業者一般が検討対象となることは十分予想される。

3　労働法と社会保障法の本来的な規整対象の乖離

さらに、社会法典の規整対象を通則的に定める規定（第四編七条四項）において、当事者による協力が得られない例外的位置づけとはいえ、「推定規制」の手法が採用された。このことは、一方で、規整対象の規整のひとつのあり方を示すとともに、他方では、これまで、労働法、社会保障法の本来的な規整の対象（「被用者」と「就業」（者）と）は同様の就業実態にある者と解されてきた点に変化を生むことになるとの指摘がある。(89) すなわち、既述した五つのメルクマールのうち、少なくとも三つのメルクマールの存在が認められれば、当事者によって反証がなされない限り、たとえ受託労働者が真性の自営業者であった場合でも、「就業者」と推定されることとなる。だとすると、就業者のなかに、真性の自営業者が紛れ込むことになると考えられる。こうなると、これまでとは異なり、現実には、社会保障法上の「就業者」は、労働法上の「被用者」と現実には一致しない状況が生まれることになる。そのため、社会保障法と労働法の本来的規整の対象は、今後バラバラに展開され、場合によっては、両法による規整に不整合が生まれ得ることが指摘されている。(90) また、こうした法体系間の整合性の他に、「推定規制」により生じる推定と現実との齟齬が社会保障法それ自体の中で許容できるかも、こうした手法の採用において問題として存在しているといえよう。

(86)　この点について、被用者類似の者に規整対象を拡大している連邦休暇法二条は、労働裁判所法五条一項と同じ文言を用いている。労働協約法一二条aは、労働協約法の規定を被用者類似の者に「準用する（entsprechend)」と定めている。各立法の規定内容については、第一編第一章（四三頁以下）を参照のこと。

(87) こうした文言の使用がすでに複数の立法でみられること等については、M. Kittener, R. Pieper, a. a. O.（Anm 42), S. 75 を参照のこと。一九世紀を「自営業者の社会」、二〇世紀を「被用者の社会」と呼び、二一世紀が「就業者の社会」となることを予測する見解もある。W. Hromadka, Zur Begriffsbestimmung des Arbeitnehmer, DB 1998, S. 201.

(88) 第一編第一章（五六頁以下）を参照のこと。

(89) M. Löwisch, a. a. O.（Anm. 67), S. 107 ; J. H. Bauer, M. Diller, S. Lorenzen, a. a. O.（Anm. 65), S. 175f. ; K. Reiserer, a. a. O.（Anm. 64), S. 368.

(90) Ebenda.

五　小　括

以上のとおり、ドイツにおいては、自営業者に対する労働法および社会保障法における規整の量的拡大とともに、規整のスタンスにおける質的変化の兆しが生まれている。わが国における労働法による規整対象の今後のあり方を検討する際には、いわば「ドイツモデル」として参考に値するといえるであろう。特に、①自営業者に規整を拡大した立法の規整分野、②規整対象とされている自営業者の範囲を決定するメルクマールと決定の手法（例えば、推定規制）、③自営業者に対する規整のレベル等の諸点においてである。

ただし、ドイツの労働法、社会保障法は、わが国におけると同様に、大きな社会変革の渦中にあり、社会法典の改正、再改正の例が示すとおり、その変化の方向は流動的で、その予測は容易ではなく、今後ともその動向を注意深く見守る必要がある。

（追記）

仮装自営業者問題を契機に、一九九八年に改正された社会法典第四編七条四項は、一九九九年に改正されるが、小括で述べたとおり、二〇〇二年には、削除されるに至っている。これは、ドイツにおいて深刻さを増す失業の解消と起業の促進を実現するために、その障害となる可能性のある社会法典第四編七条四項の規定を削除する必要があるとの政策的判断に基づくものである(91)。

(91)　改正は、二〇〇二年一二月二三日制定の「労働市場における現代的労務給付のための第二法（Zweite Gesetz für moderne Dienstleistung am Arbeitsmarkt）」による。この法律では、失業者の起業を容易にするために、仮装自営業者への保険加入義務の拡大をめざした社会法典第四編第七条四項を削除し、他方で、単独で株式会社を設立する「一人株式会社」を法的に可能にしている。現行の第四編七条四項は、旧規定とは逆に、社会法典第三編四二一条一項による補助金等を起業のために受給している者を、自営業者と推定する旨の規定を置き、自営業者として扱いを明示に拡大する規定となっている。T. Sommer, Das Ende der Scheinselbständigkeit?, NZS 2004, S.169ff.; M. Neumann, Das Erste und das Zweite Gesetz für moderne Dienstleistungen am Arbeitsrecht im Überblick, NZS 2003, 113ff.

なお、社会法典第四編七条の第一項と旧第四項（自営業促進法により改正された規定）については、ドイツの専門家による多数の論考が公表されているが、R. Wank によるものもその一つにあげられる。R. Wank, §7 Abs.1 und 4 SGB IV: Was bleibt für Sozialrecht und Arbeitsrecht?, AuR 2001, S.327ff. この論考については、邦訳がなされている。小俣勝治「社会法典第四編第七条第一項および第四項の改正と社会法および労働法上の残された問題点」青森法政論叢三号（二〇〇二）一一八頁以下。

第四章　ドイツ労働法・社会保障法における人的適用対象と当事者意思

一　序

筆者は、第一編の第一章から第三章において、ドイツ労働法、社会保障法の人的適用対象の生成、発展、展開について分析、検討を行ってきた。ドイツにおける人的適用対象をめぐる変化は、主として就業の現場で生じた適用関係をめぐる問題に適切な結果を導くための模索の跡であるといってよい。

そうした模索の過程では、労働法や社会保障法の人的適用対象となるかの判断において、合意をはじめとする当事者意思の契機がどの程度尊重されるべきかが議論されている。労働法や社会保障法の適用を受ける労務供給者であるかについて、どこまで当事者の判断に委ねることができるかの問題である。この問題は、特定の立法の特定の規定の適用の有無にとどまる問題ではなく、特定の立法全体、ひいては労働法体系に属する立法や判例法理全般の適用の有無に関わる問題であるといってよい。と同時に、契約関係の形成とその効果に関わる当事者意思の尊重を基本とする「契約自由の原則」がどこまで完徹されるべきかの問題とも関わる基本的問題でもある。筆者は、労働法や社会保障法の人的適用対象をめぐる重要な論点のひとつと考えている。

そこで、本章では、この問題についてドイツで展開されている判例の判断傾向や学説による議論の状況を分析することとしよう。

二　判例による被用者性判断と当事者意思

1　被用者性判断の大枠

ドイツにおいては、労働法に属する諸立法の適用対象となる労務供給者か否かは、これまでの行論において繰り返し述べてきたとおり、まず、「被用者（Arbeitnehmer）」か否かが問題となる。被用者以外の労務供給者の中にも「被用者類似の者（arbeitnehmerähnlicher Person）」としてその適用対象とされる者がいる。しかし、第一編第三章（**四 1**）でみたとおり、若干の変化の兆しが見られるとはいえ、[1] これまでは、被用者が労働法の本来的な適用対象として捉えられ、被用者類似の者はあくまで例外的に適用対象に付加されるにとどまると解されてきた。そして、労務供給者の被用者性は、民事、刑事いずれの事件においても問題となり得るが、中でも、労働民事事件を管轄する労働裁判所（Arbeitsgericht）で最も多く問題となっている。とりわけ、最上級審となる連邦労働裁判所（Bundesarbeitsgericht. 以下、ＢＡＧと略記する。）が、相当数の事件の処理を通じて被用者性の判断手法と判断基準を形成、発展させてきている。この点も既に述べた。[2]

ＢＡＧによる被用者性の判断手法や判断基準の概略は以下のようにまとめることができる。[3]

①　労働法の適用対象となる被用者の概念は、各労働立法ごとにではなく、各立法に共通で統一的な概念として捉えられている。[4]

②　この統一的な被用者概念のメルクマールは、人的従属性の程度であり、経済的従属性（経済的依存性）はメルクマールとして必要でも、十分でもない。

③　人的従属性は「他人決定の労働」において生まれ、その最重要のメルクマールは、職務内容、労働時間、労働場所等について、使用者による指揮命令下に置かれている就業実態、すなわち、命令拘束性である。

④　命令拘束性の有無、程度はそれぞれの職業活動の特性等を考慮して判断する必要がある。

⑤　近時は、命令拘束性の程度の低い被用者も増加しており、被用者性の判断は、労務給付におけるその他の事情も併せ考慮して総合的に行う必要がある。

2　被用者性判断における当事者意思の処理

(一)　ＢＡＧによる処理

こうした手法と基準による被用者性の判断の過程で、当事者意思はどのように考慮されているのであろうか。

ここで当事者意思という場合、まずは、被用者性の有無が問題となる労務供給者が形成している労務供給契約関係の当事者の意思ということになる。その意思を意思の主体の点からみれば、労務供給契約関係の当事者である個々の労務供給者と労務受領者の共通の意思（合意）や、労務供給者、労務受領者いずれか一方の意思が考えられる。さらには、労働契約関係に法的効力を及ぼす労働協約や事業所協定（Betriebsvereinbarung）の当事者まで含めれば、その一方当事者である労働組合や事業所従業員会（Betriebsrat）の意思や使用者（団体）の意思、あるいは労働協約や事業所協定に示された労使共通の意思（合意）といったものも挙げられよう。

また、当事者意思が表われる局面という観点からみれば、まず、(1)労務供給契約や就業実態という局面で表れる当事者意思（合意）があげられる。この当事者意思には、当該労務供給契約関係がいかなる契約形式（労働契約かその他の労務供給契約か）に基づくか自体についての明示の当事者意思（合意）（類型(1)―1）のほかに、個別具体的な契約条項や就業実態から推論される、契約形式についての黙示の当事者意思（合意）（類型(1)―2）が考えられる。以上は、(2)労働協約や事業所協定についても妥当する（類型(2)）。さらに(3)現実の就業実態という局面で判明するいずれか一方当事者の意思等も考えられる（類型(3)）。

こうした各局面で考えられる当事者意思が、BAGによる被用者性の判断の過程でどのように考慮されているかの視点から分析してみることとしよう。

(1)　これらすべての類型について、BAGが明確に判断しているわけではないが、BAG判例の多くは、労務供給契約の中で契約形式それ自体について明示された当事者意思（合意）（類型(1)―1）について言及している。そして、こうした当事者意思（合意）は、被用者性の判断においては重要ではなく、被用者性の判断は、既述のとおり（二1で示した被用者性の判断基準③および⑤を参照のこと。）、あくまで現実の就業実態についての総合評価による、としてきた(5)。その理由について、「労働法上の保護は、当事者が現実に存在する労働関係とは異なる表示をしたり、労働関係と結びつく法的効果を意識的、無意識的に排除することによって回避することはできない。契約自由の限界は、当該債権関係の法的分類によって、より正確には、立法者がその債権関係のために創設した強行規定によって画される。そのため、当事者による法的評価に関わりなく、契約の真の内容が明らかにされなければならない」と説明したり(6)、「当事者の選択によるものでも、現実の業務内容に合致しない（契約形式についての）表示や当事者が希望するが、法秩序により許されない効果（例えば、解雇制限のない労働契約）は、法的関係の分類（労働契約かそれ以外の契約形式かの判断）においては決定的ではない」といった説明がなされる(7)。ＢＡＧ判例の以上のような考え方は、個別具体的な契約条項から推論される、契約形式についての黙示の当事者意思（合意）（類型(1)—2）にも妥当すると解される。

(2)　しかし、ある労務供給者の被用者性の判断において、ある事情が労働契約関係を肯定し、他の事情が自営業関係を肯定していて、総合評価に際して、そのいずれにあたるかの判断が容易でない、いわば限界事例について、初期のＢＡＧ判例には、「明示の当事者意思も重要となる」とするものがみられる(8)。特に、業務の性質からすると、労働契約関係でも、自営業関係でも、遂行され得る場合にこうした判断の可能性の検討が必要となるとされている。ドイツでは、放送局の番組製作に関わる種々の業務等について、判例上このことが指摘されてきた(9)。

しかし、その後、ＢＡＧ判例は、そうした限界事例でも、ただちに明示の当事者意思に被用者か否かの結論を委ねることを妥当とはみなくなった。すなわち、当事者が自営業関係を前提とする契約形式（委任としての自由雇用契約や請負等）を選択した場合、これをそのまま認めるためには、そうした選択に合理的な理由が必要であるとの考え方を示すに至っている(10)。

これによれば、合理的な理由（ないし実質的理由）のない場合には、自営業関係としての契約形式の選択は、契約自由の濫用（ein Mißbrauch der Vertragsfreiheit）になるとする。例えば、放送局の音楽担当者の被用者性が問題となった事例において、その業務については、委託者である放送局にとっては、業務担当者を適宜入れ替えて、放送内容に展開可能性を確保できる法形式（契約形式）を選択できることが事情にかなっており、自営業者としての契約形式の選択に合理的理由がある等、としたＢＡＧ判例がある(11)。ＢＡＧが当事者意思の尊重には合理的理由が必要であるとの考え方に転換したのは、当事者が自営業関係を前提とした契約形式を選択した場合には、その選択が解雇制限法制の適用回避として機能するおそれがあるというのがその理由である。ドイツにおいて、有期の労働契約の締結につき、同様の理由で、合理的理由が必要であるとの確立されたＢＡＧの考え方を、被用者性（契約形式）の判断にも持ち込んだものである、と説明されている。[12]

ただし、こうした変遷を示した後のＢＡＧの考え方によった場合でも、限界事例において、自営業関係ではなく、労働契約関係の存在を明示する合意は合理的理由の有無は問題とならず、尊重されることになると解される。また、黙示の意思表示についても、以上の考え方によると解されることになると考えられる。

いずれにしても、限界事例においては、当事者意思を被用者性の判断において考慮する余地があるというのが、ＢＡＧの判断傾向であるといってよい。

(3)　ただし、特別の事例については、当事者意思の尊重につきこうした限定的な考え方を貫徹していない。例えば、就業実態から判断すれば労働契約関係にあったとみられる労務供給者が、その就業実態はそのままに、高収入を当て込み、自らの申し出によって、使用者と合意のうえで自営業関係に入った後に、改めて、被用者性を主張した事例があげられる。この労務供給者による被用者性（被用者としての法的地位の存在）の主張について、「ＢＧＢ二四二条（信義則）に違反する権利濫用にあたる」としたＢＡＧ判例がある。[13]客観的には、限界事例ではなく明らかに被用者としての就業実態にあるといえる事例であっても、自営業関係を選択する当事者の合意を尊重する法的評価も許される場合のあることが判示された事例であるといえよう。

(4)　他方、労働協約や事業所協定において示された明示、黙示の当事者意思（合意）（類型(2)）についてはどうか。客観的事情からすれば被用者というべき労務供給者を、労働協約によって自営業者とすることで、この者に対する労働法上の保護を奪えるかにつき、これを否定し、労働協約上の明示の当事者意思は重要でないとするＢＡＧ判例がある。(14) この判例では、こうした考え方が、被用者か否かの判断が微妙な限界事例でも維持されると考えられているかは明らかではない。

(5)　ところで、当事者意思（合意）ということでいえば、それは、契約形式それ自体以外の事項についても示される。例えば、被用者性判断の最重要のメルクマールとされる命令拘束性の有無、程度を判断する事情と考えられている労働時間（二1で示した判断基準③を参照のこと。）について、これを労務供給者の自由な決定に委ねる旨の合意等である。こうした合意は、判例による被用者性の判断においてどういう意味を与えられるかも問題である。この点については、こうした当事者意思も、契約形式自体についての当事者意思と同様に、現実の就業実態と矛盾しない限りで尊重されるが、これと矛盾する場合には、現実の就業実態の方が優先して考慮されるとされている。(15)

したがって、先の例でいえば、契約上は労働時間を自由に決定できることになっていても、現実にはその自由がなければ、被用者性の判断では、労働時間について拘束があったものとして考慮されることになる。ただし、現実の就業実態の中で具体化しなかった契約条項については、そこに示された当事者意思（合意）の内容がそのまま被用者性の判断において考慮されているといってよい。こうした処理方法の下では、詳細で具体的な内容を契約条項として定めておくことの意義は、合意の有無という点だけでなく、被用者性の判断においても小さくないことになる。(16) そして、こうした処理方法を採用する理由について、「現実にどのような権利義務関係から出発したかを推論するため」であると説明するものがある。(17) ＢＡＧ判例の多くは、契約書等に明示された合意内容と契約の現実の履行から、「現実の業務内容（wirkliche Geschäftsinhalt）」が推論されると説明している。しかし、中には、そこから「現実の意思（der wirkliche Wille）」が推論されると説明するものもある。(18)

(6)　それでは、現実の就業実態から推測される、いずれか一方当事者の黙示の当事者意思（類型(3)）についてはどうか。この点は、むしろ、それを推測させる客観的事情の方が「現実の業務内容」ないし「現実の意思」の確定において考慮されることになっていると解される。

(7)　いずれにしても、被用者性判断におけるＢＡＧ判例の基本的考え方は、当事者意思によってではなく、現実の就業実態の総合判断によって被用者性の有無、すなわち、いずれの契約形式によっているかについての結論が導かれ、その結論に応じた法の適用関係が当然に強制される、という点にある。その意味で、ＢＡＧの考え方は「法形式強制（Rechtsformzwang）」を肯定したものと評価されてきた。(19)そのため、限界事例について、ストレートに当事者意思を尊重したり、合理的理由の存在を前提に当事者意思を尊重できるとしたＢＡＧ判例に対しては、法形式強制の考え方が貫徹されていないとの批判が学説上なされている。(20)

(二)　ＢＳＧによる処理

(1)　ところで、ドイツにおいては、ＢＡＧをはじめとする労働裁判所以外の裁判所の判例にも、当該裁判所が管轄する法領域に属する立法の適用対象となるかの判断において、当事者意思に言及したものがある。例えば、社会保障法の分野の属する公的保険に関わる民事上の紛争を管轄する社会裁判所（Sozialgericht）、とりわけ、その最上級審である連邦社会裁判所（Bundessozialgericht. 以下、ＢＳＧと略記する。）のいくつかの判例がこれにあたる。

ＢＳＧでは、基本的には、「就業（Beschäftigung）」関係にあるか否かが、各種の公的保険立法の本来的適用対象か否かを決定すると解されてきた。(21)「就業」関係にあるか否かは、各公的保険による保護必要性の有無の点から実質的に判断されることになる点で、労働法における被用者性の判断とは結論において違いが生じ得るとしても、基本的には、既述したＢＡＧによる被用者性判断におけると同様の判断手法や判断基準の下でなされてきた。(22)

そうした判断手法や判断基準による「就業」関係性の判断において、当事者意思に一定の意義を認めるＢＳＧ判例が存在する。(23)

例えば、従属的な雇用か独立活動かは、当該労務供給者が属する職業においてはいずれが一般的かといった取引観も考慮のうえ、その都度の労務給付の全体像が決定的であるとしつつ、「当事者間の契約上又はその他の合意も重要であり得る」として、当事者意思（合意）に言及するものがある。ただし、契約形式につき明示された当事者意思は、その他の契約条項や現実の就業実態と一致している場合にのみ決定的と説明される。この点では、ＢＡＧの考え方と基本的には一致している。(24)

それでも、通常の就業実態にある者よりも高い労働力の処分可能性や稼得可能性を有する労務供給者の「就業」関係性が問題となった事例で、現実の就業実態からはいずれとも判断できない限界事例では、ただちに「契約当事者が何を意図したか」に基づくことができるとするものがある。(25)こうしたＢＳＧ判例の中には、当事者が自営業関係を選択したことについて、「社会保険料を節約しようとの委託者の意図があったとしても、強行的な社会保険法上の規定に違反するとは評価されない。」として、「就業」関係を選択しないことに合理的理由を要しないことを明言するものすらある。[26] そのため、ＢＳＧ判例には、ＢＡＧ判例以上に適用対象の判断において当事者意思を重視するものがある、との評価が学説上なされてきた。[27]

(2)　その他、ＢＳＧ判例の中には、現実の就業実態からいずれか一方当事者の意思（類型(3)）を推論させる事情として「報酬の税務上の取扱い」等をあげ、これらの事情も「就業」関係性の判断において考慮できるとするものがある。[28]

（1）　若干の変化の兆しについては、第一編第三章（一九一頁以下）を参照のこと。

（2）　ドイツ労働法の人的適用対象の詳細については、第一編第一章〜第三章を参照のこと。

（3）　本文後述の①〜⑤の諸点は、被用者（労働契約関係）と自営業者（特に委任としての自由雇用契約関係）との区別につきなされるＢＡＧの説示として一般化している。例えば、BAG, Urt. v. 20. 7. 1994, AP Nr. 73 zu §611 Abhängigkeit, zu B I der Gründe.　ＢＡＧ判決の被用者性判断の手法、基準については、例えば、R. Wank, Arbeitnehmer und Selbständige, 1988, S. 10ff.; R. Richardi, Personaller Geltungsbereich, in Münchner Handbuch zum Arbeitsrecht, 2. Aufl., Bd. 1 (2000), S. 474ff. RdNr. 12ff.; ders., Arbeitnehmerbegriff als Anknüpfung für die Geltung des Arbeitsrechts, in Staudinger BGB Bd. II (1999), S. 48ff. RdNr. 132ff.; U. Preis, Recht der Schuldverhältnisse, in Erfuhrter Kommentar zum Arbeitsrecht, 2. Aufl., 2001, S. 1308ff. RdNr. 44ff. usw.

（4）　この点を明示した判例として、例えば、BAG, Urt. v. 25. 3. 1992, AP Nr. 48 zu §5 BetrVG 1972, zu B I 1a der Gründe.

（5）　判例の傾向分析については、vgl. R. Wank, a. a. O. (Anm. 4), S. 20f. Anm. 132; R. Richardi, a. a. O. (Anm. 4), in Münchner Handbuch S. 488 Anm. 119.

（6）　BAG, Urt. v. 15. 3. 1978, AP Nr. 26 zu §611 BGB Abhängigkeit, zu B II 4a der Gründe.

（7）　BAG, Urt. v. 27. 3. 1991, AP Nr. 53 zu §611 BGB Abhängigkeit, zu I 2 der Gründe.

(8) BAG, Urt. v. 8.6.1967, AP Nr.6 zu §611 BGB Abhängigkeit, zu 1 der Gründe ; Urt. v. 28.6.1973, AP Nr.10 zu §611 BGB Abhängigkeit, zu Bl.3 der Gründe ; LAG Saarbrücken, Urt. v. 8.11.1967, AP Nr.7 zu §611 BGB Abhängigkeit, zu 1 der Gründe.

(9) Vgl. BAG, Urt. v. 20.7.1994, AP Nr.73 zu §611 BGB Abhängigkeit, zu B I der Gründe usw.

(10) この点を最初に判示したＢＡＧ判決として、BAG, Urt. v. 14.2.1994, AP Nr.12 zu §611 BGB Abhängigkeit, zu III 1～3 der Gründe があげられる。

(11) Vgl. BAG, AP Nr.12 (Anm.10), zu III 3a der Gründe ; Urt. v. 21.9.1977, AP 24 zu §611 BGB Abhängigkeit, zu 4 der Gründe usw.

(12) BAG AP 12 (Anm.10), zu II 3a der Gründe usw.

(13) BAG, Urt. v. 11.12.1996, AP Nr.35 zu §242 BGB Unzulässig, zu 1 der Gründe.

(14) AP Nr.26 (Anm.6), zu B II 3b der Gründe. また、被用者のほかに一部の労働立法の適用対象とされている被用者類似の者についても、労働協約によっては、その範囲を画定できないとのＢＡＧ判例もみられる。BAG, Urt. v. 2.10.1990, AP Nr.1 zu §12a TVG.

(15) Vgl. AP Nr.73 (Anm.9), zu IV 2a der Gründe usw.

(16) Z.B. BAG, Urt.v. 9.5.1984, AP Nr.45 zu §611 BGB Abhängigkeit. 労働契約関係の重要な指標とされる命令拘束性を弱めるために、契約上で履行内容を細かく決める例があることをＢＡＧ判例の分析によって、指摘する学説がある。Vgl. H.J.Bauschke, Arbeitnehmer 1, in Arbeitsrechts-Blattei SD (110.1), 1999, S.19 RdNr. 46.

(17) Z.B. BAG, Urt. v. 9.3.1977, AP Nr.21 zu §611 BGB Abhängigkeit, zu 1a der Gründe ; AP Nr.26 (Anm.6), zu B I 4 der Gründe ; Urt. v. 13.1.1983, AP Nr.42 zu §611 BGB Abhängigkeit, zu B II 3 der Gründe.

(18) BAG, Urt. v. 26.7.1995, AP Nr.79 zu §611 BGB Abhängigkeit, zu II 1 der Gründe.

（19）　Vgl. R. Wank, a.a.O.（Anm.3）, S.102ff.; U.Preis, Grundfragen der Vertragsgestaltung im Arbeitsrecht, 1993, S.380ff.

（20）　Vgl. W.Erman, P.Hanau, Handkommentar zum BGB, Bd.1（1989）, 8. Aufl., RdNr.12; U.Preis, a.a.O.（Anm.19）, S.381f. U.Preis は、その後、ＢＡＧの判例は、「法形式強制」の考え方に立っているのではなく、むしろ、本文後述の「内容コントロール」の考え方に立っているとみるべきであるとして、従来の見解を改めている。U.Preis は、ＢＡＧ判例が、客観的な就業実態から被用者性を判断してきたのは、契約内容が交渉によって形成されず、一方当事者（労務受領者）により事前に形式化されているケースに限って、労務供給者側の利益のために、契約内容をコントロールしようとする趣旨にすぎないと分析する。こうした分析は、ＢＡＧ判例が、労務供給者が自由意思で自営業関係を選択したケースにはコントロールを加えていないとの理解を前提とする。そして、そうしたケースとして、限界事例や特別の場合を挙げている。Vgl. U.Preis, a.a.O.（Anm.4）, S.1311 Rd Nr.56.

（21）　Vgl. E.Block, Kreis der versicherten Personen, in B.Schulin（Hrsg.）, Handbuch des Sozialversicherungsrechts, Bd.1, 1994, S.493ff. RdNr.12ff.; W.Gitter, Sozialrecht, 4. Aufl., 1996, S.73ff.; U.Preis, a.a.O.（Anm.3）, S.1324f. RdNr.124. この点については、第一編第三章（一五八頁以下）を参照のこと。

　現行法では、各種社会保険立法の総則部分を定める社会法典第四編の第七条一項が、「就業」関係とは「非独立労働、特に労働関係である」と定め、「就業者（Beschäftigte）」ないし「就業」関係の中核が労働関係であるとされている。社会法典第四編は、その第一条一項において、社会保険の全ての分野につき適用があるとされており、「就業」関係概念は、各社会保険立法に統一的概念と解されている。そして、「就業」関係と「労働関係」との関係については、これまで必ずしも明確化されていないとされている。とはいえ、「就業」関係には、有限会社の社員の委託関係も含まれるが、実際にはほとんど重なっていると説明されている。

（22）　Vgl. z.B. BSG, Urt. v. 1.12.1977, BSGE Bd.45, S.200; Urt. v. 29.1.1981, BSGE Bd.51, S.167.「就業」関係性の判断についての概説的説明を行っているものとして、Vgl. E.Block, a.a.O.（Anm.21）, S.494f. RdNr.17ff.;

W. Gitter, a.a.O. (Anm. 21), S. 74.
(23) BSG, Urt. v. 1.12.1977, a.a.O. (Anm. 22), S. 191ff (200); Urt. v. 13.7.1978, AP Nr. 29 zu §611 Abhangigkeit; Urt. v. 24.10.1978, SozR 2200 §1227 RVO Nr. 19; Urt. v. 29.1.1981, a.a.O. (Anm. 22), S. 164ff.; Urt. v. 14.5.1981, BB 1981, S. 1581f (1581).
(24) BSG, Urt. v. 1.12.1977 (Anm. 22), S. 200, Urt. v. 29.1.1981, a.a.O. (Anm. 22), S. 167. 例えば、弁護士、ナンバーくじ販売店店長、銀行の支店長等が問題となっている。
(25) BSG, Urt. v. 13.7.1978 (Anm. 23); Urt. v. 14.5.1981 (Anm. 23).
(26) BSG, Urt. v. 14.5.1981 (Anm.23).
(27) Z.B. vgl. U. Preis, a. a. O. (Anm. 19), S. 384f.
(28) BSG, Urt. v. 14.5.1981 (Anm. 23).

三　学説における被用者性判断と当事者意思

(1)　他方、ドイツの労働法学説についてみると、その多数は、被用者性の判断手法や判断基準、当事者意思の取扱いについて、ＢＡＧ判例の多数とほぼ同様の考え方に立っていると解される。(29)

要約すれば、当事者意思の類型の中で、契約形式（被用者か否か）について示された当事者意思（合意）は、その他の契約条項や就業実態から判断される契約形式と食い違う場合には、被用者性の判断においては考慮されない。(30) 労働時間等、契約形式以外について定めた契約条項から導かれる当事者意思（合意）は、現実の就業実態と矛盾しないか、就業実態の中で現実化しなかった場合に限り考慮されるというものである。したがって、ＢＡＧ判例と同様、多数学説による被用者性判断も、現実の就業実態の客観的判断に基づく

「法形式強制」を肯定していると解される。(31)

ただし、この多数学説の中にも、被用者か自営業者かの区別が難しい限界事例では、当事者意思を尊重できるとする見解がある。(32) さらに、その場合でも、自営業者関係を選択する合意には、合理的理由が必要との見解がある。(33) また、当事者意思を尊重できる場合を、契約形式の選択が自由意思に基づいている場合に限定したり、尊重すべき当事者意思の態様に言及し、明示の当事者意思だけでなく、就業実態から推認される黙示の当事者意思（先の分類では類型(1)—2）も、限界事例において考慮できるとの見解もある。(34) 例えば、当事者が自営業関係として異議なく、長年、関係を継続してきている場合、これを現実にも望んでいたとみて、尊重すべきであるとする。ドイツの学説上、限界事例では、被用者性の判断において当事者意思を尊重できるとする見解が多数となっているかは必ずしも明らかでないが、(35) 当事者意思を尊重する以上の見解も、基本的には、ＢＡＧ判例と同様に「法形式強制」の考え方の範疇にとどまる見解といえよう。

(2)　これに対して、学説の中には、被用者性の判断において、当事者意思、ひいては「契約の自由」をより尊重しようとする試みが存在する。これによれば、被用者性の判断では、あくまで当事者の不平等な力関係の結果を是正する限りで、契約形式の強制が必要であるが、不平等な関係下で意思表示がなされたのでなければ、自由な当事者意思に委ねるべきであるとする。この考え方は、当事者意思が表明される際の当事者間の関係をみて、不平等である場合にのみコントロールを加えれば足りるとする「内容コントロール（Inhaltskontrolle）」を基本とする考え方として位置づけられている。(36)「法形式強制」の考え方に対置される考え方である。

ただし、この考え方に立って、契約自由の一層の尊重を主張する学説にも、その背景にある考え方や立論に、ある程度のバラエティが存在している。

例えば、当事者間の不平等な力関係が契約形式の選択に反映し、「契約自由の濫用」が明白な事例では、「法形式強制」の必要があるが、これが明白でない事例では、契約自由の原則を適用して、当事者意思を尊重すべきであるとする考え方がある。限界事例だけでなく、被用者性の判断を当事者意思に委ねる考え方である。これによれば、両当事者、特に労務供給者が自営業を実質的に自由に選択したといえる場合には、当事者意思が尊重されてよいとする。したがって、この見解では、「契約自由の濫用」に明らかに当たらないケースでは、現実の就業実態から判断される法形式（契約形式）を強制せずに、当事者意思（合意）に委ねることになる。

したがって、こうした考え方に立つ見解の中には、現実の就業実態から労働契約関係が存在すると判断される場合でも、当事者の合意に従って、これを自営業関係として扱うことを認める見解が生まれる。(37) さらには、現実の就業実態から自営業関係とみられる場合であっても、これを当事者の合意どおりに労働契約関係として扱うことも問題ないとする見解もある。(38)

以上の見解の中には、「契約自由の濫用」にあたらない場合とは、客観的な事情から推測されるとし、例えば、労務供給者の側から契約形式を提案したケース、契約条件が契約当事者間で個別に交渉される（普通契約約款規制法（ＡＧＢＧ）一条二項）ケース、使用者により労務供給者に労働契約関係か自営業関係かの選択が許された場合等をあげるものがある。(39)

被用者性の判断をあくまで「内容コントロール」として行うべきであるとする以上の考え方は、使用者が自営業関係の選択を強制して労働法の適用を回避することを防止しようとする点で「法形式強制」の考え方と同様である。しかし、現実の就業実態から客観的に労働法による保護の要否を判断する手法が、労務供給者に妥当な結果を生まない場合があることを前提に、その場合には、その判断を強制しないとする点で、「法形式強制」の考え方とは異なるのである。[40]

そして、以上の見解をさらに進めて、契約の自由を一層徹底して被用者性の判断に反映させるようとする見解もある。[41]「内容コントロール」を主張する以上の考え方が、被用者性の判断において、労働法と自営業者に関わる法（自営業者法）との機能面での差異を前提とする点では、ＢＡＧや多数学説の考え方を維持していたのに対して、[42]この見解は、その差異を認めない。そして、被用者が締結する労働契約と自営業者が締結する契約（特に委任としての自由雇用契約）の機能を同一とみて、被用者と自営業者との区別を、労働法上の保護を要する労務供給者かそうでないかという観点ではなく、単に、その依拠する契約形式の基本要素の差異に求める点で特徴的である。[43]そして、この見解は、「合意にそってなされた現実の履行」について、「労務給付の自己利用か他人利用か」で被用者か自営業者かが決まることを前提とし、当事者にそのいずれかの選択を委ね、その選択を尊重しようとする。ただし、「自己利用」や「他人利用」の具体的な内容については、これまでのところ十分に明確化されていない。

(3)　ところで、労働協約や事業所協定において、ある労務供給者の被用者性が、明示、黙示に定められた場合、そこに示された当事者意思（類型(2)）がどう考慮されるかについて問題となる。労働協約による場合については、ＢＡＧ判例（Ⅱ2(1)の(2)参照）を引用して、労働協約で示された当事者意思は考慮されないとする見解があるが、学説上の議論はまだ十分なされていない。[44]

(29)　Vgl. R. Wank, a. a. O. (Anm. 3), S. 29ff. R. Richardi, a. a. O. (Anm. 3), in Münchner Handbuch, S. 474ff. Rd

Nr. 12ff. u. 487ff. RdNr. 58ff.

（30）その他の契約条項や就業実態から判断されるものを、一部判例と同様に「現実の合意（das wirklich Vereinbarte)」と表現する学説がある。A. Söllner, From Status to Contract, Wandlungen in der Sinndeutung des Arbeitsrechts, in Festschrift für Zöllner, 1998, S. 959.

（31）Vgl. U. Preis, a.a.O.（Anm. 19）, S. 380.

（32）W. Hromadka, Zur Begriffsbestimmung des Arbeitnehmer, DB 1998, S. 196f.

（33）R. Richardi, a.a.O.（Anm. 3）, in Münchner Handbuch, S. 48 RdNr. 62. R. Richardi は、就業実態が自営業関係を示していても、当事者が、労働契約関係を合意することは、労働法の適用が労務供給者の利益となると考えられるので、特に問題はないとして、この種の当事者意思は尊重されてよいとする。

（34）J. Berndt, Arbeitnehmer oder freier Mitarbeiter, BB 1998, S. 896.

（35）連邦労働裁判所の長官であったM.L.Hilger は、長官当時に執筆した論考において、当事者意思を被用者性の判断において尊重するＢＡＧやＢＳＧのそうした傾向を批判して、当事者の合意が濫用なく行われることはほとんど考えられないとして、被用者性判断における当事者意思の意義を小さく捉える見解を示している。M. L. Hilger, Arbeitnehmer-Begriff, RdA 1989, S. 6f.

（36）Vgl. R. Wank, a.a.O.（Anm. 3）, S. 102ff.; ders., Empirische Befunde zur ‚Scheinselbständigkeit', Juristischer Teil des IAB-Projektes 4-448 v, S. 76; U. Preis, a.a.O.（Anm. 19）, S. 380ff.

（37）R. Wank, a.a.O.（Anm. 3）, S. 99ff. R. Wank は、当事者意思が尊重される場合として、①限界事例、②客観的実態からは労働法が適用されるべき場合でも、当事者に保護必要性が欠けており、当事者の任意に委ねてよい事例、の２つの場合をあげ、それらは、かなり限られたケースにとどまるとみている。S. 106f.

（38）U. Preis, a.a.O.（Anm. 19）, S. 385.

（39）R. Wank, a.a.O.（Anm. 3）, S. 107, 131. この見解に対しては、自由意思の証明には困難が伴うとして、批判がある。W. Hromadka, a.a.O.（Anm. 32）, S. 196.

(40) R. Wank, a.a.O. (Anm. 3), S. 84ff.
(41) M. Heinz, Möglichkeiten und Grenzen flexibler Vertragsgestaltung, 1990, S. 93 u. S. 102ff.; ders., Wege aus der Krise des Arbeitsrechts—Der Beitrag der Wissenschaft, NZA 1997, S. 3.
(42) Vgl. R. Wank, a.a.O. (Anm. 3), S. 56ff. u. S. 94ff. R. Wankは、それぞれの法分野の機能面での違いを、生存保護（Existenzschutz）と職業（活動）保護（Berufsschutz）の2つの面から検討し、労働法は、被用者の生存保護、労働条件に関する職業（活動）保護の機能を有するが、自営業者法は、自営業者自身による自力生存配慮（Eigenvorsorge）の点と労働条件に配慮しない点とを前提に、あくまで公正な競争の確保等に機能の重点があると説明している。
(43) 同様の考え方を取るとみられる学説として、A. Söllner, a.a.O. (Anm. 30), S. 958f.
(44) R. Richardi, a.a.O. (Anm. 3), in Münchner Handbuch, S. 496f. RdNr. 96f.; ders., a.a.O. (Anm. 3), S. 66 RdNr. 187f.; U. Preis., a.a.O. (Anm. 3), S. 1310 RdNr. 49.

四　小括

以上、ドイツにおいて、ある労務供給者が労働法、社会保障法の適用対象としての「被用者」や「就業者」にあたるかの評価にあたって、当事者意思がどう評価されるべきかに関する判例の傾向や学説の議論の動向を分析した。

わが国における同様の問題の検討にあたっては、次の諸点が参考になると考えられる。

(1) 労働法や社会保障法の適用対象となる労務供給者かどうかの判断において、当事者意思を考慮できるかについて検討の余地があること。

(2) 当事者意思をどのように考慮できるかにつき、判例においては、限界事例において、契約形式の選択に関わる当事者意思（合意）を尊重できること、自営業関係の契約形式を選択する当事者意思（合意）が尊重されるには合理的理由が必要とされること、限界事例ではなく、被用者性が明白な事例でも、労務供給者による被用者性の主張が信義則違反として許されない場合のあること等が示されている。

(3)　学説においては、判例の考え方をさらに一歩進めて、契約形式の選択が、労務供給契約関係の当事者、特に労務供給者の自由意思（真意）によると客観的に判断できる場合には、限界事例でなくとも、被用者性判断において契約の自由をより尊重しようとする考え方が少数ながら生まれていること。

(4)　労働協約に示される当事者意思については、被用者性判断において考慮されないとの判例、学説が存在していること。

わが国の労働者性判断における当事者意思の評価のあり方については、ドイツにおける判例、学説による議論状況を参考に、第二編第三章において検討を行っている。

第五章　ＥＵ労働法・社会保障法における人的適用対象の最近の動向

一　序

一九九〇年代以降二一世紀に入り、欧州連合（European Union. 以下ＥＵという。）においても、労働法および社会保障法の人的適用対象となる就業者の範囲をめぐり、見直しのための検討が始まっている。就業者を労働者と自営業者に二分し、主として前者のみを労働法、社会保障法の人的適用対象とするこれまでの考え方を再検討する動きである。

筆者は、これまで、ドイツの労働法、社会保障法における先のような意味での人的適用対象について取りあげ、その特徴や規整の動向について検討してきた。ドイツは、ＥＵの主要な構成国である。周知のとおり、ＥＵ法は、その構成国の立法や判例、あるいは労働組合等の従業員代表と使用者とが締結する団体協約等を拘束する。したがって、ドイツ労働法、社会保障法における人的適用対象の問題についての今後を考える場合、ＥＵ法におけるこの問題への対応がどの方向に進もうとしているかは重要な意味を持っている。

そこで、本章では、ＥＵ法のレベルで、労働法および社会保障法の人的適用対象がどのような現状にあり、それがどのように再検討され、どのような処理が行われようとしているのかを分析、検討してみよう。

二　立法レベルの規整の態様

まずはじめに、ＥＵの労働法および社会保障法（以下、ＥＵ労働法等と略称する。）の人的適用対象の現状を概観しておこう。その場合、第一次法源である基本条約（以下、ＥＣ条約という(1)）の分析に始まり、第二次法源としての規則、指令さらには勧告等についても分析を加える必要がある。これらの法令は、その人的適用対象についてどのような規定を置いているのであろうか。ＥＵ労働法等の主要な法令についてこれをみてみよう。

1　規定形式による分類

ＥＵは、一九五八年の欧州経済共同体（European Economic Community）、一九六七年の欧州共同体（European Community）の発足以降今日に至るまで、労働法および社会保障法の領域に属するかなりの数の法令を制定してきている。この領域においては、ＥＣ条約は別として、規則や指令等の制定は、解決を要する問題の発生に対応して、いわば対症療法的に行われてきた印象がある。それだけに、ＥＵ構成国の労働法等にみられるような体系性や概念の統一性が十分に確保されるには至っていない。このことは、各法令の人的適用対象についても妥当する。人的適用対象についての規定形式や使用される用語にバラツキがあるのである。

人的適用対象の規定形式についてみると、ＥＵ労働法等は、大きく㈠委任型と㈡非委任型と呼ぶべき二つのグループに分類できる。

(一)　委　任　型

(1)　まず、委任型とは、人的適用対象そのものや、その範囲を限定する概念の内容決定を、委任規定によって、ＥＵ構成国に委ねている場合である。委任規定の表現には、多少の相違がみられるが、各構成国に決定を委ねる点で共通している。

第一次法源であるＥＣ条約のレベルでは、ＥＵ労働法等に属するとみられる規定に委任型の規定を置く例はない。第二次法源のレベルでも、規則（Regulation）においては人的適用対象に関して委任型はないようである。(2) これに対し、指令にはその例が多くみられる。

例えば、「ＥＵ内労働者派遣指令」(3)（96/71/EC）二条二項は、人的適用対象である worker について「この指令の目的に合わせて、worker の定義は、派遣先となる構成国の法令（law）において適用されている定義による。」としている。

その他の指令では、人的適用対象について、worker に代えて、employee, paid employee 等の語を用いる例がある。(4) また、人的適用対象そのものについては委任をしていないが、人的適用対象の範囲を限定する概念として、employment contract, employment relationship, employee representatives の語を用い、これらの用語について同様の委任規定を置く例も少なくない。(5)

(2)　さらに、構成国の何に決定を委ねるかについても、先の「ＥＵ内労働者派遣指令」では、派遣先となる構成国の「法令（law）」とされているが、バラエティがある。例えば、「営業譲渡指令」(6)（98/50/EC および 2001/23/EC）二条一項(d)号では、「法令」の部分を、より限定的な「雇用法（employment law）」としている。逆に、「パートタイム労働指令」(7)（97/81/EC）として指令化されたＥＵレベルの労使協定の二条一項では、指令（労使協定）の人的適用対象となるパートタイマー（part-time worker）を、「各構成国で効力を有する法令、団体協約ないし慣行（practice）にいう雇用契約（employment contract）を締結しているか、雇用関係（employment relationship）にある」者としている。このように委任先をより広く定める例も少なくない。(8)

（二）非委任型

こうした委任型に対して、人的適用対象や、人的適用対象の範囲を限定する概念の内容決定について、EU構成国に委任する明文の規定を置いていない法令がある。

この型に属するEU労働法等の規定内容をみてみよう。

(1) まず、第一次法源であるEC条約のレベルでは、労働法等に関わる主要な事項としてEU内の労働者（worker）の自由移動の保障（三九条以下）と、男女同一価値労働同一賃金の原則（一四一条）等があげられる。

EC条約三九条一項は、「workers の移動の自由は、共同体内につき保障される。」として、EU内での自由移動の保障を定める。この自由移動の保障の人的適用対象は、worker(s) ということになる。この worker(s) の定義は定められていない。また、EC条約三九条二項は、「そのような移動の自由は、employment、報酬その他の労働および employment の諸条件について、構成国の worker の間での国籍によるあらゆる差別の廃止を伴なう」と定める。ここで用いられている employment の語は、worker の範囲を限定する概念と解されるが、(9) その定義も見あたらない。

他方、EC条約一四一条一項は、「各構成国は、男女 workers に対して同一労働ないし同一価値労働同一賃金の原則が適用されることを保障する。」として、男女同一価値労働同一賃金の原則を定める。この原則の人的適用対象は、男女 worker(s) ということになるが、男女 worker(s) の定義は定められていない。また、一四一条のその他の条項（二項～四項）で使用されている employment の語は、男女 worker(s) の範囲を限定する概念と解されるが、その定義も存在していない。

(2) では、第二次法源である規則や指令等のレベルではどうか。一部であるが、人的適用対象の範囲を推測させる用語を用いたり、人的適用対象の定義規定を置く例がみられる。

例えば、先のEC条約三九条を具体化する等のために定められた「workers の共同体内自由移動に関する規則[10]」(1612/68/EEC) 一条では、「構成国の国民は、居住の場所に関わりなく、他の構成国の領土内で……employed person として活動する権利やその種の活動先を求める権利を有する」と定めている。employed person には、自営業者（self-employed）と区別される「労働者」が予定されていると推測される。

また、EC条約上の規定と直接関わりのない規則や指令等にもその例がある。例えば、「企業利益への労働者の参加の促進に関する勧告[11]」(92/443/EEC) は、その人的適用対象の範囲を「労働者」に限定していると解される employed person の語を用いている。

さらに、「労働安全衛生指令[12]」(89/391/EEC) は三(a)条で worker の定義を定めている。すなわち、「雇用主（employer）により雇用される者すべて（any person employed）をいう。職業訓練中の者や見習はこれに含め、家事使用人はこれから除く。」としている。これも、自営業者と区別される「労働者」を予定した定義と解される。

(3) しかし、その他の指令等では、人的適用対象として worker や employee の語が用いられ、人的適用対象の範囲を限定する概念として employment 等の語が用いられているが、それらについて定義はなされ

ていない。(13)

2　人的適用対象に関わる規定の特徴と傾向

ＥＵ労働法等の人的適用対象に関する以上のような異なる規定形式や多様な用語の使用については、およそ次のような説明が可能であろう。

㈠　定義規定の有無

まず、ＥＵ労働法等においては、委任型か非委任型かを問わず、その人的適用対象について、定義規定を置く例がほとんどないということができる。定義規定を置く場合でも、定義が必ずしも具体的ではない。したがって、委任型の場合、構成国の法令や判例等に人的適用対象の範囲の決定が委ねられる。これに対し、非委任型の場合、特に欧州司法裁判所（Court of Justice of the European Communities. 以下、ＥＣ裁判所という。）の解釈によることとなる。規定形式の点では、委任型が、国家の連合体としてのＥＵに特徴的な規定形式ということができよう。

㈡　異なる規定形式の持つ意義

(1)　ところで、ＥＵにおいて労働法等の人的適用対象について委任型が採用されている趣旨はそもそもどこにあるのか。

この点については、例えば、旧「営業譲渡指令」(14)（77/187/EEC）の人的適用対象として、定義規定なしで用いられていた employee についてのＥＣ裁判所の判示が参考になる。(15)

employee の範囲の決定を構成国に委ねる趣旨を次のように説明している。すなわち、「指令が、事業譲渡の事例をカバーするために、個々の構成国の法令によって worker に保障された保護を基本的には拡大することで、この［事業譲渡の問題］領域に部分的にのみ調和を達成することをめざしている。……共通の［人的適用対象の］基準に基づいて、共同体に統一的なレベルの保護を確立する趣旨ではない。」としている。

この判示は、指令の趣旨が、構成国ごとに保護の対象とされている就業者に限って、可能な限り統一的な保護を与える（実質的には拡大する）という点にあることを指摘しているということができる。(16)

(2)　これに対して、非委任型はどうかである。非委任型に属する法令のうち、ＥＣ条約上の規定と、その規定と直接に関わる規則や指令等については、ＥＵ独自の人的適用対象が予定されていると解される。(17) 例えば、ＥＵ内の自由移動を保障したＥＣ条約三九条（旧四八条）の人的適用対象である worker(s) につき、ＥＣ裁判所が定型化した判示がこのことを示している。(18) すなわち、worker の移動の自由は、共同体の基本原則を構成しており、worker の語は構成国の法令に従ってバラバラに解釈されてはならず、共同体［独自］の意義を有する、としている。

同様の判示は、男女同一価値労働同一賃金の原則を定めるＥＣ条約一四一条の人的適用対象である男女 worker(s) についてもなされている。(19)

(3)　とはいえ、非委任型の場合、これに属する法令が、明文の規定で、構成国に人的適用対象等の範囲の決定を委任しないことで、すべてＥＵ独自の人的適用対象を予定しているかというと、必ずしもそうではない。明文の規定によらないが、法解釈によって委任型に属するとされる例も存在する。規定形式からみれば、非委任型に分類されるが、人的適用対象の範囲の決定を構成国に委任する趣旨であると解される例があるのである。ＥＣ条約上の規定に直接に関わらない規則や指令等には、すべてではないにしても、その例がみられる。例えば、先にあげた旧「営業譲渡指令」(77/187/EEC) は、規定形式は非委任型であり、しかも定義のないままに employee や contract of employment あるいは employment relationship の語を用いていた。ＥＣ裁判所の先にあげた判例は、次のような判示を行っている[20]。すなわち、先に引用した委任の趣旨に基づけば、「従事する仕事の性格に関わりなく、構成国の雇用法 (employment law) の下で、employee として保護されない者には適用にならない」、としていた。

その後、営業譲渡に関する修正指令 (98/50/EC) は明文の規定のよる委任型に移行している。すなわち、employee の定義について、二条一項(d)号が、ＥＣ裁判所の判示を受けて、「構成国の雇用法 (employment law) によって employee として保護されるすべての者をいう」と定めるに至っている[21]。

(4)　労働法等に分類できる指令全般についてみると、委任型は、先にみた新旧の「営業譲渡指令」のような移行型も含めて、一九九〇年代に入って以降増加する[22]。人的適用対象の範囲を構成国の決定に委ねることを明示して混乱を回避するためか、一九九〇年あたりを境に、明文の委任規定を設ける傾向が強まっているということができるのである。

(三)　就業者の二分法

以上のように、ＥＵ労働法等の人的適用対象には、委任型と非委任型が存在するが、いずれも、基本的には、労務供給契約に基づき就業するすべての就業者を、労働者としての worker や employee か、自営業者である self-employed のいずれかに分類するオーソドックスな考え方に依拠してきているといえる。非委任型については、人的適用対象の範囲について有権解釈権を有するＥＣ裁判所の判例がこのことを示している（後掲三を参照のこと）。委任型についても、構成国の決定に委ねられているとはいえ、この二分法の枠組みを前提とした委任と考えられる。後述のとおり（後掲五を参照のこと）、ＥＵレベルにおいては、労働法等の人的適用対象の見直しの是非についての検討が始まっているが、それは、就業者のこうした二分法の見直しに関わっているということができるのである。

（1）　ＥＵの根幹をなす現行の基本条約は、欧州経済共同体（ＥＥＣ）の設立条約であった一九五八年の、いわゆるローマ条約（Treaty establishing EEC）の部分的修正版であり、このローマ条約の基本的部分をそのまま引き継いでいる。したがって、現行条約をローマ条約と呼ぶことも可能であろうが、本書では、現行条約の正式名称である欧州共同体設立条約（Treaty establishing the European Community）を前提に現行条約をＥＣ条約と呼ぶこととする。濱口桂一郎『ＥＵ労働法の形成（増補版）』（日本労働研究機構、平成一三年）五頁以下を参照のこと。

（2）　規則に委任型がみられないのは、ＥＣ条約の規定と同様に、構成国に対して直接に効力を及ぼす規則の性質によると考えられる。

（3）　Directive concerning the posting of working in the framework of the provision of services, OJ (official journal of the European Communities) L18, p.1.　本章は、ＥＵ労働法等を構成するＥＣ条約規定、規則、指令、勧告等の人的適用対象を分析の対象としており、人的適用対象の規定のあり方について必要な範囲でのみ、各法令の規定内容に言及している。したがって、各法令の具体的な規定内容について十分に言及できていない。各法令の具体的な内容については、ＥＵ労働法等に関して既に公刊されている以下の英文ないし邦文の文献を参照されたい。英文文献としては、Roger Blanpain, European Labour Law, 8ed. (Kluwer 2002)、邦文文献としては、濱口桂一郎『ＥＵ労働法の形成（増補版）』（日本労働研究機構、平成一三年）のほか、先に英文文献としてあげたR. Blanpainの著書の訳書である小宮文人・濱口桂一郎監訳・ロジェ・ブランパン著『ヨーロッパ労働法』(信山社、平成一五年) 等がある。

(4) employee の語を用いる例としては、例えば「会社倒産時の労働者保護指令 (Directive on the approximation of the laws of the Member States relating to the protection of employees in the event of the insolvency of their employer)」(80/987/EEC) (OJ L 283, p.23 ; L 270, 8.10.2002, p.10) 二条二項がある。paid employee の語を用いている例としては、例えば、「労働条件明示義務指令 (Directive on an employer's obligation to inform employees of the conditions applicable to the contract or employment relationship)」(91/533/EEC) (OJ L 288, p.32) 一条一項がある。

(5) 人的適用対象を限定する概念を用いる例としては、例えば、「パートタイム労働指令 (Directive concerning the Framework Agreement on part-time work concluded by UNICE, CEEP and the ETUC)」(97/81/EC) (OJ L 14, p.9) により指令化された労使協定二条、「若年労働者保護指令 (Directive on the protection of young people at work)」(94/33/EC) (OJ L 216, p.12) 二条一項等が employment contract, employment relationship の語を使用している。また、「欧州労使協議会設立指令 (Directive on the establishment of a European Works Council or a procedure in Community-scale undertakings and Community-scale groups of undertakings for the purposes of informing and consulting employees)」(94/45/EC) (OJ L 254, p.64) 二条一項(d)では、employees' representatives の語が用いられている。人的適用対象を限定するこのような概念を用いる例は多い。

(6) Directive on the approximation of the laws of the Member States relating to the safeguarding of employees' rights in the event of transfers of undertakings, businesses or parts of businesses, OJ L 201, 17.7.1998, p.88 ; L 82, 22.3.2001, p.16. この指令は、営業譲渡前に発生していた労働者の労働契約上の権利を営業譲渡後に保護することを目的としている。

(7) 前掲注(5)を参照のこと。

(8) その他にも、「育児休暇指令 (Directive on the framework agreement on parental leave concluded by

UNICE, CEEP and the ETUC)」(96/34/EC)(OJ L 145, p. 4) により指令化された労使協定１条１項、「有期雇用指令 (Directive concerning the framework agreement on fixed-term work concluded by ETUC, UNICE and CEEP)」(1999/70/EC) により指令化された労使協定１条等をあげることができる。

(9) 同旨の判示をしたＥＣ裁判所の判決がある。Case C-75/63 (Judgment) Hoekstra v Bestuur der Bedrijfsvereinigung voor Detailhandel en Ambachten (Netherland) [1964] ECR I-177.

(10) Regulation (EEC) on freedom of movement for workers within the Community, OJ L 257, 19. 10. 1968, p. 2

(11) Recommendation concerning the promotion of participation by employed persons in profits and enterprise results (including equity participation), OJ L 245, 26. 8. 1992, p. 53.

(12) Directive on the introduction of measures to encourage improvements in the safety and health of workers at work, OJ L 183, 29. 6. 1989, p. 1.

(13) 例えば、「労働時間指令 (Directive concerning certain aspects of the organization of working time)」(93/104/EC, OJ L 307, p. 18 ; 2003/88/EC, OJ L 299, p. 9)、「母性保護指令 (Directive on the introduction of measures to encourage improvements in the safety and health at work of pregnant workers who have recently given birth or are breastfeeding)」(92/85/EEC)(OJ L 348, p. 1) 等である。

(14) Directive of 14. 2. 1977 on the approximation of the laws of the Member States relating to the safeguarding of employees' rights in the event of transfers of undertakings, businesses or parts of businesses, OJ No L 61, p. 26.

(15) Case C-343/98 (Judgment) Renato Collino and Luisella Chiappero v Telecom Italia SpA (Italy). [2000] ECR I-6659, para. 36. 同旨、Case C-105/84 (Judgment) Foreningen of Arbejdslederei Danmark v A/S Danmols Invenar (Denmark) ECR 1985, p. 2639, para. 26.

(16) ただし、委任型の指令等でも、各構成国に内容の決定が委任されていない用語については、ＥＵレベルで統一的な解釈が必要であるとするEC裁判所の判例もある。例えば、委任型である「会社倒産時の労働者保護指令」（前掲注（４））において委任の対象となる概念に含められていない employment relationship の語について、この用語が「共同体法の下での最低の保障［の有無について］の現実の決定に適用があるのであるから、……部分的にしろ共同体レベルで求められる調和が効果的でなければならないのであれば、統一的な解釈が必要となる」とするものがある。Case C-160/01 (Opinion) Karen Mau v Bundesanstalt für Arbeit (Germany) [2002] ECR I-4791, Para. 78.

(17) 自由移動の保障の実効性を確保するためのいくつかの規則の人的適用対象も同様と解される。例えば、「共同体内の移動の自由に関する規則（Regulation (EEC) No 1612/68 on freedom of movement for workers within the Community)」や旧「共同体内を移動する雇用労働者およびその家族への社会保障制度の適用規則（Regulation (EEC) No 1408/71 on the application of social security schemes to employed persons and their families moving within the Community)」にいう employed person も同様である。後掲注(26)にあげているEC裁判所の判例の中にも、EC条約三九条とこれを施行するための規則の人的適用対象については、同一であることを前提とするものが少なくない。cf. Case C-75/63; C-35/89; C-3/90; C-85/9 et al.

(18) 本文三**1**㈠および後掲注(26)に掲記の判例を参照のこと。

(19) 本文三**2**㈠および後掲注(31)を参照のこと。

(20) 前掲注(15)掲記のEC裁判所の判例を参照のこと。同旨のEC裁判所判例として、Case C-105/84 (Judgment) Foreningen of Arbejdslederei Danmark v Danmols Inventar [1985] (Denmark) ECR 1985, p. 2639, para. 28; Joind Case (Judgment) C-173/96 and C-247/96 [1998] (Germany) ECR I-8237, para. 24; Case C-164/00 (Opinion) Beckman v Dynameco Whichelo Macfarlane Limited [2001] (United Kingdom) ECR 2002 I-4893, para. 50.

(21) 新旧指令間での移行例とまではいえないが、関連する指令間にもこうした違いがみられる。例えば、労働者への情報提供や苦情処理のシステムの確立に関して制定されている二つの指令があげられる。人的適用対象となるemployeeについて、非委任型で一九九四年制定の「欧州労使協議会設立指令」(94/45/EC)（前掲注(5)）と、委任型で二〇〇二年制定の「情報提供・苦情処理指令（Directive establishing a general framework for informing and consulting employees in the European Community）」(2002/14/EC) 二条(d)である。

(22)　委任型に属する指令として、一九八〇年代に「会社倒産時の労働者保護指令」(80/987/EEC)（前掲注(4)）がみられるくらいである。大半が一九九〇年代に入って以降に制定されている。

三　ＥＣ裁判所における人的適用対象の判断基準

以上のとおり、ＥＵ労働法等の中で、委任型に属する法令の人的適用対象については、ＥＵ構成国の法令等に具体的定義があれば、これにより、争いがあれば、各構成国において有権解釈権を持つ裁判所等の機関が処理することとなる。これに対して、非委任型の中で、実質的には構成国の法令等に委ねる趣旨の法令については、委任型の法令と同様のこととなる。他方、ＥＵ独自の人的適用対象が予定されている法令の人的適用対象については、ＥＣ裁判所がその範囲決定の基準を確定することになる。こうした法令で具体的な定義規定を置くものはほとんどなく、ＥＣ裁判所の役割は大きい。そして、自由移動の保障や男女の同一価値労働同一賃金の原則については、ＥＣ裁判所の判決（judgment）や法務官（Advocate General）の意見（opinion）(23)（以下、ＥＣ裁判所の判例という。）によって、ＥＵに独自とされる人的適用対象の判断基準が示されるに至っている。

1　自由移動の保障（EC条約三九条以下）

まず、EC条約三九条（旧四八条）以下に規定されている自由移動の保障についてみると、その人的適用対象は、既述のとおりworker(s)である。自由移動の保障の実効性を確保するために定められている規則[24]において使用されているworkerやemployed personの語も、これと同義のものとして使用されていると解される。[25] これらworker等の概念について判示したEC裁判所の判例は、すでに一〇を超えている。[26] これらの判例によって、基本的な部分において判断基準が確立されているということができる。判断基準の内容は、概ね次のようにまとめることができよう。

㈠　判断基準

① EU法上に、workerの統一的定義はない。その定義は領域によって異なる。

② EC条約三九条（旧四八条）にいうworkerの語は、自由移動が共同体の基本原則を構成しており、共同体独自の意義を有する。構成国の法律に従ってバラバラに解釈されてはならない。

③ workerは、共同体の基本的自由のひとつである移動の自由の適用範囲を決するので、広く解釈する必要がある（狭く解すべきではない）。

④ 就業者と委託者との関係の法的性質は重要ではない。

⑤ workerの概念は、当事者の権利義務を考慮することによって、雇用関係（employment relationship）を識別する客観的基準に従って明確化される必要がある。

⑥ 雇用関係の基本的特徴は、一定の期間にわたって、対償を得て、他人の命令下で、この者のために

サービスを提供する点にある。

⑦　そのサービスは、自由移動の原則を表現している用語と条約の構造上の位置からすると、有効（effective）で純粋な（genuine）経済的活動である必要がある。

⑧　したがって、純粋に生産性がほとんどなく、補助的とみられる小規模な活動は除かれる。

以上のほか、確立された判断基準とまでいえないが、次の基準を示す判例がある。

⑨　worker か否かは、当事者間の関係（arrangements）を特徴づけるすべての要素や事情に基づいて判断すべきであるが、例えば、考慮すべき事情として、事業リスクの分担、労働時間の選択の自由、補助労働力の採用の自由等があげられる。(27)

⑩　求職中の者や職業訓練中の者も worker に含まれる。(28)

㈡　具体的判断事例

ところで、ＥＣ裁判所による worker の判断基準の定立は、各構成国の裁判所の先決判決（preliminary ruling）による付託を受けてなされている。付託のあった事例には、就業者の worker 性に問題がなかったり、就業実態が十分明らかでなかったりで、ＥＣ裁判所が一般論として判断基準を示すにとどまる例も多い。worker 性を具体的事情に基づいて自判した例はむしろ少ない。(29)その一つとして、見習教員の worker 性についてＥＣ裁判所が判断した事例(30)が参考になる。

この事例について、ＥＣ裁判所は、先にあげた判断基準のうち、③と⑧を一般論として判示し、次のような事情を認定して、見習教員が着任先の学校の指揮命令下（under the direction and supervision）にあることが明らかであるとしている。

すなわち、（ｉ）実施すべきサービスと労働時間を決定するのは学校であったこと、（ii）見習教員が実施すべきは学校の指示であり、守るべきは学校のルールであったこと、（iii）見習期間の基本的部分において、学校の生徒に授業を行うよう求められており、見習教員は、学校に対して経済的価値のあるサービスを提供していたこと、（iv）報酬は、提供したサービスと見習サービスの完了に含まれる義務に対するものであること、である。

そしてさらに、（ｖ）教育上のサービスには経済的性格がなく、ＥＣ条約の適用がないとするのは妥当でなく、対償を得て行われる労働であればよいということ、（vi）当事者の関係の法的性格は重要でなく、公法上の身分の下でのサービスも経済的性格は否定されないこと、（vii）有効で純粋な経済的活動であればよく、週に数時間しか授業を担当しなかったことや、正教員の初任給より安い給与であることも重要ではないこと等を判示している。

そして、「学校の指揮命令下で授業をすることで、サービスを提供する教員見習期間を過ごし、報酬を得る見習教員は、雇用関係の法的性質に関わりなく、条約四八条一項の worker とみなされなければならない。」と結論づけている。

2　平等原則（ＥＣ条約一四一条以下）

他方、ＥＣ条約では、一四一条（旧一一九条）が男女の同一価値労働同一賃金の原則を定めている。賃金（pay）や同一賃金（equal pay）については定義規定が設けられている（同条二項）。これに対し、その人的適用対象となる男女worker(s)の語については定義規定がない。そして、worker性の判断基準を示したＥＣ裁判所の判決が最近になって示されている。[31] その内容は、自由移動の保障について確立された先の判断基準のかなりの部分を引用し、これを引き継いでいる。重複する部分も少なくないが、示された判断基準をあげておこう。

㈠　判断基準[32]

①　ＥＣ条約上に、workerの統一的定義はない。その定義は領域によって異なる。

②　workerの語については、明示に定義されておらず、その意義については、条約規定の文脈や目的に関連づけて一般的に認められている解釈原則を適用する必要がある。

③　ＥＣ条約二条は、ＥＵの任務のひとつとして男女平等の促進を定めており、ＥＣ条約一四一条は、その特別な表現である。同一賃金原則は、ＥＵの法令によって守られるべき基本原則を構成し、ＥＵの基盤を形成している。

④　したがって、ＥＣ条約一四一条一項にいうworkerの語は、共同体独自の意義を有する。構成国の法令に従ってバラバラに解釈されてはならない。

⑤　規定の目的によれば、workerとは、一定の期間にわたって、対償を得て、他人の命令下で、サービスを提供する者である。

⑥　ＥＣ条約一四一条二項の賃金（pay）の定義[33]によれば、条約の起草者は、workerの語は、サービスを受ける者との従属関係（in a relationship of subordination）にない独立の供給者を含める意図ではな

かったことは明らかである。

⑦　従属関係にあるかは、当事者間の関係を特徴づけている要因や事情すべてを考慮して事例ごとに決せられる必要がある。

⑧　就業者と委託者との関係の法的性質は重要ではない。構成国の法令により自営業者に形式的に分類されていても、その独立が単に概念的で、現実には雇用関係の特徴を有する場合には、worker に分類される必要がある。

(二)　具体的判断事例

ＥＣ裁判所が以上の判断基準を示した事例では、イギリスにある大学に教員派遣会社からフリーの非常勤講師として派遣されていた女性の教員年金加入資格が問題となった。この事例では、教員年金保険への法定の加入要件のひとつとして「雇用契約（contract of employment）による雇用」の要件が定められていて、この要件によって、男性教員に比してフリーの非常勤講師の多い女性教員の保険加入率の低さが生まれていた。そこで、この要件が、ＥＣ条約一四一条に違反するか等が問題となったのである。ＥＣ裁判所は、イギリスの控訴院（Court of Appeal）から先決判決の付託を受けて、この点についての判断の前段として、この女性非常勤講師がＥＣ条約一四一条一項の worker にあたるかについて判断した。

そして、一般論として先のような判断基準を示した上で、教員派遣会社との関係では大学で講義を行う義務があったこの女性講師のケースでは、「特に」として、時間割、労働の場所と労働の内容を選択する自由への制限の程度を考慮する必要があるとした。そして、worker にあたるかどうかの結論は示さなかったが、

ＥＣ裁判所は、女性講師が教員派遣会社との間では講義担当の義務を負っていたものの、講義の割り当て（an assignment）に応じる義務がなかったとしても重要ではないこと等を判示している。

3　その他の法令

以上のほかに、非委任型に属する法令で、ＥＣ裁判所がその人的適用対象につき有権解釈権を有していると解される法令が存在する。ＥＣ条約の規定に直接的な関わりを持たず、ＥＣ条約の規定の適用関係との整合性を必ずしも求められないと解される規則や指令等である。例えば、「労働時間指令」[34]（93/104/EC）や「母性保護指令」[35]（92/85/EEC）等がこれにあたる。これらについてＥＣ裁判所は、その人的適用対象について独自の判断基準を示していない。ただし、この二つの指令は、「労働安全衛生指令」[36]（89/391/EEC）を労働時間や母性保護といった特定事項について具体化する趣旨で定められた経緯があり[37]、その人的適用対象の範囲は、「労働安全衛生指令」と一致すると解される。そして、「労働安全衛生指令」は、既述のとおり（二**1**（二）(2)）、その人的適用対象である worker につき定義規定を置いており、この定義規定の解釈は、第一次的にはＥＣ裁判所に委ねられていると解されるのである。そして、この定義規定によれば、同指令の人的適用対象である worker を自営業者と区別される「労働者」と解される any worker employed としている[38]。そのため、他の二指令の人的適用対象もこれに限定されることになると解される。

4　判断基準の特徴

以上に述べたところから、ＥＵ労働法等の人的適用対象の判断基準については、次の三点の特徴をあげることができよう。

① ＥＣ裁判所が人的適用対象につき有権解釈権を有する法令のうち、少なくとも、ＥＣ条約上の規定の人的適用対象については、規定の趣旨に照らしてＥＵ独自のものでなければならないとされ、独自に判断基準が確立されていること。

② その人的適用対象には、「従属関係」の存在が求められ、いわゆる人的従属関係ないし使用従属関係の存在が求められていると解されること（以下の行論では、こうした関係にある就業者を「従属労働者」と呼称する。）。

③ 従属関係の有無は、就業実態に関わる客観的事情から判断され、就業関係の法的分類は重要でないこと。

(23) ＥＣ裁判所の裁判官による合議の際の参考用に法務官が作成し公開の裁判で提示するもので、裁判所の判決（Judgment）とともに判例集に登載される。Cf. R. Blanpain, European Labour Law, 2002, 8ed. para. 69.

(24) 前掲注(17)を参照のこと。

(25) 前掲注(17)を参照のこと。

(26) ① Case C-75/63 (Judgment) Hoekstra v Bestuur der Bedrijfsvereinigung voor Detailhandel en Ambachten (Netherland) [1964] ECR I-177 ; ② Case C-53/81 (Judgment) Levin v Staatssecretarisvan Justitie (Netherland) [1982] ECR-1035 ; ③ Case C-66/85 (Judgment) Lawrie-Blum v Land Baden-Württemberg (Germany) [1986] ECR I-2121, paragraph. 17 ; ④ Case C-3/87 (Judgment) The Queen v Ministry of Agricultur, Fisheries and Food, ex parte Agegate Ltd (United KIngdom) [1989] ECR I-4459, para. 32 ; ⑤ Case C-344/87 (Judgment) Bettray v Staatssecretaris van Justitie (Netherland) [1989] ECR I-1621, para.-11 ; ⑥ Case C-357/89 (Judgment) Raulin v Minister van Onderwijs en Wetenschappen (Netherland) [1992] ECR I-1027, para.-8 ; ⑦ Case C-3/90 (Judgment) Bernini v Minister van Onderwijs en Wetenschappen (Nether-

land）［1992］ECR I-1071, para. 13；⑧ Case C-85/96（Judgment）Sala v Freistaat Bayern（Germany）［1998］ECR-2691, para. 29；⑨ Case C-337/97（Judgment）Meeusen v Hooffdirectie van de Informatie Beheer Groep（Netherland）［1999］ECR I-3289, para. 12；⑩ Case C-413/01（Judgment）Ninni-Orasche v Bundesminister für Wissenschaft, Verkehr und Kunst（Austria）［2003］ECR I-13187, para. 23；⑪ Case C-109/01（Opinion）Secretary of State for the Home Department v Hacene Akrich（United KIngdom）［2003］ECR I-9607, para. 69；⑫ Case C-138/02（Opinion）Collins v Secretary of State for Work and Pensions（United Kingdom）［2003］ECR I-2703, para. 22. これらの判例の以下での引用は、頭書の番号と事件番号、場合により、併せて該当段落（paragraph）による。

（27）Case C-3/87, para. 36.

（28）Case C-66/85, para. 19；C-3/90, para 15.

（29）ＥＣ裁判所においてworkerの判断基準が判示された事例で問題となった就業者類型で判例中で判明したものには、本文で取りあげた見習教員の他には、以下のものがある（頭書の番号は前掲注（26）の判例番号に対応している）。失業中・休職中の者（①②⑫）、英国船籍の漁船に乗船し漁獲販売高に応じて報酬の支払いを受けていた漁師（④）、失対事業の就業者（⑤）、短時間の季節労働に従事の呼出労働者（⑥）、職業訓練中の者（⑦）、失業後に社会扶助を受けていた外国人（⑧）、婚姻により勤務先の会社の取締役兼単独株主と姻戚関係が生じた者（⑨）、二ヶ月半の短期契約のウエイトレス（⑩）等である。

この他にも、worker性が問題となった事例があるが、判示の中で、ＥＣ裁判所は、人的適用対象について具体的な判断基準を示していない。例えば、プロのサッカー選手のようなプロスポーツの選手の事例がその例である。Cf. Case C-415/93（Judgment）ASBL and Others v Bosman and Others, ECR 1995, 4941.

（30）Case C-66/85.

（31）Case C-256/01（Judment）Allonby v Accrington & Rossendale College（United Kingdom）［2004］ECR I-873.

(32)　注(31)掲記の判例 para.58.
(33)　この定義によれば、賃金は、一四一条の目的に合わせて、pay の語は、現金か現物かを問わず、雇主から雇用（employment）に関して、直接ないし間接に受領する通常の基本的ないし最低の賃金、給与その他の報酬を意味する、とされている。
(34)　前掲注(13)を参照のこと。
(35)　前掲注(13)を参照のこと。
(36)　前掲注(12)を参照のこと。
(37)　それぞれの指令前文の制定趣旨説明（recital）を参照のこと。
(38)　この点については、「自営業者の就業上の健康・安全の保護の向上勧告（Recommendation concerning the improvement of the protection of the health and safety at work of self-employed workers)」(2001/134/EC), OJ L53, p.45 の前文の制定趣旨説明（recital）(4)を参照のこと。

四　自営業者への対応とその特徴

ＥＵ労働法等は、既述のとおり、二分法によって就業者を従属労働者と自営業者（self-employed）とに分類し、基本的には従属労働者をその人的適用対象に位置づけてきた。しかし、自営業者の就業等に関わって、ＥＵレベルでの統一的規整の必要性を一切否定してきたわけではない。いくつかの規則や指令、勧告においては、すでに自営業者に対する法的対応が用意されている。

以下、その主要なものについてみてみよう。

1　自営業者に対する規整の現状

(一) 自由移動の保障

既述のとおり、ＥＣ条約三九条一項によって従属労働者（worker）の、ＥＵ内での自由移動が保障されている。そして、同条二項で、ＥＵ内の自由移動の保障の内容として、雇用、報酬その他の労働・雇用条件について、構成国の従属労働者の間での国籍による差別を禁止している。さらに、三項では、公共政策、公共の安全、公衆衛生の点から正当化される制限に従うとしつつ、自由移動の保障から派生する複数の権利を定めている。すなわち、（ｉ）雇用の現実の申し込みへの承諾権、（ii）雇用の目的でＥＵ内を自由に移動する権利、（iii）構成国の国民の雇用に関して適用のある法令に従いつつ、雇用の目的で構成国に留まる権利、（iv）欧州委員会（European Commission）が規則で定める条件によりつつ、雇用終了後に居住する権利、の各権利である。三九条二項および（ｉ）～（iii）の諸権利については、その実効性確保のための規則(39)（No 1612/68）や指令(40)（68/360/EEC）が定められた。また、（iv）の雇用終了後の居住権についても、その発生要件等が、別の規則(41)（No 1251/70）に定められている。これらの法令の人的適用対象としてあげられる employed person や worker は、ＥＣ条約三九条が定める worker と一致し、従属労働者が予定されていると解される(42)。

他方、従属労働者に保障された先のような諸権利は、指令のレベルであるが自営業者にも保障されている（75/34/EEC）(43)。居住権が認められる条件等も、従属労働者と自営業者での取扱いに格差は設けられていない。ただし、このように、指令が自営業者を従属労働者とともに人的適用対象に加えている趣旨は、ＥＵ内での開業の自由やサービス提供の自由の実効性確保にあると説明されている(44)。ＥＣ条約では、三九条とは別に、四四条二項（旧五四条二項）が自営業者による開業（establishment）の自由を保障しているからである。自由移動に関わる諸権利保障の趣旨が、従属労働者と自営業者とで異なっている点に注意を要する。

その他、公共政策や公共の安全、公衆衛生に関わって、外国人の滞在や移動につき取られる特別措置について定めた指令(45)（64/221/EEC）や、この特別措置を活動の中断・終了後も引き続き居住中の他のＥＵ構成国国民にも拡大する指令(46)（75/35/EEC）も、従属労働者に加えて自営業者を人的適用対象に加えている。

㈡　均等待遇原則

ところで、労働条件や社会保障の分野での平等実現については、ＥＣ条約六条等を受けて、雇用および職業における均等待遇の原則を具体化する指令が定められている（2000/78/EC(47)、2000/43/EC(48)）。これらは、all persons に適用がある旨定め、従属労働者、自営業者の別なく適用となる。

また、ＥＣ条約二条および三条二項が男女平等を定め、男女平等は、共同体の確立と機能化にとり不可欠の部分を構成すると位置づけられている(49)。そして、労働条件や社会保障の分野での男女平等については、既述のとおり、一四一条（旧一一九条）が、特に、男女の同一価値労働同一賃金の原則を定めている。そして、この原則を具体化するために指令が定められている（75/117/EEC(50)）。これらの法令の人的適用対象は、先に見たとおり、ＥＣ裁判所の判例によっていずれも従属労働者に限定されている(51)。

これに対して、男女の均等待遇に関し、自営業者を人的適用対象に含める指令も定められている。「雇用、職業訓練、昇進、労働条件の男女均等待遇指令(52)」（76/207/EEC）（以下、指令二〇七号という）や「社会保障における男女平等取扱指令(53)」（79/7/EEC）（以下、指令七号という）である。

①　指令二〇七号、指令七号

指令二〇七号は、雇用、職業訓練、昇進へのアクセス、労働条件に関する男女の均等待遇を定める。二〇〇二年の改正によって、より明確に自営業者への適用を定めた(54)。また、指令七号は、二条で、「この指令は、自営業者および疾病、事故、非自発的失業で活動が中断した労働者・自営業者、さらに求職者を含む就業者、さらには引退したか傷病下の労働者・自営業者に適用する」と定める。自営業者もその人的適用対象に含めている(55)。しかも、これらの指令では、従属労働者と自営業者とで取扱いに格差は設けられていない。

②　「男女の均等待遇原則の自営業への適用に関する指令(56)」(86/613/EEC)

その後、一九八〇年代に入り、男女の均等待遇に関して、指令二〇七号や指令七号がカバーしていない事項をカバーする新指令が別に定められた（新指令一条）。この指令は、二条(a)号で、自営業者について、「国内法により定められた諸条件の下で、自己の計算で稼得活動を行うすべての者で、農業従事者やフリー(liberal)の専門職業従事者を含む」と定義している。そして、この指令では、自営業者やその家族従業者の特殊な事情に対応するための規定も設けられている。

こうして、男女の均等待遇原則の領域では、自営業者は、男女の賃金（pay）差別に対して直接に、ＥＣ条約違反を主張できない点等を除けば(57)、指令レベルで労働者と同一か特別規定の適用を受けることとなっている(58)。こうした取扱いは、男女の均等待遇原則が共同体の確立と機能化にとり不可欠の部分を構成する、との考え方に基づいている点に留意を要する(59)。

（三）　就業時間規制

次に、就業時間に関する規制があげられる。この分野では一般法として「労働時間指令」[60]（93/104/EC）が定められている。この指令は明文の規定で自営業者への扱いを定めていない。とはいえ、自営業者には適用しない趣旨と解される（三3を参照のこと）。自営業者の就業時間に対する規制は、特定の職業分野に適用のある特別法によって行われている。例えば、「自動車運送に従事する運転手の就業時間規制を定める指令」[61]（2002/15/EC）（以下「自動車運転手指令」という。）等がそれである。

一般法としての「労働時間指令」が一九九三年に制定される以前から、自動車運送従事の運転手については、規則[62]（No 3820/85/EEC）によって、従属労働か自営かに関わりなく適用対象となる旨が定められてきた（同規則一条三項）。この規則によって、自営の運転手も就業時間の規制を受けるものとされていた。こうした特別法がすでに存在したため、一九九三年の労働時間指令は、自動車運転手を、航空運輸や海運関係の就業者とともに、従属労働か自営かを問わず、規制の対象から全面的に除外していた（旧一条三項）。しかし、その後「労働時間指令」が改正され、改正指令は、船員以外をすべてその適用対象に含めたうえで、別段の定めを置くことも認める規定形式に改められた（改正指令一四条）。

その別段の定めのひとつとして、二〇〇二年に新たに「自動車運転手指令」が定められた[63]。一九八五年の規則を補足した内容となっている。ただし、「労働時間指令」が、従属労働者に人的適用対象を限定しているため、その特別法である「自動車運転手指令」は、一九八五年の規則とは異なり、しばらくの間、その人的適用対象を「構成国で設立された道路運送事業に雇用される（employed）移動労働者（mobile worker）」にとどめ、自営の運転手を除外している（二条一項）[64]。そのうえで、この指令は、二〇〇九年三月二三日から「自営の運転手（self-employed driver）」にも指令を適用する旨を定めている（二条一項）。

ところで、この指令では、「自営の運転手」の定義が次のように定められている（三条(e)号）。「自営の運転手」とは、次の諸点を充たす者をいう。

① その主たる職業が、傭車制（hire）や報酬制（reward）により客や商品を道路輸送すること。

② 自分で労働する権利が与えられていること。

③ 雇用契約ないし他のタイプの労働支配関係（working hierarchical relationship）によって一人の雇主に拘束されていないこと。

④ 関係する活動を構成する自由のあること。

⑤ 収入がその売上げに直接に依存していること。

⑥ 個人的に、または自営の運転手間の協力により、複数の顧客と取引関係にあること。

これらは、自営の運転手と従属労働の運転手の区別の基準を定めたものといえよう。このような具体的な判断基準を指令レベルで明文で定めた例は、これまでのところ他にないようである。

自営の運転手に対する就業時間規制は、これに対する保護以外に、道路の安全、競争状況、職業構造等の事情によるとされている。保護以外の視点からの判断も加えられている点が重要である。

㈣　就業の健康・安全の確保

さらに、規則や指令に例はないが、近時、自営業者の就業上の健康・安全を確保するための勧告が発せられている[65]（2003/134/EC）。従属労働者については、労働安全衛生に関する一般指令[66]（89/391/EEC）に加えて、個別のリスクごとに健康・安全に関する個別の指令がすでに多数制定されてきた(67)。これに対して、自営業者については、作業工具や防護用具の使用に関する指令(68)(92/57/EEC）が人的適用対象をこれに拡大するにとどまってきた。

しかし、自営業者も、就業の現場において、従属労働者と同様の健康・安全上のリスク（特に農業、漁業、建設業、運輸業といったリスクの高い部門）にさらされていることだけでなく、そのリスクが従属労働者の健康・安全上のリスクを生むこと等が考えられた。そこで、勧告によって自営業者に対する健康・安全確保措置を定めたのである(69)。ここでも勧告制定の視点が、自営業者に対する保護の視点にとどまらないことに留意を要する。

この勧告は、特定のリスクへの対応のあり方を定めるのではなく、より一般的に自営業者の就業上の健康・安全の確保をめざしたものである。ただし、就業上の健康・安全に関わる法令の自営業者への拡大が、構成国への拘束力を伴なわない勧告レベルにとどめられたのは、EUレベルの労使の団体が、法的強制力のある指令や規則による対応に反対したことによる。しかも、勧告の内容も、リスクの高い部門でのリスク防止や適切な訓練、健康診断についての情報提供や啓発に限定されている(70)。

㈤　社会保障制度の適用

ところで、EU社会保障法の領域では、これに属する法令の人的適用対象については、EU労働法に比して、比較的広く考えられているといえる(71)。自営業者への適用も広く認められる傾向がある。

まず、EU内を移動する従属労働者（とその家族）について、移動先の構成国における社会保障制度を、移動先構成国の国民と同様に適用する旨定めた規則が、すでに一九七〇年代の早い時期に定められていた（No 1408/71[72]、No 574/72[73]）。その後、一九八一年には、その人的適用対象が自営業者とその家族従業者にも拡大された（No 1390/81[74]、No 3795/81[75]）。拡大の趣旨は、均等待遇を理由に、従属労働者につき設定されたルールを最大限、自営業者に適用することが妥当である点にある、とされている[76]。

ただし、これらの規則は、年金に関していえば、いずれも主として制定法上に根拠のある制度のみカバーするにとどまっていた。団体保険契約に基づく年金のように、制定法上の年金制度を補完する年金（supplementary pension）は、その射程に含められていない。そこで、一九九八年に、補完のための年金に対する権利についても、ＥＵに統一的な制度や手続を定めた指令が制定された[77]（98/49/EC）。この指令は、制定当初から自営業者を人的適用対象に含めている。

以上の規則や指令は、いずれも就業者の自由移動を確保するという視点から制定されている点が重要である[78]。

(六)　そ　の　他

その他、道路輸送に従事する自動車運転手について、「自動車運転手の教育訓練に関する指令[79]」（2003/59/EC）が定められている。従属労働者（salaried worker）か自営業者かを問わず適用になる。道路運送市場の発展に伴ない生じる新たなニーズに自動車運転手が対応できるようにするためとされている[80]。

2　自営業者に対する規整の特徴

ＥＵ労働法等による自営業者への規整の現状は、以上のとおりである。これまでの規整については、次のような特徴を指摘できるであろう。

① ＥＵ労働法等は、その人的適用対象に、必要に応じて自営業者を付加してきている。社会保障法の分野ではその傾向が顕著であること。

② 自営業者を人的適用対象に付加する趣旨として、自営業者の就業に対する保護の必要性の視点以外に、ＥＵ市場の円滑な機能の確保その他の視点があげられていること。

③ 人的適用対象への自営業者の付加は、直接的な効力を持つＥＣ条約の規定ではなされていないが、規則や指令、勧告のレベルでは柔軟に対応されていること。

④ 人的適用対象に付加される自営業者は、特定の職業従事者（例えば、自動車運転手）に限定される例や、一定の定義に該当する者に限定される例（例えば、男女均等待遇原則が適用となる自営業者（二②）や労働時間規制対象となる自動車運転手（三））もあるが、特に限定されない例も少なくないこと。

⑤ 自営業者に対する保護のレベルは、従属労働者に対すると同程度か、自営業者に固有の事情に応じて独自の対応がなされていること。

(39) Regulation (EEC) on freedom of movement for workers within the Community, OJ L257, p.2.
(40) Directive on the abolition of restriction on movement and residence within the Community for workers of Member States and their families, OJ L257, p.13.
(41) Regulation (EEC) on the right of workers to remain in the territory of a Member State after having been employed in that State, OJ L142, p.24.
(42) 前掲注(17)を参照のこと。
(43) Directive concerning the right of nationals of a Member State to remain in the territory of another

Member State after having pursued therein an activity in a self-employment capacity, OJ L14, 20.1.1975, p.10. この指令は、一九六四年二月二五日に制定された同趣旨の指令を改正し内容を充実させたものである。

(44) この点については、前掲注(43)掲記の指令の前文の制定趣旨説明（recital）を参照のこと。

(45) Directive coordination of special measures concerning the movement and residence of foreign nationals which are justified on ground of public policy, public security or public health, OJ p56, 4.4.1964, p.850.

(46) Directive extending the scope of Directive No64/221/EEC on the coordination of special measures concerning the movement and residence of foreign nationals which are justified on grounds of public policy, public security or public health to include nationals of a Member State who exercise the right to remain in the territory of another Member State after having pursued therein an activity in a self-employed capacity, OJ L14, p14. この指令は、各構成国の公共政策、公共の安全、公衆衛生上の理由から行われる外国人労働者に対する移動・居住上の措置を、自営業者としての活動を中断・終了後も滞在中の他構成国国民にも拡大することを目的に定められている。

(47) Directive establishing a general framework for equal treatment in employment and occupations, OJ L303, p.16.

(48) Directive implementing the principle of equal treatment between persons irrespective of racial or ethnic origin, OJ L180, p.22.

(49) Cf. Case C-256/01 (note.31) para.65 ; Directive (2002/73/EC) recital(4).

(50) Directive on the approximation of the laws of the Member State relating to the application of the principle of equal pay for men and women, OJ L45, p.19.

(51) R.Blanpain は、ＥＣ条約一四一条も含めて、男女の均等待遇に関わるＥＵ法令は自営業者にも適用になると説明しているが、ＥＣ法一四一条の自営業者への適用は、本文三で分析したＥＣ裁判所の判例に照らせば疑問である。R.Blanpain, op.cit. (note 23), para.561. ただし、ＥＣ条約一四一条の男女同一価値労働同一賃金原則は、本文後述のとおり（後掲注(52)も参照のこと）、指令二〇七号が賃金を含む労働条件の男女の均等待遇を明文で定めることで、構成国に直接的な拘束力を有しない指令の上では、自営業者への適用がなされることとなっている。

(52) Directive on the implementation of the principle of equal treatment for men and women as regards access to employment, vocational training and promotion, and working conditions, OJ L 39, p. 40. この指令二〇七号は、EC条約一四一条と指令（75/117/EEC）がカバーしている賃金差別を除いた労働条件差別をカバーすると解されていた。Case C-166/99, ECR 2000, p. 6155. しかし、その後、二〇〇二年に指令二〇七号が修正され、三条一項(c)号で賃金に対する男女差別も、この指令の適用対象とすることとされた（2002/73/EC, OJ L 269/15）。これによって、構成国は、指令二〇七号所定の措置を賃金についても取る必要が生じている。

(53) Directive in the progressive implementation of the principle of equal treatment for men and women in matters of social security, OJ L 6, p. 24.

(54) 改正前には、例えば、三条の「すべての仕事やポストへのアクセスの条件」とか「独立した（independent）職業や専門に適用のあるルール」といった文言から、指令二〇七号は自営業者への適用も予定していると解された。二〇〇二年の改正によって、旧一条で、「昇進を含む雇用への接近」につき男女の均等待遇を定めていた部分を修正し、新三条(a)号で、「雇用、自営、職業への接近」につき男女の均等待遇を定めることで、自営業を含むことをより明確化している。

(55) 指令七号三条三項の定めを受けて、「職域社会保険の男女平等の実現のための指令（Directive on the implementation of the principle of equal treatment for men and women in occupational social security schemes）」（86/378/EEC), OJ L 225, p. 40. が定められている。この指令三条も、自営業者への適用を明定している。

(56) Directive on the application of the principle of equal treatment between men and women engaged in an activity, including agriculture, in a self-employed capacity, and on the protection of self-employed women during pregnancy and motherhood, OJ L 359, p. 56.

(57)　その他、性差別事件における「挙証責任の転換指令（Directive on the burden of proof in cases of discrimination based on sex)」(97/80/EC) 三条一項(a)号は、その適用範囲をＥＣ条約旧一一九条と二つの指令（75/117/EEC, 75/207/EEC）のカバーする範囲としており、指令二〇七号との関係でも自営業者に適用があると解される。

(58)　前掲注(51)を参照のこと。

(59)　指令 86/613/EEC の前文の制定趣旨説明（recital）も参照のこと。

(60)　前掲注(13)を参照のこと。

(61)　Cf. Directive 2000/15/EC (note. 64), recital(8).

(62)　Regulation (EEC) on the harmonization of certain social legislation relating to road transport, OJ L 370, p. 1.

(63)　この他、船員や民間航空の乗務員（mobile staff）をそれぞれ対象とする指令が定められている。指令（1999/63/EC）および指令（2000/79/EC）を参照のこと。ただし、これらの指令の人的適用対象は、従属労働者に限定されている。

(64)　Directive on the organization of the working time of persons performing mobile road transport activities, OJ L 80/35. ただし、その適用には次の諸条件が定められている（二条一項第三段落）。二〇〇九年三月二三日の二年前までに、委員会が欧州議会や理事会に向けて報告書を作成すること。報告書では、道路の安全、競争状況、職業構造、社会的視点から、指令が自営の運転手を適用範囲から除外した結果を分析すること。そして、委員会は、自営の運転手を適用対象に含めるかどうかについての提案を行うこと、である。

(65)　Recommendation concerning the improvement of the protection of the health and safety at work of self-employed workers, OJ L 53, p. 45. この勧告の策定の経緯等については、二〇〇二年一〇月に作成された欧州委員会の報告書（Report on the proposal for a Council recommendation concerning the application of legislation governing health and safety at work to self-employed workers (COM (2002) 166) の一五頁以下を参照

のこと。

(66)　前掲注(12)を参照のこと。

(67)　濱口桂一郎・前掲書（前掲注(1)）三一八頁以下を参照のこと。

(68)　Directive on the implementation of minimum safety and requirements at temporary or mobile constructions sites, OJ L41, p.50.

(69)　勧告（2003/134/EC）前文の制定趣旨説明（recital）(6)、(7)を参照のこと。

(70)　勧告（2003/134/EC）前文の制定趣旨説明（recital）(4)を参照のこと。

(71)　例えば、後掲注(74)の規則前文の制定趣旨説明（recital）では、社会保障制度（social security scheme）は、従属労働者との平等を理由に、最大限可能な限り、従属労働者と同じルールが自営業者に適用されることが適切である旨が述べられている。

(72)　前掲注(17)を参照のこと。

(73)　Regulation（EEC）fixing the procedure for implementing Regulation（EEC）No1408/71, OJ L323, p.38.

(74)　Regulation（EEC）extending to self-employed persons and members of their families. Regulation（EEC）No1408/71 on the application of social security schemes to employed persons and their families moving within the Community, OJ L143, p.1.

(75)　Regulation（EEC）extending Regulation（EEC）No574/72 to self-employed persons and members of their families, OJ L378, p.1.

(76)　前掲注(74)の規則前文の制定趣旨説明（recital）を参照のこと。

(77)　Directive on safeguarding the supplementary pension rights of employed and self-employed persons moving within the Community, OJ L209, p.46.

(78)　この点については、例えば、規則（No1390/81）前文の制定趣旨説明（recital）や指令（98/49/EC）前文の制定趣旨説明（recital）(1)等を参照のこと。この時期の欧州委員会その他での検討の動向の概略については、すでに紹介がある。濱口桂一郎「ＥＵテレワーク協約とその経緯」世界の労働五二巻（平成一四年）一〇号一六頁以下。

(79)　Directive on the initial qualification and periodic training of drivers of certain road vehicles for the carriage of goods or passengers, OJ L 226. p. 4.

(80)　本指令前文の制定趣旨説明（recital）(3)を参照のこと。

五　人的適用対象をめぐる最近の動向

以上のとおり、ＥＵ労働法等は、就業者を従属労働者と自営業者とに二分する二分法の考え方に依拠しつつ、従属労働者を本来的な人的適用対象と捉え、自営業者も必要に応じてその人的適用対象に加える手法を取ってきたといえる。

しかし、近時、ＥＵのレベルにおいては、そうした二分法について再検討する必要性が表明されている。[81]これまで自営業者として扱われてきた就業者の中で、特定の取引相手と専属的な取引関係にあり、その取引相手に経済的に従属する類型の就業者を取りあげ、これに対するＥＵ労働法等の対応のあり方が検討課題とされるに至っている。この類型の就業者を、「経済的従属雇用（economically dependent employment）」ないし「従属類似の（擬似従属）雇用（quasi-subordinate（parasubordinate）employment）」（以下、経済的従属雇用という。）と呼んでいる。

1　経済的従属雇用問題とEUの雇用政策

EUにおいては、一九九〇年代の後半に入り、EU内にある企業の競争力の向上や就業者の労働生活の質の改善、さらには企業のエンプロイヤビリティの向上のために、労働組織の現代化（modernisation）の必要性が明確に認識される[82]。閣僚理事会（Council）が二〇〇〇年に構成国向けに策定した「雇用のガイドライン」でも、第三の柱とされる「企業と労働者のアダプタビリティの促進」のなかに、労働組織の現代化が課題として取り上げられた[83]。そこでは、労使の団体には、社会的パートナーとして、労働組織の現代化のための協定について協議することを求め、各構成国には、雇用形態の多様化に順応性のある契約類型を法の中に取り入れること等が求められた。

そこで、欧州委員会（European Commission）は、具体的な政策を策定する前段として、「雇用関係の現代化と改善に関する社会的パートナーの協議のための文書」を作成した。具体的には、二〇〇〇年六月に同名の第一次協議文書[84]を策定し、この経済的従属雇用の問題を含むいくつかの課題に対する委員会の意見を表明した。そして、この意見に対する労使それぞれの団体からの意見や評価を集約した。これを受けて具体的な方針を定めた同名の第二次協議文書[85]を二〇〇一年三月に策定した[86]。

これらの文書その他から、二〇〇〇年代はじめの段階で欧州委員会が経済的従属雇用問題についてどのような認識有していたかや、この問題についての労使団体の反応等について次のようにまとめることができる。

(一)　経済的従属雇用の就業実態

就業実態からみると、伝統的な従属労働者の概念には含まれないが、次のような特徴を持った就業者類型が増加しつつある。

① ひとつの組織の枠内で自らの手で仕事やサービスを提供している。

② 就業時間や就業場所、さらに仕事の最終的な成果に関して、ある程度の独立性を有している。

③ ひとつの委託元に経済的に完全に、または主として依存している。

㈡ 経済的従属労働者の広がり

このような就業実態にある就業者が生まれる状況は多様である。例えば、自由業、商業代理人、ジャーナリストやミュージシャンを含むフリーランサー、設計エンジニア、トラック運転手、大工、コンサルタント、テレワーカー・在宅労働者等があげられる。

多くの産業部門にみられるようになっているが、特に、道路輸送においてこの就業者類型の重要性が増している。

㈢ ＥＵレベルでの対応の必要性

経済的従属雇用問題は、雇用関係の現代化の視点から早期の進展が見込めるものとして、特別の対応が求められる問題と位置づけられる。具体的には、次の諸点を実現できる対応が求められるとされている。特に、経済的従属雇用についての法的枠組みの確立が重要とされる。

① 経済的従属雇用の安全性と柔軟性の適切なバランスの確保

② 経済的従属雇用が生む起業の促進

③ 経済的従属雇用がより高度な起業に貢献する形態をとることの確保

そして、①に関して経済的従属雇用に対する適切なレベルの保護が確保されるべき領域として、例えば、労働における健康と安全、情報提供と苦情処理、労働時間に関する最低限の規制、技能の更新、賃金および雇用条件に関する均等待遇、社会的保護の分野が想定されている。解雇等の領域については、構成国レベルの団体協約に委ねられるべきであるとされる。

㈣　問題への対応の効果

以上によって、この問題への適切な対応がなされ、経済的従属雇用に関する法的確実性が確保されれば、労使双方にとって、さらに構成国政府にもメリットが生まれるとする。具体的には、使用者にとっては、特に、その活動が国境をまたぐケースでは、使用者の無知による法違反のリスクを減らしつつ、雇用の柔軟性を確保できる。経済的従属雇用に従事する就業者にとっては、弱い立場への保護が与えられる。そして、構成国政府にとっては、税法や社会保険法の適用状況が改善される。

以上のように、欧州委員会は、拡大しつつある新しい就業形態に法的に適切に対処することが、EU市場、特に労働市場の発展にとって重要との認識を持ち始めているとみることができる。

2　経済的従属雇用問題についての報告書

欧州委員会は、以上の認識の下に、この問題にEUとして取り組むことの是非について、EUレベルの労使団体に意見を求めた。これに対して、労使双方から、EUとして政策を決定する前に、経済的従属雇用に関するさらなる情報収集と調査の必要性、あるいは経済的従属雇用の性格、広がり、問題の現状等の明確化の必要性その他が指摘された。また、使用者団体の一部には、自営業者であるこの類型の就業者に、伝統的な従属労働者と同様の保護を与える必要性自体に疑問が提示される等の反発がみられた。

これを受けて、欧州委員会は、この問題について改めて調査研究やヒヤリングを行うこととした。そして、二〇〇二年五月に、ＥＵ構成国およびノルウエーでの経済的従属雇用の実態等を比較調査した報告書が作成される。(87)さらに、二〇〇三年には、これにヒヤリングの結果分析等を加えて、この問題についての最終的な報告書が専門家の手によって作成された。(88)この最終報告書は、必ずしも、欧州委員会の意見や立場を反映するものではないが、(89)この問題への対応のあり方が検討される際の重要な資料となるといえる。

その最終報告書の内容の概略は、以下のとおりである。

㈠　人的適用対象の枠組み

労働法等の人的適用対象となる雇用契約（employment contract）とそうでない自営業との区別について、ＥＵ構成国においては、様々な定義手法が用いられている。就業者を二分する考え方が、構成国でも国際的にも一般的である。そして、いずれに属するかで法的保護の有無について重大な格差を生むこととなっている。

㈡　経済的従属雇用の特徴

経済的従属雇用の就業形態については、不明確で、その把握内容に混乱がみられる。経済的従属雇用の現象の把握にバラツキがあったり、従属労働でありながら自営業として扱われる偽装自営業との混同等があり、混乱がある。多くの構成国では、この就業形態についてよく知られており、その取扱いについて議論があり、その法的概念を法定する構成国もある。

経済的従属雇用の特徴として、基本的には自分の手で、継続して、一人の委託元のために就労している点があげられる。

この種の就業形態が増加した社会的要因は、外注の活用の増加にある。構成国の立法や労使は、この就業形態を、従属労働者か自営業者のいずれの類型に分類するかということではなく、保護の必要性の要件をみたしているかという視点から実践的なアプローチをする傾向にある。

㈢　対応の選択肢

この問題への対応には次の四つの選択肢が考えられる。①現状維持のままで、既存の法制度によって対応する方法、②第三の就業者類型を創設し、就業者についてのこれまでの二分方式を三分方式にする方法、③雇用契約に基づく労働の概念の拡大、④すべての就業形態に共通する権利の最低限度の保障、である。

これら四つの対応にはいずれもメリット、デメリットがある。①の手法は、経済的従属雇用については何らかの規制が必要で、市場に放任することは経済的従属雇用が保護のないリスクにさらされ、そのためダンピング問題を生むことになる点を考えれば、妥当でない。②の手法は、この就業形態をどのように類型化するのかという点をはじめ多くの法的問題を生み、従属労働の減少といった社会的リスクを生むことになり、妥当でない。③の手法は、経済的従属雇用を従属労働者化するもので、労働法等のほとんど完全な拡大となって現実的ではない。④がもっとも現実的である。すべての労働形態に適用となる基礎的な社会的権利を明確にして、与えられるべき保護を最低レベルから最高レベルの間でグレード化すればよい。最高レベルの保護は、従属労働者のみに与えられる。

④の考え方に従うとしても、ＥＵレベルでは柔軟性のあるルールを定めておいて、構成国にそれぞれの国内事情にルールを適合させる自由を残す手法が併せて必要である。適切なルールづくりは、労使に委ね、経済的従属雇用に対する適切な保護のネットワークを提供する必要がある。

ある部門では、すでに従属労働への規制と自営業者への規制の間にすでに交錯部分が生じている。これまで従属労働者のみに適用のあったルールが、自営業者にも拡大される例が見られるのである（この点の指摘は、**四**でも検討したとおりである）。例えば、①社会保障、特に年金、②積極的雇用政策上の施策（職業訓練、雇用サービス、雇用創出促進）、③労働における健康・安全の領域があげられる。こうした例以外に、新たに、④経済的従属雇用契約の内容規制や、組織化による上部団体への加入等、労働組合としての権利を、経済的従属雇用に適合する限度で認めること等が考えられてよい。

3　労働法等の人的適用対象の今後の方向

以上のとおり、ＥＵにおいて問題となっている経済的従属雇用は、ＥＵ構成国において拡大する傾向にある。この就業者類型に対して、ドイツ、イタリア、イギリスのように定義規定をおいて法的に対応する国や、フランス、オーストリア、オランダ等のように法的対応のあり方について議論が始まっている国等が生まれている。[90]そのため、ＥＵレベルでも、この問題を放置できない状況にあるということができる。ただし、それは、これらの就業者に対するＥＵレベルでの法的保護の必要性の高まりということの他に、ＥＵ構成国での法的規制の調和、換言すれば、競争条件の平等化も重要な視点としてあげることができる。ＥＵに特徴的な問題処理の視点がここでも適用になっているということである。

こうした視点から、経済的従属雇用に対してＥＵ労働法等の適用を拡大するとしても、これまですでに自営業者に対して適用が認められてきた事項以外に何が考えられるのか、が今後の問題となる。この問題の処理にあたっては、アメリカ等、ＥＵ以外の国における規制の状況等が併せて考慮されざるを得ないであろうし、慎重な議論が必要となるであろう。

(81)　後掲注(84)掲記の「第一次協議文書」を参照のこと。この文書の作成以前にも、欧州委員会の「雇用および社会問題委員会」内の専門家委員会が「労働と従属性」のテーマで同様の問題を研究・分析し、一九九八年に最終報告を公表している。この最終報告の結論として、経済的従属雇用へのＥＵ労働法等の適用の必要性が指摘されている。Transformation of labour and future of labour law in Europe—Final Report, 1998.

(82)　この点については、欧州委員会作成の次の二つの文書が参考になる。Green Paper (Com (1997) 128 final), Partnership for a new organization of work; Communication (Com (1998) 592) : Modernising the Organisation of Work—A positive approach to change.

(83)　Council Decision (13. 3. 2000) on guidelines for Member States' employment policies for the year 2000 (2000/228/EC).「雇用のガイドライン」は一九九八年以降、毎年、策定されている。

(84)　First Stage Consultation of social partners on modernizing and improving employment relations (20. 6. 2000). cf. http://europa.eu. int.

(85)　Second Stage consultation of social partners on modernizing and improving employment relations (19. 3. 2001). cf. http://europa.eu. int.

(86)　欧州委員会でとりあげられた個別問題は、経済的従属雇用のほかにテレワーク問題があった。テレワーク問題への対応については、労使団体による注文や反対が経済的従属雇用問題ほど強くなく、二〇〇二年七月には、ＥＵレベルでテレワークに関する労使協定が締結されるに至っている。この協定の内容については濱口・

前掲解説（注(78)）二一頁以下を参照のこと。

(87) EIRO (2002.5), Comparative study on 'Economically dependent workers'. cf. http://europa.eu.int.

(88) Adalberto Perulli, Economically dependent/quasi-subordinate (parasubordinate) employment : legal, social and economic aspects, 2003.

(89) Adalberto Perulli, ibid. (note 88), p. III note 1.

(90) Adalberto Perulli, ibid. (note 88), p. 76.

六　小　括

ＥＵ労働法等の主要な法令の人的適用対象について、その特徴を抽出し、現状を分析しつつ、最近の見直しの動きについての概括を試みた。分析・概括の結果は、おおよそ次のように整理できるであろう。

(1)　ＥＵ労働法等の人的適用対象の規定形式には統一性がなく、用語法もばらばらであるが、人的適用対象について、その範囲の決定を構成国の法令等に委ねる委任型と、ＥＵに独自の判断を可能とする非委任型とに分けられること。

(2)　いずれにおいても、就業者を従属労働者と自営業者に分ける二分法が前提とされていると考えられること。

(3)　非委任型に属するＥＣ条約上の規定である「自由移動の保障」や「男女の同一価値労働同一賃金原則」の人的適用対象となる就業者は、ＥＵ独自のものとされ、その判断基準が確立されていること。

(4)　その判断基準では、人的適用対象は、従属関係の有無によって決せられるとされ、いわゆる人的従属（使用従属）関係にある従属労働者に限定されていること。

(5)　これに対して、自営業者については、一部の規則や指令の人的適用対象に含められていること。自営業者について、そのような取扱いを行う趣旨は、自営業者に対する保護の実現に限定されるわけではなく、これに対する各構成国による法的対応を調和させ、ＥＵ市場での公正な競争を確保する点にあるとされることに留意する必要があること。

(6)　近時、「労働組織の現代化」という視点から、以上の人的適用対象の現状が再検討されつつあること。そして、それは、増加しつつある経済的従属雇用という、これまで自営業者に分類されてきた就業形態を法的に適切に整序し直す必要性についての検討を意味すること。

(7)　そして選択肢として、ＥＵ労働法等レベルでも就業者の二分法を見直し、経済的従属雇用を第三の独立した就業者類型として扱う可能性等が考えられていること。

今後は、欧州委員会が、この経済的従属雇用の取扱いについて何らかの提案を行い、その提案に基づいて、ＥＵとしての対応が示されることになると考えられる。これまでの経過からすれば、経済的従属雇用に追加的な法的対応が加えられる方向で検討が進むと考えられる。ただし、こうした方向に対しては、ＥＵ市場の機能化に寄与しない等として、特に使用者団体からの反発も小さくなく、当初は、構成国に対して法的拘束力のない勧告レベルの対応にとどめられる可能性も十分にあるといえよう。

第二編　わが国労働法・社会保障法の人的適用対象の動向

第一章　わが国労働法における人的適用対象をめぐる現状と課題

一　序

産業構造の変化や国際競争の激化、あるいは労働者の就業意識の変化によって、わが国においても雇用・就業形態の多様化が進行している。労働法の適用対象となる労働者の雇用・就業形態の多様化は、パートタイマー、契約・登録社員、派遣労働者、臨時・日雇、出向社員等の増加の形で現われている[(1)]。その実態把握に基づき、労働法の分野でも対応のあり方等についての検討が進み、すでに一部の成果が法政策上に反映され始めている[(2)]。他方、労働法の適用対象外に置かれてきた非労働者の中で、とりわけ自営業者（self-employed）についても就業形態の多様化が、同様に進行し、就業先への「労働力」の供給源として、重要な役割を担う層が増加してきている[(3)]。企業の人事政策においては、すでに自営業もその一端を担ってきた。二一世紀に入って、こうした状況は一層進行することが予想される。例えば、自営業者の中には、これまで正社員労働者が行ってきた業務を代行したり、正社員労働者と協働したりして、就業先の事業組織に組み込まれて、正社員に近い就業実態で就業する者もある。それらが、労働法（ないし、雇用法政策）の射程から排除されたままですむのかが問題となりつつある。同様の問題は、程度の差こそあれ、わが国だけでなく、他の先進諸国においても生まれている[(4)]。ドイツやEUの状況については、本書第一編において分析、検討を試みたところである。本章では、改めて、先進諸国における自営業者の実態と、ドイツにおける「仮装自営業者」問題について、まず分析を行っておこう。

そして、わが国における自営業者に対する労働法による今後の対応のあり方について、自営業をめぐる雇用・就業情勢の変化を予測しつつ、労働法の適用対象概念等と関わってどのような問題点が考えられるかを検討してみよう。

（1）雇用・就業形態の多様化については、例えば、古郡鞆子「産業構造の変化と多様化する雇用形態」日本労働研究雑誌四四七号（一九九七年）二九頁以下ほかを参照のこと。

（2）例えば、昭和六〇年制定の、いわゆる労働者派遣法、平成五年制定の、いわゆるパート労働法等があげられる。

（3）非労働者には、自営業者の他にも、例えば、家族従業者、宗教活動者、ボランティア、経営者等、労働法の適用の有無が問題となる者が存在している。

（4）例えば、ドイツにおいては、仮装自営業（Scheinselbständigkeit）の問題に対処すべく、近時、一部自営業者が社会保険法の適用対象に付加される改正が行われた。この点については、本章三で述べるほか、第一編第三章を参照のこと。Vgl. Bundesarbeitsblatt, 1999, S.11 u.a. アメリカにおける変化については、例えば、P.Schüren, Risikobegrenzung bei Scheinselbständigkeit im Arbeitsrecht der Vereinigten Staaten—Small Business Protection Act of 1996, in Festschrift für Günter Wiese, 1998, S.563ff.

イギリスについては、例えば、A.Felstead, The Sozial Organisation of the Franchise：A Case of Controlled Self-Employment, Work, Employment & Society, 1991, pp.37.

その他、ＩＬＯレベルの動きについては、例えば、鎌田耕一「契約労働（Contract Labour）をめぐる法的問題――ＩＬＯ第八六回総会討議をふまえて」日本労働法学会誌九二号（一九九七年）二一三頁以下を参照のこと。さらに、ＥＵレベルでの動きについては、第一編第五章のほか、例えば、A.J.Brabant, Arbeitnehmer und Selbständige—Einige Bemerkungen aus internationaler Sicht, NZA 1999, S. 23ff.

二　自営業の実態とその問題性

1　自営業の実態

欧米諸国においては、労働市場政策的な視点から、自営業を正面から捉えた分析がなされ始めたのは、一九八〇年代中頃以降であるといわれる。[5] しかし、それ以前から、統計上、自営業は把握されており、これに従ってその実態の概略をみてみよう。

自営業者（自営業主）については、統計上、国や国際機関によって捉え方に若干の差異がある。例えば、ＩＬＯでは、消極的には、雇用者（employee）以外の就業者とされ、積極的には、「現金もしくは現物による利益または、家族の利益のために、何らかの仕事をした者」といったやや漠然とした定義がなされてきた。[6] こうした定義により自営業者に分類される者には、雇用者を雇用せず、雇用していても家族従業者にとどまる者（own-account worker）と、雇用者を雇用し、したがって使用者としての性格を有する者（employer）とが存在している。[7] デンマークや旧西ドイツを除けば、ＯＥＣＤ加盟国では、前者の割合が高い（**表1**を参照のこと。）。

非農業分野において、自営業者が多く存在する分野としては、第二次産業では、製造業、建設業であり、第三次産業では、小売、卸売、レストランおよびホテルの分野、地域、社会および個人の各レベルでのサービスの分野、金融、保険、不動産および専門サービスの分野があげられる。そして、第三次産業により多く存在している。

表1　全産業における使用者としての自営業者と雇用者のいない自営業者（1989年）

	自営業者数合計（単位：千）	使用者としての自営業者（%）	雇用者のいない自営業者（%）
日　本	6830	27.1	72.9
フランス	1844	47.3	52.7
ドイツ	2116	60.8	39.2
イタリア	4189	4.3	95.7
イギリス	3209	31.5	68.5
デンマーク	169	57.6	42.4

出典：EC : Eurostat, Labour Force Survey ; countries outside the EC 1990.

表2　非農業分野における全就業者に対する自営業者割合（%）

	1975	1980	1911	1990	1991	1992	1993	1994
日　本	13.6	13.7	12.9	11.5	11.1	10.7	10.3	10.0（6130）
フランス	11.1	10.5	10.5	10.3	9.2	9.0	8.8	8.7（1799）
ドイツ	9.0	7.0	7.6	7.7	7.4	7.7	8.0	8.5（2936）
イタリア	22.6	19.2	21.3	22.3	22.2	22.5	22.0	22.3（4177）
イギリス	7.2	7.1	9.9	11.6	12.0	12.2	12.2	12.5（3132）
アメリカ	6.9	7.3	7.5	7.6	7.8	7.5	7.7	7.5（8995）

出典：OECD, Labour Force Statistics, 1996.
注：1990年以降は統一ドイツ全体。

自営業者の性別では男性が多く、年齢別には、二四歳〜四四歳、四五歳〜五九歳の順に多い。また、パートタイマーよりフルタイマーの方が圧倒的に多い。そして、新たに自営業者となった者が、従前に行っていた活動としては、雇用労働が最も多い。

ＯＥＣＤ加盟国の多くでは、自営業者数および全就業者中の割合（いずれも農業従事者を除く）は、一九八〇年代に入り、減少から増加か横ばいに転じている。その増加は、多くの国で、雇用者のいない自営業者の増加によるものと指摘されている[8]（ＯＥＣＤ加盟国の一部につき**表2**を参照のこと。）。

2　自営業の増加の要因

一九八〇年代に入ってからの自営業者の増加を規定した可能性のある要因として、少なくとも以下の三点が指摘されている[9]。

(一)　自営業に対する労働市場の需要増

労働市場の需給関係についていわれている「プル要因」と「プッシュ要因」とが、まずあげられる。業況の見通しが明るく、労働市場の状況が良好であれば、「プル要因」により、自営業を積極的に希望する者の自営化が進み、逆に業況の見通しが暗く、労働市場の状況が不良で失業率が高ければ、「プッシュ要因」により、消極的に自営化するというものである。

これらの要因との関係では、一九八〇年代以降、企業が、業務の外注を増やす傾向があげられる。これに対応して、自営業が増加し、特に税務、経営、財務上のコンサルティング等の高度な専門性を伴う専門サービス部門での増加が目立つとされている。

さらに、企業が柔軟な経営管理を求めて、従業員を、高収入で雇用保障のある中核社員と、中核社員に比して労働条件が悪く、雇用保障のほとんどない周辺労働者に分ける傾向が生まれ、後者に自営業者が含まれているとされる。また、いわゆるフランチャイズシステムの採用数の増加等もあげられている。

㈡　政府による起業支援策の実施

第二は、政府が失業者対策として失業者ないし失業のおそれのある者に、金銭等による起業支援を行うことで自営業が増加するというものである。起業支援は、企業家精神を醸成し、小規模企業の設立を促進したり、起業家的才能を発掘することや、潜在的な雇用を税収に結びつけることを目的としてきたとされている。しかし、一九九〇年代に入ると、自営業には、労働力の質や量を改善して、労働市場の機能化に役立つことが期待され始めたとの分析がある。支援制度については、既存の自営業者による利用がより多いともいわれるが、失業者を減少させる手段としては、コスト面で効率的との評価がある。

㈢　政府による制度的条件の設定状況

第三は、政府の政策で、本来は自営業を対象とはしていないが、間接的に自営業の増減に影響する場合があげられる。例えば、解雇規制等の雇用保障法制が厳格であれば、使用者側が雇用者に代えて自営業者を選択する傾向があるとされる。また、雇用者の社会保険の保険料について、使用者側の負担が大きくなれば、自営業者への需要が増す傾向が生まれるとされる。他方、税制では、一般に、自営業者は、雇用者に比して、税制上で有利な取り扱いを受けている（税率、税金の納付時期、税負担の種類等）。社会保険料も安い。これらの点は、雇用者の側に自営業化を促す要因となるとされる。

その他、最低賃金規制、引退政策、移民政策等もその要因としての可能性が指摘されている。

3　自営業をめぐる労働法上の問題点

こうして、自営業が増加し、またその雇用・就業形態が多様化して労働市場や企業の人事政策における比重を高めてくると、自営業者に対するこれまでの法的取扱や政策的対応のあり方について、再検討が求められることが考えられる。

労働法的視点に限ってみても、少なくとも次の二点についてそのことが妥当すると考えられる。

（イ）労働法の適用対象となる就業者の範囲や、その範囲を画定する基準の再検討が必要とならないか。

（ロ）（イ）の検討によっても労働法の適用対象から外れる自営業者について、労働法を含めて、雇用法政策上で無関心のままでよいのか。

近時、わが国も含めて、先進諸国においては、程度の差こそあれ、以上の点を含めて自営業の問題の検討を要する時期にあるようである。[(10)] ドイツにおいても、以下のとおり、（イ）との関連で「仮装自営業者」問題が議論されている。

（5）　Cf. R. L. Aronson, Self-Employment, 1991, pp. 20, 41, 117.

（6）　一九八二年におけるＩＬＯ主催の第一三回国際労働統計会議（ＩＣＬＳ）にて採択されている。中沢牧生『労働統計の発展とＩＬＯ』（平元、日本労働協会）一一六頁以下を参照のこと。

（7）　ＩＬＯは、統計上、この他、生産共同者（member of producer's cooperative）および無給の家族従業者も自営業者にカウントしている。ILO, Revision of the international classification of status in employment, p. 2ff.

（8）　以上のデータは主として以下の文献によっている。ILO, The Promotion of Self-Employment, Report VII, 77th Session of the International Labor Conference, 1990 ; OECD, Employment Outlook, 1992, 1996 ; EC, Labour Force Survey, 1992-1995, Table 52. ただし、**表2**の二〇〇三年のデータによると、自営業者の割合（%）は、日本八・七、フランス六・九、ドイツ九・七、イタリア二二・三、イギリス一一・五、アメリカ六・九で、ドイツ、イタリア以外の国では逓減傾向を示している。

（9） 例えば、OECD, note (7), p. 171ff ; R. L. Aronson, note (5), p. 20ff, p. 95ff ; P. Leighton, A. Felstead, The New Entrepreneurs, 1992, p. 57ff ; ILO, note (7), p. 38ff, p. 69ff.

（10） 例えば、アメリカでは、近時、労働法の適用対象概念を縮減し、労働者とされてきた者を自営業者（independent contractor）に変更する法案が下院に提出され議論を呼んでいる。Cf. The Washington Post, June 27, 1997 Final Edition.

イギリスでは、自営業者の実態調査や自営業者に関する問題についての分析が進んでいる。C. Hakim, Self=Employment in Britain : Recent Trend and Current Issues, Work, Employment & Society, 1988, p. 421ff ; A. Felstead, The Social Organization of the Franchise : A Case of Controlled Self-Employment, Work, Employment & Society, 1991, p. 37ff.

三　ドイツにおける「仮装自営業者」問題と被用者概念[11]

ドイツでは、一九八〇年代後半あたりから、いわゆる仮装自営業者（Scheinselbständige）の問題が議論されている。[12]

1　仮装自営業者問題の発生経緯と問題性

(一)　仮装自営業者の概念

仮装自営業者の概念については、基本的には、次の（a）の意味で用いられるが、（b）を含めて考える論者もある。[13]

（a） 形式的には、脱法的に自営業者（Selbständige）として扱われているが、現実の就業実態からすれば、労働法の本来的適用対象とされる被用者の概念のメルクマールを充たしており、本来、被用者とされる

べき者（以下では、仮装自営業者（a））

（b）　これまでの被用者概念のメルクマールに照らせば、被用者性を否定する就業実態が含まれていて、自営業者であるが、その雇用・就業形態や社会状況に照らしてみれば、本来の自営業者とは異なり、被用者と同様の保護を要すると解され、今後は、これに含められるべき者（以下では、仮装自営業者（b））

(二)　問題の発生経緯

「仮装自営業者」現象は、仮装自営業者、使用者（委託者）双方の事情から生じてきたと分析されている。[14] その事情には、自営業増加の要因として指摘されている諸事情（二**2**(一)〜(三)を参照のこと。）が含まれている。まず、使用者側においては、国際競争の激化等に伴い、人件費の節減を目的に、業務を正規従業員以外の者（非典型就業者）に委ねる傾向が強まりつつある。政府の規制緩和政策（起業支援策（二**2**(二)も含む。）によって可能となった労働関係のフレキシブル化も、この傾向を促進している。[15] これまで被用者が行ってきた業務を自営業者に行わせる動きも、この傾向のひとつである。これによって、労働法上の厳格な規制の適用を免れ、社会保障法上の重い保険料負担を回避して、例えば、委託すべき業務がない場合に生じるリスクを自営業者として負わせつつ、他方では、被用者と同様の拘束をこれに及ぼす実態が存在していることが指摘されている（自営業増加の制度的条件の存在（二**2**(三)）。

このほか、個々の領域ごとに、仮装自営業者の参入を受容する状況が生まれている（後述**3**(三)を参照のこと。自営業増加のプル要因の存在（二**2**(一)）。また、仮装自営業者の収入が、被用者と同レベルか、それ以下に押えられることも使用者側にうまみとなっている。

他方、仮装自営業者の側では、自営のうまみ（自由、高収入等）への期待を理由として自営業者となるケース以上に、長期の大量失業の状況下で、失業者が自営業者としての就業を受容する傾向が強い。また、整理対象とされた被用者が失業を免れるために自営業を選択せざるを得ない状況が生まれている（以上、自営業増加のプッシュ要因の存在（**二2**㈠）。また、家計収入の不足を補うために副業的に行われているケースも増加しているとされている。

2　問題の所在と広がり

こうした経緯で仮装自営業者が増加してくるにつれて、これらが、労働法や社会保障法の適用対象から外されることの妥当性が問題とされ始めた（**二3**を参照のこと。）。ドイツにおいて、自営業者について、この点が問題化したのは、今回が最初ではない。すでに一九世紀後半から繰り返しみられたところである。商業代理人や家内労働従事者、さらに放送局のフリーの協働者等はその好例である。(16)

こうした過去における問題は、いずれも、特定の職業領域の就業者を、主として労働法の適用対象に含めうるかにあった。

今回の仮装自営業者問題は、これまでの問題との対比でいえば、①問題が、後述のとおり（**3**㊂を参照のこと。）、広範な業種の多様な職種に及んでいること、②労働法と並んで、社会保障法の問題としても強く意識されていること、すなわち、社会保障制度の根幹をなす各種公的保険への加入義務、保険料の支払義務の有無が、社会保障法の仮装自営業者問題の論点となっていること、の二点で問題に広がりがみられる。

それだけに、仮装自営業者の数がさらに増加することは、協約自治を弱め、労使関係の安定のためのこれまでのメカニズムを機能不全に陥らせること等も併せて問題として指摘されているところである[17]。

3 仮装自営業者の実態

では、そもそも仮装自営業者といわれる就業者の就業実態、数的広がり、業種・職種等はどのようなものなのか。

(一) その就業実態

まず、各職業領域に存在する仮装自営業者の最大公約数的な就業実態としては、次の諸点があげられている[18]。

① 被用者を雇用しないか、雇用していてもわずかであること
② 自己資本がないか、自己資本があっても取るに足りないこと
③ 一人の委託者に対して、排他的にか主として、労務を提供していること
④ 特定された労務給付ないし委託を自らの手で履行していること

また、既述のとおり、収入額は低く、大抵が同種の業務に従事する被用者の平均レベルかそれ以下で、短期的就業を望む者が多いとされる[19]。

他方、仮装自営業者には、労働組合としての団結のメリットはあるが、メディア領域以外での労働組合の活動は不十分なままである[20](仮装自営業者の一部は労働組合を結成できることについては、4(二)を参照のこと。)。むしろ、労組以外の団体を形成するケースがみられる。また、被用者から仮装自営業者となった者については、加入労働組合自身によって組合員資格を停止する処理なされている[21]。

㈡　その数的広がり

仮装自営業者の数は、その概念自体が明確化されていないこともあって、公的統計からは判明せず、調査、分類には限界がある。そのため、正確な数字は分明でないとされている。(22) それでも、いくつかの調査が行われているが、やはり、データにばらつきがある。その数を、一九九一年の段階で、旧西ドイツ地区で一〇万〜一〇〇万とするもの(23)や、全ドイツで五〇万人程度とするもの(24)等がある。後者によると、その数は、一九九一年のドイツの全就業者数約三九〇〇万人の一・三％、農業従事者を含めた自営業者約三五〇万人の一四・三％にあたるとされている。

㈢　その業種・職種

仮装自営業者は、業種では、ほぼ全領域に拡大しているとされる。特に、建設業、食品製造業、運輸業、造園業、小売業等で増加しているとされる。(25) これらは、（a）事業場外で一人の委託者のためになされうる活動領域、（b）広範にフレキシブルな就業関係が存在する領域、（c）コンピューター技術等の技術革新によって、自営業者が好まれる領域等にあたる。(26) そして、㈠に掲げた最大公約数的特徴があてはまる職種の具体例としては、判例上問題となったものも含めて、次のような例があげられている。(27)

・有限会社の社員として活動する自営的大工
・運送業分野：委託者により提供される運搬車による商品運送人、自己所有のトラックによる単独運送人、会社所有の車で勤務し、勤務時間を自己決定していた補助タクシードライバー、宅配便業者
・保険の外交員

・建設業分野：単独請負人（一人親方）
・印刷業分野：在宅労働による編集作業、校正作業従事者
・クリーニング業分野：建物内のクリーニング従事者、電話ボックス等の小施設のクリーニング従事者
・食肉産業分野：食肉作業場で他の就業者とともに食肉製造に従事する肉加工人
・小売業分野：デパート等の売り子業務に従事する女性宣伝係（Propagandistin）、閉店後に商品を補充する業務を行う商品補充人（Regaleinrichter）
・ホテルの接客係

こうした仮装自営業者と委託者との間の契約関係は多様であるが、いわゆるフランチャイズ方式に基づくケースの含まれていることが指摘されている。(28)

4　仮装自営業者問題解決の試みと人的適用対象概念

(一)　適用対象概念と判断基準

ところで、ドイツにおいては、労働法、社会保障法の人的適用対象（労働法上の被用者（Arbeitnehmer）、社会保障法上の就業者（Beschäftigte））について、労働契約法等の法典化作業の過程で、具体的な定義づけが何度か試みられてきたが、これまでのところ実現しておらず、法文上は、定義がないに等しい。(29)規定のうえから、労働法、社会保障法に属する各立法の適用の有無を決することには無理がある。

そのため、学説、判例においては、長年にわたって、人的適用対象画定のための基準を定立する試みがなされ、支配的とされる学説、判例が確立されてきた。(30)これによれば、労働法、社会保障法の各適用対象は、

共通の内容を予定するものとして捉えられ、その共通の内容について、概略次のような説明がなされてきた。

人的適用対象の決定的指標は、「人的従属性」であり、「経済的従属性」は「必要でも、十分でもない」。ここでいう「経済的従属性」は、委託者に対する経済的な依存性を意味するが、そのゆえに社会的保護必要性が生まれている者でも、この者につき「人的従属性」が認められない限りは、労働法、社会保障法の適用対象から原則として外れることになる。そして、「人的従属性」については、そのメルクマールとして、労働の場所、時間、内容等を使用者が包括的に決定、指示し、労働者がこれに拘束される状態、すなわち「命令拘束性」があげられてきた。ただし、就業の実態は多様であり、「命令拘束性」の程度がさほど大きくないケースも存在しており、「命令拘束性」以外の複数の事情をも併せ考慮して、総合評価の方法で適用対象となるかどうかの結論が導かれてきた。

㈡　非被用者、非就業者に対する法的規制

被用者（ないし就業者）が、労働法、社会保障法上の本来の規制対象として、その全面的な規制を受けるのに対して、被用者（ないし就業者）ではなく自営業者とされる者に対しても、ドイツの労働法、社会保障法は全く無関心ではない。

労働法上は、その適用対象として、被用者以外に、家内労働従事者、さらには「被用者類似の者（arbeitnehmerähnliche Person）」が加えられている。(31) 被用者と自営業者との間に中間的な概念が創造されているのである。

被用者類似の者と被用者とは、被用者概念にとり本質的ではないとされる「経済的従属性」（経済的依存性）において類似し、「経済的従属性」が労働法の適用を根拠づけるとされてきた。家内労働従事者については、家内労働法のほかに、被用者に準じて相当数の労働立法の適用対象に加えられている。これに対して、被用者類似の者については、一九八〇年代までは、労働裁判所法、連邦休暇法、労働協約法の適用を受けるにとどまっていた。(32) 一九九〇年代に入ると、さらにいくつかの立法の人的適用対象に付加されたが、それでも一部にとどまっていることは既に述べた（第一編第一章〜第三章を参照のこと。）。したがって、仮装自営業者の中には、被用者類似の者にあたるとして、一部労働立法の適用を受ける者がすでに存在している。しかし、近時の問題は、さらに被用者としての扱いの要否にある。

他方、労働法とは異なり、社会保障法の領域では、「被用者類似の者」といった、「経済的従属性」のある自営業者を包括した概念はほぼ存在しないといってよい。(33) 個々の自営業者について、その収入状況その他社会経済的状況が被用者と類似していて、社会保障法のいずれかの領域での保護が必要と認められたケースごとに、個別に適用対象に取り込む手法がかなり早い時期から採用されてきた。(34) ただし、この手法は、家内労働従事者、農業従事者、芸能家、ジャーナリスト、教師等のように、適用対象をある程度特定できる自営業者グループについてのみ可能であった。これ以外の者は、基本的には私的保険でカバーしたり、生活保護等の社会扶助を選択することとなっている。(35)

(三)　仮装自営業者問題解決の試み

仮装自営業者問題に対しては、学説、判例による法解釈上の対応にとどまらず、政府レベルでの立法政策上の検討や社会保険事務の担当者による提案がみられる等、(36) 種々のレベルで問題解決の試みがなされ始めた。

(1)　連邦政府による立法政策上の対応

連邦政府は、一九八〇年代末までは、この問題に対する認識が十分でなく、積極的な対応の必要性を明示的に否定していた[37]。むしろ、自営業者の増加については、「ドイツ経済は、自営業者の存在と新設企業に依存している。それらが多ければそれだけよい。それらは、経済生活に新風、原動力、革新、新たな勇気をもたらし、新しい職場を生む」と、もっぱらプラスの評価を行っていた[38]。しかし、一九九〇年代に入り、仮装自営業者問題が社会問題化するにつれ、連邦政府は、この問題が労働法、社会保障法の脱法的操作により生じている面のあることを認め、その実態把握を前提に、対応策の検討を約束した[39]。併せて、連邦政府は、東西ドイツの統一にあたり、全ドイツに適用のある労働契約法を新たに制定する責務を負わされており、仮装自営業者問題は、同法の人的適用対象をどう定めるべきかとも絡む問題となってきた[40]。

(2)　学説、判例の動向

学説においては、仮装自営業者問題に対処するために、立法論、解釈論とも展開されているが、より検討に値すると思われるのは、解釈論上の展開である。

近時の学説においては、解釈論上は、これまでの支配的学説、判例（**4**㈠）が提示してきた判断基準、判断手法をそのまま支持する見解も少なくない。しかし、これを基本的に支持しつつも、新たなメルクマールによって補完すべしとする見解や、これを大きく変更すべきであるとするチャレンジングな見解も無視できない程度に支持が生まれている[41]。何らかの変更を肯定する後二者の見解は共通して次の点を指摘している。

これまでの被用者概念の捉え方は、典型的、伝統的な被用者（工場・鉱山労働者）の就業実態の特徴的事情を抽出して、メルクマールとしてきた（被用者概念の現象論的・存在論的定義づけ）。しかし、そうしたメルクマールでは、労働法、社会保障法に属する各立法の定める法的効果との意味的関係が説明できない。できるとしても、現行法上は、せいぜい事業所組織法が定める事業所内の共同決定と命令拘束性との関係についてくらいである。むしろ、被用者概念のメルクマールは、これによって、各立法の適用を根拠づける得るものでなければならない（被用者概念の目的論的定義）、というものである。(42)

それでは、この目的論的定義のための新たなメルクマールとは何か。論者によってバラエティーがあるが、「事業者的リスクとチャンス」を中心とする事業者性のメルクマールを付加したり、重視する見解に支持が増えている。(43) この見解は、一方で事業者的チャンスを制限されつつ、他方で、事業者的リスクを意思に反して負わされうる状況にある就業実態が、労働法、社会保障法の適用を根拠づけるとする。人的従属性のメルクマールとされてきた事情もこの視点から捉え直すべきであるとする。具体的には、例えば、自前の事業組織（協働者の雇用、自前の事業場、自己資本等）の有無、取引市場への参入機会（複数委託者との取引の機会等）の有無、経済的損失のリスクの負担と収益増加のチャンスの保持との適切な均衡（就業場所、就業時間からみた事業者的自由の存在、自己の顧客の存在、取引価格の自由な設定等）の有無等の事情があげられている。(44) 適用対象のメルクマールを、被用者性を示す事情の中から積極的に抽出することに代えて、事業者性を示す事情から消極的に抽出する手法への転換といってよい。そこには、事業者と被用者双方からする接近現象によりグレーゾーンが拡大するなかで、被用者と仮装自営業者（中でも仮装自営業者（b））との区別が困難になっていきているとの現象論的な認識も契機としてあるとみられる。

この考え方によれば、仮装自営業者（b）の中にも、労働法、社会保障法の本来的な適用対象に含められる者が生まれることになると解される。

他方、判例上は、従前の判断基準や判断枠組みに重大な変更はみられないが、「事業者リスクとチャンス」を示す事情を重視するものが散見され始めている。(45)

(11) ドイツ労働法の本来の適用対象とされる Arbeitnehmer には、これまでの一般的な訳語例に従って「被用者」をあてておく。
(12) ドイツにおける「仮装自営業者」問題への対応については、第一編第三章（一七一頁以下）も参照のこと。
(13) Vgl. U.Paasch, Abhängige Selbständigkeit, WSI Mitteilung, 1991, S.218.
(14) Vgl. H.D.Steinmeyer, Die Problematik der Scheinselbständigkeit, ZfS 1996, S.368ff.
(15) 例えば、一九八〇年代に入って以降行われてきた有期労働契約の期間制限の緩和、パートタイム労働の促進、被用者派遣の規制緩和等の諸施策に基づく雇用・就業形態の多様化状況をいう。
(16) 放送局のフリーの協働者については、第一編第二章を参照のこと。
(17) H.J.Bauschke, Auf dem Weg zu einem neuen Arbeitnehmerbegriff, RdA 1994, S.212.
(18) Vgl. U.Paasch, a.a.O.（Anm.13）, S.216ff.
(19) Ebenda S.223ff.
(20) Ebenda S.224ff.
(21) Ebenda S.224, Anm.38.
(22) H.D.Steinmeyer, a.a.O.（Anm.14）, S.373.
(23) Backhaus, Neue Selbständigkeit—eine rechtspolitische Herausforderung, S.4.
(24) H.D.Steinmeyer, a.a.O.（Anm.14）, S.374.
(25) Vgl. H.J. v. E.Mettmann “Abhängige Selbständigkeit”, BB 1994, S.60.
(26) U.Mayer, Rechtsprobleme bei der Personalpolitik mit Selbständigen, AuR 1990, S.214.
(27) Vgl. H.D.Steinmeyer, a.a.O.（Anm.14）, S.356ff.；R.Wank, Franchisenehmer und Scheinselbständigkeit,

ZfS 1996, S.394ff.；T.Kreuder Arbietnehmereigenschaft und neue Selbständigkeit im Lichte der Privatautonomie, AuR 1996, S.386 usw.

(28) R.Wank, Arbeitnehmer und Selbständige, 1988, S.281ff.

(29) 商法典（ＨＧＢ）八四条一項二文での商業代理人（Handelsvertreter）の概念定義が具体的定義の例としてあげられるにとどまる。この点については、第一編第一章（七九頁以下）を参照のこと。

(30) 被用者概念をめぐる学説、判例については、第一編第二章（一一二頁）を参照のこと。

(31) 被用者類似の者の概念については、第一編第一章を参照のこと。

(32) 例えば、労働協約法一二条ａは、被用者類似の者の要件として、原則として次の三点をあげる。①（自由）雇用契約（有償委任）または請負契約に基づき他人のために活動すること、②義務づけられた給付を自分の手で、かつ被用者を、本質的に使用せずに履行すること、③主として一人の者のために活動するか、自己の生業から得られる全収入の平均して半分を超えて一人の者から得ること、である。

(33) ただし、公的年金制度の適用対象である被保険者について定める社会法典第六編第二条九号に「被用者類似の自営業者（arbeitnehmerähnliche Selbständige）」なる包括的概念が用いられた例がある。この点については、第一編第三章（一七一頁および一九二頁以下）を参照のこと。

(34) Vgl. H.J. v. E.Mettmann, a.a.O.（Anm.25), S.60ff.；H.D.Steinmeyer, a.a.O.（Anm.14), S.355f.

(35) ただし、保険料全額負担を条件に自営業者の特別加入制度が部分的に設けられている。Vgl. H.J.v. E.Mettmann, a.a.O.（Anm.25), S.61.

(36) Vgl. H.Dieterich, Empirische Befunde zur Scheinselbständigkeit, IAB Werkstattbericht 1996, No.7, S.5ff.

(37) 例えば、連邦議会での一九八九年一月三一日の政務次官 Vogt の発言。Vgl. BT-Drucks. 11/3956, S.15f.

(38) Bundesministerium für Wirtschaft, Starthilfe—Die entscheidenden Schritt im die berufliche Selbständigkeit, S.5；Der Spiegel 3/1997, S.84ff.　野党ＳＰＤは、与党に先駆けて、「仮装自営業者」問題について、独自の私案を公表していた。BT-Drucks. 13/6547（1996.12).

(39) 例えば、連邦議会での政府答弁。BT-Drucks. 12/7279, 12/7484 (1994). この問題に関して、本文記載内容以降の展開については、第一編第三章（一七一頁以下）を参照のこと。

(40) 統一条約（Einigungsvertrag）三〇条一項一号。ノルトライン・ヴェストファーレン州ほか数州が、独自の労働契約法草案を作成して、連邦参議院に提出しているが、その中で適用対象概念につき独自の定義を試みている。Vgl. BR-Drucks. 671/96 (1996) usw.

(41) Vgl. R. Wank, a. a. O. (Anm. 27), S. 399f.; H. Dieterich, Neue Formen der Erwerbstätigkeit unter besondere Berücksichtigung der Scheinselbständigkeit in Neue Qualifizierung und Beschäftigungsfelder, Dokumentation der BIBB/IAB-Workshops, 1995, S. 294.

(42) R. Wank, a. a. O. (Anm. 28), S. 23ff u. 34ff. usw.

(43) H. Dieterich, a. a. O. (Anm. 36), S. 4.

(44) R. Wank, a. a. O. (Anm. 28), S. 125ff.; H. Dieterich, a. a. O. (Anm. 36), S. 3ff.

(45) Vgl. H. J. Bauschke, a. a. O. (Anm. 17), S. 212; R. Wank, Die neue Selbständigkeit, DB 1992, S. 92ff. usw.

四　わが国における自営業者と労働者概念

わが国においては、自営業者数および、自営業者が全就業者に占める割合は、全体としてやや下降気味である[46]（表2を参照のこと。）。しかし、わが国においても、労働市場の流動化の進展や雇用・就業形態の多様化に伴って、程度の差こそあれ、ドイツにおける「仮装自営業者」に相当する自営業者が、各職業分野で、今後とも増加していくものと考えられる[47]。わが国においては、こうした自営業者に対していかなる対応が必要になるのであろうか。基本的には、**二3**で指摘した（イ）、（ロ）の二つの課題があげられることになろう。本章では、概略、自営業者をめぐる雇用情勢の変化についての予測を「背景」として取り上げつつ、問題点を指摘するに留めたい。その際、わが国の労働法の体系を、ひとまず労働市場法、雇用関係法、労使関係法の三分野に分けて検討してみよう。(48)

1　労働市場法における問題

(一)　労働市場法の見直しの背景

専門職・技術職にある人材をはじめ、いわゆる外部労働市場での人材の流動化が進み、企業外の人材に対する一層の門戸開放が現実のものとなれば、人件費節減等の経営効率の点から、自営業者への業務委託も増加してくるとみられる。(49) 他方、就業者の側においても、雇用・就業形態の多様化のひとつの現れとして、(50) 失業者からだけでなく、有職者の中からも、自営業への転身を受容する者が、増加することが考えられる。これらによって、労働者と自営業者間でも、人材の流動化が進むことが予想される。こうした状況下では、労働市場法政策は、労働力の流れについて、自営業との間の流れも含めて対応しなければ、労働市場の機能化のためのより効果的な規整ができなくなってくるのではないか。

(二)　検討すべき問題

(a)　労働市場法の人的適用対象概念の再検討

そこでまず検討すべきは、労働市場法に属する諸立法の適用（規整）対象概念であろう。この概念は、基本的には、職業安定法（職安法）五条一項が職業紹介の対象として定める「雇用関係」によっていると考えられる。(51) この「雇用関係」については、民法の「雇傭」（六二三条）より広い概念で、事実上の使用従属関係が認められればよいが、求人側には労働者供給や請負等の求人は含まれず、求職者側については、自営業や内職等の求職は含まれないとの判例、行政解釈が示されてきた[52]。したがって、労働市場法の適用対象には、自営業者や家内労働者は含まれないことになる[53]。

今後、先のような背景事情そのほかによって、企業組織内での自営業者の比重が高まってくるとすれば、求職者が安定した自営業に就いたり、求人企業が良質の自営業者を採用するための公的規整が期待されるケースが増加することが考えられる。この観点から、「雇用関係」の概念自体に、例えば、ドイツで問題となっている「仮装自営業者」等の一定の自営業者を含めるべきかが問題となる（職安法五条一項の「雇用関係」概念の拡大の是非）。

(b)　自営業者を射程に収めた労働市場法政策の要否

さらに、「雇用関係」の概念にどこまで自営業を含めるべきかとは別に、今後の労働市場法政策においては、自営業という就業の機会や自営業者の労働力といった観点から、自営業を射程に収めた法施策の展開が求められないか問題となる。例えば、すでに、高年齢者雇用安定法においては、高齢者雇用の一層の安定を図るべく、昭和六一年の改正によって、「雇用によるもの」だけでなく、それ以外の「臨時的かつ短期的な就業」の機会の確保、組織的提供、講習等をシルバー人材センターの業務と定めるに至っている（同法四二条[54]）。今後の労働市場法政策のあるべき方向を示す事例といえないだろうか。

2　雇用関係法における問題

(一)　雇用関係法見直しの背景

非正規就業者のうちでも自営業者や派遣労働者等のような、就業先の使用者と労働契約関係にない就業者が、それまで正社員労働者によって担われてきた業務を代替する事例や、正社員労働者とひとつの業務について協働すること等で就労先の事業組織に組み込まれる事例等が増加してくることが考えられる[55]。これに伴って、雇用関係法の適用対象であることを根拠づけるとされてきた「使用従属関係」が派遣先との間にあるとされる派遣労働者と同様に、この関係にはないとされる自営業者でも、就業の過程で、ドイツの「仮装自営業者」についていわれるような、労働者と同様の不利益（リスク）が現実化する例が増加してこよう[56]。

他方、これまで「使用従属関係」下にあるとされ、雇用関係法の本来的な適用対象とされる労働者の側にも変化が生じている。専門性や勤務場所（外勤、在宅等）等の点から、使用者の指揮監督から多少とも離れて、自営業的な自律的労働を行う者が増加しつつある[57]。これへの対応はすでに「裁量労働」や「みなし労働」等に対する労働時間規制の緩和から始まっている（労基法三八条の二～三八条の四）。こうして、労働者と自営業者双方からの接近現象が進行している。両者のグレイゾーンは、労働者性と自営業者性の強弱や各性格を示す事情の多様化によって質的に拡大し、また、グレーゾーンにある就業者の数の増加によって量的にも拡大することが予想される。

(二)　検討すべき問題

こうした変化のもとでは、グレーゾーンにある就業者の労働者性判断が、さらに困難化していくことが考えられる。雇用関係法に属する立法の適用対象については、労働基準法（労基法）九条の「労働者」の定義によることが一般に支持されている[58]。その「労働者」性については、それまでの学説、判例を踏まえ、限界事例にも適切に対応できるようにと、すでに昭和六〇年の「労働基準法研究会報告[59]」（以下「六〇年報告」）

において、一般的判断基準が示されている。

「六〇年報告」は、労働者性の判断基準を「使用従属性」に求め、これが①「指揮監督下の労働」に関する判断基準と、②報酬の労務対償性に関する判断基準から判断されるとしている。そして、限界事例では、「労働者性」の判断を補強する要素も加えて、総合判断する必要があるとしている。その要素としてあげられているのが、「事業者性の有無（機械、器具の負担関係、報酬の額等）」と「専属性の程度」である（詳しくは、第二編第二章（二九四頁以下）を参照のこと。）。

（a）　労働者性の判断基準の見直しの要否

ドイツにおいて「仮装自営業者」問題を契機に被用者性判断において重視すべきことが主張されている「自営業的リスクとチャンス」は、すでに「六〇年報告」でも、「自らの計算と危険負担」として認識され、判断の補強要素としてあげられている。ドイツの学説が指摘する「目的論的定義」論の是非は別として、労働者性判断での補強要素の比重を高めたり、ドイツの学説が抽出している事情（三**4**㈢⑵）等、補強要素を豊富化する新たな事情を抽出することが考えられる。あるいは、「自営業者的リスクとチャンス」のような補強要素を重視して、「非自営業者性」という観点から判断してみることの当否が問題となろう。

また、この作業によって一定の自営業者に労働者性を新たに認めるとしても、雇用関係法に属する立法すべての適用を受ける扱いにするほかに、派遣労働や裁量労働あるいは家内労働レベルの規制を検討する余地も考えられてよいであろう。

（b）　就業者等の意思の扱い

労働者性の判断基準を（a）にみたように再検討して「労働者」とみなされることになる者が、その扱いがかえって不利益を生むとして抵抗することも考えられる[60]。これへの対応として、例えば、「労働者」の定義規定を推定規定にして、反証の機会を限界事例の労使に与えることや、端的に「労働者」性の判断を就業者の意思（個別意思や労使協定）にゆだねること等の適否を検討してみることも考えられる。この点は、労働法を構成する他の法分野にも妥当する。

近時、就業・雇用形態や就業実態の多様化に伴って、雇用関係法の領域において、罰則を背景とした一律の規整が、労働者利益にとっても不適切な場合が増加してくることが指摘され、罰則つきの強行規定を部分的に罰則のない任意規定ないし推定規定に切り替えたり、新たに追加したりする方向を模索する考え方も提示されている[61]。こうした方向が現実のものとなれば、（a）において労働者概念をどこまで厳格に画定すべきかという点や、（b）において就業者等の意思を労働者性の判断においてどこまで重視できるかの検討にあたって、新たな展開を生むことも考えられる。

3　労使関係法における問題

(一)　労使関係法見直しの背景

労働市場の流動化や雇用・就業形態の多様化に伴って、中途採用が増加してくると、特に専門職や技術職等については、その労働力のレベルを客観的に評価できる基準やシステムが、採用基準としても求められてこよう[62]。当初は、企業ごとに行われようが、徐々に産業全体、職業全体に共通する企業横断的基準やシステムが生まれる可能性がある[63]。また、転職者や中途採用者の増加が、企業への帰属意識を低下させ[64]、企業を超えて同一の専門、技術や就業形態にある就業者の組織的つながりを生むことが考えられる[65]。こうなると、企業横断的組合組織による、企業横断的な労働評価基準に基づく労働条件の向上のための効果的対応も可能となり、企業横断的組織の存在意義が高まってこよう(66)。

企業別労組の組合員は、企業の労働者でしかも正社員に限定される傾向が強いが、企業横断的組織では、組合員資格は、同一産業、同一職業での就業ないし就業予定が前提となり、特定企業での雇用、特に正社員雇用が重視される契機が相対的に乏しい。組合員に、自営業者も含め正社員以外の雇用・就業形態にある者が加わる余地が広がってくる。また、自営業者だけから成る職能団体等の増加も予想される(67)。

㈡　検討すべき問題

以上の背景によるだけではないにしても、今後、労働者と自営業者との「混合組合」が生まれてくることが考えられる。このうち労働者が主体となっているケースでは、組合員である自営業者は、組合員労働者と同様の労使関係法上の地位を与えられるべきか。他方、職能団体等で自営業者が主体となっている団体については、自営業者の法的地位や少数構成員労働者の法的地位を今後はどう捉えるべきか等が問題となってこよう。

これらの点への対応手法としては、①労使関係法に属する立法に共通する人的適用対象とされる労組法三条の「労働者」概念の拡大、②労使関係法規の準用、類推適用、③新たな適用対象概念の創設等の選択肢が考えられてよい。ドイツでは、先にみたとおり、③の手法を選択して、「被用者類似の者」の概念を創設し、労働協約法を含む一部労働立法の人的適用対象に加えてきたが、既述のとおり、近時、①の手法の選択を主張する見解が再度生まれているのである。

(46) 自営業者の中では、雇用者のいない自営業者が減少傾向にある。労働力調査年報一九九六年版八〇頁以下を参照のこと。

(47) 例えば、電話ボックスのクリーニングやタクシーの補助運転手等はすでにわが国でも自営業的に行われている。また、自営としての開業看護婦（朝日新聞平成六年一二月三一日朝刊）や企業退職者による各種コンサルティング業の開始等が新聞報道等でも散見される。自営業者の増加の予測については、例えば、日下公人「サラリーマン破壊」Voice 一九九五年一月六三頁以下、服部光雄『雇用崩壊と人事改革の時代』（産業能力開発大学校、平六）三七頁以下。

(48) この問題については、すでに若干の考察を試みたことがある。拙稿「社会構造の変化と労働者概念」『労働市場の変化と労働法の課題』（日本労働研究機構、平八）資料シリーズ№五七所収、二七頁以下。

(49) その予想をするものとして、例えば、日下公人、前掲解説（注(47)）、六三頁以下を参照のこと。パートタイム労働や派遣等のフロー型雇用の増加を指摘するものとして、例えば、島田晴雄『日本の雇用』（筑摩書房、平六）一六七頁以下を参照のこと。

(50) 自営業の増加そのものには言及していないが、この点については、島田・前掲書（注(49)）一七三頁以下を参照のこと。

(51) 労働市場法に属すると考えられる、例えば、職業能力開発法は、職業能力開発の対象となる「労働者」を「事業主に雇用される者」および「求職者」（二条一項）とし、雇用保険法は、被保険者を「適用事業に雇用される労働者」（四条一項）と明定している。

(52) 最高裁昭二七・一二・一八刑集六巻一一号一三一九頁、同昭二九・三・一一刑集八巻三号二四〇頁、同昭三五・四・二六刑集一四巻六号七六八頁ほか、労働省職業安定局編著『改訂版雇用対策法、職業安定法、緊急失業対策法』（労務行政研究所、昭四五）一九三頁参照。

(53) 労働省職業安定局編著・前掲解説書（注(52)）一九二頁。ただし、こうした法解釈とは別に、自営業の斡旋、相談が現実には、公共職業紹介所によって行われてきたとの指摘がある。例えば、労働省職業安定局監修

『職業安定解釈総覧』（労働法令協会、昭和三二）二六頁〜二七頁を参照のこと。

(54) その他にも、例えば、職業能力開発促進法九二条（旧九七条の二）は、職業訓練に準ずる訓練の実施対象として、「一　労働者を雇用しないで事業を行うことを常態とする者　二　家内労働法（昭和四五年法律第六〇号）第二条第二項に規定する家内労働者……」を予定している。

(55) この点を予測するものとして、例えば、日経連報告書『新時代の「日本的経営」』（平七）三〇頁以下（三二頁図表六）、連合雇用労働委員会報告「転換期の雇用労働対策の方向について」（平六）四(7)を参照のこと。

(56) 家内労働法の制定や、派遣労働につき派遣先に対する雇用関係法の適用関係を定める労働者派遣法の規定（四四条以下）は、こうした認識を前提としている。また、シルバー人材センターの紹介による下請労働に就業中に負傷した就業者に対する労災補償の要否の問題もこうしたリスクに関わるといえよう。

(57) 例えば、菅野和夫・諏訪康雄「労働市場の変化と労働法の課題」日本労働研究雑誌四一八号（平六）一二頁、古郡鞆子「産業構造の変化と多様化する雇用形態」日本労働研究雑誌四四七号（平九）二九頁以下。

(58) 下井隆史『雇用関係法』（有斐閣、昭六三）一三頁以下を参照のこと。

(59) 労働省労働基準局編『労働基準法の問題点と対策の方向』（日本労働協会、昭六一）五二頁以下。

(60) 例えば、ドイツでは、商業代理人（Handelsvertreter）の団体が労働協約法をはじめ労働法規の適用を拒絶したため、労働協約法は、商業代理人を明文でその適用対象から除外している（同法一二条 a 第四項）。

(61) 例えば、山川隆一「労働基準法の課題」中労委時報八六八号（平六）一三頁以下。

(62) 例えば、高齢化対策能力開発検討委員会報告書（平六）、関西生産性本部「日本型雇用の方向」（平七）六頁（C 3）。

(63) この点を予測するものとして、例えば、関西生産性本部・前掲報告書（注(62)）六頁（C 4）、日経アントロポス一九九五年一月号（今野浩一郎解説部分）一二頁。

(64) 例えば、高梨昌編『変わる日本型雇用』（日本経済新聞社、平六）一九一頁以下、服部光雄・前掲書（注(47)）二三二頁以下。

(65) すでに、例えば、フリーの在宅労働者を中心とする複数の団体等が生まれている（日本経済新聞平成九年一〇月一三日夕刊を参照のこと。）。

(66) 企業横断的ないし職業別の労働市場の拡大の必要性を指摘するものとして、例えば、日本雇用制度研究会中間報告書『日本的雇用制度の現状と展望』（平七）二〇頁、関西生産性本部・前掲報告書（注(62)）六頁（C4）。

(67) 例えば、連合は、組織拡大策として、クラフトユニオンの具体化や個人請負契約労働者の組織化を運動方針に掲げている。週間労働ニュース平成九年五月一九日号、同年九月二二日号ほかを参照のこと。

五　小　括

以上は、あくまで、わが国における自営業をめぐる雇用・就業情勢の変化についての予測に基づく問題点の指摘にとどまる。以上の問題点の検討にあたっては、その前提として、わが国に存在する自営業者、とりわけ「仮装自営業者」にあたる者等の就業実態や社会経済的状況の把握が求められるところである。

第二章　わが国雇用関係法の人的適用対象の現状と課題

一　序

第二編第一章において、わが国労働法をひとまず三つに分けて、自営業者をめぐる雇用情勢の変化の予測を背景としつつ、予想される問題点について検討してみた。こうした問題点を検討するにあたっては、そもそもわが国労働法においては、人的適用対象についてどのようなスタンスを取ってきたかを明らかにしておく必要があろう。そこで、本章では、立法政策の展開と判例の蓄積とによって、そのスタンスがある程度明確になっていると考えられる雇用関係法の分野をひとまず取り上げ検討してみよう。

二　雇用関係法の人的適用対象における解釈論上の規整のスタンス

わが国の労働法体系は、先のように、通例、三つの法分野に分けられる。そして、それぞれの法分野にはそれぞれの適用（規整）対象が存在していると解される。すなわち、①労働市場法の分野では、職業安定法五条一項の「雇用関係」が、②雇用関係法の分野では、労働基準法（労基法）九条の「労働者」が、③労使関係法の分野では、労働組合法三条の「労働者」が、基本的に、各法分野の一般的な適用対象と捉えられていると解される。(1)

しかし、これらの概念には、その内容を特定できる程度に具体的な定義が与えられているとはいえず、結局、解釈によってその内容が確定されてきた。したがって、わが国労働法の人的適用対象についてのこれまでの規整のスタンスを明らかにするためには、どのような就業実態にある者が、解釈論上、とりわけ、判例において、労働法の適用（規整）対象と解されているかが、まず明らかにされなければならない。そうすることで、逆に、判例の解釈の中に、労働法の適用対象となるべき就業者に求められる就業実態にない者を、自営業者として労働法の規整の外に置くという解釈論上の規整のスタンスを読み取ることが可能になる。また、近時、既述のとおり（第二編第一章**四2**㈠（二八四頁以下）を参照のこと。）、労働法の本来的な適用対象と自営業者との間のグレーゾーンの質的、量的拡大が進行しており、これに対応する形で、判例において、そのスタンスに変化がみられないかも併せて分析してみる必要がある。

そこで、雇用関係法分野の一般的な適用対象と解されてきた労基法九条の「労働者」性判断の基準について、先のような観点から、わが国労働法の解釈論上の規整のスタンスを検討してみよう。

1　六〇年報告

ところで、労基法九条の「労働者」については、昭和六〇年に公表された「労働基準法研究会報告」（以下「六〇年報告」という。）が、過去の学説、判例を吟味したうえで、グレーゾーンにある就業者の労働者性判断にも適切に対処できるように、「労働者」性の一般的判断基準を提示している。[2]その後も、この一般的判断基準をもとに、特定の就業形態にある就業者の労働者性判断のための個別の判断基準が示されている。[3]この「六〇年報告」は、雇用関係法分野において、学説、判例によってそれまで示された「労働者」性の一般的判断基準のいわば集大成とみることができるであろう。

そこで、この「六〇年報告」でも判断基準が示されていて、しかも、就業形態が多様化していて労働者と自営業者とのグレーゾーンにある就業者が多く、「六〇年報告」以降もその「労働者」性をめぐる判例の多い、いわゆる傭車運転手の事例を例に、雇用関係法の人的適用対象についての解釈論上の規整のスタンスを検討してみよう。

「六〇年報告」は、在宅勤務者とともに、傭車運転手の労働者性についてのあるべき判断基準を具体的に吟味している。傭車運転手の労働者性については、傭車運転手が一般に高額のトラック等を所有しているため、傭車運転手の労働者性の判断基準として「使用従属性」に関わる諸事情だけでなく、補強要素として、「事業者性（自らの計算と危険負担に基づく事業活動）の有無」や「専属性の程度」等の事情も加えて総合判断する必要があるとしている。(4)

「六〇年報告」は、このうち「使用従属性」の有無を判断する事情として、「業務遂行上の指揮監督の有無」、勤務時間、勤務場所についての「拘束性の有無」の二事情を重要な要素としてあげている（その他、「仕事の依頼、業務従事の指示等に対する諾否の自由」も、それが肯定される場合にのみ重要な要素となるとされる。）。そして、傭車運転手の場合、「業務遂行上の指揮監督の有無」について、運送物品、運送先、納入時刻の指定は、運送という業務の性格上当然であり、指揮監督の有無には関係しない。指揮監督があるというためには、運送経路、出発時刻の管理、運送方法の指示等がなされ、運送業務の遂行が使用者の管理下で行われていると認められる必要があるとする。(5)また、「拘束性の有無」については、勤務場所、勤務時間の指定、管理のないことは、指揮監督関係を否定する重要な要素となるが、それが業務内容から必然的に必要と

なる場合は、拘束性を肯定する一つの要素となるにすぎないとしている。(6)

他方、「六〇年報告」は、補強要素としてあげた「事業者性の有無」等について、傭車運転手が高額のトラック等を所有している場合には、「事業者性」が推認され、また、同種の業務に従事する正規従業員に比し報酬が高額になる場合には、労働者性を弱める要素となる等の判断を示している。(7) そして、「六〇年報告」は、結論的には「使用従属性」の程度が十分肯定できる事例では、「事業者性の有無」等の補強要素が「事業者性」を示していても、労働者性が肯定されるとしている。逆に「使用従属性」が認められず、かつ「事業者性」が認められる事例では、労働者性は否定されるとしている。(8)

「六〇年報告」では、「使用従属性」が認められないか、その程度が低いが、高額のトラック等の所有の点以外では、「事業者性」も否定される場合の判断が必ずしも明らかではないが、傭車運転手の事例でも、「使用従属性」の判断要素である「業務遂行上の指揮監督の有無」と「拘束性の有無」を労働者性判断の基本的要素と位置づけていると解される。しかも、それらの要素の有無、程度についての具体的判断では、あくまで典型的な労働者像が前提とされていると解される。

2　判例のスタンス

他方、「六〇年報告」以降で、傭車運転手の、雇用関係法上の労働者性の有無を判断した判例は、一九九〇年代末頃までをみると、一〇件程度存在している（判例では、委託打切りの可否や労働災害補償の認定をめぐり労働者性の有無が争点となっている）。それらは、「六〇年報告」であげられている判断要素とほぼ同様の要素を用いているが、その労働者性判断の手法については、およそ、次の一～三の三つの型に分類できるように思われる。

(1) 非事業者性判断型ないし就業者の自由裁量の有無の重視型(A型)

「使用従属性」の有無に関する「業務遂行上の指揮監督の有無」と「拘束性の有無」の二要素についての「六〇年報告」による先のような評価に従えば、二要素とも業務の性質や内容から当然に肯定されるにすぎないために、他の従業員に比してその程度が高くないとみられる傭車運転手の事例について、ただちに使用従属性を否定するのではなく、「労働力に一定程度の支配を及ぼしていた」、「一般的指揮監督に従って」いたとの評価を加える判例がある。[9][10] そして、これらの判例は、むしろ「自己の責任と計算において、自由に自己の労働力の対価を得ているといった関係」にはなかったことを強調して、「実質的使用従属関係」(労働者性)を認めている。あるいは、同様に、先の二つの要素につき、業務の性質や内容から肯定されるにとどまり、その程度が低いとみられるにもかかわらず、実質的に、就業者の側に裁量・選択の自由がなかったことに変わりはないこと等を根拠に、「請負契約に基づく委託者の請負人に対する範囲やその契約の性質から生ずる拘束の範疇を超える」として、使用従属関係を肯定する判例がある。[11]

これらの判例は、労働者性よりも、非事業者性にウエイトをおいた判断を行っていると解される。この型の判断基準では、グレーゾーンにある就業者の労働者性が比較的広く認められることになると解される。

(2) 労働者近似性判断型(B型)

これに対して、先の二要素を重視し、しかも当該企業で労働する一般の従業員の就業実態との対比で、これよりも「指揮監督の範囲は狭く、内容的に弱い」場合には、他に労働者性を示唆する事情があっても、労働者性を否定する判例がある。[12] しかも、こうした判例には、比較の対象となる一般の従業員と当該就業者との職種等の相違は、二要素の評価に際して、特に問題としないものがある。[13] この型に属する判例には、労基法が本来の適用対象として予定する、いわば典型的な労働者にみられる指揮監督の程度や、勤務時間、勤務場所の拘束性にどれだけ近いかが、当該就業者の労働者性の有無を決定するとの認識があると解される。

この型の判断基準は、グレーゾーンにある就業者の労働者性をかなり限定的にしか認めない厳格な判断といえるであろう。

(3)　折衷型（C型）

この型に属する判例は、先の二要素を重視する立場において基本的にはB型に立つと解される。ただし、二要素のうち、一方の要素について、一般の従業員と同視できる程度の実態が肯定できるが、他方については、一般の従業員と同視できるほどの実態にない場合でも、一般の従業員と同様の実態にないことにつき事情（理由）があるとか、「事業者」というほどの実態にない場合には、労働者性を認める。例えば、勤務時間、勤務場所への拘束が弱いが、これは業務の性質上その必要がなかったという事情があったからであり、指揮監督が当該就業者の業務のあり方をほぼ全面的に規制する程度に及んでいたのであるから、その労働者性を肯定できる、とする判例がある。[14] あるいは、作業の段取りについて細かな指示がなかったが、それは、業務の性質上、仕事の手順が必然的に定まっていたからで、むしろこの点については就業者には自由裁量の働く余地がほとんどなかったというべきであること、労働時間の長さや配置は、同じ業務を担当していた従業員とほぼ同一であったこと、を認定した判例も、[15] この型に分類できよう。二要素のうち一方にはB型の、他方にはA型の判断手法が用いられていると評価できよう。

「六〇年報告」以降の判例による傭車運転手の労働者性判断では、一九九六（平成八）年に、最高裁[16]がB型に属すると解される判断を示すまでは、A型やC型を採用する判例がみられる。

労働者性判断において、A型とB型の判断基準には、単に同一の事情に対する評価に差異があるというにとどまらず、基本的な考え方に相違が存在しているように思われる。A型では、グレーゾーンにある就業者が、典型的労働者と典型的事業者のいずれにより近いかで、結論を導こうとする傾向にある。したがって、「業務遂行上の指揮監督の有無」と「拘束性の有無」の二要素につき、その程度が低く典型的労働者とはいえなくとも、「事業者性」を量る他の要素も併せて考慮すると、典型的事業者にみられる「自己の責任と計算において、自由に自己の労働力の対価を得ているといった関係」からは一層遠い就業者には、労働者性を肯定することになっていると解される。これに対して、B型では、一般の従業員と同程度に、使用者の指揮命令や勤務時間、勤務場所の拘束により自己の労働力処分の自由を制限されていない限りは、たとえ他に労働者性を示す事情を伴っていて、典型的事業者ともいえない者であっても、「事業者」に属するとみる考え方であるといえよう。

そして、B型に立つとみられる最高裁の判断によって、判例の考え方は、労基法の労働者性判断は、厳格に行うという点で、「六〇年報告」以降も維持されることとなっているといってよいであろう。

いずれにしても、A型ではなく、B型の判断基準によって、労働者性の範囲が画され、その範囲からはずれる就業者が自営業者（「事業者」）となるというのが、雇用関係法領域における判例によるこれまでの解釈論上の規整のスタンスということになろうか。

(1)　各法分野の適用対象については、例えば、菅野和夫『労働法　第五版』(弘文堂、平七) 四〇頁、八九頁、四六六頁以下を参照のこと。

(2)　労働省労働基準局編『労働基準法の問題点と対策の方向』(以下『対策の方向』という。)(日本労働協会、昭六一) 五二頁以下。「六〇年報告」は、労働者性の判断基準を「使用従属性」に求め、これが①「指揮監督下の労働」に関する判断基準と、②報酬の労務対償性に関する判断基準とから判断されるとしている。そして、限界事例では、「労働者性」の判断を補強する要素も加えて、総合判断する必要があるとしている。補強要素としてあげられているのが、「事業者性の有無(機械、器具の負担関係、報酬の額等)」、「専属性の程度」等である。

(3)　「労働者性検討専門部会報告」(労働省労働基準法研究会労働契約等法制部会)(平八)。

(4)　『対策の方向』(前掲注(2)) 五八頁。

(5)　『対策の方向』五九頁。

(6)　『対策の方向』五九頁。

(7)　『対策の方向』六〇頁。

(8)　『対策の方向』六三頁以下。

(9)　北浜土木砕石事件・金沢地判昭六二・一一・二七労判五二〇号七五頁。

(10)　日野興業事件・大阪地決昭六三・二・一七労判五一三号二三頁。

(11)　横浜南労基署長事件・横浜地判平五・六・一七労判六四三号七一頁。

(12)　横浜南労基署長事件・東京高判平六・一一・二四労判七一四号一六頁。

(13)　横浜南労基署長事件・最一小判平八・一一・二八労判七一四号一四頁。

(14)　井谷運輸産業(佐藤)事件・大阪地決平二・五・八労判五六五号七〇頁、井谷運輸産業(大段)事件・大阪地決平二・五・八労判五六五号七四頁。

(15)　新発田労基署長事件・新潟地判平四・一二・二二労判六二九号一一七頁。

(16) 横浜南労基署長事件・前掲最高裁判決(注(13))。

三 雇用関係法の人的適用対象における立法的規整のスタンス

わが国においては、以上のような判断基準によって、解釈論上は、雇用関係法の一般的な適用対象(労働者)ではないとされる就業者(自営業者)であっても、完全に労働法的規整の外に置かれてきたわけではない。立法的規整の面で、部分的ながら、労働者に対する規整に準じた規整を受ける例がある。雇用関係法領域におけるその主たる例として、家内労働法と労働者災害補償保険法の特別加入制度の二つがあげられよう。これら雇用関係法に属するとみられる立法的規整の例から、この法領域での自営業者に対する立法的規整のスタンスを分析してみよう。

1 家内労働法による規整

周知のとおり、家内労働法は、家内労働者の就業中の事故を契機として、一九七〇(昭和四五)年に制定された。家内労働法による、自営業者に対する規整のスタンスを考えるうえで、特に以下の事情が重要であろう。

まず、家内労働者については、家内労働法制定以前にも、その工賃につき最低工賃の規制が行われていた。ただし、規制の趣旨は、家内労働者の保護というより、むしろ雇用労働者の最低賃金の維持、確保にあったとされている。(17)

これに対して、家内労働法は、家内労働者の労働条件の改善をはかり、家内労働者自身の生活の安定に資することを目的とする（同法一条）。この目的を実効あるものにするために、罰則規定（両罰規定も含む）をはじめ労基法等におけると同様の制度が用意されている。

家内労働法の制定当初は、家内労働者の労働条件の向上のために、最も基本的な事項で緊急の必要性が認められるものについて、法制的措置を講ずることとし、その他については条件の整備をはかり、段階的に法制の整備を図るとされていた[18]。しかし、その後の家内労働者数の大幅な減少もあって、そのための追加的改正はないままに今日に至っている。

家内労働法の適用対象とされている家内労働者は、法律的には、委託者に対して雇用関係にあるとはいえないが、実質的には、雇用労働者に似た「使用従属的な関係」にある者として捉えられている。家内労働法の定義に「主として労働の対償を得るために」の文言が付加されているのも、家内労働者の労働者的性格をより明確にするためであるとされている[19]。

具体的には、家内労働法による家内労働者の定義（同法二条二項）によれば、家内労働者とは、委託者（同法二条三項）から、主として労働の対償を得るために、その業務の目的物たる物品について委託を受けて、物品の製造または加工等に従事する者で、その業務について同居の親族以外の者を使用しないことを常態とする者とされている。

こうした定義と家内労働法の他の規定（委託の定義（同法二条一項[20]）等）や通達[21]を併せ考慮すると、家内労働法の適用対象とされる家内労働者たるための条件（特徴）として次の（イ）～（ニ）の諸点があげられよう。

（イ）同居の親族以外の者は常態として使用しないこと、（ロ）その収入が、同種の業務に従事する雇用労働者の賃金と比較して相当高額でないこと、（ハ）原材料等の生産手段は委託者から調達し、自ら調達しないこと、（ニ）自ら就労すること、であろうか。

家内労働法の規整内容には、家内労働手帳の交付・記入による委託条件の明確化、就業時間の規制、委託打切りの予告、工賃支払の諸原則、最低工賃の保障、安全衛生の確保等を含んでいる。規整内容からは、雇用関係法領域の立法と位置づけられるが、労基法その他の立法でこれらに対応する規整と対比すると、家内労働法には、努力義務規定（委託打切りの予告、賃金支払の場所等）や、委託者と家内労働者の双方に適用のある義務規定（安全衛生に関する措置）等が存在している。

家内労働者は、家内労働法の制定以前より、下請事業者の利益保護を目的とする下請代金支払遅延等防止法（以下、防止法という。）（昭和三一年制定）の適用を受けてきた。この防止法に定めのある親事業者による書面交付義務が、家内労働法の制定によって、同法の家内労働手帳交付義務と競合することが考えられた。そこで、防止法上義務づけられる書面記載事項のすべてを家内労働手帳の記載事項に含めることで、家内労働手帳の交付があれば、防止法上の書面交付義務の履行があったものとみなす旨の調整がなされている。[22]また、家内労働法制定当時、以後の家内労働法の整備は、中小企業対策の推進など関連諸施策の総合的実施等により、総合的な家内労働対策を推進していく一環として位置づけられている。[23]

以上の事情から、家内労働者に対する家内労働法の規整のスタンスとして次の諸点を抽出することができよう。

① 家内労働法は、家内労働者に対して緊急に保護を要する事項のみをとりあえず定めたもので、家内労働者の保護について、立法政策上の枠をはめたものではない。

② 家内労働法は、家内労働者という特定可能な就業者を対象とした立法である。しかも規整の対象となる家内労働者を、より労働者に近く自営業者性の強くない者に限定している。そして、そうした家内労働者として、具体的には、先の（イ）から（ニ）のような条件（特徴）を有する者が予定されている。

③ 家内労働法による保護の程度、内容が、雇用関係法本来の適用対象（労働者）に対する保護と対比すると抑制的である。

④ 家内労働者への法的規整は、防止法にみられるように、事業者としての家内労働者に対する保護（事業活動の保護）の観点から既に存在したが、家内労働法によって、就業者としての観点からの保護（労働力の保護）が導入された。両者は基本的には異なる観点から規整を行っているといえようが、総合的な家内労働対策の展開を前提に調整が行われている。

2　労働者災害補償保険法における特別加入制度

他方、自営業者に対する雇用関係法領域での立法的規整のもう一つの例としてあげることのできる労働者災害補償保険法（労災法）上の特別加入制度は、一九六五年（昭和四〇年）に同法の改正により導入されている(24)（労災法二七条以下）。業務の実態や災害の発生状況等からみて、労働者に準じて労災保険制度による保護を及ぼすにふさわしい者に対して、労働者への保護という制度本来の建前を損なわず、業務上・外の認定等保険技術的に可能な範囲で、労災保険への任意加入が承認された。そして、特別加入制度が適用になる特別加入者の範囲については、①業種の危険度ないし事業の災害率により、特に保護の必要性の高いもの、②

業務の範囲が明確性、特定性を持ち、保険業務の技術的な処理の的確を期し得ること、の二条件を充たす者に認められている[25]。

この特別加入制度の創設以前にも、大工、左官、とび、石工等の土木、建築関係のいわゆる一人親方には、現行制度と同様に、これらの者を主要構成員とする一定の団体（任意組合や各種協同組合）を便宜上の事業主として、特別加入制度の適用が運用上、通達によって認められていた[26]（擬制適用）。現在も同様の擬制が求められているが、特別加入が認められている自営業者として、先の一人親方の他に、自動車を使用して行う旅客または貨物の運送の事業（例えば、個人タクシー業者、個人貨物運送業者（赤帽、トラック輸送）等）、自営漁業者、林業従事者、医薬品配置・販売業者、再生利用回収業者、危険有害作業に従事する家内労働者や自営農業者等が列挙されている（労災法二七条三号～五号）。そのいずれかに該当する者でも、さらに（イ）労働者を使用しないで事業を行うことを常態とすること、（ロ）自ら就業すること、の各条件を充足していなければならない[27]。

労災保険法本来の適用対象である労働者の場合、原則、強制加入であり、保険料は事業者が負担することになっているが、特別加入制度では、任意加入で保険料は、実質的に全額自己負担であり、また、一部の者には通勤災害に関する保険給付がされない等の差異が存在している。

以上の事情から、特別加入制度における自営業者に対する規整のスタンスとして次の諸点をあげることができよう。

①　特に保護の必要性が高く、しかもその範囲が明確性、特定性を持つ業務、業種に従事する者のうち、（イ）、（ロ）の条件を充たす自営業者に労災保険制度の適用を拡大している。

② ただし、労災保険制度による保護の内容は、同制度本来の適用対象である労働者に比し抑制的である。

家内労働法および労災保険法上の特別加入制度についての以上の分析によって、雇用関係法領域での自営業者に対する立法的規整の基本的なスタンスは次のように要約できるであろう。

① 労働者に準じて当該立法（制度）による保護の必要性が高く、かつ一定の条件を充たす自営業者で、その業務・業種の範囲に明確性、特定性のある者について、個々の立法（制度）ごとに規整の対象に付加している。

② 労働者と全く同一の規整ではなく、規整（保護）の内容は、労働者に比して抑制的である。

(17) 中脇晃「家内労働法」現代労働法講座（有斐閣、昭五七）九巻三一九頁～三二〇頁を参照のこと。
(18) 労働法令通信二三巻一四号（昭四五）二頁。
(19) 前掲解説（注(18)）三頁。
(20) 昭和四五・一〇・一発基一一五号。
(21) 昭和四五・一二・二八基発九二二号。また労働法令通信二三巻二六号（昭四五）一五頁以下を参照のこと。
(22) 昭和四五・一〇・一発基一一五号。
(23) 前掲解説（注(18)）五頁を参照のこと。
(24) 労働省労働基準局補償課編『労災保険　特別加入制度の解説　新訂版』（労働基準協会、平八）三頁。
(25) 労働省労働基準局補償課編・前掲書（注(24)）二頁以下を参照のこと。
(26) 労働省労働基準局補償課編・前掲書（注(24)）三頁以下を参照のこと。
(27) 労働省労働基準局補償課編・前掲書（注(24)）八六頁以下、一二八頁以下を参照のこと。なお、特別加入制度の対象となる自営業者には、本文で述べる者以外に、一定数以下の労働者を常時使用する事業主および当該事業主の行う事業に従事する非労働者が加えられている（労災法二七条一号・二号）。これらの者への特別加入制度適用の趣旨は、当該事業主の使用する労働者に対する労災保険制度の適用を実効あるものにすることにあるとされており、これら自営業者に対する労災保険制度適用の必要性は二義的なものと解されているといってよく、本文では言及していない。前掲書（注(24)）四七頁以下を参照のこと。

四　自営業者に対する労働法的規整の今後

1　グレーゾーンの自営業者

ところで、今後、労働法的規整の要否が問題となってくるグレーゾーンにある自営業者とは、そもそもどのような就業実態にある者が想定されるのであろうか。これまでの労働法的規整のスタンスで十分対応できるかという点等と関わって問題となろう。自営業者の就業実態の分析は、その就業実態が雑多であるということや、これまではその「労働（力）」という観点からその就業実態を分析する意義が薄く、その就業実態の把握は関心外にあったと考えられること等から、十分に行われてきていないように思われる。(28)

雇用関係法の分野において規整の要否が問題となる自営業者についてみれば、本来的規整の対象である労働者とは、使用従属関係、特に業務遂行上の指揮監督および、勤務時間、勤務場所の拘束性の程度が希薄である点では異なるが、その他の点では、労働者に近似する状況下で就業している者ということになろうか。

具体的には、先にみた家内労働法上の家内労働者や労災保険法上の特別加入制度の対象となる自営業者に求められている就業実態、さらには諸外国の立法例(29)等を併せ考慮すると、次のような特徴を有する自営業者が問題となってくるとみられる。

①　特定された労務給付ないし委託を自らの手で履行していること。
雇用関係法分野での規整は、就業者自身の「労働力」に関わるリスクへの対応をめざしており、自ら就業しない者は問題とならない。

②　家族従業者以外、常態として労働者を雇用していないこと。
労働者を雇用する者は、使用者としての性格を有することになり、労働者的性格が薄いと解される。[30]

③　一人の委託者に対して、排他的にか、主として労務を提供していること。
委託者に対する経済的依存性（経済的従属性）を示す事情である。

④　自己資本がないか、あっても取るに足りないこと。
自己資本を有し、高額な生産手段を所有したり、原材料を自らの計算で調達する者等は、「自らの計算と危険負担に基づいて」事業を行う自営業者となる。[31]

⑤　同種の業務に従事する労働者に比し、相当高額な収入のないこと。
労働の対償としての限度を超える収入は、自営業者による事業に対する代金としての性格を有する。[32]

2　労働法的規整の今後

今後、以上の特徴を有する自営業者の増加が見込まれる中で、わが国の労働法制はこれに対してどのような対応を取るべきであろうか。立法論上、解釈論上の選択肢は種々考えられるところである。しかしながら、一方では、産業構造の変化等に対応できる多様で柔軟な就業形態のスムーズな展開の要請に配慮しつつ、他方では、就業者の就業生活に対する有効な「セーフティー・ネット」の設定の要請にも対応した選択が必要となろう。それだけに、労働法制による自営業者に対するこれまでの規整のスタンスとの関係で慎重な検討を要するといえよう。

雇用関係法の領域においては、三において分析したように、自営業者に対するこれまでの規整のスタンスに従って、まず、解釈論上は、適用対象（労働者性）を厳格に画定しつつ、適用対象からはずれる就業者を自営業者とする。そして、このうち、特定の立法（制度）により特に保護の必要がある特定の業務・業種に限定して、労働者に準じて、立法上、場合によってはその前段として行政上の取扱いとして、規整対象に付加していくという手法を、今後も維持していくことが考えられよう。

ただし、こうした手法には次のような問題の発生が予想されるのではないか。

㈠　解釈論上のスタンスについて

本来的な適用対象を厳格に解釈する現在の解釈論上の手法は、罰則規定を多く含むこの法領域の概念の画定の手法としては妥当といえよう。しかし、今後、自律的労働を行う労働者の増加によって、職場において実際には何の疑いもなく労働者として扱われている者の中に、判例の判断基準によれば非労働者と判断せざるを得ない者が含まれてくるといった、「現実」と法的規整との間の不整合状態が生まれる可能性がないかである。

㈡　立法論上のスタンスについて

特定の業務・業種に属する自営業者に限定して規整の対象に加えるこれまでの立法論上の手法は、保護の対象とすべき自営業者の業務・業種の不特定化の進行に十分対応できるかである。[33]

(28) 近時、グレーゾーンにある就業者の就業実態についての調査研究が散見されはじめている。例えば、請負労働、契約労働に関するものに、鎌田耕一ほか編著『請負労働に関する法的・経済的研究』(科研費研究成果報告書、平一一)がある。

(29) 例えば、ドイツにおいては、労働法の本来的適用対象(被用者)ではないが、これに準じて一部労働法の適用対象に組み込まれている就業者(被用者類似の者)について、例えば、労働協約法では、その要件として三点あげられている(同法一二条a)。①(自由)雇用契約(有償委任)または請負契約に基づき他人のために活動すること、②義務づけられた給付を自分の手で、かつ被用者を本質的に使用せずに履行すること、③主として一人の者のために活動するか、自己の生業から得られる全収入の平均して半分を超えて一人の者から得ること、である。この点について詳しくは、第一編第一章(五六頁以下)、第二章(特に、一二七頁以下)を参照のこと。

(30) 例えば、家内労働者については、前掲解説(注(18))二頁、特別加入制度については、労働省労働基準局補償課編・前掲書(注(24))八七頁を参照のこと。

(31) 例えば、家内労働者について、昭和四五・一〇・一発基一一五号。

(32) 例えば、家内労働者について、昭和四五・一二・二八基発九二二号。

(33) ドイツでは、労働法の本来的適用対象以外に「被用者類似の者」という一般的概念を定立して、労働法の一部立法の適用対象に組み込んでいる。労働裁判所法、連邦休暇法、労働協約法のほか、一九九〇年代に入り、主として労働安全・衛生に関する事項を規整する労働保護法(Arbeitsschutzgesetz)や職場におけるセクシュアル・ハラスメント(性的嫌がらせ)の防止等を定める就業保護法(Beschäftigtenschutzgesetz)の適用対象等、徐々に適用立法が拡大の方向にある。この点については、第一編第三章を参照のこと。

五　小　括

本章は、わが国の労働法制、とりわけ雇用関係法が、その人的適用対象に関して、立法論上、解釈論上どのようなスタンスを取っているかを分析し、自営業者に対する今後の労働法的規整のあり方を検討するための検討材料を提供することをめざした。そのねらいは、あくまで、二一世紀における就業者の就業実態が示す「現実」に、十分に適合的であり得る労働法的規整のあり方を模索することにある。こうした作業は、本章で扱った雇用関係法以外の他の二つの労働法領域についても求められているといえよう。

一九世紀は「自営業者」の社会であり、二〇世紀は「労働者」の社会であったが、二一世紀は、両者の区別を捨象した「就業者」の社会となると予見し、法はこの「現実」に適切に対処しなければならなくなる、と予測する見解[34]が、徐々に真実味をおびつつあるようにみえる。「就業者」の社会での労働法は、その規整の内容にとどまらず、その規整の対象についても見直しを迫られることになるといえるであろう。

（34）　W. Hromadka, Zur Begriffsbestimmung des Arbeitnehmers, DB 1998, S. 201.

第三章　わが国労働保険・社会保険の人的適用対象の現状と課題

一　序

近時、労働保険や社会保険について、雇用形態の多様化や労働をとりまく状況の変化に適切に対応できるように見直しが進められている。労働保険や社会保険の人的適用対象についても、同様に、部分的に見直しが進められ、見直しの成果が制度の一部に反映され始めている。[1] ただし、そうした見直しは、保険制度ごとに個別になされているといってよく、保険制度全体について統一的な視点からする検討に欠けるきらいがある。統一的な視点からの対応の欠如が保険の適用関係に不備を生んでいるようにも思われる。本稿は、この統一的視点からの検討の要否も含めて、労働保険のほか、社会保険、特に被用者保険の人的適用対象をめぐる問題点を抽出し、これについて検討を試みている。

(1)　例えば、雇用保険の被保険者資格について、基準が緩和され、パートタイマーや派遣労働者の範囲が拡大されている（パートタイマーについては、本文二**2**(二)、派遣労働者については、注(22)を参照のこと。）。また、厚生年金におけるパートタイマーの被保険者資格について、平成一五年三月に発表された厚生労働省の「雇用と年金に関する研究会」報告では、就業形態の多様化に対応して、「被用者としての年金保障を充実させる」との視点から、これを拡大すべき旨提言され、実施に向けた検討がなされている。労働法令通信五六巻六号（平一五）二三頁以下。

また、労働保険、被用者保険の人的適用対象のあり方について論じた最近の論稿には、例えば、岩村正彦「労災保険政策の課題」『講座　二一世紀の労働法　第七巻』（有斐閣、平一二）三四頁以下、倉田聡「短期、断続雇用者の労働保険、社会保険」『講座　二一世紀の労働法　第二巻』（有斐閣、平一二）二六一頁以下等がある。

二　人的適用対象の現状

各保険制度の人的適用対象の現状をまずみておこう。

1　労働保険の人的適用対象の現状

労働保険については、労働者災害補償保険（以下、労災保険という。）と雇用保険をとりあげる。

(一)　労災保険の人的適用対象の現状

(1)　労災保険は、労働者の労働災害や通勤災害をカバーする強制保険である。使用者の労災補償責任を定める労働基準法（以下、労基法という。）の実効性を確保すべく昭和二二年（一九四七年）に創設された。

第二次大戦前においては、例えば、工場・鉱山労働者の業務災害について、工場法および鉱業法が事業主の扶助責任を定め、健康保険および厚生年金保険等の社会保険でこれをカバーした時期があった。戦前のこの時期、健康保険と厚生年金保険が、業務上・外いずれの事由による傷病にも適用されていた経緯がある。(2)戦後は、労災保険が、このうち、業務上の事由による傷病をカバーすることとなったのである。

労災保険の立法上の根拠となっている労働者災害補償保険法（以下、労災保険法という。）は、雇用保険や被用者保険とは異なり、労災保険の適用対象につき被保険者という概念によらずに、事業（適用事業）の概念によっている。(3) 誰に適用があるかではなく、どこに（どの職場に）適用があるかが問題とされるのである。とはいえ、労災保険法は、労働保険の適用対象となる事業（適用事業）を「労働者」を使用する事業と定める（三条）。また、その目的を「労働者」の労働災害および通勤災害に対する保護と定めている（一条）。これらによれば、労災保険法は、事業（適用事業）という点からだけでなく、「労働者」という点からも適用対象を限定しているといってよい。したがって、労災保険法にいう「労働者」を労災保険の人的適用対象と捉えることができよう。

ただし、労災保険法は、この「労働者」について、労基準九条や最低賃金法二条一号のような定義規定を置いていない。そのため、もっぱら解釈によって「労働者」の範囲を確定する必要がある。

そして、判例、多数学説は、労災保険法の適用対象となる「労働者」の範囲について、労基法九条が定める「労働者」の範囲がそのまま妥当すると解することで、これまでのところ一致している。(4)

近時も、例えば、横浜労基署長（旭紙業）事件高裁判決(5)は、労災保険法「一二条の八第二項が労働者に対する保険給付は労基法に規定する災害補償の事由が発生した場合にこれを行う旨定め、労基法八四条一項が同法の規定する災害補償につき、労災保険法に基づいて給付が行われるときは、使用者は補償の責めを免れると規定しているところからすると、労災保険法は、労基法第八章「災害補償」に定める使用者の労働者に対する災害補償責任を填補する責任保険……に関する法律として制定されているものであって、労災保険法にいう労働者は、労基法にいう労働者と同一であると解するのが相当である。」と判示している。この判断は、同事件の最高裁判決においても支持されていると解され、判例において確立した見解となっているとい

うことができる。(6)

同様の考え方は、行政上の取扱いにおいても採用されている。(7)

この点が、まず、労災保険の人的適用対象における第一の特徴である。

(2)　そして、労災保険の適用対象と重なるとされる労基法九条の「労働者」にあたるか否かは、就業の実態に「使用従属関係」が認められるか否かで決まると解されている。(8)雇用形態や就業形態のいかんは問われない。したがって、「使用従属関係」が認められれば、いわゆる非正規労働者とされるパートタイマー、派遣労働者、有期契約による契約社員等も、その範囲に限定なく、労災保険法の人的適用対象となる。この点は、雇用保険や被用者保険の人的適用対象とは異なっており、労災保険の人的適用対象における第二の特徴といえよう。(9)

(3)　さらに、労災保険では、「使用従属関係」になく「労働者」ではない就業者にも特別加入の制度が用意されている。

特別加入制度は、昭和四〇年（一九六五年）に労災保険法の改正によって法的根拠を与えられた。業務の実態や災害の発生状況等からみて、「労働者」に準じて労災保険制度による保護を及ぼすにふさわしい就業者に対して労災保険への加入を認めている。「労働者」の保護という制度本来の建前を損なわず、かつ業務上・外の認定等で保険技術的に可能な限りで、労災保険への加入を認める趣旨である。ただし、加入は強制加入ではなく任意加入であり、保険料も使用者ではなく就業者側が全額負担とされている。(10)本来の適用対象である「労働者」とは取扱いが異なっている。特別加入の取扱いは、当初、行政通達によって、行政上の取扱い（擬制適用）として認められていた経緯がある。(11)

特別加入の対象は、一定数の労働者を常用する中小企業主、特定の自営業者、特定作業従事者等である。特定の自営業者や特定作業従事者は、特定の職業に従事する者で、労働者の使用を常態とせず、自ら就業する者に限定されている。具体的には、大工等の土木、建築関係のいわゆる一人親方のほか、個人タクシー業者、個人貨物運送業者等の運送事業従事者、自営漁業者、林業従事者、医薬品配置・販売業者、再生利用回収業者、危険有害業務に従事する家内労働者、自営農業者等の自営業者である（労災保険法三三条三号～五号）。

特別加入の制度は、労災保険の人的適用対象の拡大といえるが、拡大が任意加入方式や就業者による保険料の全額負担等の相違を伴なっている点が、労災保険法の人的適用対象に関わる第三の特徴である。

（二）　雇用保険の人的適用対象の現状

(1)　他方、雇用保険では、労災保険とは異なり、その対象となる就業者を制度の中心にすえて保険関係が構築されている。そして、雇用保険の人的適用対象となる就業者を被保険者と呼んでいる。雇用保険の根拠法である雇用保険法の四条一項は、「「被保険者」とは、適用事業に雇用される労働者」と定める。

この規定によれば、雇用保険の適用対象となる者を決するメルクマールは、「雇用される」点に求められる。「雇用される」の概念については、雇用保険法に定義がなく、もっぱら解釈によってその内容を確定する必要がある。

この「雇用される」の概念について判断を示した判例はこれまで少ない。近時はその例がない。最高裁判例もまだである。かつて、経営コンサルタントへの雇用保険法の適用の有無が問題となった事例で、「雇用される」の概念は「雇用関係」の有無によって決まるとして、経営コンサルタントの就業実態を細かく吟味して判断したものがある[12]。そして、その判断では、労基法や労災保険法上の「労働者」性の判断において考慮される事情と同様の事情が検討されている。このことから、この判例では、雇用保険の被保険者となる就業者は、労基法や労災保険法上の「労働者」と同一と考えられていると解することができる。

学説においても、これまで、「雇用される」を労基法九条の「労働者」の雇用関係と重なるとか[13]、ほぼ重なると捉えてきたといえる[14]。労基法九条の「労働者」性判断と異なる判断が必要であるとする見解はみられないようである。

行政上の取扱いにおいても、労基法九条の「労働者」性判断の基準がそのまま妥当するとの認識が前提となっていると解される（行政手引二〇〇〇四、二〇三五九）[15]。被保険者かどうかが問題となる事例で、例えば、会社の取締役や役員についても、雇用関係があるかどうかにより判断すべきとしている。すなわち、「……報酬支払等の面からみて労働者的性格の強い者であって、雇用関係があると認められるものに限り被保険者となる」とか、「名目的に監査役に就任しているに過ぎず、常態的に従業員として事業主との間に明確な雇用関係があると認められる場合には」被保険者となる、といった取扱いが示されている（行政手引二〇三五八、二〇三五九）[16]。

雇用保険の被保険者について、労災保険と同様に、労基法九条の「労働者」性判断の基準が用いられ、「使用従属関係」にある就業者に限定されると解されている点が、雇用保険の人的適用対象に関わる第一の特徴といえよう。

(2)　ところで、雇用保険においては、労災保険とは異なり、「雇用される」関係にある場合でも、特定の労働者については、明文の規定による適用除外が定められている（雇用保険法六条）。[17]さらに、パートタイマーや派遣労働者等のいわゆる非正規労働者については、適用対象から部分的に除外する行政上の取扱いが実施されてきた。この点が雇用保険の第二の特徴である。[18]

例えば、パートタイマーについての行政上の取扱いについてみると、労働時間の長さや収入の多寡等を基準に適用除外がなされてきた。ただし、その適用除外の範囲は、以下のとおり徐々に縮小されてきている。

行政上の取扱いにおいては、昭和五〇年の通達[19]において、パートタイマーを「短時間就労者」と呼び、雇用保険の被保険者となる資格（被保険者資格）を認められる「短時間就労者」の基準を次のように定めていた。すなわち、①一週の所定労働時間が、当該事業において同種の業務に従事する「通常の労働者」の所定労働時間のおおむね四分の三以上であり、かつ、二二時間以上であること。②労働日、労働時間及び賃金を除くその他の労働条件が、当該事業において同種の業務に従事する通常の労働者のそれと、概ね同様であること、③反復継続して就労する者であること、である。就業の実態が正社員と同視できるパートタイマーのみに、正社員と同じ被保険者資格を付与する趣旨であったといえよう。

この基準は、より具体化されて運用されていく。すなわち、①について、一週間の所定労働時間が、「通常の労働者」の一週間の所定労働時間より短く、かつ四〇時間未満で、二二時間以上であること、③について、一年未満の短期の期間を定めて雇用される者でないこと、と基準がより明確化された。また、さらに新たに、人事院規則（九―八〇）における扶養手当の基準年額を勘案して、賃金の年額が九〇万円以上見込まれること、との基準が付加された。

さらに、この時期、パートタイマーの質的量的変化に対応するために、これに雇用保険を拡大する必要性が認識される[20]。そして、平成元年六月には、一般被用者保険資格の中に「短時間労働被保険者資格」が新設された。この資格とこれ以外の一般被保険者資格とを区別するために、「短時間労働被保険者資格」の基準が別に定められた。すなわち、まず、「短時間労働被保険者資格」が与えられる者を、それまで用いられてきた「短時間就労者」とは別に「短時間労働者」と定めた（雇用保険法六条一号の二）。そして、「短時間労働者」を、労働大臣の定めるところにより、「短時間就労者」のうちで、一週の所定労働時間が三三時間未満の者とした[21]（雇用保険法六条一号の二）。平成六年には、この三三時間は三〇時間に短縮されている[22]。また、「短時間労働被保険者」の新設に合わせて、「短時間就労者」の基準も一部修正される。すなわち、先の①について述べたとおり、一週間の所定労働時間が、同一の適用事業に雇用される「通常の労働者」の一週間の所定労働時間より短く、かつ四〇時間未満で二二時間以上であることとされたのである（行政手引二〇三六八）。こうして、「短時間労働者」に該当しない「短時間就労者」（週の所定労働時間が三〇時間以上四〇時間未満の者ということになる）は、正規の労働者と同様の取扱いを受けることになっている。

平成元年六月になされたこのような見直しは、正社員と同視できないパートタイマーも雇用保険の適用対象に取り込みつつ、これらには正社員とは異なる取扱いをする趣旨と解される[23]。

そして、平成一三年四月には、「短時間就労者」の基準がさらに見直され、九〇万円以上という年収要件は撤廃された。また、一週間の所定労働時間も「二二時間以上」から「二〇時間以上」に改められて現在に至っている[24]。

こうして、パートタイマーについては、所定労働時間が二〇時間未満である者、二〇時間以上である「短時間労働者」でも、一年以上引き続き雇用の見込みのない場合や季節的に雇用される者は、雇用保険の被保険者から除外されることとなっている。

(3)　他方、雇用保険においては、自営業者等の雇用関係にない就業者に対して被保険者資格が認められず、労災保険における特別加入制度のような制度も設けられていない[25]。

2　社会保険の人的適用対象の現状

次に、社会保険のうち、被用者保険として労働者に適用のある制度のうち、厚生年金保険（以下、厚年保険という。）と健康保険（以下、健保という。）を取り上げ、それらの人的適用対象の現状についてみてみよう[26]。両保険の人的適用対象は同一のものとして取り扱われる傾向があり、これにしたがって両保険についてまとめて整理してみよう。

(1)　健保および厚年保険ともに、雇用保険と同様に、その適用対象となる就業者を中心に制度が構築されている。また、その適用対象となる就業者を被保険者と呼ぶ。そして、被保険者となるためには、適用事業所に「使用セラルル」（健保法一三条）、あるいは「使用される」（厚年保険法九条）必要がある（以下、「使用される」の概念として一括して呼称する。）。各保険法の「使用される」の概念については、具体的な定義が定められておらず、解釈によって確定する余地が広く残されている。

この点について、各保険制度の趣旨や目的の違いを考慮すれば、「使用される」の内容や範囲が保険ごとに異なると考えることもできる。学説にはその旨の主張が存在する[27]。しかし、判例及び行政解釈は、両保険を被用者保険としてひとくくりにして、両保険の被保険者の範囲を基本的に同一のものとして取扱い、保険ごとに「使用される」の概念を特に区別することなく用いる傾向がある[28]。

いずれにしても「使用される」の概念が、健保、厚年保険の被保険者資格の有無を決する最重要のポイントと考えられている[29]。

判例には、この「使用される」の概念についての判断を示したものは多くない。最高裁の判断はまだ示されていない。また、下級審レベルでは、「使用される」の捉え方にニュアンスの差が見受けられる。

例えば、会社の（代表）取締役が「使用される」者にあたるかが問題となったいくつかの事例において、「使用される」の概念についてニュアンスの異なる判断が示されている。

まず、設計事務所の取締役について健保の被保険者資格の有無が問題となった事例では、「取締役たる職務を行うと同時に、総務のほか主として営業面の業務を担当し、常時出勤して同会社に対する労務を提供し、給料、手当等の報酬を受けていたものであり、しかも、同会社の人事、労務面の管理下にあってその勤務をしていた」として、「事実上の使用関係」が存在し、「使用される」者に該当するとした判例がある（大阪高判昭五五・一一・二一[30]。以下、判例【A】という。）。ここに引用した判例【A】の考え方は、労基法九条の「労働者」や労災保険法上の「労働者」の概念について一般的になされる説明に近いということができる。

これに対して、株式会社の代表取締役について、健保と厚年保険の被保険者資格の有無が問題となった別の事例では、これとはニュアンスの異なる判示をしたものがある。すなわち、「惟うに株式会社の代表取締役が右「事業所に使用される者」に含まれるかどうかは、その株式会社法、労働法、更には経営学等における地位、性格に一まず拘りなく、右各法律（筆者注：健保法および厚年保険法）の趣旨、目的に照らして決せられるべきものである。」とする判例である。そして、この判例は、代表取締役一般について、「会社の機関として対外的に株式会社を代表し、対内的に業務の執行を担当し、会社より一定の額の報酬の支払を受けるものであるが、その会社に対する関係において会社に対し継続的に労務を提供しこれに対して報酬の支払いを受けるという面のあることは否定しがたいからこれを所謂事業所に「使用される者」の内に包含されるものと解することは、文理解釈上も可能な範囲であり、しかもかく解することによってこれらを右保険（筆者注：健保および厚年保険）の被保険者とすることは、むしろ実質上前示各法律（筆者注：健保法および厚年保険法）の立法の趣旨、目的（筆者注：保険給付によって被保険者および被扶養者の「生活の安定を図り、社会福祉に寄与することを目的」とする旨の判示が別になされている）に合致こそすれ、これを以て違法と断ずべき根拠はないものと解せられる」との考え方を示している（岡山地判昭三七・五・二三）[31]。以下、判例【B】という。同旨、広島高岡山支判昭三八・九・二三）[32]。判例【B】は、具体的判断において、当該会社の経営に主力を注ぎ、会社に毎日出勤して会社代表者として人事の配置、任免や事業の運営等重要な事項の決定を行い、これに対して報酬の支払を受けていたとして、他の会社の代表取締役や商工会議所の常議員等の団体役員に就いていた代表取締役の被保険者資格を肯定している。

このように、判例においては、「使用される」の概念について、判例【A】と判例【B】のようにややニュアンスの異なる考え方が示されているように解される。

ところで、会社取締役以外の事例では、例えば、洋服の仕立人について両保険の被保険者資格の有無が争われた事例がある。この事例について、判例は、「原告は洋服の仕立ておよび仕事の完成時期について訴外会社から指示を受けるだけで、他は全く自由に自分の仕事場で自分の器具および一部の材料を使用して依頼された仕事を完成し、その出来高に応じて報酬をもらっていたのであるから、原告と訴外会社との関係は一ヶ月の最低注文量の定められた洋服加工の請負契約であって、」原告は使用されていたものではない、としている（静岡地判昭三五・一一・一一）[33]。

あるいは、健保について「使用される」従業員を偽装したかが争点となった事例で、判例は、「使用される」者は、「当該事業所の事業主の人事管理下にあって、事業主のために労務を提供し、その対価として報酬の支払いを受けている者をいうと解すべきであり、……人事管理下におかれることなく、自己の業務として、その事業所の依頼に基づき、委任あるいは請負等の形態で労務を提供する場合を含まない」とする。さらにまた、「使用される者」について、被告側は、「当該事業所の業務に従事し、その対価として一定の報酬を支払われるすべての者をいうとするが、「業務に従事する」ということの中に、例えば顧問弁護士の場合のように、委任等の形態により自己の業務の一部として行う者までを含むとするのであるならば、明らかに広きに過ぎるといわなければならない」、とするものがある（福岡高判昭六一・二・一三）[34]。これらの判例は、判例【A】に近い立場にあると解される。

会社取締役は、代表取締役も含めて、労基法や労災保険法の「労働者」としての性格を有しない場合には、通例は、委任契約に基づいて活動すると解されている。したがって、判例【B】の考え方によれば、委任契約関係にある他の就業者も健保や厚年保険の人的適用対象に包含すべきことになると解される。そのように解すべきでないのであれば、会社取締役等とその他の委任関係や請負関係にある就業者とのどのような違いが、保険適用の有無を分けるのかを明確にする必要がある。この点、判例【B】は必ずしも明確とはいえない。

他方、行政解釈においてはどうか。法人の代表者等について、行政解釈は、「法人の理事、監事、取締役、代表社員及び無限責任社員等法人の代表者又は業務執行者であって、他面その法人の業務の一部を担任している者は、その限度において使用関係にある者として、健康保険及び厚生年金保険の被保険者として取扱って来たのであるが、今後これらの法人の代表者または業務執行者であっても、法人から労務の対償として報酬を受けて（おり）、法人に使用される者として被保険者の資格を取得せるようにいたされたい。なお、法人に非ざる社団又は組合の総裁、会長及び組合長等その団体の理事者の地位にある者、又は地方公共団体の業務執行者についても、同様に解して使用関係にあると認められれば被保険者となる」（昭二四・七・二八保発七四号）としてきた。あるいは労基法第七章所定の技能養成を目的とする技能養成工について、「技能の養成のみを目的とするものではなく、稼働日数、労務報酬等からみて、実体的に使用関係が認められる場合は、被保険者資格を取得させるよう取扱われたい」としている（昭二六・一一・二保文発第四六〇二号）。

以上のうち特に、法人の代表者等に対する行政上の取扱いは、名誉職的存在で非常勤でない限り、被保険者資格が認められる趣旨とされて、現実にもそうした取扱いがなされている。[35] こうした取扱いは、判例【B】の考え方に近い理解に基づいていると解される。[36]

このように、判例の少なくとも一部や行政解釈において、両保険の人的適用対象に「使用従属関係」にない就業者が含まれるとされている点が、両保険の人的適用対象に関わる第一の特徴といえよう。

(2)　また、健保、厚年保険とも、「使用される」就業者に適用があることを前提としているが、場合によっては、「使用される」就業者でも、適用から除外されるケースがある。パートタイマー等の非正規労働者について、両保険の適用対象から部分的に除外する取扱いがなされている。この点が、雇用保険と同様に、両保険の人的適用対象についての第二の特徴である。

例えば、パートタイマーの健保、厚年保険の被保険者資格について、短期雇用の場合と同様に、「常用的使用関係」にあるかどうかによって個別に判断されている。

具体的には、パートタイマーの労働日数、労働時間、就業形態、職務内容等を総合的に勘案して認定するとされている[37]。都道府県ごとに具体的な認定基準を定めて対応できるが、一応の目安として、「同種業務」に従事する「通常の労働者」の所定労働時間および所定労働日数の概ね四分の三以上である労働者について、原則として被保険者とする扱いが内部通達によって示されている[38]。

ただし、近時、パートタイマーへの厚年保険の適用については、就業形態の多様化等に対応して、これに対する年金保険の充実等を図る観点から、厚年保険の適用拡大が検討されている。具体的には、先の基準に代えて、「週の所定労働時間が二〇時間以上か、年収六五万円以上」ないしは「週の所定労働時間が二〇時間以上であること」とすべきであるとの提案が、厚生労働省の研究会報告等においてなされている[39]。

(3)　ところで、健保および厚年保険においては、雇用関係にない就業者はどのように扱われているのであろうか。明文の法規定では、被保険者に「使用される」者以外の就業者は付加されていない。他方、すでに両保険の第一の特徴としてみたとおり、「使用される」の解釈によって、判例の少なくとも一部や行政解釈においては、「使用従属関係」にない法人の代表者等に被保険者資格を拡大しているということができる。労災保険のような特別加入制度ではなく、解釈によっているところから、保険料の負担や保険給付の内容に雇用関係にある就業者との差は設けられていない。

（2）　工場・鉱山労働者以外では、土木建築業や貨物取扱業での業務災害について、昭和六年に労働者災害扶助法および労働者災害扶助責任保険法が公布され、翌年に施行されている。労災保険法は、これらの立法を引き継ぐ形で、人的適用対象を労働者一般にまで拡大し、保険給付の内容を充実させたものである。戦前の労災保険制度の発展については、例えば、労働省労働基準局労災管理課編著『労働者災害補償保険法（四訂新版）』（労務行政研究所、平九）二七頁以下を参照のこと。

（3）労働省労働基準局労災管理課編著・前掲書（注（2））一二〇頁以下を参照のこと。

（4）この点については、立法論として、労働基準法の労働者と労災保険法上の労働者とは分けるのが適切とする見解がある。菅野和夫『労働法　第六版』（弘文堂、平一五）三六八頁。

（5）東京高判平六・一一・二四労判七一四号一六頁。

（6）最判平八・一一・二八労判七一四号一四頁。この最高裁判例の評価については、例えば、水町勇一郎「労働者性」『社会保障判例百選　第三版』（有斐閣、平一二）九四頁～九五頁を参照のこと。

（7）労働省労働基準局労災管理課編著・前掲書（注（2））七五頁以下を参照のこと。

（8）この点については、ひとまず、拙稿「非労働者と労働者概念」『講座　二一世紀の労働法　第1巻』（有斐閣、平一二）一三五頁以下を参照のこと。

（9）ただし、事業の規模や性質の点から適用を除外される場合がある。これまでのところ、個人経営の農林水産業の事業の一部で、使用する労働者数が五人未満の場合が除外されている。ただし、これらの事業は暫定任意適用事業となることができる。また、国の直営事業、非営利の官公署、船員保険の被保険者等も除外されている（労災保険法三条）。

（10）その他、加入には、団体を設立し、この団体の「労働者」として就業している体裁を整えることが求められている。また、就業者によっては、通勤災害への補償が予定されない等の格差がみられる。

（11）擬制適用については、厚生労働省労働基準局労災補償部補償課『労災保険　特別加入制度の解説』（労働調査会、平一五）三頁以下を参照のこと。

（12）所沢職安（飯能光機製作所）事件、浦和地裁昭五七・九・一七労判三九四号二五頁、同事件、東京高判昭五九・二・二九労判四三八号七五頁。ただし、両裁判所は、コンサルタントの具体的な就業実態に対する評価に違いがあり、第一審は「雇用」にあたるとし、第二審はこれを否定した。いずれの判決も、「雇用される」

の概念は「雇用関係」の有無によるとするにとどまり、一般論として判断基準を示していない。この事例については、例えば、柳沢旭「雇用保険法における被保険者」『社会保障判例百選　第三版』（有斐閣、平一二）一五二頁〜一五三頁等を参照のこと。

(13) 例えば、柳沢旭・前掲解説（注(12)）一五三頁。

(14) 菅野・前掲書（注(4)）五六頁。

(15) 行政手引二〇〇〇四では、必ずしも明確な説明がなされているとはいえないが、「労働者」について「事業主に雇用され、事業主から支給される賃金によって生活している者、及び事業主に雇用されることによって生活しようとする者であって現在その意に反して就業することができないもの」としている。また、「雇用関係」について、「民法第六二三条の規定による雇傭関係のみではなく、労働者が事業主の支配を受けて、その規律の下に労働を提供し、その提供した労働の対償として事業主から賃金、給料その他これらに準ずるものの支払いを受けている関係をいう」としている。他方、行政手引二〇三五九は、中小企業等協同組合法に基づく企業組合の組合員に限定して被保険者資格の判断基準を示している。その中で、組合員と企業組合とに雇用関係が認められる要件について、「イ　組合と組合員との間に使用従属の関係があること。……組合の行う事業に従事する者と同様に組合の支配に服し、その規律の下に労働を提供していること。ロ　組合との使用従属関係に基づく労働の提供に対し、その対償として賃金が支払われていること。」とされている。

(16) 労働省職業安定局雇用保険課編著『雇用保険　三訂新版』（平成三年、労務行政研究所）一五一頁以下を参照のこと。

(17) 適用除外となる者として、満六五歳以上の者、本文後述の短時間労働者のほか、日雇労働者、季節的事業労働者のそれぞれ一部等が定められている。

(18) 労災保険と同様に、特定の事業は、強制適用事業ではなく、暫定的な任意適用事業とされている。農林、畜産、水産事業で、労働者が五人未満の個人経営事業である（雇用保険法附則二条）。事業所の把握が困難な場合が多く、また、雇用関係、賃金支払関係が必ずしも明確でない場合が多いこと、といった技術的理由があげられている。この点については、労働省職業安定局雇用保険課編著・前掲書（注(16)）一七九頁以下を参照のこと。

(19)　昭五〇・三・二五発労徴一七号、基発一六六号、婦発八二号、職発九七号、訓発五五号。

(20)　中央職業安定審議会専門調査委員会雇用保険部会報告書（労働法令通信四二巻（平元）二号二頁～三頁を参照のこと。）。

(21)　一般労働者の週所定労働時間（平均四四時間）の四分の三に相当する時間とされた。平成元年九月八日労働省告示第五九号。労働法令通信四二巻（平元）二頁を参照のこと。

(22)　平成六年二月七日労働省告示第一〇号。

(23)　この点の経緯については、労働省職業安定局雇用保険課編著・前掲書（注(16)）一〇九頁以下を参照のこと。このときの改正以降これまで、パートタイマーを労災保険のようにすべて雇用保険の適用対象としてきていない理由は、短時間労働被保険者とそれ以外との取扱いに差を設けている理由としてあげられている事情の一部と共通すると解される。すなわち、一定時間未満の週労働時間で働くパートタイマーについては、再就職が比較的容易で賃金が低く、給付と負担の不均衡が著しいと考えられていることによるとみられる。

(24)　また、いわゆる登録型の派遣労働者への適用についても被保険者資格の要件が緩和され、適用が拡大されている。すなわち、年収要件の他に、一ヶ月あたりの所定労働日に関する要件（一ヶ月一一日以上就労すること）も撤廃されている。これによって、①一週間の所定労働時間が二〇時間以上であること、②派遣先での就業が一年未満でも、同一派遣元からの派遣が一年以上（一ヶ月以内の間隔がある断続的ケースでもよい）見込まれ、反復継続して派遣就業するものであること、である。パートタイマーへの適用基準とほぼ同一の内容となっているといえよう。

(25)　ただし、現在、雇用保険の財源により実施されている雇用安定事業、能力開発事業、雇用福祉事業の三事業についてみると、事情がやや異なる。すなわち、雇用関係にない自営業者に制度を拡大する例がいくつかみられる。まず、①高年齢者雇用安定法が定めるシルバー人材センターの業務として、高年齢退職者のために

「雇用によるもの」以外の「臨時的かつ短期的な就業」についても、その機会の確保や組織的提供、講習の実施等を定めている（同法四二条）。これは、委任や請負型の業務への実質的な無料職業紹介を定めたものといえよう。あるいは、②職業能力開発促進法九二条（旧九七条の二）は、職業訓練に準ずる訓練の実施対象として、「一　労働者を雇用しないで事業を行うことを常態とする者、ニ　家内労働法（昭和四五年法律六〇号）第二八条二項に規定する家内労働者、……」と定めている。

(26)　被用者保険には、その他に平成九年の介護保険法によって創設され、平成一二年から実施されている介護保険がある。介護保険の被保険者は、市町村または特別区に住所を有する六五歳以上の者および四〇歳以上六五歳未満の医療保険加入者とされている（介護保険法九条）。被用者保険としての性格を持つのは、四〇歳以上六五歳以上の労働者を被保険者としているからであるが、この被保険者は、医療保険加入者とされており、健保の被保険者と重なることになる。

(27)　竹中康之「社会保険と労働関係」『社会保障判例百選　第三版』（有斐閣、平一二）一九頁。

(28)　判例では、例えば、広島高岡山支判昭三八・九・二三判時三六二号七〇頁。行政解釈では、例えば、昭二四・七・二八保発七四号。同旨、社会保険労務士連合会編『社会保険の実務相談』（経済社、平一一）三頁。

(29)　竹中康之「社会保険における被用者概念」修道法学一九巻二号（平一〇）四三七頁―四三八頁。

(30)　行裁集三一巻一一号一一五頁。

(31)　行裁集一三巻五号九四三頁。

(32)　判時三六二号七〇頁。

(33)　行裁集一一巻一一号三二〇八頁。

(34)　判時一一八九号一六〇頁。同高裁判決は、第一審判決（福岡地判小倉支部昭六〇・七・三一（搭載誌不明））も同旨として引用している。

(35)　社会保険労務士連合会編、前掲書（注(28)）一三頁以下を参照のこと。

(36)　厚生省保険局による早い時期の解説によれば、直接に事業主との間に使用関係がなくとも、その事業主に使用される者と同様の状態で労働する者は、その事業主に使用される者として被保険者資格となるとして、被保険者の範囲をかなり広く捉えている。そして、次の通達（昭一〇・三・一八保発第一八一号）を引用している。すなわち、「請負業者がその事業を自己の統制管理及び計算の下に遂行し、企業上独立している場合は、請負業者を事業主として取り扱うべきものであるが、請負制度が労務供給上の一方法又は賃金支払の一形態と認められる場合においては、請負業者は事業主として取り扱わない」。厚生省保険局編著『健康保険法　厚生年金保険法』（労務行政研究所、昭三四）七〇頁以下、四七七頁以下。

　ところで、「使用される」の概念については、①各保険の被保険者となるべき者かどうか、だけでなく、②被保険者資格の発生、消滅（得喪）の時期とも関わって問題とされてきた。両保険法上で被保険者資格の発生および消滅の時期が、所轄機関への届出の日ではなく、「使用される」状況の始期と終期と一致すると定められているからである（健保法一七条、一八条、厚年保険法一三条、一四条二号）。

　そして、②については、判例上、その決定的事情は、法律上の雇用関係ではなく、事実上の使用関係、とりわけ報酬の支払い開始と終了と解されている（名古屋地判昭六〇・九・四労判四六〇号五二頁、仙台地判平四・五・一三労判六一六号一三六頁）。健保、厚年保険両保険の被保険者資格の消滅について、この点に明確に言及し「事業主と被保険者との使用関係が事実上消滅したことにより、事業主から被保険者に対する報酬が支払われず、その結果被保険者が保険料を負担することができなくなることをその実質的な理由とする」とする判例がある（仙台高判平四・一二・二二判タ八〇九号一九五頁）。行政解釈においても同様の考え方が取られている（一時帰休中の資格について、昭五〇・三・二九保険発第二五号・庁保発第八号、休業期間中の資格について、昭二五・四・一四保発第二〇号、休職中の資格について、昭二六・三・九保文発第六一九号ほか）。反対、社会保険労務士連合会編・前掲書（注(28)）二五頁。

(37)　労働省婦人局婦人労働課編著『わかりやすいパートタイム労働法』（有斐閣、平六）五六頁〜五七頁を参照のこと。

(38)　さらに、実際の運用上は、①一日又は一週の労働時間が四分の三以下であっても、一ヶ月の所定労働日数が一般労働者と同じ程度である場合、②一ヶ月の所定労働日数が一般労働者の四分の三以下であっても、一日または一週の所定労働時間が一般労働者と同じである場合は、適用対象とされることもある、との指摘がある。社会保険庁健康保険課係官「ビジネスガイド」昭和五六年一一月号。

(39)　この研究会報告は、平成一五年二月の「雇用と年金に関する研究会」報告（労働法令通信五六巻六号（平一五）二三頁以下）である。また、その後に発表された厚生労働省案では、週の所定労働時間のみで年収要件が除かれた案が示されている。平成一五年一一月一八日付の朝刊各紙を参照のこと。

三　人的適用対象をめぐる問題

労働者保険および被用者保険の人的適用対象の現状は、概ね以上のとおりである。その現状については、例えば、次のような不備が生じているといえよう。そして、その不備への対応にあたっては、各保険の人的適用対象のあり方全体について改めて検討を試みる必要があると考えられる。

1　保険の適用関係の不備

(一)　法人の代表者等の取扱い

まず、取締役や法人の代表者等について、その傷病に関わる保険の適用関係に不備が生じている。

本章において取りあげた保険のうち、傷病をカバーする保険は、労災保険と健保である。労災保険は、業務に起因する「労働者」の傷病をカバーしている（労災保険法一条）。これに対し、健保は、業務以外に原因のある「労働者」の傷病をカバーする（健保法一条）。こうして、労働者の傷病は、業務上であれ業務外であれ、両保険の相互補完によってすべて対応できることになるはずである。しかし、現実には、両保険の人的適用対象の範囲に広狭があり、両保険の相互補完関係に不備が生じている。

すなわち、労災保険では、その人的適用範囲は「使用従属関係」にある就業者に限定されると解されている。これに対して、健保では、「使用従属関係」にある就業者に加えて、先にみたとおり、取締役や法人の代表者等で「使用従属関係」にあるとまでいえない就業者もカバーされている。その結果、取締役や法人の代表者等の傷病に対する保険適用に問題が生じている。

例えば、取締役が業務上で負傷した場合を例に考えてみよう。取締役は、「使用従属関係」にない限り、労災保険法上の「労働者」にはあたらないと解されており[40]、その業務上の負傷には労災保険の適用はない。では、健保によってこれをカバーできるか。この場合、「業務上」の負傷であるために、「業務外」の負傷のみを適用対象とする健保の保険給付の対象にもならない。しかも、取締役は健保の適用対象とされているので、業務上外の傷病いずれもカバーしている国民健康保険への加入も認められていない（国民健康保険法五条、六条一号）。業務上の負傷について、取締役は、国民健康保険の適用を受けることもできない。こうして、現状では、業務に起因する取締役の負傷に対しては、公的保険によるカバーができない状況が生じている[41]。

こうした不備については、ようやく平成一五年七月になって、厚生労働省が、新たな通達によって、行政上の新たな取扱いを定め、この問題に「当面の措置」として対応することとした[42]。

すなわち、被保険者が五人未満である適用事業所に所属する法人の代表者等であって、一般の従業員と著しく異ならないような労務に従事している者で、労災保険法の適用のない者（労災保険法上の「労働者」でもなく、特別加入が許されているが加入手続を行っていない者）については、その者の業務遂行の過程において業務に起因して生じた傷病に関しても、健康保険による保険給付の対象とする、とした。ただし、「法人の代表者等は、事業経営につき責任を負い、自らの報酬を決定すべき立場にあり、業務上の傷病について報酬の減額を受けるべき立場にないことから」、健康保険法一〇八条一項の趣旨にかんがみ、賃金保障の意義を有する傷病手当金を支給しないとした（平成一五・七・一保発第〇七〇一〇〇二）。

今後は、労災保険の適用はないが、健保の被保険者資格を有する法人の代表者等すべてについて適切な対応が検討されなければならない。

㈡　パートタイマー等の取扱い

次に、パートタイマー等の非正規労働者については、労災保険以外の保険の適用対象から部分的に適用除外されていることは述べたが、非正規労働者への各保険の適用関係をめぐり不備があると考えられる。

例えば、パートタイマーについては、人的適用対象となる範囲が既述のとおり各保険ごとに異なっている。労災保険は、すべてのパートタイマーに適用がある。雇用保険では、週所定労働時間が二〇時間未満か、二〇時間以上でも一年以上引き続き雇用の見込みのない者等が被保険者から除かれる。健保や厚年保険では、現在、見直しが進んでいるが、「通常の労働者」の週所定労働時間の四分の三以上の者のみに被保険者資格を認める取り扱いがなされている。これらによれば、パートタイマー個々で、労働時間数の多寡等によって、適用になる保険関係が異なりうるのであり、事業所における取扱いが複雑化する現状がある。この点が、加入すべき保険への加入が進まない理由のひとつとなっているとみられる。

雇用形態の多様化が進展し、労働時間の長短を中心に保険の適用関係を決する取扱いの妥当性が問われているが、各保険でパートタイマー等の取扱い基準にバラツキがある点の是非も併せて検討を要するところである。

2　各保険の人的適用対象のあり方についての検討

㈠　人的適用対象のあり方についての基本的考え方

以上の不備は、各保険の人的適用対象が、主としてそれぞれの趣旨、目的ごとに（したがって各保険ごとに）確定されてきたことに由来すると考えられる。

各保険法の人的適用対象については、各保険がそれぞれに独自の趣旨、目的を有しており、その趣旨、目的にしたがって、保険ごとに確定すべきであるとの見解がその基礎にある。

例えば、既述のとおり、労災保険は、労基法の定める使用者の災害補償責任を填補する責任保険としての趣旨、目的を有していると解されてきた。このことから、労災保険法にいう「労働者」は、労基法にいう「労働者」と同一と解すべきとする判例、学説が定着している。雇用保険については、失業時や職業訓練に必要な給付の支給や、就職促進、失業の防止等によって、「労働者の生活及び雇用の安定を図ること」や「労働者の福祉の増進を図ること」を目的としている（雇用保険法一条）。こうした目的に照らして保護を要する就業者が、雇用保険の人的適用対象となると解される。現実には、既述のとおり、その就業者の範囲は、労基法九条の「労働者」と重なると解されてきた。

また、健保や厚年保険についてみると、その趣旨、目的とは、先にあげた（二**2**㈠）判例【B】の判示によれば、「保険給付によって被保険者および被扶養者の生活の安定を図り、社会福祉に寄与する」ところにある。この趣旨、目的に従って、被保険者資格を確定する必要があるとされてきた。

こうした見解は、理論的には十分に説得的である。しかしながら、各保険の趣旨、目的だけがその人的適用範囲を決すると解するのは、必ずしも妥当とはいえない。それ以外の事情も併せ考慮して、人的適用対象の範囲を確定すべきであろう。そして、それ以外の事情としては、次のものが考えられてよい。すなわち、①各保険相互の関係、②被保険者の把握、保険料の徴収等における保険技術上の難易、③保険財政上の制約（負担と給付のバランス）、④使用者側の負担の相当性等である。[43] 人的適用対象範囲の決定は、これらの事情を考慮して政策的に判断される必要があるといわねばならない。

④について言えば、各保険法の被保険者資格をある就業者について肯定することは、この就業者が所属する事業所の事業主に保険料の一部ないし全部や各種の届出義務等の負担を負わせることを意味する。保険料の納付義務や届出義務に違反した事業主は刑事罰等の対象となる（労働保険の保険料の徴収等に関する法律二六条、雇用保険法八三条一号、健保二〇八条一号、四号、厚年法一〇二条一号、四号）。その意味で、人的適用対象については、事業主にそのような負担を負わせることが相当といえる一定の関係にある就業者に限定するか、限定しないとしても、事業主の負担を軽減する対応が必要であるとの見解も成り立つと考えられるのである。

そこで、筆者は、各保険の人的適用対象を考える場合には、次のような基本的考え方に基づく必要があると考えている。

（イ）まず、各保険は、本来的には「使用従属関係」にある「労働者」を、そしてそのすべてを対象とし、また、人的適用対象はこれに限定されると解するところから出発する必要がある。各保険の趣旨、目的を定める規定が「労働者」を対象とすることを定めていることがこのことを示している（各保険法一条）。このことを前提にして各保険法の趣旨・目的のほかに、特に①から④の事情を考慮することで、「使用従属関係」にある就業者でも除外される者や、「使用従属関係」にない就業者でも付加される者の範囲が決せられるというべきであろう。

（ロ）　加えて、人的適用対象に、「使用従属関係」にある就業者の一部を除外したり、「使用従属関係」にない就業者を付加したりする場合には、各保険の趣旨・目的や①〜④の事情の許す限りで、統一的な基準や共通の範囲によることが妥当といえよう。各保険の適用関係が多様に異なる就業者が一つの事業所に混在する状況は、保険の適切な適用関係（特に、保険への加入）の確保の点等に照らして、回避すべきであろう。

雇用保険について、その適用対象である「短時間就労者」の基準を示した旧通達には、雇用保険の被保険者となるかについて、「その者が社会保険（被用者保険に限る。）において被保険者として取り扱われている者であるかどうかも、その判断の参考とすることとし、雇用保険のみについて被保険者として取り扱われることを希望するような者は、……被保険者として取り扱わない」とするものがある。[44]これも、各保険による統一的な取扱いを妥当とする考え方を示した例としてあげられよう。

(二)　非「労働者」への対応のあり方

(1)　以上を踏まえるとき、まず、法人の代表者等をめぐる保険の適用関係の不備はどう解決されるべきであろうか。この不備は、各保険の趣旨、目的を重視するあまり、特に①（各保険相互の関係）や④（使用者の負担の相当性）等の事情への考慮が不十分なために生じた不備といえよう。

この不備の解決には、例えば、次の対応が考えられる。

（a）労災保険の特別加入制度を法人の代表者等に拡大して、健保や厚年保険の取扱いに合わせる方法
（b）法人の代表者等を健保や厚年保険の被保険者から除外し、労災保険、雇用保険の取扱いに合わせる方法
（c）新たな通達による取扱いを「五人以上の適用事業所に所属する法人の代表者等」にも拡大して、法人の代表等の業務災害も健保ですべてカバーする方法

これらのうちいずれが妥当であろうか。

（b）について。この方法は理論的には最も明快である。法人の代表者等の非「労働者」につき「労働者」と同じ負担にとどめつつ、同一内容の保険給付を定めることは、④の点からやや疑問が残るからである。また、既述のとおり、法人の代表者等と、保険の適用のない他の委託関係や請負関係にある就業者との取扱いの違いがどのように説明できるのかが不明だからでもある。しかし、この方法によった場合、法人の代表者等には、国民健康保険と国民年金への移行手続が必要となる。今となっては影響が大きく問題がある。

（c）について。健保や厚年保険は、労災保険制度が創設されるまでは、業務外だけでなく、業務上の傷病もカバーしていた経緯があり、一部の就業者の業務上の傷病を健保でカバーすることも全く考えられないことではない。また、（a）のように労災保険の人的適用対象を法人の代表者等に拡大して対応することは、労災保険の趣旨（使用者の労基法上の災害補償責任の填補）の変更を意味し、慎重な判断が必要である。これらの事情に照らせば、新たな通達のような取扱いも考えられなくはない。しかし、労災保険制度の創設後、健保法は、業務外の事由による傷病のみカバーする旨定めるに至っている（同法一条）。新たな通達は、健保のこうした制度趣旨を法人の代表者等の取扱いについて否定することになる。加えて、労働者の傷病を、業

務上でありながら業務外として処理することで、労災保険の適用を回避する例の多い現状を助長する可能性もある。したがって、新たな通達による取扱いを（c）のようにさらに拡大することは妥当とはいえない。

（a）について。労災保険では、すでに一定数以下の労働者を常用する中小企業主に、特別加入制度が用意されている。したがって、法人の代表者等について、その所属する法人を事業主とし、法人の代表者等をその「労働者」と擬制することで、特別加入制度の対象を拡大する方法は比較的受け入れやすい。法人の代表者等の労災保険への加入によって、当該法人の雇用する労働者の労災保険加入を促進する効果も期待できる。ただし、特別加入制度は任意加入であり、加入しない法人の代表者等については、依然、業務上の傷病がカバーされない不備が残る。そのため、将来的には、労災保険のこれまでの趣旨を「使用者の労基法上の災害補償責任の填補」から「使用者の災害補償責任の填補」に変更して対処する必要があろう。そして、「労働者」と並んで、法人の代表者等を労災保険の強制加入の対象とすべきであろう。特別加入制度の採用自体が、すでにこうした変更を前提としている。ただし、先の④（使用者の負担の相当性）等を考慮して、保険料負担や保険給付の内容について「労働者」の場合と格差を設けること等が検討されてよい(45)。この点は、法人の代表者等をすでに被保険者に加えている健保や厚年保険についても同様に検討されてよい。

(2)　ところで、法人の代表者等は、「使用従属関係」にある就業者が締結する労働契約とは異なり、通常は委任契約等に基づき活動していると解されている。法人の代表者等の取扱いは、委任や請負による非「労働者」をどこまで人的適用対象に加えるべきかの問題とも関わっている。この問題の解決のあり方をさらに検討する必要がある。法人の代表者等への対応はこの問題の検討結果と整合的である必要がある。

そして、法人の代表者等について述べたように、非「労働者」であっても、労災保険にみられる特別加入制度を創設し、その対象としたり、あるいは「労働者」と同様に強制加入の対象としつつ、保険料の負担や保険給付の内容に格差を設ける等の対応が検討されるべきであろう。[46]

その際には、制度の趣旨・目的だけでなく、先の①から④の事情も併せ考慮して、対象となる非「労働者」である就業者の範囲を限定する必要がある。[47] また、その範囲は、各保険に統一的であることが望ましい。例えば、労災保険の特別加入制度や職業訓練[48]におけるように、常態として労働者を雇用せず、自らが労働していることを要件としたり、継続的な専属関係が見込まれることを要件とする等で、法人の代表者等と同程度に使用者の責任を根拠づけられる関係を求める必要があろう。

(三) 雇用形態の多様化への対応のあり方

ところで、雇用形態の多様化により、パートタイマー、派遣労働者、契約社員等が増加している。就業形態の多様化の進展にともなって、これらの就業者への各保険の適用基準を見直す必要がある。

例えば、パートタイマーは、これまで専ら「非正規」の労働者とされ、各保険の対象となる「常用的使用関係」にある「正規」労働者（正社員）とは異質の就業者とみられてきた。そのため、健保や厚年保険では、パートタイマーの中で「常用的使用関係」にあるとみなせる者のみカバーする取扱いがなされてきた。雇用保険においても当初は同様の対応がなされていた。そのため、「同種業務」に従事する「通常の労働者」の労働日数や労働時間数の四分の三以上といった適用基準を設け、労働日数や労働時間数の多寡だけで、その「常用性」を量ることも妥当といえた。[49] しかし、今後、パートタイマーの中にも、正社員と同様に「正規」労働者化する者（短時間正社員や取締役等）が増加し、これまでの基準をみたさない短時間就労でも「常用的使用関係」を肯定すべき者が増加することが予想される。[50] そうなると、適用基準としての労働時間数、労働日数の比重は軽くなると考えられる。このことは、労基法での裁量労働制の導入とその適用拡大等にみられるように、正社員の側においても、労働時間の長さ以外による労働評価のあり方が法認されたことからも首肯できる。

また、これまでの適用基準では、「同種業務」に従事する「通常の労働者」が労働時間や労働日の長短についての比較の対象とされてきた。しかし、「同種業務」や「通常の労働者」の特定が困難化している。業務内容の個別化やパートタイマーだけの職場の誕生等がそのことを示している。こうした適用基準は、適用事業所間に格差を生むことにもなる。

以上の点を考えると、一定の労働時間数や労働日数に基づいて「常用性」を量ることで被保険者資格の有無を決定することはもはや妥当とはいえない。むしろ、先の①から④の事情のうち②（給付と負担のバランス）の事情を重視して、保険給付に見合った保険料の最低額はどの程度かを量り、そもそも各保険でカバーすべき労働者からはずれる者の基準（例えば、最低収入額や最低労働時間数）を示すように改めるべきではないか。

加えて、各保険の人的適用対象となるかの基準は、各保険の趣旨・目的や①から④の事情が許す限りでできるだけ統一的であることが望ましい。その意味で、雇用保険の適用対象となるパートタイマー等について、簡素化された最近の取扱い基準等が参考にされ、この基準に統一できないかが検討されてよい。

(40)　行政解釈として「法人の取締役、理事、無限責任社員等の地位にあるものであっても、法令、定款等の規定に基づいて業務執行権を有すると認められる者以外で、事実上、業務執行権を有する取締役、理事、代表社員等の指揮、監督を受けて労働に従事し、その対償として賃金を得ている者は、原則として労働者として取り扱うこと」としており、指揮監督下にない限りは、労働者とはみなされないことを示している（昭三四・一・二六基発四八号）。その他、法人の理事については、昭和三八・五・一八基災収四四号、有限会社の取締役については、昭六一・三・一四基発一四一号を参照のこと。判例では、労災保険法上の「労働者」の概念は、労災保険法が労基法の労災補償の十全を期して創設された制度であることから、労基法九条の「労働者」と同一と解されている（最近では、例えば、横浜南労基署長事件、最判平八・一一・二八労判七一四号一四頁）。そのため、労基法九条の「労働者」同様に、取締役その他の法人等の役員には、労働者としての「使用従属関係」が認められない限り、労災保険法上の労働者性は否定されてきた（最近の判例では、例えば、興業社事件、最判平七・二・九判時一五二三号一四九頁。行政解釈では、昭二三・一・九基発一四号、昭六三・三・一四基発一五〇号、平一一・三・三一基発一六八号ほか参照）。

(41)　こうした不備の存在を指摘したものとして、馬渡淳一郎編『現代労働法』（八千代出版、平一二）六〇頁［小嶌典明担当部分］、馬渡淳一郎「第五章　社会保障の人的適用範囲」『二一世紀の社会保障法　第一巻』（法律文化社、平一三）一〇五頁、拙稿「社会保険」『就業形態の多様化と法政策』（日本労働研究機構、平一五）八七頁以下を参照のこと。

(42)　労働法令通信五六巻二〇号（平一五）一三頁。

(43)　私見と同様の視点から、考慮すべき事情を検討したものに、馬渡淳一郎・前掲論文（注(41)）一〇七頁がある。これによれば、①所得や医療等の保障の必要性、②被保険者資格の得喪・種別変更に関する事務手続反復の負担、③第三の方法の技術的可能性、④不適用による雇用形態や保険財政への影響、⑤労働供給への中立性があげられている。このうち、③の「第三の方法」とは、保険の適用、不適用のいずれかの方法ではなく、労災保険の特別加入制度のような、特別な取扱いによる方法を意味するとされている。

(44)　昭五〇・三・二五発労徴第一七号、基発第一六六号、婦発第八二号、職発第九七号、訓発第五五号。

(45)　立法論として、労基法九条の「労働者」と労災保険法上の「労働者」とを分けるのが適切との見解も同様の方向を示唆するものと解される。菅野・前掲書（注(4)）三六八頁。

(46)　労災保険の人的適用対象のあり方について検討し、特別加入制度の拡大を提案する論稿に、岩村正彦・前掲論文（注(1)）三四頁以下がある。また、近時では、労災保険制度のあり方について、総合規制改革会議が、自賠責保険と同様に、強制加入を維持しつつ、民営化を図るべきであるとの提言を、最終答申にもる予定であることが報じられている。

(47)　例えば、雇用保険の領域では、雇用保険の保険料等を財源に行われる三事業については、非「労働者」が保険料を負担することなく受益者としてのみ加えられる場合が少数ながら存在する（前掲注(25)を参照のこと。）。本文掲記の①から④の事情のうち、特に④の保険財政上の制約（給付と負担のバランス）の観点からは、こうした取扱いは、保険料の負担がないのに給付を得ていることになり問題がある。被保険者に加えて保険料負担を義務づけたうえで給付を認めるのが適切といえよう。

(48)　前掲注(25)を参照のこと。

(49)　例えば、(財）二一世紀職業財団『パートタイム労働法と雇用管理の実務』（労働新聞社、平七）を参照のこと。

(50)　例えば、保原喜志夫「パート労働者への社会保険の適用」ジュリスト一〇二一号（平五）四九頁以下、厚生省年金局『平成九年度版　年金白書（二一世紀の年金を「選択」する）』（社会保険研究所、平一〇）二三六頁〜二三七頁を参照のこと。

四　小　括

本章においては、労働保険や被用者保険の人的適用対象の現状と不備、そして人的適用対象のあり方について論じてきた。その内容を要約すれば、次の諸点にまとめることができる。

(1)　労災保険や雇用保険のような労働保険や、健保や厚年保険のような被用者保険の人的適用対象は、各保険の趣旨・目的に照らして、保険ごとに法定され、取り扱われてきている現状のあること。

(2)　そのために、各保険の人的適用対象は、「使用従属関係」にある本来の就業者から除かれる者の範囲や、「使用従属関係」にない就業者であるが、人的適用対象に加えられる者の範囲にバラツキが生じていること。

(3)　これによって、法人の代表者等やパートタイマーへの保険の適用関係等に不備が生じており、見直しが必要であること。

(4)　その見直では、各保険の本来の人的適用対象は、「使用従属関係」にある就業者に限定されるところから出発すべきであること。そのうえで、「使用従属関係」にあるが人的適用対象から除かれるべき就業者の範囲や「使用従属関係」にないが人的適用対象に加えられるべき就業者の範囲が決定される必要があること。

(5)　それらの範囲の決定に際しては、各保険の趣旨・目的に加えて、①各保険相互の関係、②被保険者の把握、保険料の徴収等における保険技術上の難易、③保険財政上の制約（給付と負担のバランス）、④使用者側の負担の相当性等の事情が考慮される必要があること。

(6)　しかも、その範囲は、可能な限り各保険に統一的な基準による必要があること。

(7)　ただし、保険適用のあり方には、強制加入方式のほかに、特別加入制度のような任意加入方式を採用することや、保険料の負担や保険給付の内容等について、通常の場合とは格差を設けること等が柔軟に検討されてよいこと。

(8)　以上の一般論に基づくとき、法人の代表者等については、労災保険の人的適用対象を見直し、特別加入制度を拡大したり、強制加入の対象としつつ保険料全額をその負担としたり、保険給付の内容を限定したりすることが考えられてよいこと。また、パートタイマー等の非正規労働者については、負担と給付のバランスを考慮して、保険給付に見合った保険料最低額がいくらかという視点から最低収入額や週の最低労働時間数を算出し、これを基準とすべきである。その意味で、雇用保険方式が参考にされるべきであること。

労働保険や被用者保険について指摘した不備は、雇用・就業形態の多様化の下で増加する非「労働者」の全体や非正規労働者に関わる問題でもある。これらの就業者の取扱いは、労基法等のいわゆる労働法分野の問題ともなっている。そのため、各保険における不備の解決にあたっては、労働法分野での問題解決との整合性が確保される必要がある。

第四章　わが国雇用関係法の人的適用対象と当事者意思

一　序

(1)　わが国の労働法における最近の動向において特徴的なことは、従来の規制のそのままの適用が、労働者ないし労使双方に不都合を生む場合には、規制を緩和したり、撤廃する場合のように、あくまで一律の対応を前提としつつそうした手法が取られることのほかに、労働者の意思ないし労働者（労働者集団）と使用者の合意等の当事者意思によって、特定労働者や特定事業場への規制を回避できる手法が拡大されている点である。特に、労基法をはじめとする雇用関係法の領域においてはそうした手法の採用が目立つ。雇用関係法の領域においては、強行的補充的効力や罰則を背景とする規制が、かえって労働者の保護や就業上の利便性をも阻害する状況を生んでいる。労働時間や賃金、契約期間等、広範な規整項目についてこのことが指摘されてきた。これに対しては、労働者個人の意思の存在や労使協定の締結を条件とする等して、規整の適用除外や緩和を認めたり、裁量労働等の新しい就業形態の採用を容易にしたりと、断続的に立法的対応がなされてきている。[1]

また、解釈論上も、労働者本人の同意によって強行的規整の適用を外すことを肯定する判例等が散見されるに至っている。[2]

こうした手法は、今後、雇用・就業形態の一層の多様化や、雇用・就業形態間の流動化の進行によって、一律の規整が不適切な結果を生むケースが増加することが予想され、その採用の頻度が高まるものと考えられる。こうした手法は、労働法の規定の適用を当事者意思によって回避することを認める点で、強行規定とされる法規定に対する、立法や法解釈による部分的な「任意規定化」ないし任意規定性の拡大として捉えることができるかもしれない。労働法上の規整において、労働者個人や事業場レベルで、こうした「任意規定化」がどこまで可能か（必要か）という問題は、今後、一層検討が必要となる課題と言えよう。

(2)　ところで、労働法の適用対象となるか否か（労働者性）の判断においても、労務供給契約の当事者の合意をはじめとする意思の契機がどの程度尊重されるべきかが問題となり得る。自らの労務供給関係が労働法の適用を受ける労務供給関係か否かを、どこまで当事者の判断に委ねることができるかの問題である。筆者は、この問題も、先の「任意規定化」の問題の一つと考えている。ただし、労働者性判断の問題は、特定の立法の特定の規定の適用の有無にとどまる問題ではなく、特定の立法全体、ひいては労働法体系に属する立法や判例法理全般の適用の有無に関わる問題といってよい。

本稿は、まず、この問題について、これまでの判例の判断傾向や学説による議論の動向を分析している。そして、この分析をふまえつつ、労働法、特に雇用関係法の適用対象となるか否か（労働者性）の判断において、当事者意思をどう評価すべきかの検討を試みている。

（1）　労働者の意思（同意）の存在により規制をはずしたり、緩和した例として次のものがあげられる。例えば、企画業務型裁量労働制（労基法三八条の四）の実施にあたり、制度の適用対象となる労働者の同意を要件のひとつとして、みなし労働時間制の採用が認められ、労基法による労働時間規制の原則の厳格な適用が緩和されている。あるいは、かつてタクシー・ハイヤーの女性運転手が自ら申し出ること等を条件に、女性労働者に対する深夜労働の禁止の適用除外が認められていた（労基法旧六四条の三第一項但書四号）。

（2）　例えば、罰則付きで、私法上は強行的効力を有すると解されてきた労基法二四条が定める賃金の全額払の原則について、使用者が労働者の同意を待ってなす相殺は、労働者の自由な意思に基づいてなされたものであると認めるに足る合理的な理由が客観的に存在するときは、同原則に反しないとする最高裁判決（日新製鋼事件、最二小判平二・一一・二六民集四四巻八号一〇八五頁）や、これを受けて同旨の判示をする下級審判例（更生会社三井埠頭事件、東京高判平一二・一二・二七労判八〇九号八二頁以下）等がみられる。

二　判例による労働者性判断と当事者意思

1　判例の基本的傾向

わが国においては、労働法に分類される立法の適用対象となる労務供給者にあたるか（労働者性）の判断において、これまで当事者意思はどのように考慮されているのであろうか。この視点から、まず、判例の基本的傾向を整理してみよう。このとき、わが国の労働法に属する立法をひとまず三つの法分野に分け、少なくとも三つの法分野で適用対象が異なり得るとの認識の下に、労働基準法を中心とする雇用関係法の分野の適用対象に絞って、以下、判例の傾向を分析することとする。

また、当事者意思については、以下の分析の便宜上、次のような分類を行っておく。すなわち、労務供給契約書その他で、契約形式（労働者性）について明示された当事者意思（合意）（類型(1)―1）、労務供給契約書の条項その他から契約形式（労働者性）について推論される黙示の当事者意思（合意）（類型(1)―2）、現実の就業過程で明示されたり、就業実態から判明するいずれか一方当事者の明示、黙示の意思（類型(2)）、労働協約や労使協定の締結当事者としての労使の明示、黙示の当事者意思（合意）（類型(3)）である。

(1)　雇用関係法の分野においては、労基法九条における「労働者」の定義が、労基法だけでなく、この法分野に属する立法や判例法理の適用対象となる労務供給者のいわば共通の定義としての意義を、明文規定ないしは解釈によって付与されている。(3) そして、雇用関係法の適用対象となるか否かについては、労働法の他の分野の適用対象をめぐる判例に比して、相当数の判例が、最高裁判決も含めて蓄積されており、「労働者」性判断の手法や基準について一定の傾向を整理することができる。この整理のための作業は、すでに、多くの先行研究によってなされてきているところである。(4) そして、判例の傾向を、労働者性判断における当事者意思の評価のあり方という視点から改めて整理してみると、結論的には、労働者性は「使用従属関係」の有無によって判断すべきであり、この「使用従属関係」の有無は、労務供給契約書その他において当事者が明示（表示）した契約形式や労働者性の有無の判断（特に、類型(1)—1の当事者意思）からではなく、現実の就業実態を形成する複数の事情を総合的に考慮して判断されるというのが、これまでの判例の基本的立場ということになる。(5) 例えば、労基法による保護を受ける「労働者」か否かは、「単に［労務供給］契約の形式や名目に限らず、……業務すなわち労務提供の形態を実態的に考慮して」決すべしとし、「結局、その者が使用従属関係にあるか否かによって決すべきである」としたり、(6)「一般にある労務供給に関する契約が雇用契約かあるいは請負契約ないし準委任契約かは、契約形式にとらわれず、……実質上使用従属関係があるか否か……」によって判断すべきことを一般論として示す判示がその例である。(7)

判例には、労働者性判断のあり方を一般論として示す場合でも、もはや明示の当事者意思の評価のあり方については言及せずに、「使用従属関係」の有無が労働者性を決するとのみ判示したり、(8) 具体的に複数の客観的事情を例示列挙し、これを総合判断するとだけ判示する判例も少なくない。これらの判例も、明示の当事者意思の先のような評価を当然の前提としていると解される。(9)

判例のこうした基本的立場は、労基法や労災保険法をはじめとする雇用関係法分野に属する立法の適用対象についてだけでなく、解雇権濫用の法理をはじめとする、労働契約について確立されて雇用関係法を形成する判例法理の適用対象、さらには、就業規則の適用対象となるべき労務供給者についても妥当すると解されているとみられる。(10)

ところで、判例の中には、契約形式（労働者性）に関して明示された当事者意思（合意）を、労働者かどうかの結論を導いた事情の一つにあげるものがある。例えば、証券会社Ｙに外務員として勤務したＸが、Ｙとの間で締結した一年更新の外務員契約の更新拒絶の可否が争われた事例で、「当事者間において形式上は委任契約として更新されてきたこと、実質上においても支配従属関係にきわめて乏しいこと……等を考えると……委任ないし、委任類似の契約と一応認められる」として、Ｘの労働者性を否定したもの等がこれにあたる。(11)しかし、こうした判例が、労働者性の判断において、明示の当事者意思（合意）に重要な意義を与えていると即断すべきではないと解される。むしろ、判例のさきのような基本的立場からすれば、こうした判例は、現実の就業実態から導かれる結論（使用従属関係の有無の評価）と矛盾しない限りで、明示の当事者意思（合意）も結論の補強的事情として評価され、尊重されるという程度の意義を与えられるにとどまると解するのが妥当であろう。(12)

そして、労働者か否かが微妙な限界事例についても、判例は、あくまで、現実の就業実態の検討を中心に結論を導いており、結論を明示の当事者意思（合意）に委ねるとの考え方を取っていないと解される。(13)

また、判例において、契約書の条項その他から推論される、労働者性についての黙示の当事者意思（合意）（類型(1)—2）について、これをどう評価するかにつき明確に判示したものは見出せなかったが、明示の当事者意思（合意）についてと同様の評価がなされるものと解される。(14)

(2)　他方、労務供給契約のいずれか一方当事者の意思で、明示される意思や、現実の就業実態から推定される黙示の意思（類型(2)）についてはどう評価されているのであろうか。こうした当事者意思に言及する判例は少なくない。そうした判例の多くは、これを労働者性判断において考慮すべき事情として評価している。

例えば、マンションの管理業務を行っていたXとマンション賃貸会社Yとの管理委託契約の解約をめぐり、その法的性質が問題となった事例において、Xが費用の半額を負担してマンションの防犯設備を設置した事情につき、「Xが自らをYの単なる使用人と考えていなかったことが示唆されているというべきであり、両者間の契約が雇用であったことを否定する一事情と考えられる」とするもの等がその一例である。(15)

ただし、この事例も含めて多くの場合、いずれか一方当事者の意思も、契約書その他における明示、黙示の当事者意思（合意）と同様で、労働者性の判断の結論を補強する事情として考慮されるが、就業実態から客観的に導かれる結論と矛盾する場合には、結論を左右するほどの意義は与えられていないと解される。

例えば、山林作業において「山仙頭」として集運材作業に従事してきたXが労災保険法上の「労働者」にあたるかが問題となった事例で、「その実態に照らし、Xに労働者性が認められない以上、たとえ、依頼主が山仙頭であるXを自らの被傭者として労災保険に加入し、保険料を支払ってきた事情があったとしても、労災保険法上、同人を労働者として取り扱い得ないことはやむをえないことである」として、Xの労働者性を肯定する使用者側の黙示の意思（認識）が、現実の就業実態から判断される結論（労働者性の不存在）を覆すものではないとする判例がある。[16] あるいは、工事請負会社Yとの契約に基づき、護岸工事に関する潜水作業に従事していた潜水夫Xが、労災保険法上の「労働者」にあたるかが問題となった事例でも、Yの「代表取締役や専務取締役は、労基監督署に対し、Xを「常雇」作業の部分について、労働者と認識してきた旨供述しているが」、一般従業員との取扱の違いや専属性の弱さといった現実の就業実態から判断して、「使用者の認識を重視するのは妥当でない」とするものもこれにあたる。[17]

以上のとおり、当事者意思は、合意であれ、いずれか一方当事者の意思であれ、労働者性判断の結論を補強する事情としての意義は認められるが、結論を左右する意義まで認められないというのが、これまでの判例の判断傾向であると評価することができる。[18]

(3)　次に、労働協約や労使協定その他で、特定労働者の労働者性を定める等によって示される労使の明示、黙示の意思（合意）についての評価はどうか。この点について明確な判断を示したと解される判例は見出せなかった。ただし、一定の適用除外者を除いて、従業員は労働組合員でなければならない旨定めたユニオンショップ協定の適用がなされなかったXについて、適用除外の協議すら労使間で行われない等、労使間にXを従業員とみなさない黙示の合意（認識）があったとみられる事例について、「Xの勤務実態等に照らすと」Xが労働者であるとの判断を妨げられるものではないとし、労基法三七条の割増賃金に関する規定の適用を認めた判例がある。[19] この判例も、労働者性判断における当事者意思の評価について判例の先のような一般的傾向の流れのうえにあると解される。

(4)　ところで、当事者意思の点からいえば、それは、労務供給契約の条項の中で、契約形式（労働者性）以外についても、明示、黙示に示される。例えば、就業時間等の就業条件や待遇その他についての合意である。こうした合意は、労働者性の判断においてどう評価されているのかも問題である。こうした合意は、契約としての法的拘束力を伴うことになるから、現実の就業関係はこれに従って形成されるのが通例である。合意と現実の就業実態とが同一内容のものとして、労働者性の判断において考慮されることで、特に問題は生じない[20]。しかし、明示、黙示の合意と現実の就業実態が矛盾したり、明示、黙示の合意に対応した就業実態が現実には形成されないままに終わる場合等も考えられる。特に、そうした状況が、判例によって労働者性の判断において考慮すべきとされてきた事情（例えば、労働時間や労働場所の拘束の程度）について生じた場合、どう処理されることになるかが当事者意思との関係で問題となる。

（ⅰ）　まず、現実の就業実態と明示、黙示の当事者意思とが矛盾する場合、労働者性の判断において、いずれが優先的に考慮されるかである。例えば、労働者性判断において考慮すべき事情の一つにあげられている、「仕事の依頼、業務従事の指示等に対する諾否の自由」についてみてみよう。判例は、労務供給契約上は、仕事の依頼に対して承諾義務がないといえる場合（承諾義務が特に定められていない場合も含む）でも、現実の諾否の有無を問題にする傾向にあると解される。例えば、土砂採取販売業を営むＹ会社が傭車運転手Ｘらと締結していた労務供給契約を解約したことにつき、解雇権濫用の法理の適用があるかが問題となった事例で、「Ｘらが就労不就労の自由を有しているといっても、……生活費等を得るために就労しようとすれば、Ｙ会社の業務に従事する他なかったのであるから、［そ］の自由も実質的にはかなり制限されていたものというべきであ」るとして、現実の就業実態からの判断を契約上の拘束の有無（当事者意思）に優先させる判断を示している[21]。

ただし、判例の中には、仕事の依頼に対して応じざるを得ないのは、「経済的事情に基づく事実上のものであ〔り〕……〔他社の〕依頼に応じて仕事をしてはならないという拘束を受けていたわけではなく、他の仕事に自由に従事することもできた」と判断して、契約上の諾否の自由（労務提供義務の有無）を、「事実上の諾否の自由の有無」に優先させて考慮して、労働者性の評価を行っているとみられる判例も散見される。(22)

（ii）次に、契約条項に対応する就業実態が存在しない場合、契約条項に示された当事者意思が労働者性の判断においてどう考慮されるかも問題となる。

このケースにあてはまる事例かは明確ではないが、一〇年の拘束期間を含む芸能関係契約を締結し、歌謡ショー等の芸能出演義務があったのに、これに違反したとして芸能プロダクション経営者Xが歌手志望のYに、契約違反の損害賠償を請求し、この芸能関係契約が労基法（一四条）の適用のある労働契約かが争われた事例で、Yの現実の就業関係についての事実認定を行わず、専ら、契約条項の規定内容から、Yは、芸能プロダクション経営者Xの「一方的指揮命令に従って、芸能出演等に出演し、その対価としてXから定額の賃金を受けるもの」で、「その実質において雇用契約（労働契約）にほかならない」としたものがある。(23)本判例は、労働者性判断において、当事者意思（合意）に、現実の就業実態を補完する意義が認められることを示唆していると解される。

（iii）この点との関連でいえば、さらに、契約書等において示される当事者意思（合意）の具体性の程度と、「使用従属関係」の有無の判断において重要な事情とされている「指揮命令性の程度」との関係も問題となる。労働契約において業務内容、手順等について規定する場合、基本的・概括的内容にとどめ、あとは使用者の指揮監督によって具体化されるのが通例である。しかし、これらを契約規定として合意の形で詳細に定めた場合、労務供給者が現実に委託者側から一方的指示を具体的に受ける機会が少なくなることで、指揮命令性の程度を低く評価せざるを得なくならないか、といった問題があり得る。この点をどう判断すべきかについて明確に判示したと解される判例を見出すことはできないが、細かな業務内容、手順を定めた作業規定を適用していた事例について、「使用者が従業員に対して発する業務命令と同程度の重要性があったと推認しうる」としたものがある。(24) この作業規定には、現実の就業実態を補完する意義が与えられていると解される。この作業規定は、使用者が一方的に定めたものであるが、これが合意に基づく場合であっても、同様の意義が与えられることになると解される。

2　労働者性判断において当事者意思を重視する判例

判例による労働者性の判断において、当事者意思がどう評価されているかについては、おおよそ以上のように、判例は、現実の就業実態による客観的判断を基本としつつ、当事者意思には、それがどの類型にあたるものであれ、あくまで補強的、補充的意義を与えるにとどめる傾向にある。しかし、判例の中には、当事者意思を労働者性の判断においてより重視したと解されるものが少数ながらみられる。

(1)　まず、特定の会社Yと実質上専属的に運送請負契約を締結していた「車持ち込み運転手」Xの労災保険法上の労働者性が問題となった事例の控訴審判決である東京高裁判決があげられる。(25) 判決は、判例の一般的傾向に従って労働者性は「使用従属関係」の有無を諸般の事情を総合考量して判断すべきとしながらも、Xのような車持ち込み運転手は、その就業実態からみると「労働者と事業者との中間形態」にあるとして、こうした就業形態につき、「法令に違反していたり、一方ないし双方の当事者（殊に働く側の者）の真意に沿うと認められない事情がある場合は格別、そうでない限り、これを無理に単純化することなく、できるだけ当事者の意図を尊重する方向で判断するのが相当」とした。そして、Xの場合、Xが労働者でないことにより、運送に必要なガソリン代等の経費や事故の場合の損害賠償をXの負担とし、また、Yの就業規則の適用がないうえ、福利厚生の措置も取られず、労働保険や社会保険の被保険者とならないこと等によって、Yの経費等が節約される分、Xは従業員より多い報酬を得られる就業形態にあり、「それが法令に反するものでも、脱法的なものでもなく……その時点では少なくとも双方の利益があると考えられており、……当事者双方の真意、殊にXの側の真意にそうものであるから、…そのまま一つの就業形態として認める」のが相当である、として、労災保険法上の労働者性を否定した。(26)

本判決は、①労災保険法上の労働者性という立法上の適用対象の問題について、②労働者と事業者の限界事例を処理するうえで、③当事者意思を尊重した結果が法令違反や脱法的行為にあたらず、かつ当事者（特に労働者の側）の真意にそうと判断できることを要件に、請負契約を選択した明示の当事者意思（合意）を尊重できると判断した判例ということができる。

(2)　次に、六〇歳を超えてYとの間に締結した請負契約に基づいて、実験排水施設の保守管理業務に従事していたXが、六五歳に達した後、Yの従業員となって勤務したが、退職にあたり、従業員となって後も仕事の内容に変化がなく、請負契約の当初からYの従業員であったとして、Yのところで就業した全期間をもとに、就業規則所定の基準で算定した退職金の支払を請求した事件の控訴審判決である大阪高裁判決があげられる。(27)判決は、「従事した仕事の内容が請負人のときと従業員になってからとで違いがないとしても、Xの年金受給の障害とならないように敢えて請負の形式をとったのであり、それ自体が不合理であるとか、Xに不当に不利益を強いたというものではないから、XがYの従業員になったのは」請負契約締結の時点からではなく、従業員としての採用後と解すべきであるとした。この判決も、労働者性の判断において、請負契約を選択した明示の当事者意思（合意）を尊重できるとする点で先の東京高裁判決と同様であるが、次の点で相違していると解される。すなわち、①就業規則およびその退職金規定の適用対象となる従業員に該当するか否かが問題となった事例であったこと、②扱った事例が労働者か事業者かの判断が難しい限界事例ではなかったこと、③当事者が請負形式を選択したこと自体が不合理でないことや、Xに不当に不利益を強いたのでないことを、当事者意思（合意）尊重の要件としたこと、である。(28)

（3）　例えば、最低賃金法二条一号、賃金の確保等に関する法律二条二号、じん肺法二条一項四号、労働安全衛生法二条二号等は、その適用対象となる「労働者」の定義を労基法九条の「労働者」定義によることを明定している。労働者災害補償保険法上の「労働者」は解釈によって労基法九条の「労働者」と同義とされている（最近でも横浜南労基署長（旭紙業）事件、東京高判平六・一一・二四労判七一四号一六頁、同事件、最判平八・一一・二八判時一五八九号一三六頁）。

（4）　例えば、一九八五年までの判例、学説を検討のうえ、集約した労働省労働基準局編『労働基準法の問題点と対策の方向（労働基準法研究会）』（日本労働協会、昭六一）五四頁以下。

（5）　ただし、「使用従属関係」の表現は、これまでのところ最高裁判例によって採用されるまでには至っていない。最高裁判例は、原審の判断を是認するのみで自判しないものが多いが、自判したものも含めて、「労働者」性の判断は、実質的には「使用従属関係」の有無によることを是認していると解される。この法分野の「労働者」性に関わる最高裁判決は、かなり早期のものも含めて次のものを挙げることができよう。山崎証券事件、（一小）昭三六・五・二五民集一五巻五号一三二二頁、大平製紙事件、（二小）昭三七・五・一八民集一六巻五号一一〇八頁、河口宅地造成災害補償請求事件、（二小）昭四一・四・二二民集二〇巻四号七九二頁、前田製菓事件、（二小）昭五六・五・一一判時一〇〇九号一二四頁、日田労基署長事件、（三小）平元・一〇・

一七労判五五六号八八頁、大阪中央郵便局事件、(三小) 平五・一〇・一九労判六四八号三三頁、横浜南労基署長（旭紙業）事件、(一小) 平八・一一・二八判時一五八九号一三六頁、興栄社事件、(一小) 平七・二・九判時一五二三号一四九頁、安田病院事件、(三小) 平一〇・九・八労判七四五号七頁、関西医科大学研修医（賃金未払）事件、(二小) 平一七・六・三労判八九三号一四頁。

(6) 九州電力事件、福岡地小倉支判昭五〇・二・二五労判二二三号三四頁。

(7) 大塚印刷事件、東京地判昭四八・二・六労判一七九号七四頁。その他、例えば、最近では、横浜南労基署長（旭紙業）事件、横浜地判平五・六・一七労判六四三号七一頁、禁野産業事件、大阪地判平一一・三・二六労判七七三号八六頁等があげられる。

(8) 例えば、中央林間病院事件、東京地判平八・七・二六労判六九九号二二頁等があげられる。

(9) 例えば、最近では、関西医科大学研修医事件、大阪地堺支判平一三・八・二九労判八一三号五頁等がある。

(10) 労務供給契約の解除が解雇にあたり、解雇権濫用の法理の適用があるかが問題となった事例で、「使用従属関係」の有無により判断するとするのが判例の傾向である。例えば、安田病院事件、大阪高判平一〇・二・一八労判七四四号六三頁、その上告審として原審判決の結論を是認した最高裁判決（前掲注(5)）ほか。就業規則の適用対象となるべき労務供給者か否かの問題については、従業員兼務取締役への退職金規定の適用が争われた事例が比較的多く見られるが、こうした立場を取っているものと考えられる。前田製菓事件および興栄社事件の最高裁判決（前掲注(5)）のほか、最近では、例えば、シンセイベアリング事件、東京地判平一一・二・一〇労判七六八号八六頁等があげられる。

(11) 太平洋証券事件、大阪地決平七・六・一九労判六八二号七二頁。

(12) 当事者意思を労働者性判断の補強的事情と評価したと考えられる判例として、その他に、例えば、中部ロワイヤル事件、名古屋地判平六・六・三労判六八〇号九二頁や協和運輸事件、大阪地判平一一・一二・一七労判七八一号六五頁があげられる。

(13) 例えば、運送会社と業務委託契約を締結し、運送業務に従事した運転手のケースを扱った中部ロワイヤル事件（注(12)）等があげられる。

ドイツでは、労働法の適用対象となるか否か（被用者性）の判断について、労働民事事件の最上級審裁判所である連邦労働裁判所（以下、ＢＡＧと略記する。）が、限界事例について、合理的理由の存在を要件に、明示の当事者意思（合意）に従った判断を認める傾向にある。しかも、この合理的理由として、使用者側の事情（例えば、業務上の必要性）も考慮されている。ドイツでは、有期労働契約の締結について、これが解雇規制を回避する脱法的目的で行われる場合があり、これを防止するために、判例上で、労働者の同意や使用者側の経営上の必要等の合理的理由が必要との原則が確立されている。この考え方をそのまま、被用者性の判断に持ち込んだものと説明されている。そのため、使用者側の事情も考慮できるとされているものと解される。詳しくは、第一編第四章を参照のこと。

(14)　例えば、契約書中に「入社一ヶ月間を研修見習期間とする」「賃金」「終業時間、朝礼、ミーティング、一〇時必ず出席のこと、その他の時間は個人の自由とし、……直接自宅に帰宅も可能」等、労務供給者Ｘらを供給先Ｙの従業員として雇用することを前提とする規定、文言があることを指摘し、労働契約性（労働者性）を肯定する事情のひとつにあげるものがある（中部ロワイヤル事件・前掲注(12)）。あるいは、研修や宗教活動のように労務給付自体を第一の目的としない事例についても、「研修目的からくる自発的な発意の許容される部分を有し、……特殊な地位を有することは否定できない」としても（関西医科大学研修医事件・前掲注(9)）、とか、「宗教上の奉仕活動として勤務することと、その者が労基法上の労働者たることとは矛盾しない」（実正寺事件、松山地今治支判平八・三・一四労判六九七号七一頁）として、「使用従属関係」の有無により労働者性を判断している。

(15)　福住商事事件、大阪地判平一一・六・三〇労判七七四号六三頁。その他、呉労基署長（浅野建設）事件、広島地判平四・一・二一労判六〇五号八四頁、タオヒューマンシステムズ事件、東京地判平九・九・二六労経速一六五八号一六頁、協和機工事件、東京地判平一一・四・二三労判七七〇号一四一頁、泉証券事件、大阪地決平一一・七・一九労判七七四号八〇頁等があげられる。

(16) 日田労基署長事件、大分地判昭六一・二・一〇労判四六九号二一頁。

(17) 田辺労基署長（君嶋組）事件、和歌山地判平三・一〇・三〇労判六〇三号三九頁。

(18) こうした傾向は、少なくとも下級審レベルの傾向として確認できるが、最高裁については、こうした考え方を示したと解される原審の結論を是認する限りで、その傾向を支持していると解される。

(19) 江東運送事件、東京地判平八・一〇・一四労判七〇六号三七頁。

(20) 例えば、一般従業員に適用のある就業規則の適用についての合意の存在と、一般従業員に対すると同様の出退勤管理が現実になされたとの評価を行った中部共石油送事件の名古屋地裁判決（平五・五・二〇労経速一五一四号三頁）や、委託者の指示への諾否の自由について、他社の業務の遂行が契約上禁止され、事実上も困難で、ほぼ完全に制限されていたとの評価を行った新発田労基署長（新和コンクリート工業）事件の新潟地裁判決（平四・一二・二二労判六二九号一一七頁）等があげられる。

(21) 北浜土木砕石事件、金沢地判昭六二・一一・二七労判五二〇号七五頁。その他にも、例えば、横浜南労基署長（旭紙業）事件、横浜地判平五・六・一七労判六四号七一頁ほか多数。

この点について、ドイツでは、BAG判例が、契約形式に限らず、労務供給契約上示された当事者意思（合意）は、現実の就業実態と矛盾しない限りで尊重される旨を明言している。この点については、第一編第四章（特に一九九頁以下）を参照のこと。

(22) 呉労基署長事件（前掲注(15)）。その他にも、大阪府立高校警備員事件、大阪高判平二・七・三一労判五七五号五三頁、相模原労基署長（一人親方）事件、横浜地判平七・七・二〇労判六九八号七三頁、協和運輸事件（前掲注(12)）。

(23) スター芸能プロ事件、東京地判平六・九・八判タ八八三号一九三頁。

(24) 新発田労基署長（新和コンクリート）事件（前掲注(20)）。その他にも、例えば、関西医科大学研修医事件（前掲注(9)）。ドイツでは、BAG判例の多くが、契約書等に明示された合意内容と契約の現実の履行から、「現実の業務内容」が推論され、そこから被用者性が判断される、と説明している。この点については、

第一編第四章（特に一九九頁以下）を参照のこと。

(25) 横浜南労基署長（旭紙業）事件、東京高判平六・一一・二四労判七一四号一六頁。その他にも、労務供給者が特殊な地位にあった点に客観的事情からみて労務供給者に利益があったかを検討するものがある。新発田労基署長（新和コンクリート工業）事件（前掲注(20)）。

(26) 本件第一審判決（前掲注(21)）、最高裁判決（前掲注(5)）は、本件判決のような当事者意思を重視した考え方を取らず、現実の就業形態を総合的に考慮して結論を導く判例一般の傾向を承認している。ただし、同様の立場に立つ一審判決と最高裁判決とで結論が逆であり、その分岐点は、「同社の一般従業員」のような典型的労働者との近似性をどこまで重視するかにあったと考えられる。この点については、第二編第二章（二九七頁以下）を参照のこと。

(27) 大興設備開発事件、大阪高判平九・一〇・三〇労判七二九号六一頁。

(28) 本件第一審判決（京都地判平八・一一・一四労判七二九号六七頁）は、Xの労働者性の判断によらずに結論を導いている。

三　学説による労働者性判断における当事者意思の評価

他方、わが国の学説は、これまで、雇用関係法の分野に限らず、労働者性の判断については、概ね、判例の判断傾向と同様の考え方を取ってきたと解される。すなわち、表現の違いや考慮すべき事情の範囲に広狭の差はあれ、現実の就業実態を中心に労働者性を判断する手法を採用してきたといえよう(29)。

したがって、当事者意思については、特に、これを労働者性の判断において重視する考え方は取られていない。むしろ、労働法規に私法上の強行的効力が認められている点が示すとおり、「使用従属関係」の形成を予定する労務供給契約（合意）は、両当事者の経済的力関係を反映して、力関係に勝る使用者の意向を反映する付従性を有するものとして、これにそのまま法的効果を付与すべきではないとの考え方が、労働者性の判断においても暗黙のうちに支持されてきたといえる[30]。

しかし、他方で、労働者性の判断において、今後、当事者意思をより重視できるかの検討が必要であるとの学説も存在している。例えば、「サービス経済化」、「高度情報化」等の進行により、業務遂行にあたって幅広い裁量を認められる労働者（在宅労働者、裁量労働者等）が増加しつつあり、労働者か否かの判断が困難なケースが生まれてきており、労働者性の有無を当事者の意思や慣行に委ねるべき場合のあることを肯定する全く新しい考え方の是非を検討すべきとする見解等がこれにあたる[31]。さらには、一般論として、社会経済の発展と労使関係の意味の変革には著しいものがあり、労働契約（労働者性）は従来のように「使用従属関係」を中心に理解すべきではなく、本来の契約の本質に着目して、労働者性の判断が困難な場合に限らず、当事者の意思表示の内容によって判断すべきであるとの見解もある[32]。労働契約関係の形成において、当事者意思、ひいては「契約の自由」に、より大きな意義を認めようとする見解であるといえよう。

(29)　例えば、『労働基準法の問題点と対策の方向』（前掲注(4)）五四頁以下を参照のこと。
(30)　例えば、菅野和夫『労働法（第五版補正二版）』（弘文堂、平一三）六九頁〜七一頁参照。
(31)　下井隆史『労働基準法〔第三版〕』（有斐閣、平一三）二四頁。その他、当事者の客観的利益状況から推論される当事者意思（認識）であれば、客観的事実に基づき労働者性を判断するとの判例の基本的立場と矛盾しないとして、そうした意味での当事者意思の考慮に肯定的な見解もある。藤原稔弘「車持ち込み運転手の労災保険法上の労働者性」日本労働法学会誌九一号（平一〇）一四四頁。
(32)　安西愈「「労働者概念」の多義性とその差異をめぐって」季労一四五号（昭六二）一六二頁。ドイツにおける学説の議論状況も、わが国の議論の状況と類似している。この点については、第一編第四章を参照のこと。

四　労働者性判断における当事者意思の評価のあり方

以上の判例、学説の動向を踏まえつつ、雇用関係法分野の労働者性の判断において、当事者意思をどう評価すべきかの検討を試みよう。その際、労働者性は、（一）この分野に属する立法の適用対象としての労働者かどうかだけでなく、（二）解雇権濫用の法理や採用内定の法理のように、判例上、労働契約につき形成されてきた法理の適用対象としての労働者かどうか、（三）さらには、労働協約や就業規則の規整の対象となる労働者かとしても問題となり得る。(33) そこで、これら三つの場合について、当事者意思をどう評価するべきかを検討してみよう。

1　法規定、判例法理の適用対象としての労働者性判断のあり方

(1)　まず、雇用関係法分野に属する立法の適用対象についてはどうか。

雇用関係法分野に属する立法の適用対象となる労務供給者（労働者）である否かは、当該立法の各法規定による保護（ないし規整）を受けるべきかどうかで決まる。各法規定による保護必要性が決定的であると考えられる。そして、この保護必要性の有無は、労務給付者が置かれている現実の就業実態から判断されるというべきである。現実の就業実態こそが、労務供給者に対する保護必要性を根拠づけると解されるからである。したがって、保護必要性は、当事者意思によって左右されることはないというべきであろう。

ただし、各法規定の適用関係相互の整合性を維持するためには、保護必要性のある労務供給者を、各法規定ごとに確定するのではなく、明文の規定（例えば労基法九条）や解釈（例えば、労災保険法上の労働者性）に

よって一つの立法や複数の立法を構成している各法規定に共通の概念として、さらには、少なくとも雇用関係法の領域に共通の内容を有する概念（労働者概念）として確定することが妥当と解される。[34]

(2)　他方、判例によって、労働契約について確立されてきた法理の適用対象についてはどうか。こうした判例法理には、解雇権濫用の法理のように、強行規定と同様に強行的効力を有すると解されるものと、採用内定法理のように、あくまで任意的、補充的効力を有するにとどまると解されるものとがある。[35]

前者については、強行規定と同様に、当事者意思によって、法理の適用の有無を決したり、その内容をその趣旨に反して変更したりすることができないと解される。これに対して、後者については、当事者意思によって、法理の適用の有無を決したり、その内容を変更したりすることは許されると解される。

しかし、いずれの法理についても、法理の適用対象となる労務供給者かどうかについては、法理が労働契約について確立されたものであることを考えると、労働契約の当事者となる労務供給者かどうかが問題となる。こうした労務供給者は、少なくとも雇用関係法の分野に属する立法が本来的な規整の対象として予定する「労働者」と一致すると解される。雇用関係法の分野に属する立法による保護必要性が認められることで、その適用対象となる労務供給者こそが、労働契約の当事者としての就業実態にある労務供給者として、労働契約をめぐる判例法理の適用対象となると解すべきであるからである。[36]したがって、判例法理の適用対象も、法規定の場合と同様に、労働者保護の観点から、現実の就業実態を考慮しつつ客観的に決すべきであり、当事者意思によって自由に決定することはできないと解されることとなる。

(3)　以上の考え方によれば、現実の就業実態に一定の客観的事情が認められれば労働者性が肯定され、雇用関係法による保護の必要性が認められるということになる。ただし、その保護必要性は、より正確には、一般的（形式的）保護必要性を意味する。それは、個別、具体的な事例ごとの実質的な保護必要性や保護の適切性ではない点に注意を要する。一定の客観的事情を根拠に、「労働者」性を一律に肯定することが、労働者にとり不利益や不都合を生み出すことは予定されていないからである。しかし、今後、雇用・就業形態の多様化や各形態間の流動化が進行するにしたがって、そうした不利益や不都合を伴うケースが増加することが予想される。例えば、ベンチャービジネスの立ち上げ段階の労務供給関係や在宅労働等、労働時間規制や就業規則による競業制限等を受けない自営業的就業を望むケース等が考えられる。こうしたケースにはいくつかの対応が考えられる。例えば、当事者に不利益や不都合を生む法規制を一挙に撤廃する対応がまず考えられよう。こうした対応は、当該法規制による保護を必要とする労働者が他に多く存在する場合には適切でない。また、従業員代表との合意により適用除外を認めたり、一定の場合に別の規制を用意する手法を採用することも、労働法の適用が当事者に不利益や不都合を生む事情が個々に多様であり得る点を考えると、妥当とはいえない。

むしろ、保護の要否の判断を当事者の合意（特に、労働者自身の意思）に委ねる方が妥当、適切である場合のあることが十分考えられるのである。そこで、労働者として保護を要しないとする当事者意思（合意）の形成が、特に、一方当事者である労務供給者の自由意思（真意）に基づくと判断できる場合には、労働者性の判断において当事者意思を尊重する判断手法がとれないか検討してみる必要がある。

(4)　そして、こうした判断手法は、判例上、すでに採用されている。例えば、労基法二四条の賃金全額払の原則についての判例があげられる。賃金全額払の原則は、使用者が、所定の賃金の一部を控除する場合だけでなく、労働者に対して有する債権を自動債権として、労働者の有する賃金債権と一方的に相殺して賃金債権を削減、消滅させることで、所定の賃金を支払わない場合も、原則として禁止していると解されている。この解釈では、合意（労働者の同意）による相殺も、賃金について生じる一般的保護必要性からみれば、その効果は生じないと解するのが妥当である。しかし、最高裁は、会社が貸し付けた住宅資金の未返済部分と労働者が有する退職金債権等とを、当該労働者の同意を得て相殺した事例[37]について、「労働者が自由な意思に基づき右相殺に同意した場合においては、右同意が労働者の自由な意思に基づいてされたものであると認めるに足る合理的な理由が客観的に存在するときは」労基法二四条に違反しない、と判示して、それまでの下級審判例[38]で示されていた同様の考え方を支持した。保護の個別的、具体的な妥当性、適切性の判断を当事者意思に委ねることが認められた事例といえよう。学説上有力な批判があるが[39]、近時の下級審判例もこの最高裁判例に従っている[40]。ただし、最高裁判例は、労働者の自由な意思に基づく合意（同意）かどうかの判断は、「厳格かつ慎重に行わなければならない」とし、労働者の認識や労働者側の利益等を勘案して、労働者の「自由な意思に基づいてされたものであると認めるに足る合理的理由が客観的に存在していた」と結論づけている。

このケースと同様に、労働者性の判断においても、当事者、特に労務供給者側の自由意思（真意）を尊重する手法が採用できる場合がないかを検討すべき時期にきているというべきである。ただし、労働者性の判断と先の最高裁判決で問題となった事例とはいくつかの点で異なる。先の事例が、「賃金」性（賃金の概念）の判断それ自体が当事者意思に委ねられるかが問題となったのではなく、賃金に関する特定の法規定の適用の有無に関するものであることや、賃金全額払の原則は、労使協定という当事者意思（合意）形成の形式をとれば適用除外できることがすでに明文の規定で許されている点である。これに対して、「労働者」性の判断では、労働者性（労働者の概念）自体の判断が当事者意思に委ねられるかが問題となっており、少なくとも雇用関係法による規整の有無全般に関わる問題と解されること、労使協定等による適用除外も明文の規定によって認められていないことである。したがって、解釈によって、労働者性判断において当事者意思を考慮できるとしたとしても、労務供給者の自由意思（真意）か否かの判断そのほかについて、先のケース以上に厳格かつ慎重な考慮が求められるというべきであろう。

そこで、基本的には、①自由意思（真意）が、特定の法規定の適用のみに関わるものではなく、雇用関係法の適用全般に関わるものであることを客観的に示す事情があること、②自由意思（真意）に基づいてされたものであると認めるに足る合理的理由が客観的に存在していること、③自由意思に基づく取扱が法令違反や法の趣旨に反する脱法的効果を持たないこと、といった点が具体的に充たされる必要があると解される。

以上の考え方は、労働者か否かの限界事例についてのみ当事者意思を尊重すべきであるとの見解[40]をさらに進めて、就業実態からの客観的判断によれば労働者性が明白な事例にも妥当すると解される。しかし、現実には、①～③の要件を充足する事例が今後増加するとしても、多くは、限界事例や、労働者とそれ以外の労務供給者のいずれによってもなされ得るタイプの業務、あるいは、労務供給以外を目的とした活動（例えば、宗教活動、ボランティア活動）等においてであると考えられる。

以上の検討を踏まえると、当事者意思を重視する判例として先に挙げた二つの高裁判決のうち、法規定の適用関係に関して労働者性が問題となった東京高裁判決はどう評価されることになるのであろうか。当該判決が処理した事例は、労災保険法の適用が限界事例について問題となったものである。判決は、Xが「少しでも多額の報酬を得ようとして敢えて従業員でない地位にあることを望み、Yと運送請負契約を結んだという面があることも否定できない」と認定する一方で、「車持ち込み運転手としては、運送請負契約を結んで働く以外に選択の余地がなかったともいえる」とも認定しており、労働者性を否定することにより得られる使用者側の利益が大きいこと、他方、労務供給者にとっては労働者と自営業者のいずれの扱いにより利益があるといえるかが必ずしも明白とはいえないこと等から、労務供給者側の自由意思（真意）によると認めるに足る合理的理由が客観的に認定できるかやや疑問が残る。

(5)　ところで、以上は、ある労務供給者の労働者性を当事者意思により否定できるかの問題に関わっている。労働者性の判断における当事者意思の評価という場合には、この問題以外に、労働者性がないことが客観的に明白な労務供給者について、明示、黙示の当事者意思を尊重して労働者性を肯定できるかという問題も存在する。先にあげた「山仙頭」や「潜水夫」の事例（三五二頁）や、例えば、労働力確保の目的で、使用者があえて労働法等による保護のある労働契約の形式を合意するケース等考えられなくもない。この問題の検討にあたっては、罰則を伴う法規定や、罰則を伴わないが強行的効力を有する法規定ないし判例法理との関係が問題となる。罰則付きの法規定の場合、客観的には、例えば自営業者と考えられる労務供給者について、合意によって労働者性を肯定することは、罰則規定の適用範囲を拡大解釈することを意味し、使用者の同意があっても、許されないと解される。また、法規定や判例法理についても、強行的効力を有すると考えられるものについては、同様に、当事者意思（合意）によりその適用を拡大することは許されないと解される。当事者の合意によって、法規定や判例法理が規整の前提とする一般的保護必要性が発生するわけではないからである。この点、労働者性を否定する当事者意思（合意）を尊重して、罰則付きの法規定や、強行的効力を有する法規定ないし判例法理の適用を狭めることには問題ないと考えられる。法規定等の適用が労働者に不利益、不都合を生む場合にまで、規定内容の尊重を使用者に罰則付きで強制したり、合意を無効とすることまで求められていないと解すべきだからである。先にあげた最高裁判例が当事者意思（合意）の尊重を認めた事例も罰則が付された法規定の適用の有無が問題となった事例であった。

2　労働協約等の自主規範の適用対象と労働者性判断のあり方

特定の労務供給者の労働者性の有無について、労働協約や就業規則において明示したり、それらの運用の過程で黙示の当事者意思が形成される場合、こうした明示、黙示の当事者意思はどう評価されることになろうか。こうした当事者意思は、（一）労働契約の一方当事者である労働者か否か自体に関わる場合と、（二）労働協約や就業規則の条項の人的適用範囲に関わる場合とがあり、いずれかによって評価のあり方が異なると考えられる。例えば、正社員か契約社員かを問わず従業員全員を対象とすべき労働時間規定を、ある契約社員に不適用とするケース等が（一）であり、退職金規定の人的適用範囲につき、パートタイマーを除外するケース等が（二）にあたると解される。

（一）の場合には、法規定や判例法理の適用対象について先に述べた考え方がそのまま妥当すると考えられる。

（二）の場合は、当事者意思によって特定の労務供給者を労働協約や就業規則の特定条項の適用対象に明示、黙示に含めたり、除いたりすることであり、この当事者意思に特に問題はない。

労働者性の判断において当事者意思を尊重した判例として先に挙げた（三五六頁）大阪高裁判決は、（一）の問題に関わると解される。従業員であれば適用のあるべき就業規則とその就業規則中の退職金規定の適用の有無が問題となっており、労働契約の一方当事者としての労働者か否かが問題となった事例といえる。また、本事例は、現実の就業実態によれば労働者性が明白なケースである。当該判決が当事者意思の評価につき示した判断について、先にあげた①～③の要件に照らすと、③の要件について、年金の受給制限規定の適用が考えられる就業実態にありながら、その適用を回避すべく請負形式を合意したことが、年金関連の法規定の趣旨に反する脱法行為にあたらないかの検討等が必要ではなかったかと考えられる。

(33) 下井隆史・前掲書（注(31)）一九頁～二〇頁を参照のこと。
(34) 前掲注(1)を参照のこと。
(35) 菅野和夫・前掲書（注(30)）七七頁～七八頁。
(36) ただし、労基法九条の「労働者」や労組法三条の「労働者」となる労務供給者が、それぞれの立法の予定する「労働契約」（労基法第二章、労組法一六条）の一方当事者となると解され、雇用関係法とそれ以外の労働法の法分野で、労働契約の当事者となる労務給付者の範囲は異なり得る。
(37) 日新製鋼事件、最判（二小）平二・一一・二六民集四四巻八号一〇八五頁。
(38) 本件第一審（大阪地判昭六一・三・三一労判四七三号二六頁）、第二審（大阪高判昭六二・九・二九労判五〇七号五三頁）のほか、大鉄工業事件、大阪地判昭五九・一〇・三一労判四四三号五五頁等があげられる。
(39) 菅野・前掲書（注(30)）二二〇頁～二二一頁。
(40) 更生会社三井埠頭事件、東京高判平一二・一二・二七労判八〇九号八二頁。
(41) 筆者は、かつて、少なくとも限界事例についての労働者性判断において、当事者意思を考慮する可能性を肯定したことがある。拙稿「社会構造の変化と労働者概念」『労働市場の変化と労働法の課題』（日本労働研究機構、平八）三五頁以下。

五　小　括

以上の検討を要約すれば、以下のとおりである。

(1)　雇傭関係法の適用対象となる労務供給者かどうか（労働者性）の判断にあたり、当事者意思をどう考慮すべきかの問題については、学説、判例の多数の考え方を再検討する余地のあること。

(2)　検討においては、労働法による一般的保護必要性の有無の視点を前提としつつも、個別、具体的な保護の必要性・適切性の有無の視点からの検討が必要であること。

(3)　具体的に当事者意思をどのような場合に尊重できるかについては、労働者性を否定する当事者意思（合意）に限って、この意思が当事者、特に労務供給者の自由意思によっていること等の要件を充足する事例について考慮すべきと考えられること。

(4)　そうした考え方は、限界事例に限らず、労働者性が明らかな事例についても妥当すると考えられること

こうした考え方に立つ場合でも、雇用関係法の適用対象となるか否か（労働者性）の判断において、現実に当事者意思が尊重される事例はさほど多くないとも考えられる。これまでは、労働者性の判断においては、当事者意思がどうであれ、就業実態からの客観的な判断の結果を、当事者に強制する考え方（法形式強制）が支持されてきたといえる。これに対して、以上の私見は、あくまで当事者意思（契約の自由）を尊重するとのスタンスを取りつつ、当事者意思の形成が一方当事者の意思のみ反映して、他方当事者（労働者）の自由意思（真意）に基づいていないと客観的に考えられる場合のみ、「契約自由の濫用」として、就業実態に

よる客観的な判断結果を強制してコントロールするとの考え方（内容コントロール）に立つものである。[42] したがって、考え方としては、大きな転換を提案するものであり、雇用関係法の一層の「任意規定」化を承認するものといえる。

（42）　ドイツにおいて、労働法や社会保険法の適用対象となるかの判断において、当事者意思を尊重すべきであると主張する学説にも、同様の主張をするものがある。第一編第四章（二〇九頁以下）を参照のこと。

第五章　雇用・就業形態の多様化と人的適用対象のあり方

一　序

社会経済情勢の多様な変化に伴って、わが国においても、他の先進諸国と同様に雇用・就業形態が多様化してきている。雇用・就業形態の多様化に対応して、労働法や社会保障法の領域においては、種々の見直しが開始されているところである(1)。労働法や、社会保障法、特に被用者保険の人的適用対象についても、雇用・就業形態の多様化に対応して、立法や法解釈によるこれまでの取扱いが再検討を迫られている。この点については、わが国に限らず、他の先進諸国、さらにはＩＬＯやＥＵのレベルでもすでに議論が始まっている(2)。そして、わが国においても、見直しの是非や見直しのあり方をめぐって、学説による議論が活発化してきているところである(3)。

この点に関する近時の国内外の議論は、特に、これまで労働法や被用者保険の人的適用対象が「労働者」か「自営業者」かの二分法によってきたことの是非を中心に展開されている。これは、雇用・就業形態の多様化の下で、その就業実態が、「労働者」とされる就業者と「自営業者」とされる就業者との間のグレーゾーンにある就業者（以下、中間形態の就業者と呼んでおく。）が増加しつつあることによる。二分法の下で、こうした中間形態の就業者の法的取扱いが問題化しているのである。そしてまた、この中間形態の就業者への法的取扱いをめぐる議論を契機に、わが国においては、労働法や被用者保険の人的適用対象に関わる他の論点についても再検討がなされている。[4] これらの論点をめぐる国内外の議論の状況については、これまで、各論者によって適宜、整理、分析がなされているところである。[5]

本章は、本書の最終章として、まず、各論者による整理を踏まえつつ、労働法や被用者保険の人的適用対象に関して、雇用・就業形態の多様化との関わりで重要と思われる論点を六つ取り上げ、それぞれの論点をめぐる学説の議論の到達点や判例の状況について、筆者なりに整理を行っている（二）。この整理をもとに、それぞれの論点についての学説の議論や判例の状況にやや立ち入った検討を加えつつ、私見の提示を試みている（三）。

（1）　雇用・就業形態の多様化の現状と雇用法政策の変遷およびそのあるべき方向については、例えば、拙稿「日本における雇用形態の多様化と法政策」『日独労働法協会会報』（日独労働法協会編）五号（平一六）一〇五頁以下を参照のこと。

（2）　ＩＬＯの動向については、例えば、鎌田耕一『契約労働の研究』（多賀出版、平一三）一三頁以下、ＥＵの動向については、第一編第五章を参照のこと。

（3）　後掲注(4)および注(5)掲記の論考を参照のこと。

（4）　近時、日本労働法学会のシンポジウムや個別報告のテーマとしても取り上げられている。永野秀雄「「契約労働者」保護の立法的課題」・小俣勝治「仲介型並びに下請型委託就業による契約労働者保護の課題」・鎌田耕一「契約労働者の概念と法的課題」日本労働法学会誌一〇二号（平一五）一〇八頁以下、皆川宏之「ドイツにおける被用者概念と労働契約」日本労働法学会誌一〇二号（平一五）一六六頁以下、『就業形態の多様化と社会労働政策』（労働政策研究報告書№一二）（特に、大内伸哉、池添弘邦担当部分）（労働政策研究・研修機構、平一六）等を参照のこと。

（5）　わが国における議論に限ってみても、橋本陽子「労働法・社会保険法の適用対象者（一）」法学協会雑誌一一九巻四号（平一四）六一二頁以下、同「労働法・社会保険法の適用対象者（四・完）」法学協会雑誌一二〇巻一一号（平一五）二一五二頁以下、吉田美喜夫「「労働者」とは誰のことか」日本労働研究雑誌五二六号（平一六）六六頁以下、鎌田耕一「委託労働者・請負労働者の法的地位と保護」日本労働研究雑誌五二六号（平一六）五六頁以下、西谷敏「労働者概念」『労働法の争点（第三版）』（有斐閣、平一六）四頁以下その他がすでに公表されている。

二　近時の学説・判例の展開とその評価

雇傭・就業形態の多様化との関わりで、労働法や被用者保険の人的適用対象をめぐり重要と考えられる論点として、次の六点を挙げておきたい。(1)民法の雇傭（雇用契約）と労基法等の労働契約の相違、(2)労働法や被用者保険に属する立法の人的適用対象概念を統一的にか相対的にか、そのいずれに捉えるべきか、(3)労働法や被用者保険の人的適用対象となるか否かの判断基準、(4)中間形態の就業者への法的対応のあり方、(5)人的適用対象となるかの判断における当事者意思の扱い、(6)ボランティアや宗教活動、研修等で、労務供給類似の活動を行う者に対する法的対応のあり方、である。

以下では、まず、これらの論点に関する近時の学説・判例の展開と到達点について整理を試みるところから始めよう。

1　雇傭（雇用契約）と労働契約の関係

(1)　この論点は、民法が予定する労務供給契約のひとつである雇傭（雇用契約）と労働基準法（労基法）

や労働組合法（労組法）等に規定される労働契約との関係をどう説明すべきかに関わる。労働法の領域における論点のひとつとして、かなり早い時期に提示され、以来、長く議論されてきた。

この論点についての議論は、そもそも、両者の契約類型としての相違を明確化することによって、民法とは異なる労働法の本質を明らかにしようとする学説によって、両契約類型を峻別する見解が提示されたことに始まる。(6) この峻別説は、労働契約を、使用者への労働者の従属関係を中核とする契約関係とみて、その本質を労働の従属性（従属労働）と捉え、労働法は、この従属労働を規制することにより生存権理念を実現することを目的とした法と性格づける。他方、この峻別説は、雇傭を、使用者への労働者の従属関係ではなく、対等当事者間の契約関係と捉えつつ、民法は、市民法的自由の原理（契約自由の原則）の下で、この対等な契約当事者の契約関係をめぐる利害の調整を目的とする法と捉える。峻別説は、以上のように、雇傭と労働契約の概念内容における相違等を強調しつつ、民法と労働法の本質の相違を説いたのである。そして、この説が学説における多数説を形成してきた。(7)

この峻別説に対して、雇傭も使用者と労働者の従属関係を対象としていて、雇傭と労働契約とは同一の実態を規整の対象としており、契約類型の点で両者に何らの差異はない、と批判する同一説とも呼ぶべき見解がその後に示された。(8)

この両説の対立についていえば、峻別説が、雇傭を対象とする民法の規定と労働契約を対象とする労働法について、規制内容ないし規制理念に相違があるとする点は、同一説も否定はしない。他方、峻別説が、労働契約が人的従属性（ないし使用従属関係）のある契約関係を予定し、雇傭はこれを予定しないところに本質的な差異があるとする点について、同一説は、人的従属性を示す実態は雇傭においても予定された特徴であり、両契約類型が予定する契約関係に峻別説のいうような差異はないと批判した。その後、この批判を妥当としつつ、両説は、最近では収斂する方向に向かっている、との評価もある。(9)

(2)　他方、判例においては、労働契約と雇傭（雇用契約）とを意識的に区別して用いる例は少なく、少数の例外を除き、両者を契約類型として同義のものとして用いる傾向が強いといってよい。(10)

(3)　この論点についていえば、雇傭を定めた民法の規定の趣旨と労働法の規制理念に相違があることに疑いはない。それぞれの規制理念の相違によって、契約関係の中から規制事項として取り上げられる事情や、規制対象者、規制方法等に差異が生じている。すなわち、規制事項の点では、労働法の場合、労働者側の保護必要性を根拠づける人的従属性（使用従属関係）に関わる事情に民法以上に踏み込んで規制しているといってよい（民法では、せいぜい権利義務の一身専属性を定めた六二五条あたりの規定にとどまる）。また、規制の対象者の点では、労働法（特に、雇用関係法の領域）では、使用者が中心とされており、民法のように両当事者とされているのとは異なる。さらに規制方法の点では、労働法が罰則規定や強行規定によるのに対して、民法では、主として任意規定によっている。規制理念の相違に根ざすこれらの相違を労働契約と雇傭の差異として説明することは間違っていない。峻別説による労働契約と雇傭の本質的概念の差異についての説明が、以上の差異を意味しているのであればなんら問題はない。しかし、以上の差異を認めたとしても、雇傭と労働契約のそれぞれが対象とする契約関係（契約類型）の本質が質的に異なってくるわけではない。いずれも、人的従属性（使用従属関係）を示す事情をその指標としている点で同一（同質）というべきである。

以上のように、この論点に関しては、雇傭と労働契約とが対象とする契約関係（契約類型）については、これを基本的に同一（同質）と捉えることがこれまでは妥当といえた。そのように理解して、これまでは大過なかったといえる。しかし、雇用・就業形態の多様化は、雇傭の実態の中に請負的要素や委任的要素を持つ契約関係（いわゆる混合契約関係）を増加させている。こうした状況の下では、雇傭と労働契約が対象とする契約関係が同一であるか、労働契約が典型的な雇傭以外の契約関係（混合契約関係）も含む概念であるかについて改めて検討が求められるところとになっている。同一説の中にも、労働契約が、請負や委任の要素を持つ契約関係（混合契約関係）も含むことを肯定する見解がすでに早い時期にみられたところである。[11] この点についての私見は後述しよう（三**1**）。

(4)　ところで、近時、この論点を別の観点から再検討する見解が提示されている。すなわち、両契約概念に対する規制内容や規制理念ではなく、両契約概念の機能・目的に着目し、この観点から両者に明らかな相違がある、との見解が提示されている。[12] この見解を新峻別説と呼んでおこう。新峻別説は、両契約の機能・目的の相違を強調する点では峻別説の一種といえようが、同一説からみても否定されない見解であると解される。それは、この見解が民法と労働法の規制理念の相違に根ざす議論の範囲内にあるといえるからである。すなわち、新峻別説は、民法の雇用契約（雇傭）の場合は、契約当事者の不明瞭・不完全な意思の補完を目的とすると説明する。そして、客観的な就業実態からみて、雇用契約が予定する実態にあるといえる事例では、民法の雇用契約の規定がその機能を果たす。他方、雇用契約が予定する実態から外れる実態（請負や委任の実態）を部分的に含む事例では、この契約関係がどの典型契約に属するかを無理に決するべきではない。契約の趣旨や民法の各規定の趣旨を検討して、当該契約に適合的な基準（当事者意思に最もよく合致したルール）を見出せばよい。その意味で、典型契約としての雇用契約概念は限定的に捉えておけばよく、無理にその外延を広げるべきではない、とする。

他方、新峻別説は、労働契約を、保護必要性の観点からその対象が画定されるとする。そのため、労働契約か否かにつきオール・オワ・ナッシングの判断が求められる。保護の必要性があると判断されれば労働契約に分類される。委任や請負の契約類型と雇用契約との中間形態にある契約関係が労働契約と判断されることも考えられる、とする。

両契約概念の以上のような意味での機能・目的の相違についての分析は、既述のとおり、労働法と民法の規制理念の相違に根ざす議論の延長線上にある議論といえる。とはいえ、この種の議論がこれまで意識的になされてきたとはいえない。中間形態の契約関係（就業者）が今ほど多くなく、議論の必要性が必ずしも高くなかったということもあろう。しかし、雇用・就業形態の多様化の進展により、雇用契約と、委任や請負のようなそれ以外の労務供給契約との中間形態が増加しつつある状況下では、例えば、中間形態の就業者にとり、適用法規の発見という観点からみて、雇用契約と労働契約の果たす機能や目的の違いを明確にしておくことには十分な意義があると考えられる。

その意味で、新峻別説は、「雇傭と労働契約の関係」という第一の論点に関し、状況の変化に対応した学説上の新たな展開として位置づけられてよいであろう。その見解の当否については、改めて検討する（三**1**）。

2　人的適用対象概念の統一性、相対性

(1)　第二の論点は、労働法や被用者保険の人的適用対象の捉え方に関わる。この論点については、まず労働法の分野において、第一の論点と同様に、かなり早い時期に学説上、見解の対立が生まれた。[13]すなわち、人的適用対象概念を労働法全体で統一的に捉え、労働法全体として一括して適用の有無を決すべきか（統一

的概念説）。それとも、この概念を労働法に属する立法や判例法理ごとに個別に確定すべきか（相対的概念説）の対立である。

このうち、統一的概念説は、これまで、労働法の本質を従属労働と捉え、従属労働に従事する就業者か否かで労働法に属する立法の適用の有無を一律に決定すべきであるとの見解をとってきた。この説が多数説を形成してきたといえよう。

これに対して、相対的概念説は、適用対象について、制度・理論の具体的な目的・趣旨を考慮しつつ、個々の制度・理論ごとに判断すべきであるとした。ただし、相対的概念説に属する学説といっても、すべてがこの考え方を徹底して主張するわけではない。例えば、労働の従属性（人的従属性）が認められることによって、労働法の適用対象たり得るという可能性一般があると判断された事例に限って、制度や理論ごとに適用の有無を判断することを妥当とする見解があることに留意を要する。(14) 制度・理論ごとの目的・趣旨を考慮してそれぞれの適用対象を決するといっても、それによって制度・理論それぞれが大きく異なる適用対象を予定することもあってもよい、といった徹底した相対的概念説は妥当とはいえないであろう。労働の従属性の存在を一応の前提としつつ、それだけでは判断の難しい事例について、制度・理論の目的・趣旨を考慮して判断する、とする見解を、以下では、相対的概念説として検討の俎上に乗せることとしよう。

判例においては、複数の立法や判例法理の適用が併せて問題となる場合でも、それぞれの適用対象を区別して判断せずに、一括して判断する傾向がある。ただし、労働基準法（労基法）の労働者と労働組合法（労組法）の労働者について、いずれか一方のみに関わる別々の事例で示された最高裁の判断を比較すると、労組法の労働者をより広く解しているとみることもできる。(15) しかし、判例上、労基法と労組法の労働者概念の差異についての明確な判断はいまだ示されていないように思われるが、いかがであろうか。

(3)　その後、これら二つの説それぞれの問題点等を検討しつつ、両説の中間説ともいうべき見解を提示する学説が増加してきている。ただし、それらの主張にはバラエティがある。

例えば、統一的概念説によりつつ、労働法の理念が「生存権への配慮」であるとしても、個々の法規や解釈理論は相対的であり、その差異に応じて適用対象の範囲を個別に決することが妥当である、とする見解があげられる。この説では、人的従属性のある就業者を統一的適用対象としつつ、人的従属性がない就業者でも、経済的従属性のある者については、法規や解釈理論（例えば解雇制限に関する労基法の規定や解雇権濫用の法理等）の趣旨に照らして、個々の法規や解釈理論を適用ないし類推適用すべき場合があるとする。(16)

あるいは、労働法を共通の性格（法目的）によりいくつかの領域に区分し、領域間では相対的であり得るが、領域内では統一的な適用対象概念を考える説がある。労働法を、雇用関係法、労使関係法、労働市場の法の三分野に区分し、それぞれについて適用対象概念を考える見解等(17)がこれに属する。(18)

これらの中間説ともいうべき学説は、先の二つの対立する学説を雇用・就業形態の多様化にも対応できるように調整しようと試みたもので、学説上の新たな展開と位置づけることもできる。

(4)　他方、被用者保険の領域においても、近時、その適用対象について統一的に捉えるべきか、個々の立法・制度ごとに相対的にとらえるべきかについて検討がなされている。

例えば、健康保険や厚生年金の保険制度の適用対象についての検討があげられる。それらの保険制度の人的適用対象は「被保険者」である。この「被保険者」の概念を、各保険の趣旨・目的にしたがって、解釈論上、保険制度ごとに相対的に確定することが妥当とする見解が示されている。(19)学説上はこの見解が多数説といってよい[20]。こうした見解では、介護保険や雇用保険のような他の被用者保険についても同様の考え方が妥当すると考えられていると解される。

この点に関して、判例や行政解釈では、健康保険と厚生年金の「被保険者」についてであるが、むしろこれを基本的に同一のものとして取扱い、保険ごとに特に区別せずに処理する傾向が見受けられる[21]。

3　適用対象の判断基準

(1)　第三の論点は、労働法や被用者保険の人的適用対象をどのような指標や基準で判断するかの問題である。まず、労働法の人的適用対象を決定する指標としてこれまで挙げられてきたのは、いうまでもなく労働の従属性である。この労働の従属性の内容については、これまで種々の見解が提示されてきた[22]。階級的従属性、人的従属性、経済的従属性、組織的従属性等がそれである。それぞれの具体的な内容についての説明は省くが、このうち、人的従属性と経済的従属性との複合が、労働法の人的適用対象の指標となる、との見解が比較的多数の学説の支持を得てきたといえよう[23]。しかし、人的適用対象の指標として従属労働概念を用いること自体に否定的な見解も示されている[24]。

他方、判例や労働委員会の判定等の実務レベルにおいては、「使用従属関係」といった表現の使用例は多いが、人的従属性や経済的従属性といった従属労働概念を用いる例はむしろ少ないといえよう[25]。

(2)　人的適用対象の指標として従属労働概念を用いるべきかとは別に、労働法の人的適用対象を具体的にどのような判断基準により判断すべきかがさらに問題となる。この点についても、学説、判例の長年の蓄積がある。

例えば、労基法九条の「労働者」に関しては、従前の学説や判例が提示した具体的な判断基準を総括する形で「労働基準法研究会報告書」が昭和六〇年に作成されている。(26) 労働者性の具体的な判断基準として、その後の判例等の実務で活用されているところである。

この報告書で示された具体的基準は、従属労働概念を用いていない。しかし、そこでは、人的従属性を量ると考えられる事情（「指揮監督下の労働」に関する事情）を中心としつつ、これによる判断が難しい場合に、経済的従属性を量ると考えられる事情（専属性の程度）や事業者性を量る事情等を併せ総合判断する必要があるとされている。こうした具体的判断基準の適用については、最高裁は、労基法をはじめとする雇用関係法の適用対象について、適用対象を比較的広く捉えるいくつかの下級審判例の立場を採用せず、厳格な解釈を行うスタンスを取っていると解される。(27)

(3)　近時、労働法の人的適用対象の指標とされる従属労働の以上のような捉え方を再検討すべきであるとする見解が示されている。

すなわち、この見解によれば、雇用形態の多様化や企業組織の変動等によって、労働者については使用者による使用従属関係の希薄化が進行し、自営業者について、特定企業との契約関係への依存や企業組織の成員化といった事情が生まれつつあることが指摘されている。そして、こうした状況の変化に対応して、人的適用対象の指標とされる従属性の内容や具体的な基準の見直しの必要性が主張されている。(28)

こうした主張は、新たな状況に対応した学説の展開と評価することができよう。ただし、こうした主張に従って人的適用対象の具体的な判断基準を見直すとしても、これまでの基準に具体的にどのような変更を求めることになるかについては、いまだ十分な検討がなされているとはいえない。判例のレベルにおいも、この点を意識した動きはいまだ生まれていないといってよい。[29] この点はこの論点における問題点として残されている。改めて私見の提示を試みる（**三3**）。

(4)　他方、被用者保険の適用対象についても、判例においては、使用従属関係を基礎に把握されてきているといえる。その具体的判断基準も、その適用結果に差がないとまではいえないが、労働法の領域（労基法九条の労働者）について示されてきた基準とほぼ同様の基準によって判断されてきていると評価できよう。[30]

4　中間形態の就業者への対応のあり方

ところで、既述のとおり、雇用・就業形態の多様化に伴って、自営業者と労働者の間のグレーゾーンにある中間形態の就業者が増加している。こうした中間形態の就業者は、これまでのところ、労働法や被用者保険の部分的な適用対象にとどめられている。[31] 今後、中間形態の就業者を労働法や被用者保険においてどのように扱うべきかについて、近時、学説によって種々の議論がなされるに至っている。本書の基本的テーマもこの点にある。

それらの議論は、特に、労働法の領域においては、主として次の諸点についてなされており、そこでは、学説による従前の議論に対して注目すべき展開や深化がみられるといってよいであろう。

すなわち、①中間形態の就業者について、検討の対象が、特定の職業類型に属する就業者から中間形態の就業者一般のレベルに拡大されている。また、従来は、労基法や労組法の適用対象である「労働者」に含めるべきか否かという解釈論上の対応のあり方が検討の中心であった。これに対して、近時は、立法政策論上の対応のあり方も重要な視点として併せ検討されて始めている。②さらに、それまでは、人的適用対象の問題は、労基法等の立法の適用対象を中心に議論されていたのに対して、近時の議論では、判例法理や就業規則・労働協約の適用対象をも含めた検討が意識してなされていることである。③そしてまた、適用対象となるかの判断をめぐる実務上の問題として、適用対象となるか否かの予測可能性の確保等の必要性が主張され、適用対象の判断主体のあり方等についての検討がなされ始めている点もあげておく必要がある。

これらの諸点についての検討の到達点について概略をみておこう。

㈠　検討対象の拡大と立法論の展開

(1)　まず、中間形態の就業者への対応のあり方について、労働法の領域では、すでにかなり早い時期に検討が始まっている。これは、裁判所の判断や労働委員会による判定等が示されたのをを契機に、その判断等の是非をめぐってなされた。この時期、中間形態の就業者は特殊雇用形態の就業者と呼ばれている。(32)例えば、映画撮影所の俳優のように、特定の職業領域にみられる特殊雇用形態の就業者等があげられる。個々の就業実態に照らして処理のあり方が検討されていた。その検討は、あくまで解釈論のレベルでなされたといえる。特定の立法の適用に関して、その適用対象に含める解釈をすべきか、適用対象に含まれないとしても、これを含むことができるように拡大解釈や準用等の解釈方法を用いるべきか、といった解釈論が議論の中心であったのである。そして、特定の職業領域にみられる特殊雇用形態の就業者を適用対象に含めるべきか否かについての検討に基づきつつ、適用対象一般についての判断基準の具体的内容も模索されたのである。

(2)　これに対して、近時は、中間形態の就業者一般について、解釈論だけでなく、立法論の観点からも検討が加えられるようになっている。

例えば、中間形態の就業者も含めて、就業者の人的従属性と経済的従属性の程度に応じた立法政策が必要であるとする見解等がそれである[33]。この見解によれば、中間形態の就業者について、その事実上の経済的な従属関係が労働者類似の「弊害」を生んでいるとする。この「弊害」に対して、労働契約法理のような判例法理については解釈による類推適用で対応できるとする。そして、立法の適用については、それぞれの立法の趣旨・目的に応じて、立法ごとに適用範囲を定める手法が当面、妥当であるとする。労基法関連法規についても、各法規の趣旨・目的に応じて適用範囲をいくつかのレベルに再編すべきである、との提案も行っている。解釈論に加えて立法論の観点から、個別の法理や立法ごとに人的適用範囲を定めることを主張していることから、この見解を個別定立説と呼んでおこう。

あるいは、中間形態の就業者を、自営業者、労働者と並ぶ第三のカテゴリー（契約労働者）として創設し、定義規定を定めたうえで、このカテゴリーに属する就業者に対して、明文の規定により適用対象に付加するべきである、との提案もなされている[34]。この見解を第三類型創設説と呼んでおこう。

両説は、適用対象について、判例法理や立法ごとに、その趣旨・目的によって適用対象が異なり得るとする相対的概念説に立つ点で共通している。しかし、両説は、判例法理や立法の趣旨・目的によって適用対象に含まれる中間形態の就業者の範囲について、定義規定によりつつ判例法理や立法に比較的共通なものとして捉えるか（第三類型創設説）、バラバラとなることもあり得るか（個別定立説）で異なってくると考えられる。とはいえ、現実には、いずれに説によっても、その主張からみて、適用対象に含まれるとされる中間形態の就業者に大きな相違は生じないのではないかと考えられる。

中間形態の就業者は、数や職域の点で量的に拡大し、また、その就業実態に質的な多様化もみられる。こうした状況への対応のあり方として、解釈論上の対応だけでは限界がある。こうした認識に基づいて、解釈論上の対応に加えて、立法論上の対応のあり方について検討する試みは、この論点をめぐる学説上の新たな展開といえよう。そして、その展開は国際レベルでもみられる傾向であるといってよい[35]。

もちろん、他方では、中間形態の就業者の基本的事実が明確でない現段階では、包括的な立法政策の展開には無理があるとして、中間形態の就業者一般への労働法の拡大に慎重な見解もある[36]。あるいは、労働法の拡大による対応によらずに、自営業者に対して用意されている既存の法制度（民法、経済法等）や判例法理（ないし判例法理の展開）によって、自営業者としての就業条件を改善することで足りる、との考え方も成り立つとする見解のあることに留意する必要がある[37]。

(二) 立法以外の規範の適用対象

次に、学説による最近の議論では、特定の立法の適用対象だけでなく、判例法理や自主規範である就業規則・労働協約の人的適用対象をも射程に収めた議論がみられる。

これまでは、労基法九条や労組法三条の「労働者」の意義を中心に適用対象についての議論が展開されてきた[38]。判例法理や就業規則・労働協約の適用が問題となる場合も、労基法等の立法規定の適用対象と特に区別することなく、一括して検討されてきた。

近時は、労基法等の立法の適用対象と判例法理や就業規則・労働協約の適用対象とが同一のものとして重なり合う必然性はないとの認識を前提として、それぞれについて区別して論じる手法をとる見解が生まれている[39]。

判例法理については、例えば、解雇権濫用法理のように、判例により確立された労働契約法理について、その趣旨・目的の点から、その適用対象に中間形態の就業者が含まれる場合があるかを柔軟に検討すべきであるとの見解等がこれにあたる(40)。

他方、就業規則や労働協約の人的適用対象はどうか。これらは自主規範であり、その適用範囲は、基本的には制定権者が自主的に決定できる。その意味では、その適用対象については、これらの自主規範を策定する権限のある当事者の意思に委ねればよく、立法や判例法理の場合のように、就業実態から客観的に保護必要性を判断して決する必要はないともいえる。

例えば、会社独自の勤続休暇制度を定める就業規則や労働協約の規定の人的適用対象を、従業員のうち正社員のみとし、パートタイマー等の非正社員を除外する取扱い等があげられよう。こうした取扱い自体に問題はない。ただし、この勤続休暇制度を定める規定は、適用対象となる正社員についてみると、正社員であることのほかに、その前提として労働者であることも併せて求めていると通例は、解することができる。この会社で自営業者として専属的にフルタイムで働く就業者には、この規定は適用にならないはずである。このように、就業規則や労働協約の適用対象となる前提として、労働者か否かが問題となる場合があるといってよい。制定権者により別段の取扱いが意図されている場合を除いて、就業規則や労働協約の適用対象についても、労基法や労組法の適用対象と同様に労働者性が問題となる場合があるということである。

判例上も、会社取締役が、従業員に予定された退職金請求権を有するか否かの問題が、就業規則の退職金規定の適用の有無の問題として、これまで多く問題となってきた(41)。今後は、中間形態の就業者について、就業規則や労働協約の適用の前提として、その労働者性が問題となる事例が増加することが予想されるのである。

立法やそれ以外の規範（判例規範、自主規範）の人的適用対象につき、中間形態の就業者をどのように扱うべきかについての私見は、後述しよう（三**4**）。

㈢ 適用対象の判定主体と予測可能性の確保

さらに、新たな論点として、適用対象の判定主体の問題が近時、提示されている。これまでは、労働法の適用対象は、裁判所や労働委員会等に判断が委ねられてきた。判断事例の蓄積によって、適用対象となるかについての判断基準がかなりの程度整備されてきている。とはいえ、同一事例につき結論を異にする判例が生まれる等で、適用対象となるか否かにつき予測可能性は依然として乏しいとの指摘がある(42)。そのために、適用対象となるか否かの判断を特定の行政機関等に委ねる方法で、適用の有無についての迅速な判断や予見可能性を確保する必要性が主張されている。

その際、判定機関に対して委託者側（使用者側）による反証を許し、反証がない限り、適用対象と推定する旨の推定規定を置くことを併せて主張する見解もある(43)。

雇用・就業形態の多様化に伴って、中間形態の就業者が増加すれば、適用対象に含まれるかの予測可能性の確保や迅速な判断の保障が一層、要請されることになろう。予測可能性等をどう確保するかの議論の必要性は増すといえる。こうした論点の提示は、学説の新たな展開として評価できよう。

5 当事者意思の扱い

次に、第五の論点として、労働法や被用者保険の適用対象となるかの判断にあたって、契約の条項その他

に示された当事者意思をどの程度まで勘案すべきかが問題となる。(44)

(1)　これまで、多数学説、判例は、労働法の適用対象となるか否かは、労働法による保護の必要性の有無によって決まると解し、保護の必要性は、現実の就業実態から客観的に判断されなければならないとしてきた。契約の条項等に示された契約類型に関する当事者意思は重要ではないとの見解をとってきた。(45)その理由は、①保護必要性は現実の就業実態が何より示すということの他に、②契約条項等に示される当事者意思は、当事者の力関係の格差を反映して、委託者側の意思のみを反映することになりやすく、その場合の当事者意思は、就業者側の真意に基づくものとはいえず、考慮に値しないというところにもあった。(46)

これに対して、学説上、当事者意思を考慮すべきとする見解も少数説ながら提示されてきた。例えば、幅広い裁量が認められる労働者（在宅労働、裁量労働者等）の増加で、労働者性の判断が困難な事例が生まれていることに対する対応として、当事者意思や慣行の尊重を提案する見解等がそれである。(47)一部の判例においても、こうした考え方を取ると解されるものがある。(48)

(2)　他方、被用者保険の領域では、この論点について意識的に検討した学説、判例はないようであるが、この点も労働法と同様に問題となる論点といえよう。そして、被用者保険の領域においても、この論点については、現実には、労働法における学説、判例の多数の考え方に従って処理されていると考えられる。

(3)　人的適用対象に含まれるかどうかで問題となる中間形態の就業者には、自営業者としての意識を持った者も少なくないとみられる。就業実態から労働法や社会保険の適用対象となると判断される場合、自営業者としての就業者の意思と矛盾することとなる。中間形態の就業者の増加を契機に人的適用対象の問題が議論されている状況下では、労働者性の判断を当事者意思に委ねることの是非が一層、検討されなければならないであろう。その意味で、この論点を検討すべきとする見解は、人的適用対象をめぐる学説上の議論の新たな展開として評価できるであろう。

6　ボランティア等への法的対応のあり方

第六の論点として、ボランティアや宗教活動あるいは研修等、その活動の目的からみて、本来は、労務の提供に対する対価を目的としない活動について、労働者の就業実態と同様の活動実態が認められるような場合に、労働法や被用者保険の適用対象に含めるべきかが問題となる。近時、この点の議論が始まっている。

例えば、ボランティアについて、ＮＰＯ等での最近のボランティア活動の拡大に伴って、多様な関係が生まれているとして、これを三つの類型に分類する見解がある(49)。これによれば、ボランティアは、その活動に対する客観的な評価により、①有償労働を行い、労働者と同様に労働法の適用を受ける者、②有償労働であるが、請負や委任契約関係にあるとされる者、③有償労働ではなく、純粋な法律関係にない者に分けられるとする。

あるいは、有償労働のほか、ボランティアその他の無償労働を含む活動全般についての法的対応のあり方を模索すべきとする見解が示されている(50)。すなわち、無償労働であっても、生命・身体の安全確保（事故補償、活動時間の制限等）や人格的自由と平等原則の確保、教育訓練・能力開発といった視点からの法的対応が必要とする見解である。

判例においては、ボランティアや宗教活動、研修についても、他の就業者の労働者性の判断基準と同様の基準が適用され、就業実態からする客観的な判断がなされている(51)。

このように、ボランティア等の活動をめぐる問題には、①労働者の就業実態に類似する活動実態にある場合の法的対応のあり方、②そうした実態にない場合にも、活動に対して何らかの法的対応が必要か、の二点があることが明らかにされてきている。

こうした無償労働の分野も含めて、労働法や被用者保険その他、法的レベルでの対応のあり方につき議論が開始されている点は、雇用・就業形態の多様化に関わる学説上の新たな展開として評価できよう。

以上の**1**〜**6**の論点については、労働法の領域では学説、判例の展開がみられるのに対して、被用者保険の領域においては、既述のとおり（**2**の文中(4)、**3**の文中(4)）、第二の論点である適用対象の相対的把握の問題と、第三の論点である判断基準について議論があるにとどまる。しかし、労働法領域で提示されている第四から第六の論点と同様の論点は、被用者保険の領域においても存在しているといえ、今後の検討課題として残されているといえるであろう

（6）　例えば、片岡昇『団結と労働契約の研究』（有斐閣、昭三四）二〇六頁以下。

（7）　峻別説に立つ近時の学説としては、例えば、萬井隆令『労働契約締結の法理』（有斐閣、平九）一五頁以下。

（8）　雇傭と労働契約が同一の実態を規整の対象とする契約類型であるとする見解には、下井隆史『労働契約法の理論』（有斐閣、昭六〇）三頁以下が挙げられる。ほぼ同一であるとの見解を示す例には、幾代通「序説」幾代通編『注釈民法⒃債権⑺』（有斐閣、昭四二）五頁以下（幾代通・広中俊雄編『新版注釈民法⒃債権⑺』（有斐閣、平元）五頁以下も同旨）。

（9）　東京大学労働法研究会編『注釈労働基準法（上）』（有斐閣、平一五）一八五頁（和田肇担当部分）。

（10）　この点については、橋本・前掲論文（注（5））（一）六二七頁以下を参照のこと。

(11)　例えば、幾代通・前掲注釈（注(8)）一〇頁以下（『新版』一〇頁以下も同旨）。下井説も、その後この点を支持している。下井隆史『労働基準法（三版）』（有斐閣、平一三）六六頁注記を参照のこと。

(12)　村中孝史「労働契約概念について」『京都大学法学部創立百周年記念論文集』（有斐閣、平一一）四八七頁以下。

(13)　当時の学説の状況については、例えば、国武輝久「特殊雇用形態と労働者概念」日本労働法学会誌四二号（昭四三）一〇九頁以下を参照のこと。

(14)　下井・前掲書（注(11)）五三頁以下、同旨と思われる見解には他に、有泉亨「労働者概念の相対性」中労時報四八六号（昭四四）二頁以下。

(15)　例えば、放送局の楽団員等への労組法の適用が争われた事件の判決（CBC管弦楽団労組事件、最判昭五一・五・六民集三〇巻四号四三七頁）と、車持ち込み運転手への労働者災害補償保険法の適用（実質的には労基法の適用を意味する）が争われた事件の判決（最判平八・一一・二八労判七一四号一四頁）とを比較すると、判断に厳緩の差があることは確かである。ただし、この差異により、判例上、労働者概念の相対性が肯定されているとまでいえるかについては評価に差がある。東京大学労働法研究会編『注釈労働基準法（上）』（有斐閣、平一五）一四二頁（橋本陽子担当部分）を参照のこと。

(16)　西谷敏「労基法上の労働者と使用者」『シンポジューム労働者保護法』（青林書院、昭五九）三頁以下。労働者と自営業者の間にある中間形態の就業者への労働法の部分的適用の必要を認めつつ、その対応のあり方として、同様の発想を示す見解がある。例えば、鎌田耕一編著『契約労働の研究』（多賀出版、平一三）七九頁以下、同・前掲論文（注(4)）一三五頁以下、一一〇頁以下。島田陽一「雇用類似の労務供給契約と労働法に関する覚書」『新時代の労働契約法理論』（信山社、平一五）六一頁以下。

(17)　例えば、第二編第一章（二八二頁以下）を参照のこと。労組法と労基法の労働者について、両者は同一ではないとし、労働者概念の相対性を肯定する見解として、菅野和夫『労働法（第七版）』（弘文堂、平成一五）四五〇頁がある。

(18)　労基法九条の「労働者」と労組法三条の「労働者」とは、それぞれの法目的から判断されるべき概念であるとする見解もこれに属する。この見解では、労組法三条の「労働者」は、団体交渉助成のための保護必要性の観点から定められており、労基法九条の「労働者」の判断で用いられる「使用従属関係」という枠組みは不要であるとする。菅野和夫・前掲書、四五〇頁以下。

(19)　竹中康之「社会保険と労働関係」『社会保障判例百選（第三版）』（有斐閣、平一二）一九頁、同「社会保険における被用者概念」修道法学（平一〇）四五二頁以下。

(20)　前掲注(19)掲記の論考の他、伊藤博義「社会保険と労働関係」『社会保障判例百選（第二版）』（有斐閣、平三）二〇頁以下等があげられる。

(21)　判例や行政解釈の動向については、第二編第三章（三二一頁）を参照のこと。

(22)　一九八〇年代初め頃の学説については、青木宗也「労働者・使用者概念と事業場」『労働基準法（季刊労働法別冊一号）』（総合労働研究所、昭五五）二八頁以下、蓼沼謙一「労働法の対象」『現代労働法講座1』（有斐閣、昭五六）七六頁以下等を参照のこと。

(23)　例えば、片岡昪『新版　労働法(1)』（有斐閣、昭五八）四四頁以下、青木・前掲論文（注(22)）二九頁以下。

(24)　古くは、吾妻光俊『労働法の基本問題』（有斐閣、昭二三）二二三頁。その後も同様の見解が示されている。最近では、下井隆史『雇用関係法』（有斐閣、昭六三）一九頁があげられる。

(25)　労働の従属性や従属労働の概念を用いる裁判例としては、例えば、東京一二チャンネル事件（仮処分申請事件）・東京地判昭四三・一〇・二五労民集一九巻五号一三三五頁、宮崎エンジンオイル販売事件・宮崎地判昭五八・一二・二一労判四四四号六六頁等があげられる。

(26)　労働省労働基準局編『労働基準法の問題点と対策の方向』（日本労働協会、昭六一）五三頁以下。

(27)　傭車運転手の労働者性（労災保険法の適用の有無）が問題となった事例に関する判断にその傾向がみられる。詳しくは、第二編第二章（二九七頁以下）を参照のこと。

(28)　例えば、吉田美喜夫「雇用・就業形態の多様化と労働者概念―労基法上の『労働者』の判断基準を中心として」日本労働法学会誌六八号（昭六一）三〇頁以下（特に、四六頁以下）、石田眞「企業組織の変動と雇用形態の多様化」法律時報七五巻五号（平一五）九頁以下その他を参照のこと。

(29) 判例にも、判断の過程で、この点に言及する例はないわけではない。例えば、いわゆる傭車運転手の労働者性が（委託打ち切りの効力判断の前提として）問題となった事例で、会社の営業目的、契約における業務形態、契約の継続性に照らして、傭車運転手の提供する「労務が会社の事業にとって必要不可欠のものとして、その労働力を自己の事業運営の中に機構的に組み入れている」といえるとして、その労働者性の判断において、組織的従属性を考慮したとみられるものがある（北浜土木砕石事件・金沢地判昭六二・一一・二七労判五二〇号七五頁ほか）。

(30) この点に関する筆者なりの評価の詳細は、第二編第三章を参照のこと。

(31) この点については、ひとまず、第二編第二章（三〇一頁以下）を参照のこと。

(32) 片岡曻「映画俳優は「労働者」か」季刊労働法五七号（昭四〇）一五六頁以下、国武輝久・前掲論文（注(13)）九九頁以下、山本吉人『雇用形態と労働法』（総合労働研究所、昭四五）一八六頁以下、青木・前掲論文（注(22)）二八頁以下その他。

(33) 島田陽一「雇用類似の労務供給契約と労働法に関する覚書」『新時代の労働契約法理論』（信山社、平一五）五七頁以下。

(34) 鎌田耕一編著『契約労働の研究』（多賀出版、平一三）七九頁以下（特に一二〇頁以下）、同・前掲論文（注(4)）一三八頁。

(35) 例えば、ＩＬＯにおける動向については、鎌田・前掲書（注(34)）一三頁以下、ＥＵにおける動向については、ひとまず第一編第五章を参照のこと。

(36) 山口浩一郎「契約就業の法政策的課題」日本労務研究会『契約就業者問題についての調査研究報告書』（平一二）一六七頁、馬渡淳一郎「非直用労働と法規制」日本労働研究雑誌五〇五号（平一四）一八頁以下。

(37) 例えば、皆川・前掲論文（注(4)）一六六頁以下（特に一八二頁以下）を参照のこと。

(38)　前掲注(32)掲記の論考を参照のこと。
(39)　例えば、東京大学労働法研究会・前掲注釈書（注(15)）一三八頁以下（橋本陽子担当部分）、島田・前掲論文（注(33)）四五頁以下その他を参照のこと。
(40)　例えば、島田・前掲論文（注(33)）五七頁以下。
(41)　例えば、前田製菓事件・最判昭和五六・五・一一判時一〇〇九号一二四頁、興栄社事件・最判平七・二・九判時一五二三号一四九頁他多数。
(42)　浅倉むつ子「就労形態の多様化と労働者概念」『市民法学の課題と展望』（日本評論社、平一二）四九三頁以下、五〇四頁以下、大内伸哉「従属労働者と自営労働者の均衡を求めて」『労働関係法の現代的展開』（中嶋士元也先生還暦記念論集）（信山社、平一六）五七頁以下。鎌田・前掲論文（注(5)）五八頁その他。
(43)　島田・前掲論文（注(32)）六七頁以下、鎌田・前掲論文（注(4)）一三五頁以下。
(44)　この論点については、第二編第四章も参照のこと。
(45)　例えば、労働省労働基準局編・前掲書（注(26)）五四頁を参照のこと。
(46)　当事者意思の扱いに関しては、労働法の適用対象となるかに関わる当事者意思だけでなく、労働者性の判断基準とされる事情に関して示された当事者意思も同様に問題となるといえよう。例えば、労働者性の判断においては、「労働時間や場所の拘束性」が考慮されるべき重要な事情とされてきた。この事情に関して、労働契約上の合意では、就業者が就業場所をその都度、自由に選択できるとされていたが、現実には、就業場所は委託者の側から指定される実態があった場合には、契約に示された当事者意思はどの程度考慮されるのか、という問題である。この点についての学説による意識的な議論はこれまで多くない。多数学説や判例では、適用対象となるかに関わる当事者意思の扱いと同様に、こうした当事者意思も重視しない扱いが肯定されるものと考えられる。事実、先の例についてみると、判例では、当事者意思ではなく、現実の状況が考慮され、労働場所の拘束性が肯定される傾向がみられる。この点については、第二編第四章（三五三頁以下）を参照のこと。
(47)　下井隆史『労働基準法〔第三版〕』（有斐閣、平一三）二四頁。その他、安西愈「「労働者概念」の多義性

とその差異をめぐって」季労一四五号（昭六二）一六二頁、藤原稔弘「車持ち込み運転手の労災保険法上の労働者性」日本労働法学会誌九一号（平一〇）一四四頁、鎌田・前掲論文（注(5)）五九頁ほか。この点については、第二編第四章（三六二頁以下）を参照のこと。

(48)　判例については、ひとまず、第二編第四章（三五六頁以下）を参照のこと。

(49)　山口浩一郎「ＮＰＯ活動のための法的環境整備」日本労働研究雑誌五一五号（平一五）三〇頁。

(50)　島田・前掲論文（注(33)）六四頁以下。

(51)　(1)広い意味のボランティア活動についてであるが、シルバー人材センターの会員の作業中の負傷に対する、委託者側およびシルバー人材センターの安全配慮義務違反が問題となった事例がある。三広梱包事件・浦和地判平五・五・二八労判六五〇号七六頁、大阪シルバー人材センター事件・大阪地判平一四・八・三〇労判八三七号二九頁、綾瀬市セルバー人材センター事件・横浜地判平一五・五・一三労判八五〇号一二頁。(2)また、宗教活動については、寺の住職や受付事務担当者の労働者性が問題となった事例がある。観智院事件・京都地決平五・一一・一五労判六四七号六九頁、実正寺事件・松山地今治支判平八・三・一四労判六九七号七一頁、同控訴事件・高松高判平八・一一・二九労判七〇八号四〇頁。(3)さらに、研修については、研修医の労働者性が問題となった事例がある。研修医の労働者性を肯定した関西医科大学研修医事件に関わる一連の判決（大阪地堺支判平一三・八・二九、①労判八一三号三六頁、②労判八一三号五頁、大阪高判平一四・五・九労判八三一号二八頁（①の控訴審判決）、同平一四・五・一〇労判八三六号一二七頁（②の控訴審判決）、最判平一七・六・三労判八九三号一四頁（①の上告審判決）等があげられる。

行政解釈においても、宗教活動に関して、活動の実態から判断すべしとされている（昭二七・二・五基発四九号）。すなわち、「憲法および宗教法人法に定める宗教尊重の精神に基づき、宗教関係事業の特殊性を十分考慮すること」としつつ、「(イ) 宗教上の儀式、布教等に従事する者、教師、僧職者等で修行中の者、信者であって何等の給与を受けず奉仕する者等は労働基準法上の労働者でないこと。(ロ) 一般の企業の労働者と同様に労働契約に基づき、労務を提供し、賃金を受ける者は、労働基準法上の労働者であること。(ハ) 宗教上の奉仕あるいは修行であるという信念に基づいて一般の労働者と同様の勤務に服し報酬を受けている者については、具体的な勤務条件、特に報酬の額、支払方法等を一般企業のそれと比較し、個々の事例について実情に即して判断すること」としている。明らかな宗教活動者と明らかな労働者の間のグレーゾーンに位置する中間形態の活動者の存在が認識されている。

三　人的適用対象の捉え方とあり方

さて、以上六つの論点をめぐる学説、判例の近時の展開を踏まえたうえで、提示された多くの有益な学説にやや立ち入った検討を加えつつ、私見の提示を試みよう。各論点の検討に際し、雇用・就業形態の多様化との関連で考慮を要するポイントを、やや贅言となるが、改めて三点ほど整理しておこう。

(イ)　中間形態の就業者の量的増加と質的多様化

まず、再三、指摘してきたように、就業実態に関し、自営業者と労働者の双方の要素を有し、両者のグレーゾーンに位置づけられる中間形態の就業者が量的に拡大していることである。しかも、その職種・職域も拡大しつつある。かつて特定の職種・職域にみられ、特殊雇用形態とされてきた中間形態の就業者が、特定の職種・職域に限定されずに一般化する方向にある。さらに、実態調査は不十分な状況にあるとはいえ、判例上でみるだけでも、中間形態の就業者の就業実態が、職業や職域の広がりとともに多様化していることもあげられなければならない(52)。

こうした中間形態の就業者一般を対象に、法的取扱いのあり方が検討されなければならない状況が生まれつつある。

（ロ）　労働者の就業形態の多様化

次は、これまで労働法や被用者保険の本来的な人的適用対象とされてきた労働者（ないし被保険者）の就業実態も多様化している点である。裁量労働や在宅労働のように、使用者による指揮命令が抽象レベルにとどまり、命令拘束性が希薄な実態にある労働者が増加している。適用対象である点に疑いがない事例の中に、命令拘束性中心のこれまでの判断基準をそのまま適用すると労働者性を否定されると考えられる事例が生じている。

こうした現実とこれまでの労働者性判断の基準との不整合を解消するために、労働者性の判断基準自体が再検討されなければならない。

（ハ）　多様化と法適用関係の明確化

第三点は、中間形態の就業者の増加によって、労働法等の適用対象となるかの判断が簡単ではない事例が増加していることである。そうした状況下では、労働法等の適用の有無を迅速に判断したり、結果を予測できる判断基準やシステムの定立が求められる。こうした法適用の明確化の要請は、労働法や被用者保険だけでなく、民法や税法等の立法で就業者への適用が問題となる規定についても妥当する。

以上の要請を踏まえつつ、労働法、被用者保険の人的適用対象に関わる六つの論点について、論点相互の整合性を図りつつ、どういう処理のあり方が妥当かを検討してみよう。

1　雇傭と労働契約の関係

(1)　まず、第一の論点である雇傭と労働契約の関係について、峻別説と同一説の対立をどう評価するか、である。既述のとおり（二1）、それぞれを規整する民法と労働法の規制内容や規制理念に相違があることは疑いない。この点は峻別説、同一説とも異論はない。他方、雇傭と労働契約が対象とする契約関係（契約類型）については、筆者は、同一（同質）であると説明するのが妥当と考えている。したがって、労働契約が規整対象する従属労働を雇傭は予想しないとする峻別説の指摘は、労働法と民法の規制理念の違いを、規制対象となる契約関係（その本質）における違いにまで敷衍し過ぎた（あるいは、そのような誤解を生んだ）きらいがある。こうした理解に照らせば、峻別説と同一説とは、労働法の独自性をどのように強調するかについて、強調の程度に差があるとはいえ、労働法の独自性を承認することについて根本的な対立を含むとはいえないというべきであろう。

なお、以上の労働契約と雇傭の本質論とは別に、その規制対象の範囲の問題がある。峻別説、同一説のいずれにも、労働契約の対象は、雇傭とその他の請負や委任の契約類型との混合契約関係をも含み得るとして、雇傭の対象より広いとする見解がある。中間形態の就業者の増加は、この見解をより説得的にしている。この点について、筆者は、法技術的な視点（適用となる法規定の発見の容易性の確保の点）から見て、中間形態の就業者の増加している現状の下でも、両者の適用対象は本質において同一（同質）と説明すべきではないかと考えている。これは、労働契約にはそうした混合契約関係は含まれないということではない。新峻別説についての検討の際に後述するとおり（文中(2)）、混合契約関係とされるものでも、やはり雇傭、請負、委任のいずれの本質を持つ契約関係かの判断を行うべきである、と考えているからである。使用従属関係の有無による判断である。当てはめの結果、雇傭の本質を持つ混合契約関係は、たとえ請負や委任の要素を持つ場合でも、労働契約の対象となると理解するのである。したがって、労働契約の対象となる混合契約関係は、請負や委任の要素を持つ点で、契約関係において雇傭そのものではないが、その本質において雇傭なのである。その意味において、雇傭と労働契約は本質において同一（同質）であるという説明になる。

(2)　この点も含めて、新峻別説について検討しておこう。この説は、既述のとおり（二**1**の文中(4)）、民法と労働法それぞれの適用規定の発見のあり方における違いを、労働契約と雇傭の機能・目的の相違として説き示そうとする見解である。中間形態の就業者のように非典型契約（混合契約）により就業する事例では、適用規定が問題となりやすく、適用規定の発見のあり方を明確化する作業は、どうしても必要となるというべきである。

労働法規の発見については、客観的事情に基づく保護必要性の有無を基準として、労働法の適用の有無を判断すればよい。この手法にこれまで異論は少ない（二**5**を参照のこと。）。他方、民法規定の発見のあり方については、これまで必ずしも明確化されているとはいえない[53]。民法規定の発見の手法については一考を要するといえよう。

先にあげた新峻別説では、混合契約関係につき適用となる民法規定の発見について、雇傭や請負等の典型契約に無理に当てはめて典型契約に予定された規定を適用すべきではなく、契約の趣旨（当事者意思）や民法の各規定の趣旨を検討して、当該契約に適合的な基準（当事者意思に最も合致したルール）を発見すべきであるとしている。

混合契約を含む非典型契約一般の法的取扱いについては、民法学者によって、すでに処理のあり方が確立されているといってよい[54]。これによれば、当該契約のそれぞれを構成する典型契約の部分について、それぞれの典型契約に関する規定をそのまま適用すべきではない。これらの規定を一応の標準としつつも、当事者が当該契約によって達成しようとした目的に適合する解決をする必要がある。そのために、典型契約に関する規定をどの範囲で類推適用するかを検討する必要がある。このように説かれている。

新峻別説は、非典型契約（混合契約）一般についてのこうした説明を、雇傭等の労務供給契約の領域にそのまま当てはめた極めて穏当な解釈ということができる。

(3)　民法規定の発見の手法としては、この新峻別説にいう手法によることで問題はないともいえる。しかし、筆者は、こと雇傭と請負や委任との混合契約に適用になる民法規定の発見については、理論的にも、また中間形態の就業者の増加への現実的対応も考えれば、別の手法の方がより適切ではないかと考えている。

それぞれ典型契約の目的の点からみるとき、改めて説明するまでもなく、雇傭は労務ないし労働自体を目的とし、請負は労務や労働の成果（仕事の完成）を目的とする。そして、委任は事務処理に要する統一的な労務を目的とするとされている。それぞれの目的の違いは、現実には、労務供給者に対する労務受領者への指揮命令関係の有無の違いとなって現れる[55]。雇傭と請負や委任とは、この指揮命令関係の有無によって決定的に区別されるのである。雇傭とそれ以外とは、理論的には、指揮命令関係の有無の点では一つの契約関係の中で両立し得ない契約類型ということになる。この点でいわば混合することはあり得ないということである。したがって、筆者は、雇傭と請負や委任の混合契約についても、まずは、この指揮命令関係の有無により、雇傭かそれ以外のいずれを本質とするのかの判断が必要なのではないか、と考えている。この点以外で、それぞれの契約類型の特徴が部分的に併存する契約実態があり混合契約といえる場合でも、指揮命令関係の有無によって雇傭かそれ以外のいずれを本質とするかは決まるのである。現実には、指揮命令関係の程度が微妙な事例もある。その場合でも、まず、いずれの本質を有するかの判断を行うべきではないか。新峻別説の言うように、混合契約について、雇傭か請負や委任かの当てはめまでの必要はないとしても[56]、雇傭の本質を持った混合契約か、それ以外の本質を持った混合契約かの分類をしておく必要はあるのではないか、というのが筆者の考え方である。

そうした分類の作業を行ったうえで、例えば、雇傭の本質を持つ混合契約関係に分類され、雇傭の規定の適用（類推適用）が予定されるとしても、任意規定とされる規定については、特約の存在や契約の趣旨から判断して、民法の雇傭の規定内容とは異なる取扱いがされるべき事項については、別段の取扱いをすればよいということである。

(4) このような処理の方が、現実の問題処理においても適切のように思われる。例えば、依頼された仕事の全部を自分の手で行わずに、別人に作業の一部を委ねた中間形態の就業者の事例があったとする。この就業者が雇傭により就業していたとされれば、別人への作業分担が使用者の承諾なしに行われていた場合には、契約の即時解除その他の理由となる（民法六二五条二項、三項）。他方、この就業者が請負により就業していたとされれば、特約や仕事の性質上の制約がない限りは、注文者の承諾は必要ないと解されている[57]。他人への無断の作業分担についての法的取扱いは、雇傭か請負かで基本的には逆になっている。

あるいは、注文主が、契約成立の直後に、労務給付請求権をはじめ、当該契約に基づいて発生する債権のすべてを第三者に譲渡した場合、雇傭であれば、譲渡が労働者の同意なしに行われた場合、労働者は譲受人へ労務提供を行わなくても、労務提供義務違反の責任を問われない（民法六二五条一項）。他方、請負の場合、特段の規定がないので、債権譲渡の一般原則に従うこととなる（民法四六六条）。これによれば、注文主は、譲渡禁止の特約がない限り、請負人に通知さえすれば、その承諾がなくとも、仕事の完成を請求する債権その他の債権を第三者へ譲渡することができると解される。この場合、請負人は、この第三者に労働の成果を提供する債務を負うことになる。これも雇傭か請負かで取扱いが大きく異なり得る。

中間形態の就業者の就業について、例えば以上の二つの点について明示の合意がなく、当事者間でいずれの処理によるべきかが争われた場合、新峻別説によれば、契約の趣旨や民法の各規定の趣旨を検討して事例ごとに判断すべきこととなる。契約の趣旨等を検討して、当該契約につき合理的な意思解釈を導き出すということであろう。しかし、契約の趣旨等から合理的意思解釈を行うことが困難な場合が少なくないのではないか。筆者は、中間形態の就業者の増加によって、こうした場合が多く生まれるのではないかと危惧している。特に、先の二つの事例については、どの契約類型に属するかによって結論が正反対となり得る事項であり、契約の合理的意思解釈は容易ではないのではないか。加えて、いずれも、雇傭の目的に由来する権利義務の一身専属性に関わる事例であり、結局は、雇用か請負や委任かを区別する作業と同様の作業（使用従属関係の有無の判断）が必要となるのではないか、と考えるのである。

こうした場合への対応策としては、個別の問題について無理に契約の趣旨を解釈して合理的当事者意思を確定するよりも、端的に、当該契約関係が全体としていずれの典型契約の本質を有するかの判断をまず行う方が妥当ではないかと考えるのである。その判断は、労務自体を目的とするか否か、したがって使用従属関係の程度から行う他はない。その判断は、労働法の適用の有無の判断でもあり、労働法の適用の有無と連動することも意識しつつ行われる必要がある。

こうして、私見では、ある労務供給がいずれの典型契約の本質を有するかを判断し、その典型契約に関する民法の規定の適用（類推適用）可能性を一応肯定することとなる。この点が新峻別説との決定的違いである。ただし、それはあくまで可能性であり、その典型契約につき定められている民法の規定がすべてそのまま当然に適用（類推適用）になると考える必要はない。典型契約に関する民法の規定は、多くが任意規定であると解される。任意規定の機能は、当事者意思が分明でない場合に、合理的意思解釈を示して、当事者意思を補充・補完するとことにあるといえる。別段の当事者意思（契約の趣旨）が認定できる事項については、それを尊重すればよい。

以上のとおり、筆者は、中間形態の就業者の契約関係について、それを混合契約というとしても、雇傭（の本質を持つ）か請負や委任（の本質を持つ）かの一応の当てはめを、客観的事情（使用従属関係の有無）に基づいてまず行うべきではないか、と考えている。そして、当てはめられた典型契約に予定された規定の具体的な適用（類推適用）の有無の判断は、それが任意規定である限りで、契約の趣旨（当事者意思）や特約に照らして行うという手法がとられるべきではないか、ということである。このような処理によって、当事者の契約の自由を尊重しつつ、適用（類推適用）される法規定の発見がよりスムーズに行われることになるのではないか、と考えるのである。

また、雇傭に関わる民法の規定に強行規定（「労務者」保護の点から強行規定と解される場合）が存在することを認める見解がある。[58] これに従う場合、雇傭に関わる強行規定の適用（類推適用）の有無の判断でも、労働法の適用の有無の判断と同様に、使用従属関係の有無の判断を前提とすべきことになるのではないであろうか。

(5)　こうして典型契約のいずれかへの当てはめ作業をまず行うことが妥当ということであれば、当てはめによって雇傭に分類された（雇傭の本質を持つ）混合契約関係のみが、労働契約として、労働法の適用対象となるというべきであろう。その意味では雇傭と労働契約の対象は本質において一致するということになる。他方、請負や委任に分類された契約関係であっても、中間形態の就業者の契約関係については、雇傭の規定の類推適用が考えられてよいであろうし、近時は、労働法や被用者保険の拡大適用の是非が検討されているということである。

2　人的適用対象概念の統一性、相対性

次に、第二の論点である、人的適用対象概念の統一性、相対性の問題について検討しよう。この論点に関する統一的概念説と相対的概念説との対立は、既述のとおり（二**2**）、労働法に属する立法等の適用対象はすべて共通か、相互に異なり得るかについての見解の違いとして説明されてきた。

労働法や被用者保険に属する立法には、他の法領域に属する立法と同様に、それぞれに立法趣旨があり、その立法趣旨は相互に異なり得る。立法趣旨に照らせば、各立法の適用対象は異なり得るとするのが素直な理解といえよう。例えば、長時間労働の弊害から守られるべき就業者は誰か。就業中の災害により負傷した場合に、補償を与えられるべき対象は誰か。これらの答えとなる就業者の範囲はそれぞれの立法趣旨に照らして異なり得るといってよい。その意味では、人的適用対象は各立法につき相対的であるというべきであろう。理論的には、立法や法規定ごとに人的適用対象を確定していくことが妥当ということになる。

しかし、労働法においては、その生成の過程をみると、工場・鉱山労働者を対象にその保護に必要となる

立法が制定されて、独自の法領域として確立されてきた歴史がある。したがって労働法の適用対象として想定された工場・鉱山労働者等に共通の特徴である従属労働が、すべての労働法の適用の有無を判断する基準と考えられたとしても不思議ではない。従属労働に従事する就業者には労働法に属する立法は漏れなく適用されなければならない、そして、それで足りると理解されたということである。こうして各立法の適用対象は、従属労働という共通の基準で決定される統一的概念と理解されたのである。[59]

工場・鉱山労働者を中心とする就業者の就業実態が他の職場でも一般的であった時期においては、各立法の適用対象を共通のものとして統一的に把握すれば足りた。[60] そのことは、場合によって、ある立法の適用対象を本来よりも狭く解することとなっていたかもしれない。そう解したとしても、保護必要性のある就業者の大半を適用対象とすることができ、特に不都合はなかったのである。そうした就業者以外で、特殊な雇用形態にあって、例外的に適用対象かどうかの判断が難しい事例も、従属労働としての特徴をどの程度有しているかで、適用対象に含まれるかを判断すれば足りた。

しかし、現在のように、就業者の就業形態が多様化する状況下では、すべての労働立法の適用があるべき就業者（労働者）のみを各立法の適用対象として想定していたのでは妥当でない状況が生じている。労働立法の適用を検討すべき中間形態の就業者が増加しつつあるのである。中間形態の就業者については、法規定ごとに立法趣旨に照らして、その適用対象に含め得るかを検討することが必要となっている。検討の結果、これを適用対象に加えるべき法規定と加える必要のない法規定とが生じれば、各立法の人的適用対象は、統一性を欠くこととなる。このとき、各法規定の適用対象概念の相対性が顕在化するのである。

そして、筆者は、現時点では、中間形態の就業者の増加に対応する必要性を考慮して、以上のように相対的概念説に立つとしても、中間形態の就業者を適用対象に加えるには、後述のとおり（4の文中(二)）、法規定の適用対象については、適用の有無の明確性の確保という実務上の要請から、法解釈によるのではなく、個々に立法的手当によるのがより適切ではないかと考えている。また、筆者は、以上のことは、被用者保険の領域においても同様に当てはまると考えている。

3　適用対象の判断基準

次に、第三の論点である、労働法や被用者保険の適用対象の判断基準については、どのように把握していくべきであろうか。

労働法については、これまでの学説多数は、既述のとおり（二3を参照のこと）、人的適用対象の指標として、労働の従属性をあげ、従属性の内容を人的従属性と経済的従属性の複合と捉えてきた。他方、判例では、労働の従属性の語を使用する例はむしろ少数で、使用従属関係等の語を用いつつ、人的従属性を示す事情を中心に、経済的従属性や自営業者性を示す事情を併せ考慮して判断してきた。

筆者は、雇用就業形態の多様化との関連で考慮を要するとして先にあげた(三)、（イ）〜（ハ）の三つの要請のうち、中間形態の就業者の増加・多様化（（イ））の点と、本来の「労働者」の就業実態の多様化（（ハ））の点の二点に適切に対応できるように、人的適用対象の指標と判断基準について再検討する必要があると考えている。

(1)　まず、「労働者」の就業実態の多様化への対応をどのように考えるべきか、である。

既述のとおり、本来の「労働者」の指標、判断基準との関係で問題となるのは、労働時間の管理や業務遂行について、労働者の自律性や自主性に委ねられる事例の増加である。これまで、労働者性の判断における重要な事情として、「業務遂行上の指揮監督の程度」や「勤務場所・勤務時間の指定・管理による拘束」があげられてきた。裁量労働や在宅労働に従事する労働者のように、こうした事情が希薄な労働者については、これまでの基準をそのまま適用すれば、労働者性を否定される可能性がある。職場において何の疑いもなく労働者とみられている就業者が、これまでの判断基準のままでは労働者性を否定されることになりかねない。現実と法的評価との乖離が生まれつつあるということである。

では、現実に則した判断を導くためには、どのような判断基準を考えるべきであろうか。筆者は、業務命令性や拘束性の事情の他に、就業者と委託者との経済的従属関係を示す事情や事業者に関わる事情（非事業者性を示す事情）の比重を増やし、人的適用対象を実質的には拡大するという手法は必ずしも妥当ではないと考えている。それは、そうした手法は、判断基準に本来の労働者性の判断基準としての意義だけでなく、中間形態の就業者を適用対象に含めるかどうかに関わる判断基準としての意義を与えることとなるからである。中間形態の就業者への適用の有無を決する判断基準は、本来の労働者性の判断基準とは別に検討すべき問題である。「労働者」の判断基準は、あくまで本来の適用対象である労働者かどうかを判断する基準として厳格に確定すべきである。この点では、これまで労基法を始めとする雇用関係法の適用対象について最高裁が示した厳格なスタンスを踏襲すべきである(61)。

この論点について考える場合には、労働法による保護をいったい何が根拠づけているのかを改めて考えてみる必要がある。それは、労働者が自己の労働力の具体的処分を委託者に委ねている点にあるのではないか。委託者の処分の幅が大きければ、それだけ、労働者自らが労働力の処分につき自己責任を負えないこととなる。委託者に対する法的規制や責任分担が求められるゆえんである。

労働力の処分の幅を判断する事情の中心は、これまで業務命令性や拘束性であった。これらの事情のほかに、労働力の処分に関して、労働者の自己責任ではなく、使用者の責任分担を根拠づける事情が何かを改めて検討する必要がある。

そうした事情として、私見として、いまだ抽象的であるが、わが国の判例等で指摘されている「委託者の組織への組み込み」という視点に関わる事情(62)や、ドイツの判例や学説において、命令拘束性に相当する「他人決定性」なる指標を補完するために提示されたことがある「他人利用性(63)」といった指標が示す事情が検討されて良い。こうした視点を足がかりに、現実と判断基準のギャップを埋める試みが必要といえる。この点は、今後、さらに踏み込んだ検討が必要である。

(2)　他方、中間形態の就業者の増加との関係では、適用対象の判断基準はどのような見直しを行うべきであろうか。この点については、次の論点として検討しよう。

4　中間形態の就業者への対応のあり方

(一)　適用拡大の要否

(1)　労働者と自営業者とのグレーゾーンにある中間形態の就業者に、労働法や被用者保険の適用を拡大すべきか、拡大するとすればどのような手法によるのか、が中間形態の就業者への法的対応のあり方として問題となる。

適用拡大が必要かについて、私見では、次のような事情から、今後は肯定的に検討すべきではないかと考えている。

すなわち、中間形態の就業者の中には、家内労働法の適用のある家内労働者や、労働者災害補償保険法（以下、労災保険法という）の適用のある一人親方等と同様に、労働者並みに労働法による保護が適切と考えられる就業者が増加している。その範囲は、特定の業種に限定されるのではなく、業種や職種を超えて、中間形態の就業者一般に拡大しつつあるといってよいであろう。また、保護が適切と考えられる事項は、家内労働法の規制事項や労災補償に限られないと解される。(64)このように労働法等の適用対象と規制事項の二点について、現行法によるいわば保護の適切性が問題となってきている。筆者は、これら二点における労働法等による保護の適切性の実現が、中間形態の就業者への労働法等の適用拡大の最大の理由となると考えている。

加えて、労働法等の適用対象である「労働者」となるべき就業者の中に、裁量労働に従事する者のように、これまでの「労働者」とは異なり、命令拘束性や指揮監督性の希薄な労働者が増加してきている。こうした就業者と中間形態の就業者それぞれの就業実態上の相違はますます相対化してきていることがあげられる。そうした状況下で、一方には労働法の全面的適用があり、他方には労働法のほとんどの適用が否定されることが果たして妥当かということである。これらのことは二次的な理由ではあるが、就業者間の保護のバランスという点も、保護の適切性という点から考慮されてよいと考えられる。

さらに、近時、雇用・就業形態の多様化に対応する雇用政策のあり方が模索されている。(65)そこでは、これまでのように、パートや派遣等を正社員雇用の補完的雇用形態に留めるところから離れて、正社員雇用と並ぶ雇用の選択肢として位置づけつつ、労使双方にとって多様で柔軟な雇用の選択肢づくりの必要性が指摘されている。そのためには、多様な雇用形態は、それぞれが良好な雇用の選択肢であることが求められる。良好な雇用形態であるための法的対応のあり方が議論されているところである。「中間形態の就業者」としての就業についても、良好な雇用の選択肢となるための法的対応が検討される必要がある。このように雇用政策の観点からも保護の適切性の確保が求められているということである。

以上のように、筆者は、労使双方にとっての保護の適切性の実現という観点から、中間形態の就業者への労働法等の適用を検討することが妥当と考えている。

とはいえ、中間形態の就業者には、自営業者としての意識が強い就業者も含まれている。就業実態からする客観的な判断のみに基づいて、こうした者への労働法の適用を強制することは、保護の適切性という観点から妥当とはいえない場合が少なくないというべきである。こうした就業者については、労働法等の適用から外れることができるように、当事者意思等を労働者性の判断に反映する手法が併せて必要となるといえよう。この点は後述する（**三5**を参照のこと。）。

(2)　他方、中間形態の就業者への労働法等の適用を肯定する根拠として、事業者間の公正な取引の確保をあげる見解がある。(66) すなわち、労働法等の適用により事業者（ユーザー）には法的な負担の多い労働者と、現状のように労働法等の適用がほとんどなく事業者の負担の軽い中間形態の就業者と、そのいずれを採用するかで事業者間の競争条件に不公平が生じる、との指摘である。こうした不公平を解消するためには、労働法等の適用に関する負担を平等な状況に近づける必要があるとするのである。

このような発想は労働法に属する立法の中にも存在する。例えば、最低賃金法は、一条において、この法律の目的を、「賃金の低廉な労働者について、……賃金の最低額を保障することにより、労働条件の改善を図り、もって、労働者の生活の安定、労働力の質的向上及び事業の公正な競争の確保に資するとともに、国民経済の健全な発展に寄与することを目的とする」と定める。同法の目的のひとつとして「事業の公正な競争の確保」があげられている。「事業の公正な競争の確保」を実現することも、最低賃金規制を根拠づけていることになる。

取引の公平という観点を、中間形態の就業者への労働法等の適用拡大の理由の一つにあげることは傾聴に値する。労働法等の適用が事業者（使用者）に負担を生むのはそのとおりである。しかし、中間形態の就業者の使用が、事業者に労働法等による負担を免れるメリットのみを生むかというと、そうではなく、労働法の適用がある労働者の使用に伴うメリットや、労働法等による規制の少ない中間形態の就業者の使用によるリスク等も他方では存在するといわねばならない。この点が最低賃金の設定の場合とは異なる。また、いずれを使用するかは、利用事業者の自由な判断に委ねられている現状がある。こうした点も併せて考慮するとき、果たして、利用事業者にとり、労働者の使用の方が負担が重く、労働者を使用しない事業者との間に不公平が生じる、と一概にいえるのか。あるいは、事業者自身の自主的対応に委ねるべき不公平ではなく、国家が法的に解消すべき不公平といえるのか。法的対応を考えるべき不公平であるとしても、労働法等の適用対象の拡大という手法が適切なのか。また、利用者負担の公平の実現をいうのであれば、中間形態の就業者には、可能な限り労働法や被用者保険全部の適用が求められることになるが、そのような立場が妥当かどうか。あるいは、負担の公平性をいうのであれば、同じ中間形態の就業者の間で、家内労働法や労災保険法の適用に格差がある点等の改善も問題とせざるを得ないのではないか。こうした問題は残る。(67)

こうした問題点を踏まえると、負担の公平性の要請は、考慮に値する重要な視点ではあるが、労働法等の適用拡大のあくまで二次的根拠にとどまるのではないか、というのが私見である。(68)

㈡　適用対象拡大の手法

中間形態の就業者について、労働法による保護の適切性を理由に、労働法の拡大適用を支持するとしても、どのような手法によるのが妥当かが問題となる[69]。これを解釈によるのか、近時の提案にみられるように、立法的対応を考えるのがよいのかである。

労働法の人的適用対象を問題にする場合、既述のとおり（二4）、労働法に属する立法、判例法理、就業規則・労働協約のそれぞれに分けて検討するのが妥当といえよう。

⑴　まず、労働法に属する立法の適用対象についてはどうか。特に、立法上の手当てをせず、法規定の解釈（拡大解釈や類推適用）により対応する方法はどうか。各立法や法規定の目的や趣旨を考慮して、立法や法規定ごとに中間形態の就業者が適用対象に含まれる、含まれないの解釈をすることである。例えば、労基法九条の「労働者」や労組法三条の「労働者」について、解釈によって、中間形態の就業者をこれに含めることがあげられる。すでに、労組法の適用対象である「労働者」は、労基法の「労働者」より広く、法解釈によって中間形態の就業者にあたる就業者も含み得る、との有力説もある[70]。

このような手法によれば、なるほど煩雑な法改正手続きを取らずにすむことや、拡大解釈すべき法規定については、中間形態の就業者と本来の労働者の区別という困難の多い作業を省くこともできる。これらの点は、この手法のメリットである。

しかし、立法趣旨等を勘案して、法解釈によって適用対象に中間形態の就業者を含むとした場合、相対説の考え方に立つ限りは、その作業は、労働法に属するすべての立法や法規定について行われなければならない。そうなると、法規定ごとに、最終的には裁判所による法解釈の確定を待つ必要がある。また、各立法や法規定の目的や趣旨を考慮することになれば、拡大すべき規定とすべきでない規定が明文の規定として示されることなく並存し、法適用の現場に混乱を生むという問題も生じかねない。

労基法や労組法で用いられている「労働者」や「労働契約」の概念がそれぞれに異なる対象を有するということは、理論的にはともかく、実務的には法適用の明確性や実効性の点からはどうしても問題があるといわざるを得ない。むしろ、法適用の明確性や実効性の点からは、これらの概念は共通の内容を有し、民法の「雇傭」に基づく契約関係（ないし「雇傭」と同じ本質を有する混合契約関係）にある就業者に限定されているとした方が妥当といえよう。そのうえで、中間形態の就業者も適用対象に含む法規定については、明文の規定により適用対象に付加するといった立法上の対応によるのがより適切である、というのが筆者の見解である。有力説とは異なる処理であるが、矛盾はしないと考えられるが、いかがであろうか。

(2)　では、立法上の対応を考える場合、学説上すでに提案されている見解についてどう考えたらよいであろうか。先に取り上げた個別定立説と第三類型創設説の二つの学説について検討してみよう（各説の主張については、**二4**(一)の文中(2)を参照のこと。）。

まず、各立法や法規定の趣旨・目的に応じて、立法ごとに適用範囲を定める手法を提案する個別定立説はどうか。この説は、本来、立法の適用対象は、その趣旨・目的に照らして、立法ごとに異なり得るという相対説に立っている。この点は、立法一般の実質に正しく従った考え方である。また、立法ごとに適用対象を柔軟に解釈できる点で優れている。個々の立法や法規定ごとに適切と考えられる範囲まで適用対象を拡大できる。それだけに、相対説に対する批判がそのまま当てはまることになると解される。すなわち、理論的には、立法ごとに適用対象が異なることが考えられ、法の適用が煩雑となり、実務上の混乱を生む可能性がある。法の遵守の実効性を損なう可能性もある。各立法ごとの明文の規定による対応によってもこれらの可能性に十分に対応できるかは疑問である。

次に、中間形態の就業者を第三のカテゴリーとして創設し、このカテゴリーを明文の規定で適用対象に付加していく手法を提案する第三類型創設説はどうか。この説は、第三類型に属する就業者のみを適用対象として付加するので、適用が拡大される立法や法規定だけでなく、その拡大の対象となる中間形態の就業者の範囲もかなりの程度で明確にできる点で優れている。しかし、この第三類型に属する就業者の判断基準を確定する必要があり、明確な基準の定立がどこまで可能か問題である。

すなわち、第三類型の創設は、これまでのような労働者と自営業者の区別に代えて、この類型と労働者との区別の作業ほかに、この類型と自営業者との区別の作業を併せて求められることとなる。そのため、第三類型に属する就業者の判断基準は、労働者との区別、自営業者との区別という二つの判断を可能にする基準であることが要求されるのである。

(3)　わが国においても、これまで、中間形態の就業者に対して、労働法上の立法的対応を一切行ってこなかったわけではない。

周知のとおり、例えば、中間形態の就業者の範疇に入ると考えられる家内労働者を適用対象とする家内労働法がある。あるいは、一部の中間形態の就業者に労災保険への特別加入制度を用意する労働者災害補償保険法（三三条以下）がある。さらには、家内労働者および中間形態の就業者に職業訓練に準ずる訓練の実施を定める職業能力開発促進法（九二条）もある。これらを中間形態の就業者に対する立法的対応例としてあげることができる。

る。

これらの立法的対応には、現時点でのわが国の立法政策上の特徴をみてとれる。すなわち、個々の立法の趣旨・目的に照らして、その適用が適切と考えられる中間形態の就業者に対して、明文の規定により、個別に適用対象に付加する手法が取られているという特徴である。家内労働法や労災保険の特別加入制度では、職業による適用対象の限定がなされている。したがって、中間形態の就業者一般を独立した類型として確立して、この類型に各立法や法規定の適用を拡大する手法までは取られていない。その意味では、中間形態の就業者に対するわが国の現在の立法政策上のスタンスは、学説の中では個別定立説に近いということができる。

とはいえ、中間形態の就業者に適用を認める現行の立法や法規定における適用の要件を検討してみると、適用対象となるための要件に一定の共通点も見出せる。すなわち、①労働者を常態として使用しないで事業を行っていること、②自ら就業すること、といった点が共通の条件として挙げられているのである。この点に留意する必要がある。

(4) 筆者は、雇用・就業形態の多様化の進行に伴って、今後、中間形態の就業者の就業が特定の業種や職業に限らず一般化し、量的に増大する状況に至らなければ、職業ごとに、また立法や法規定ごとに対応する現行の手法を維持しても問題ないと考えている。この手法においても、労働法の適用を拡大すべき中間形態の就業者が誰かが一応明確である。また、どの立法や法規定が拡大適用されるかも明確である。その意味で、雇用・就業形態の多様化に伴う第三の要請(三(八))をひとまず充たしているからである。

しかし、筆者は、中間形態の就業者が特定の職種・職域を越えて一般化する状況が生まれた場合には、現行の手法では、問題が生じると考えている。まず、適用対象を特定の職種等に限定する手法に限界が生じる。

また、これまで中間形態の就業者を適用対象に加えてきた立法や法規定以外の立法や法規定の中にも、その適用対象にこうした就業者を加えることが適切とされる場合が生まれること予想される。この場合に、適用を拡大する立法や法規定ごとに明文の規定で明示したとしても、拡大の範囲がまちまちであれば、法適用の明確性、したがって実効性は十分ではなくなる。

その意味で、中間形態の就業者が拡大し、一般化した状況が生じた場合には、第三のカテゴリーを創出するのがより適切といえる。そして、第三カテゴリーの定義は可能な限り、適用を拡大する立法や法規定に統一的なものとすべきである。どの範囲で統一するかは、法理論上の問題というより、立法政策の問題である。中間形態の就業者の範囲を一定範囲に統一することで、拡大適用される立法や法規定と、拡大の対象となる就業者の範囲とがともに明確化され、実務上の取扱いも容易となると考えられる。中間形態の就業者が増加し、法の適用関係を明確化する需要が大きくなるにつれ、実務上の取扱いが容易であることの要請が重要度を増すといえる。法の適用関係を考える場合には、配慮を要する重要な要請となるのである。

(5)　なるほど、第三のカテゴリーに属する就業者についての判断基準の定立はかなり困難な作業となろう。しかし、既述したように、すでに現行法でも、中間形態の就業者を適用対象とするものについては、適用対象となる中間形態の就業者に共通する条件が定められており、これにその他どのような事情を追加するかという作業が残されている状況といってよい。

いまだ素案の段階であるが、筆者は、中間形態の就業者の最大公約数的な特徴とされるもののうちから、それぞれの法規定の適用要件となる特徴を法定するといった手法が考えられてよいのではないかと考えている。(71)

(6)　以上のように、第三のカテゴリーとなる就業者を創出するとしても、この就業者に労働法や被用者保険のどの立法や規定、さらにはどの判例法理を適用すべきかの問題がさらに検討されなければならない。すでに第三のカテゴリーを確立している国の例[72]や、ＩＬＯやＥＵレベルでの議論の状況[73]を参考にしつつ、保護の適切性という観点から、慎重に検討する必要がある。

中間形態の就業者に対して規制を検討すべき事項として、現在のところ、筆者は、就業者の健康・安全、平等取扱い、契約解消の予告、労働保険、職業訓練その他の積極的雇用政策、労働組合としての諸権利あたりが、あげられるのではないかと考えている。[74]この点については、今後、さらに踏み込んだ検討が必要であると考えている。

(7)　こうした立法上の対応については、その前段として、すでに在宅労働に関して採られているような手法、すなわち、「指針」や「ガイドライン」といった形式で行政指導上の基準として示す手法で対応してみるということがあってよいであろう。[75]

(三)　判例法理や自主規範の拡大適用

次に、判例法理や自主規範である労働協約・就業規則の適用対象についてはどうか。中間形態の就業者へのこれらの拡大の是非をどのように考えるべきかである。これらについては、法解釈による拡大の是非が問題となる。

判例法理については、判例法理それぞれの趣旨に照らして適用を拡大すべきかどうかを判断することになる。その際、中間形態の就業者の範囲は、立法や法規定の適用対象との整合性が確保される必要があり、多くはその範囲が同一となる対応が要請されているといえよう。

自主規範についても、例えば、ある会社の就業規則や労働協約が中間形態の就業者を適用対象に含める趣旨かの判断が必要となる。これらも、別段の定めがない限り、立法や法規定における中間形態の就業者の取り扱いに対応した内容となると解される。

㈣　適用対象の判定主体

既述のとおり（一**4**㈢）、労働者性の判断基準については、学説・判例によって徐々に明確化されてきているとはいえ、依然として、十分ではなく、結果の予測可能性を確保できるまでには至っていないとの指摘がある。なるほど同一事例についての判断でありながら、結論が逆になる判例が近時もあること等がそのことを示している[(76)]。

その対応策として、判定機関の設置による迅速、簡易な判断と予見可能性の確保が提案されている。ドイツ等においても被用者保険について、保険料徴収を担当する行政機関がその役割を担う例がみられる[(77)]。

とはいえ、私見では、わが国において、判例により定立された判断基準そのものは、判断基準としてかなりの明確性と予見可能性を確保できているように思われる。筆者は、同一事件についてこれまでみられた判断の食い違い等は、今後のさらなる判断手法（具体的事実の評価のあり方や総合評価に関わる法的評価のあり方）の統一性の確保により解消されていくのではないかと考えている。

ただし、雇用・就業形態の多様化に伴い従来の判断基準自体の精度が低下していることは否定できない。したがって、第三の論点であげた「適用対象の判断基準」の見直し（三**3**）が併せてなされる必要がある。

さらに、判定機関の設置に関しては、わが国の場合、すでに、裁判所とは別に、労働基準監督署や労働委員会のような行政機関が、法の適用に際して判定作業を行っている。裁判所レベルでの判断手法がさらに精緻化され、加えて、就業形態の多様化等の近時の変化に対応した基準の見直しがなされれば、これらの機関によるこれまでの判定手続きに委ねることで十分に対応できると考えてもよいのではなかろうか。

5　当事者意思の扱い

(1)　第五の論点についてはすでに整理したとおり(二5)、学説多数や判例は、労働法や被用者保険の適用対象にあたるかの判断を、就業実態から客観的に判断すべきであるとし、当事者意思を重視しない考え方によってきた。就業者の保護必要性は、当事者意思からではなく、現実の客観的な就業実態によって決まるとの考え方によっている。

しかし、筆者は、そうした考え方とは異なり、適用対象となるか否かの判断において、当事者意思を尊重する場合があってもよいと考えている。より正確には、当事者意思を尊重して、適用対象から外す場合があってもよい、ということである(その逆は支持しない)[78]。

就業実態からみて客観的に労働者性が認められ、保護必要性が肯定されるとしても、それは、あくまで「一般的(形式的)保護必要性」が肯定されるに過ぎない。この「一般的保護必要性」は、その労働者にとり現実に保護が必要かという「実質的保護必要性」とは常に一致しないというべきであろう。こうした不一致がある場合には、法的規制によるパターナリスティックな介入を当事者意思によって回避できてもよいであろう。労働法等による保護の適切性の点からの判断に基づくといってもよい。

もちろん「一般的保護必要性」と「実質的保護必要性」の不一致は、何も労働法全体や被用者保険全体の適用レベルに限ったことではない。個別の法規定の適用レベルにおいても生じ得る。こうした場合も、労働法全体や被用者保険の適用レベルに関して先に述べたことが当てはまると考えられる[79]。

(2)　ところで、私見によれば、中間形態の就業者が、立法的対応により、今後、労働法に属する立法の適用対象に加えられる例が増加することが予想される。この場合には、当事者意思の尊重の必要性はさらに高まると解される。中間形態の就業者の中には、自営業者としての意識を強く持っていたり、自営業者としてのメリットをより重視する就業者が存在している。こうした就業者が、労働法の適用を望まない場合も少なくない。こうした就業者が増加すれば、客観的な就業実態からみれば労働法を適用すべき場合でも、当事者の判断によってこれを回避できる解釈論上の判断がなされてもよい状況があるといえよう。

(3)　以上のように考えた場合でも、判例、多数学説が労働者性の判断において当事者意思を重視しないもうひとつの理由は残される。すなわち、示された当事者意思が就業者の真意を反映しない可能性のあることである。では、就業者の真意に基づく当事者意思かどうかをどう判断するかである。

筆者は、今のところ、最高裁が労基法二四条（賃金全額払の原則）の適用について、当事者意思を尊重できる場合かどうかの判断にあたり示した基準に基本的にならうべきであると考えている。すなわち、労働法の適用を回避する当事者意思が形成されるに至ったことに客観的に合理的理由が認められる等、一定の客観的条件がみたされれば、真正の当事者意思として尊重できると考えている[80]。

この私見に対しては、客観的な合理的理由の存在を真正の当事者意思が認められるための要件であるとすると、事後的な裁判所の審査に委ねることとなって、労働者性の判断と同様に判断基準の明確化が容易でなく、結果の予測可能性の確保が難しく問題である、との批判がある。[81] この批判的見解は、現行の労働保護法を、当事者意思により適用を回避できる規定（「労働者」の保護を主たる目的とするもの）と、回避できない規定（「労働契約」の規制を主たる目的とするもの）とに区別する。そして、適用回避が許される規定については、事後的に客観的な合理的理由の有無の判断に委ねる手法に代えて、事前の手続的規制の手法によって、真正の当事者意思を確保するのが妥当とする。すなわち、就業者が任意加入等している労働組合の立会によるか、就業者本人が労働基準監督署等の労働基準行政機関において作成した同意書面により、当事者意思の真意性を確保すべきであるとする。

この批判的見解と私見との違いは、予測可能性の確保の手法の違いの他に、労働者に不利な内容を定める当事者意思も含めて、真意であればすべて尊重するのかどうかの点でも生じる。労働者は自己に不利であっても、真意に基づく同意をすることがあり得るが、私見では、こうした同意も合理的理由がない限り真意性を認めない。合理的理由がない場合には、「実質的保護必要性」は失われていないと解するからである。合理的理由の存在を、労働法を主として構成する強行規定の任意規定化の要件とみるのである。こうした点では、批判的見解とは異なり、私見は当事者意思を完全に尊重するところまで踏み出していないということができる。[82]

したがって、私見によった場合、労働組合や労働基準監督署に当事者意思（特に、労働者意思）のチェックを委ねるとしたとしても、客観的に合理的理由に基づくか否かのチェックを委ねるということになる。

現実には、労働法の適用（労働者性）を主張するのは、就業者本人か労働基準監督署等の機関である場合が多く、使用者側からの主張はあまり考えられない。就業者本人が自身を労働者ではないと考える場合には、労働法の適用を主張することはないであろうから、こうした者が労働者性を現実に問題とすることはあまり考えられない。あるとすれば、労働基準監督署等の機関が監督・取締りの対象となるとして就業者の労働者性を主張する場合である。この場合、私見では、労働基準監督署が労働者性を否定する当事者意思に客観的に合理的理由があるかをチェックすれば足りるということになるのである。

6　ボランティア等への法的対応のあり方

最後に、ボランティア等への労働法、被用者保険の適用のあり方をどう考えればよいであろうか。既述のとおり（二6）、ボランティア等への法的対応のあり方については、①労働者の就業実態に類似する活動実態のあるボランティア等への法的対応のあり方、②これと類似の活動実態にないボランティア等に対して何らかの法的対応が必要か、の二つの視点について学説上で議論が始まっている。

(1)　第一の視点について、筆者は次のように考えている。

ボランティアや宗教活動、研修等は、雇傭、請負、委任のように労務の供給を目的としたものとは、目的の点で異なる。確かに、ボランティア等の活動は多様であり、客観的な活動実態が労働者や請負人等の就業者の就業実態に近似する活動もあるであろう。いわば、ボランティア等と労働者との中間形態にある活動である。特に、活動に対して対価の支払い（有償性）を伴う場合には、労務給付としての性格が強まると評価せざるを得ない。

しかし、こうした中間形態の活動も含め、ボランティア等に労働法や被用者保険の適用を客観的な活動実態のみを根拠に認めることには、やや疑問を覚える。ボランティア等に労働時間規制や解雇規制を及ぼすことや、労働契約上の労務提供その他の義務を負わせるといったことに違和感を否定できないからである。その理由はどこにあるのか。それはやはり活動目的の違いにあるという他ない。たとえボランティア等に、使用従属関係と同様の活動実態が認められる場合であっても、活動目的の違いからくる先のような違和感は否定できないというべきであろう。このように考えると、労務提供を目的としない活動をする者を労働者として法的に取扱うことは妥当ではないというべきである。

こうして労務供給とは異なる目的を持っていると評価できる活動には、目的の点から労働者性を否定すべきであるということになる。そのための理論構成としては、ボランティア等の活動には、労働者としての取扱いを否定する客観的に合理的な当事者意思の存在が肯定できるということでどうか。つまり、活動実態からみて客観的にボランティア等を目的としていることが言える場合には、この合理的な当事者意思の尊重を理由に、基本的には、労働法や被用者保険の適用から除外する取扱いを妥当とみるべきではないか。これらの活動者は、活動実態からみて「一般的保護必要性」が認められる場合でも、活動目的の点から「実質的保護必要性」のない事例に分類できるということである。逆に、ボランティア等の名目での活動であっても、活動実態からみて客観的にボランティア等を目的としているといえず、労務給付が目的と考えられる場合には、労働者性を肯定すべきこととなる。

また、客観的に合理的な当事者意思の有無を判断する場合、活動の経緯や実態等、当事者意思を尊重できるとして挙げた一定の条件が充たされているかを個別に判断することになろう(83)。その場合、支払われる報酬の持つ対価性の程度が、活動実態の中では重要な判断事情のひとつとなるように思われるがどうであろうか(84)。その他、ボランティアであれば、活動依頼に対する許諾の自由の程度等が、研修であれば、研修のための指導・教育の実質の有無・程度等が、宗教活動であれば活動内容の宗教活動性の程度等が併せて考慮されてよい。

(2)　以上のような判断基準によって労働者性が否定される場合でも、ボランティア等への法的対応を一切考慮する必要がないということではない。第二の視点と関わって、労働法や被用者保険の適用ということではなく、必要に応じて、これ以外の法による、労働法や被用者保険に準じた立法的対応や法解釈が考えられてよい。

例えば、ボランティア活動中の傷病については、特別法によりボランティア等の実施主体に傷病保険への加入を義務づけたり、法解釈上で安全配慮義務を負わせたりすること等が考えられてよいということである。

(52)　これまで判例において問題となった事例については、例えば、橋本・前掲論文（注(5)）六一七頁以下の判例整理を参照のこと。

(53)　この点の検討を試みたものとしては、民法学者によるものがある。『新版注釈民法⒃』（有斐閣、平元）二頁以下（特に、六頁以下）（幾代通担当部分）。

(54)　混合契約の法的取扱いについては、民法学者による検討が古くよりなされている。例えば、鳩山秀夫『増訂　日本債権法各論』（岩波書店、大一五）七四〇頁以下。我妻栄『債権各論・中巻二（民法講義Ｖ３）』（岩波書店、昭和三七）八八三頁以下。この点の近時の議論については、ひとまず、湯浅道男「混合契約および非典型契約の解釈にあたっては、どういう点に留意すべきか」椿寿夫編『現代契約と現代債権の展望５』（日本評論社、平二）所収、三頁以下を参照のこと。

(55)　例えば、我妻栄・前掲書（注(54)）五三一頁以下、前掲・新版注釈民法（注(53)）二頁以下その他を参照のこと。

(56)　民法学説には、事例は異なるが、請負と売買の両方の性質を有する製作物供給契約について、いずれかに分類すべきであるとする見解を示すものがある。我妻・前掲書（注(54)）六〇四頁以下、八八六頁以下。

この見解は、製作物供給契約を混合契約と捉えるのは、当事者の意思をいずれか一方に決定することが困難なことを理由とするのであろうと推測しつつ、混合契約と捉えることは、いかなる場合にいかなる規定を適用すべきかについて問題を残すのみならず、両方の規定を適用することが妥当な結果を生ずるとは考えられないとする。この見解は、むしろ、取引の性質によって当事者の意思を類型化し、売買か請負かの一方に区別したうえで、個々の場合に、当事者がこれと異なる特約をしたときはこれに従うとすることが適当である、とする（六〇六頁）。

これに対して、この見解とは異なり、製作物供給契約を請負と売買の混合契約とみて、混合契約の一般的処理方法に従って、両方の規定の類推適用を考えるべきであるとする説がある。この見解の方が、近時の多数説のようである。湯浅・前掲論文（注(54)）七頁を参照のこと。

ただし、先の少数説は、多数説のような類推適用主義が理論としてはむしろ当然なものであることを認めながら、進んで、各種の混合契約について、能う限り、類推適用の範囲を明らかにする努力をすべきであるとし、製作物供給契約についての先の見解は、その試みの一つであるとしている（八八八頁）。筆者の見解は、この少数説と同様の趣旨から、当該混合契約の本質が雇傭かそれ以外かの判断をあくまで試みるべきであるとするのである。

(57)『新版注釈民法(6)』（有斐閣、平元）一二四頁以下（広中俊雄担当部分）。

(58) 例えば、民法六二七条一項による労働者の退職の自由や二週間の予告期間について強行規定と解する見解がある。例えば、下井隆史『労働基準法・第三版』（有斐閣、平一一）一五八頁を参照のこと。

(59) 例えば、労組法三条の「労働者」と労基法九条の「労働者」の差異は、労組法三条の「労働者」が失業者を含む点のみであるとの考え方がこれにあたる。この考え方を採る学説としては、國武・前掲論文（注(13)）一一四頁以下、青木宗也「特殊勤務者の労働者性」ジュリスト六一九号（昭五一）九四頁以下等を参照のこと。この見解に批判的な見解としては、例えば、東京大学労働法研究会『注釈　労働組合法』（有斐閣、昭五五）

二一九頁以下。

(60)　わが国労働法の人的適用対象の変遷については、例えば、山本吉人『雇用形態と労働法』（総合労働研究所、昭四五）一五頁以下を参照のこと。

(61)　最高裁の厳格なスタンスについては、第二編第二章（二九七頁以下）を参照のこと。

(62)　例えば、傭車運転手の事例において、会社の「営業に不可欠な……現場工事人として、その営業組織に組み入れられ」ていた点を判断事情のひとつとするものがある（日野興行事件、大阪地判昭六三・二・一七決定、労判五一三号二三頁）。あるいは、同様に、傭車運転手の事例で、いくつかの事情から、「原告らの提供する労務は被告の事業にとって必要不可欠のものとして、被告は原告らの労働力を自己の事業運営の中に機構的に組み入れているものということができる」とし、この点を労働者性判断の基準のひとつ解しているとみられる判例がある（北浜土木砕石事件、金沢地判昭六二・一一・二七労判五二〇号七五頁）。この他、本文であげた昭和六〇年の「労働基準法研究会報告書」においても、すでに、「管弦楽団員、バンドマンの場合のように、業務の性質上放送局等「使用者」の具体的な指揮命令になじまない業務については、それらの者が放送事業等当該事業の遂行上不可欠なものとして事業組織に組み入れられている点をもって、「使用者」の一般的な指揮監督を受けていると判断する裁判例があり、参考にすべきであろう。」との指摘がなされている。前掲書（注(26)）五五頁を参照のこと。

(63)　ドイツにおいて、連邦労働裁判所の判例や一部学説が「他人利用性」を被用者概念の指標にあげており、具体的には、専属性や業務に不可欠の人材として企業組織に組み込まれている状況といった事情があげられている。この点については、ひとまず、第一編第二章（特に一三五頁、一四六頁）を参照のこと。

(64)　例えば、鎌田・前掲書（注(34)）一二九頁以下を参照のこと。

(65)　この点については、ひとまず、前掲拙稿（注(1)）一〇五頁以下を参照のこと。

(66)　鎌田・前掲論文（注(4)）一三七頁以下。

(67)　例えば、ＥＵ法のレベルにおいて、自営業者に労働法や社会保障法の一部が拡大されている。こうした拡大の根拠として、保護の必要性以外の事情として、構成国間の公正な競争の確保があげられる場合がある。ただし、これは、構成国間で、同じ自営業者に対する労働法や社会保障法上での異なる取扱いの解消を意図していると解され、中間形態の就業者と労働者という異なる就業者類型のいずれかを利用することにより生じる不公正の問題への対応とはやや異なっていると解される。第一編第五章（二三九頁以下）を参照のこと。

(68)　わが国において、中間形態の就業者を適用対象としている立法例には家内労働法や労災保険の特別加入制度があるが、それらの立法趣旨には、これらの就業者の保護があげられているが、取引の公平の視点はあげられていないようである。厚生労働省労働基準局『改訂版　労災保険特別加入制度の解説』（労働基準調査会、平一五）一頁以下、労働法令通信二三巻一四号（昭四五）二頁以下を参照のこと。

(69)　対応の選択肢については、拙稿「社会構造の変化と労働者概念」日本労働研究機構編『労働市場の変化と労働法の課題』（資料シリーズ五七号）（平七）三三頁以下を参照のこと。

(70)　菅野和夫『労働法（第七版）』（弘文堂、平一五）四五〇頁以下。

(71)　筆者が、中間形態の就業者の最大公約数的な特徴と考えている事情については、第二編第二章（三〇七頁以下）を参照のこと。具体的には、①特定された労務給付ないし委託を自らの手で履行していること、②家族従業者以外に、常態として労働者を雇用していないこと。③一人の委託者に対して、排他的にか主として労務を提供していること、④自己資本がないか、あっても取るに足らないこと、⑤同種の業務に従事する労働者に比し、相当高額な収入のないこと、である。また、被用者保険の適用対象のあり方については、第二編第三章（三三五頁以下）を参照のこと。

(72)　例えば、第三のカテゴリーとして「被用者類似の者」を一九二〇年代に創設したドイツでは、労働民事事件の管轄を有する労働裁判所の手続等を定めた労働裁判所法、連邦休暇法、労働協約法、さらには、ＥＵでの法整備に対応して、労働安全・衛生やセクハラ関連の規定の適用対象に「被用者類似の者」が付加されている。詳しくは、第一編第一章、第三章を参照のこと。

(73)　ＩＬＯでは、労働安全・衛生、労災補償、報酬支払、労働組合の諸権利、社会保険あたりが議論の対象とされている。詳しくは、鎌田・前掲書（注(34)）四〇頁を参照のこと。EUレベルでは、自営業者に対する労働法、社会保障法の領域の保障の拡大の是非に加えて、具体的にどの事項の規制が妥当かが検討されている。欧州委員会の委託を受けた専門家の報告書等では、例えば、年金等の社会保障、積極的雇用政策上の施策、労働安全・衛生、労働組合の諸権利等があげられている。この点については、第一編第五章（二五六頁以下）を参照のこと。

(74)　この論点を検討した論考として、鎌田・前掲書（注(34)）一二九頁以下がある。そこでは、①報酬に関する保護、②社会・労働保険の適用、③仕事の継続性保障、④団体交渉、⑤男女差別の各事項が検討されている。なお、解雇制限規定（労基法一八条の二）の適用については、この規定の存在を前提とした他の判例法理、例えば、採用の自由の法理、配置転換や出向の法理、就業規則の不利益変更の法理等の適用を併せて考慮せねばならないというべきであるから、消極に解すべきである。

(75)　自営業的な在宅労働については、立法的な対応とは別に、すでにそのような手法が採用されている。厚生労働省「在宅ワークの適正な実施のためのガイドライン」（平一二）を参照のこと。

(76)　例えば、横浜労基署長（旭紙業）事件の第一審判決（横浜地判平五・六・一七労判六四三号七一頁）、その第二審判決（東京高判平六・一一・二四労判七一四号一六頁）、最高裁判決（平八・一一・二八労判七一四号一四頁）は、車持ち込み運転手の労災保険法上の労働者性について、いずれも理論構成ないし結論が異なる。あるいは、新宿労基署長事件の第一審（東京地判平一三・一・二五労判八〇二号一〇頁）とその第二審（東京高判平一四・七・一一労判八三二号一三頁）とは、映画撮影技師の労災保険法上の労働者性につき逆の結論に達している。

(77)　この点については、第一編第三章（一七一頁以下）を参照のこと。

(78)　第二編第四章（三六九頁以下）を参照のこと。

(79)　これに対して、現行労働保護法の中で任意規定化が可能な規定（労働契約の規制を主たる目的とする規定）と任意規定化が許されない規定（労働者自身の保護を主たる目的とする規定）とを区分して検討すべきとする見解が示されている。大内伸哉「従属労働者と自営労働者の均衡を求めて」『労働関係法の現代的展開』（中嶋士元也先生還暦記念論集）（信山社、平一六）五七頁以下。筆者は、この見解については、理論的には、労働保護法の規定をいずれかに截然と区別できるのかや、労働者自身の保護を主たる目的とするとされる規定では当事者意思の尊重は許されないとすることが妥当か（この規定に属するとされる母性保護の規定に関し、例えば、産後四週から医者の了解を得て、段階的な職場復帰のための配置として在宅労働に従事する旨の当事者合意は無効か）、「労働者」保護を主たる目的とするとされる規定の中には、自営業者であっても別段の法的根拠（公序その他）によって類似の対応（保護）が可能で、労働保護法による保護からはずれたとしても、就業者自身の保護が可能な場合があるのではないか、といった点が指摘できる。また、実務的にみても、当事者意思による適用の回避が許される規定とそうでない規定の混在を認めることには、法適用の明確性が確保できるか等の問題があり得る。これらのことから、この見解には直ちには賛同できない。

(80)　筆者は、充たすべき条件（および各点を肯定する事情）として次の三点を考えている。すなわち、①自由意思（真意）が、特定の法規定の適用のみに関わるものではなく、雇用関係法の適用全般に関わるものであることを客観的に示す事情があること（自営業的就業を希望していることを示す事情）、②自由意思（真意）に基づいてされたものであると認めるに足る合理的理由が客観的に存在していること（労働法の適用を外れることが就業者側に利益をもたらす事情や、就業者側が労務給付とは異なる活動目的（ボランティア等）を持っていることを示す事情）、③自由意思に基づく取扱が法令違反や法の趣旨に反する脱法的効果を持たないこと（労働法の適用から外れることで他の立法や法規定の適用を免れる効果を持たないこと）、である。この点については、第二編第四章（三六八頁以下）を参照のこと。

(81)　大内・前掲論文（注(79)）五七頁以下。同様の議論は、就業規則の不利益変更の効力の問題や配置転換命令・出向命令の効力の問題等において、最高裁が使用してきた合理性の判断基準についてもあり得るところである。

(82)　真意によるものであれば、当事者意思を常に尊重できるとすることが、契約自由の原則の趣旨として肯定できるかは問題である。近時、民法学者の間で、「意思主義の復権」が議論されている。この議論は、不合理な内容である当事者の「特約」条項は無効であり、特約によって排除されたはずの任意規定によって特約の内容が修正されるべきである、との主張である。いわば「任意規定の強行規定化」といわれるものである。この点については、ひとまず、湯浅道男・前掲論文（注(54)）、三頁以下（特に一二頁以下）を参照のこと。本文で示した私見は、合意が合理的事情によらない場合には、その合意は有効な合意とは言えず、労働法規は任意規定化しない、すなわち、強行規定の任意規定化は否定される、ということである。個々の契約関係の処理に合理性の基準を持ち込む点で、処理の方向は逆であるが、民法における「任意規定の強行規定化」の議論と軌を一にするといえまいか。

(83)　一定の条件については、前掲注(80)を参照のこと。

(84)　ボランティア等の労働者性の判断の事例ではないが、就業実態に関わる種々の事情のうち、最低保障給の存在を労働者性の判断で最も重視すべきであるとの見解がある。菅野和夫「判例批評」法学協会雑誌九五巻五号（昭五三）九四二頁。

四　小　括

以上、本章では、雇傭・就業形態の多様化との関係で、労働法および被用者保険の人的適用対象めぐり、問題となると思われる六つの主要な論点を抽出し、これらについてのこれまでの学説、判例の到達点について筆者なりに評価を試みた。そして、そこで提示された学説や判例の検討も含めて、やや踏み込んで私見の提示を行った。それらの内容は、次のように概括できるであろう。

(1)　雇用・就業形態の多様化の進行に伴う労働者と自営業者のグレイゾーンにある「中間形態の就業者」

の増加に対応するために、労働法および被用者保険の人的適用対象をめぐる主として六つの論点について再検討や深化が必要であること。

(2)　まず、これまで、労働法や被用者保険の本来の適用対象である「労働者」（ないし「被保険者」）の判断基準の中核的事情とされてきた「命令拘束性」の希薄化等が、裁量労働、在宅労働その他において生じている。労働者性の判断基準と現実との乖離がみられる。こうした状況への対応のあり方として、労働者性の判断において、「他人利用性」や「会社組織への組み込み」といった別の事情の考慮が求められること（論点三）。ただし、「中間形態の就業者」への対応として、立法的対応を別に考える私見からみると、労働法についていては、その本来の適用対象である「労働者」か否かの判断基準は、労基法上の「労働者」についてのこれまでの最高裁の判断にみられるように、あくまで厳格な基準として維持されるべきこと。

(3)　そして、「中間形態の就業者」の増加への法的対応のあり方として、立法上の対応も含めた検討が必要であること。検討に際しては、法適用の明確性・予測可能性（法発見の容易性）の確保の要請との関係で、「中間形態の就業者」にどの立法や法規定が適用となるかの点と、適用対象となる「中間形態の就業者」がどの範囲の就業者かの点との二点が明確である必要がある。これら二点での明確性確保のために、基本的には、「中間形態の就業者」を、労働者、自営業者に続く第三のカテゴリーとして定立して、これを明文の規定により適用対象に付加していく立法政策上の手法が妥当であること（論点四）。

(4)　この場合、適用対象への付加は、労働法や被用者保険の人的適用対象が相対的であるとの理解を前提に、各立法や法規定ごとに検討する必要があること（論点二）。

(5)　また、「中間形態の就業者」の増加によって、法適用の明確性・予測可能性の確保は、民法の労務供給契約に関する諸規定の適用についても求められる。民法の諸規定の適用関係を明確化する手法として、就業関係の本質が雇傭なのか請負や委任なのかの当てはめをまず行ったうえで、該当する契約類型に予定された法規定の適用を前提としつつ、これと異なる取扱いが契約の趣旨（当事者意思）である場合には、これによるとの手法によるべきであること（論点一）。

(6)　そして、このような手法による場合には、労働契約と雇傭とは、その本質において基本的に同一（同質）の契約関係を規制の対象としているとの理解を前提とすべきこと（論点二）。

(7)　労働法や被用者保険の人的適用対象となるかの判断においては、客観的な就業実態からの判断に加えて、当事者意思を尊重する手法が考えられてよいこと。ただし、当事者意思の尊重といっても、当事者意思の真意性は客観的で合理的な事情の存在によって担保される必要があると解すべきであること（論点五）。

(8)　ボランティアや研修、宗教活動等のように、労務供給以外の目的で行われていることが客観的な活動実態から判断できる活動については、使用従属関係が認められるとしても、活動目的に関わる当事者意思の尊重という観点から、労働者として労働法等の適用対象には含まれないと解すべきであり、別段の法的対応を考えるべきこと（論点六）。

以上のように概括できる私見も現時点での見通しを前提としたものであり、最終のものではない。筆者は、雇用・就業形態の多様化の進行をはじめ、わが国の雇用情勢が、今後どのように、そしてどこまで展開していくかについて、現時点では、まだ十分に正確な見通しを提示することは難しいと考えている。したがって、人的適用対象のあり方については、雇用情勢の展開のゆくえが相当程度見極められた時点で、「中間形態の就業者」に対する立法的対応の要否その他について、改めて最終的な私見を提示すべきであると考えている。情勢の変化によっては、以上の私見に修正の余地のあることを最後に付記しておきたい。

〈初出一覧〉

第一編　ドイツ労働法・社会保障法の人的適用対象の動向

第一章　ドイツ労働法の人的適用対象の生成
……「ドイツ・西ドイツにおける被用者類似の者の概念について㈠～(四・完)」日本文理大学商経学会誌（日本文理大学商経学会）第６巻第１号（昭62）257頁以下、第６巻２号（昭63）87頁以下、第７巻１号（昭63）95頁以下、第７巻２号（平元）99頁以下。

第二章　ドイツ労働法における人的適用対象概念の変化
……「西ドイツ労働法における被用者概念の変化──放送事業の自由協働者をめぐる最近の動き（上）（下）」日本労働協会雑誌317号（昭60）42頁以下、318号（昭60）67頁以下。

第三章　ドイツにおける自営業者に対する労働法、社会保障法上の規整の動向
……「ドイツにおける自営業者に対する労働法、社会保障法上の規整の動向」法と政治（関西学院大学法政学会）51巻２号（平12）605頁以下。

第四章　ドイツ労働法・社会保障法における人的適用対象と当事者意思
……「ドイツ労働法における被用者概念と当事者意思」同志社法学54巻３号（故安枝英訷教授追悼号）（平14）448頁以下。

第五章　ＥＵ労働法・社会保障法における人的適用対象の最近の動向
……「ＥＵ労働法・社会保障法における人的適用対象の最近の動向」法と政治55巻２号（平16）191頁以下。

第二編　わが国労働法・社会保障法の人的適用対象の動向

第一章　わが国労働法における人的適用対象をめぐる現状と課題
……「自営業と労働者性をめぐる問題」日本労働研究雑誌452号（平10）15頁以下。

第二章　わが国雇用関係法の人的適用対象の現状と課題
……「雇用関係法における労働者性判断と当事者意思」西村・小嶌・加藤・柳屋『新時代の労働契約法理論』（下井隆史先生古稀記念）（信山社、平15）１頁以下。

第三章　わが国労働保険・社会保険の人的適用対象の現状と課題
……「労働・社会保険の人的適用対象に関する一考察」法と政治54巻４号（平15）571頁以下。

第四章　わが国雇用関係法の人的適用対象と当事者意思
……「非労働者と労働者概念」『21世紀労働法の展望』（講座21世紀の労働法・第１巻）（有斐閣、平12）128頁。

第五章　雇用・就業形態の多様化と人的適用対象のあり方
……「雇用・就業形態の多様化と労働者概念」法と政治56巻１号・２号合併号（平17）１頁以下。

事項索引

注記：ドイツ，EU，日本に関連する用語には，それぞれ（ドイツ），（EU），（日本）の括弧書きを付してあり，特に括弧書きのない用語は日本関連用語である。

た行

な行

は行

〈著者紹介〉
柳 屋 孝 安（やなぎや・たかやす）
1956年　山口県に生まれる。
1979年　同志社大学法学部卒業
1987年　神戸大学大学院法学研究科博士課程単位取得
現　在　関西学院大学法学部教授

〈主要著作〉
「労働市場の変化とドイツ労働法――民営職業紹介規制の変遷」
　日本労働法学会誌87号（1996年）
「非労働者と労働者概念」『講座21世紀の労働法・第１巻』
　（有斐閣，2000年）所収

現代労働法と労働者概念

2005年９月20日　第１版第１刷発行
5576-01011　p 464 : b 060 : ￥10000E

著　者　柳　屋　孝　安
発行者　今　井　　貴
発行所　株式会社 信 山 社
〒113-0033 東京都文京区本郷６-２-９-102
Tel　03-3818-1019
Fax　03-3818-0344
info@shinzansha.co.jp

出版契約5576-01011　Printed in Japan

©柳屋孝安，2005 印刷・製本／松澤印刷・大三製本
ISBN4-7972-5576-5 C3332　分類328. 608-a105
5576-012-060-020
禁コピー／転載　信山社　2005

日本民法典資料集成　第一巻

■待望の第1巻■

1　民法典編纂の新方針

目次

『日本民法典資料集成』（全15巻）への序
全巻凡例
日本民法典編纂史年表
全巻総目次　第1巻目次（第1部細目次）
第1部「民法典編纂の新方針」総説
Ⅰ　新方針（＝民法修正）の基礎
Ⅱ　法典調査会の作業方針
Ⅲ　甲号議案審議前に提出された乙号議案とその審議
Ⅳ　民法目次案とその審議
Ⅴ　甲号議案審議以後に提出された乙号議案
第1部あとがき（研究ノート）

●一六〇〇余点にのぼる原典復刻資料を一挙掲載
●カラー刷り多数で細部に配慮　●充実の解説

１５６０頁　１１万円　（税梱包送料込）直販のみ

第一部「民法典編纂の新方針」第一巻
第二部「修正原案とその審議」第二～八巻
第三部「整理議案とその審議」第九巻
第四部「民法修正案の理由書」第十～十一巻
第五部「民法修正の参考資料」第十二～十四巻
第六部「帝国議会の法案審議」第十五巻
全十五巻

http://www.shinzansha.co.jp/
信山社
〒113-0033 東京都文京区
本郷6-2-9東大正門前

松本博之=徳田和幸編集

民事手続法研究

◇民事手続法学の未来を拓く基本文献◇

学説の変遷

制度の沿革　**多面的かつ基礎的な考察**　判例の分析

比較法的考察

【創刊号　2005. 8】

既判力の標準時後の形成権行使について
松本博之

欧州司法裁判所における訴訟物の捉え方
越山和広

共有者の共同訴訟の必要性に関する
現行ドイツ法の沿革と現状
鶴田　滋

¥3, 675

民法の専門誌
『民法研究』

第一号
広中俊雄責任編集　2,500円
民法と民法典を考える　「思想としての民法」のために
大村敦志　著
日本民法典編纂史とその資料　旧民法公布以後についての外観
広中俊雄　著

第二号
広中俊雄編責任編集　3,000円
法律行為論の課題（上）　当事者意思の視点から
磯村　保　著
「民法中修正案」（後二編を定める分）について　政府提出の冊子、条文の変遷
広中俊雄　著
箕作麟祥民法修正関係文書一覧
広中俊雄　著

第三号
広中俊雄編責任編集　3,000円
第十二回帝国議会における民法修正案（後二編）の審議
広中俊雄　著
民法修正原案の「単独起草合議提案」の事例研究
梅文書・穂積文書所収稿（所有権ノ取得／共有）及び書き込みの解読を通して
中村哲也　著
田部芳民法修正関係文書一覧
広中俊雄　著

第四号
1、《民法の理論的諸問題》の部
・「人の法」の観点の再整理
山野目章夫
2、《隣接領域からの寄稿》の部
（個人の尊厳と人間の尊厳）
・人間の尊厳ｖｓ人権？　－ペリュシュ事件をきっかけとして－
報告　樋口陽一　（挨拶　広中俊雄）
3、主題（個人の尊厳と人間の尊厳）に関するおぼえがき
広中俊雄
編集後記